Gerbel / Kannonier / Konrad / Körner / Uhl (Hg.)

Urbane Eliten und kultureller Wandel

Studien zur Gesellschafts- und Kulturgeschichte 9

Veröffentlichungen des Ludwig Boltzmann Instituts
für Geschichte der Arbeiterbewegung

URBANE ELITEN UND KULTURELLER WANDEL

Bologna – Linz – Leipzig – Ljubljana

Gerbel / Kannonier / Konrad / Körner / Uhl (Hg.)

VERLAG FÜR GESELLSCHAFTSKRITIK

STUDIEN ZUR GESELLSCHAFTS- UND KULTURGESCHICHTE 9
Veröffentlichungen des Ludwig Boltzmann Instituts
für Geschichte der Arbeiterbewegung

herausgegeben vom
Ludwig Boltzmann Institut für Geschichte der Arbeiterbewegung
unter der Leitung von Rudolf Ardelt und Helmut Konrad

Die Deutsche Bibliothek – CIP-Einheitsaufnahme

Urbane Eliten und kultureller Wandel :
Bologna – Linz – Leipzig – Ljubljana / Gerbel ... (Hg.). -
Wien : Verl. für Gesellschaftskritik, 1996
(Studien zur Gesellschafts- und Kulturgeschichte ; 9)
ISBN 3-85115-234-4
NE: Gerbel, Christian [Hrsg.]; GT

ISBN 3-85115-234-4

A-1030 Wien, Hintzerstr. 11

Druck: Plöchl, Freistadt

Inhalt

Reinhard Kannonier / Helmut Konrad

Eliten, Konflikte und Symbole

1. Urbane Eliten

In den vier untersuchten Städten beschreibt der Terminus »urbane Eliten« durchaus unterschiedliche Sachverhalte. Die bürgerliche Stadt des ausgehenden 19. und beginnenden 20. Jahrhunderts hat in keinem der Fälle ein homogenes »Stadtbürgertum«, auch wenn es große Unterschiede, beispielsweise zwischen Leipzig und Linz, gibt. Auch die jeweiligen Rekrutierungsmuster, die Ablösekämpfe, die von den alten gegen die neuen Eliten geführt werden, lassen für die vier Städte keine einfachen Vergleichsmuster zu. Dennoch ist es signifikant, daß in allen vier Städten Bildungsbürger als Experten das beschleunigende Ferment im kulturellen Modernisierungsprozeß darstellen. Sie treffen nur auf jeweils unterschiedliche ökonomische, politische und soziale Konstellationen, welche diese Prozesse fördern oder behindern.

In Bologna bleibt, mit der Ausnahme einer kurzen Unterbrechung nach der Jahrhundertwende, ein im wesentlichen katholisch-konservatives Bürgertum des Agrarkapitals, in das auch ein hoher Prozentsatz Adel eingeschlossen ist, politisch und sozial dominant. Gegen dieses läuft eine Modernisierungskoalition Sturm, der Radikale, Sozialisten und linke Progressisten angehören, und die 1901 für kurze Zeit mehrheitsfähig wird. Wichtig ist aber, daß erst kurz vor dem Ersten Weltkrieg die politisch-soziale Dominanz direkt vom konservativ-katholischen, eigentlich vorbürgerlichen Lager in einer Art von »permanenter Reform« auf die Arbeiterbewegung übergeht. Diese wird später Opfer des faschistischen Machtanspruchs, der wiederum, in Bologna stärker als im übrigen Italien, in Symbolen und Inhalten den alten Konservatismus aufgreift. Die zentral von Rom ernannten Professoren der Universität in Bologna, die Künstler, Stadtplaner, Redakteure etc. werden aber unter jeder politischen Herrschaftsform benötigt, um für einen jeweils anderen Kontext Legitimation und Aushängeschild zu sein.

Leipzig ist durch ein selbstbewußtes, über eine lange Entwicklung gefestigtes Handels- und Industriebürgertum gekennzeichnet, das die bildungsbürgerlichen Experten benötigt, um gegenüber dem höfischen Dresden Gewicht zu erlangen und zu bewahren. Die neue Herausforderung ist die durch die Eingemeindung der Vororte zahlenmäßig große Industriearbeiterschaft, die ebenfalls auf Teile des Bildungsbürgertums zählen und somit eine Gegenöffentlichkeit aufbauen kann. Im Bild der »modernen Großstadt« treffen sich also Interessen, die ansonsten weit auseinanderdriften.

Linz ist durch eine urbane Elite gekennzeichnet, die sozial durch den Gegensatz zwischen dem alten Stadtbürgertum des Handels und Gewerbes (beispielsweise spielen Bierbrauer eine bedeutende Rolle) und den neuen Beamten geprägt ist, aus denen sich das Bildungsbürgertum zusammensetzt. Die erst in Ansätzen vorhandene Industriearbeiterschaft ist zwar bereits organisiert, tritt aber erst mit dem Ende des Ersten Weltkriegs in den Kampf um die Vorherrschaft in der Stadt ein, dann allerdings mit raschem Erfolg. Bei den Bürgerlichen beider Gruppen ist im Untersuchungszeitraum die politische Vereinheitlichung im Zeichen des Deutschnationalismus signifikant. Die zuziehenden Experten (es gibt damals noch keine Universität) der jungen Beamtenschaft und die eingesessenen Bürger der Stadt treffen sich in einem antigroßstädtischen, deutschnationalen Politikverständnis, das Modernisierungsprozesse zwar real nicht verhindert, aber in wichtigen, insbesondere kulturellen Bereichen dagegen opponiert.

In Laibach/Ljubljana, das im Untersuchungszeitraum von einer immer stärker werdenden Spaltung entlang der Sprachgrenze gekennzeichnet ist, stehen dem alten deutschsprachigen Bürgertum, den »Krainern«, national aggressivere junge deutsche Bildungsbürger in Schul- bzw. Turnvereinen gegenüber. Gemeinsam stellt die deutschsprachige Bevölkerung etwa 15 % der Stadtbewohner, und ihr Führungsanspruch wird, letztlich erfolgreich, herausgefordert durch liberale slowenisch-nationale Bildungsbürger, die ihrerseits aber wieder einer konservativ-katholisch-national slowenischen Mehrheit im Landtag gegenüberstehen, die nur im Bauerntum das wahre slowenische Wesen zu verorten meint. Die schmale slowenisch-liberale urbane Elite steht daher unter doppeltem Druck, der zu ganz besonderen Anstrengungen motiviert, vor allem auf dem Sektor der Hochkultur.

2. Konfliktlinien und Interessen

An mehreren Punkten kann gezeigt werden, daß trotz der unterschiedlichen Rahmenbedingungen durchaus vergleichbare Entwicklungen und

Konflikte in allen vier Städten beobachtet werden können. So tun sich überall Frontstellungen zwischen den alten Hegemonieansprüchen und den jungen Herausforderern gerade auf dem Gebiet der Hochkultur auf. Die alten Eliten versuchen, ihre ökonomische Übermacht in der Kultur durch Mäzenatentum abzusichern, während die jungen Kräfte auf Kommunalisierung setzen. Die Kommunalisierung steht für Demokratisierung sowie für inhaltliche und formale Modernisierung. Dies war nicht nur das politische Konzept der Sozialdemokratie in Leipzig, sondern auch jenes der liberalen Modernisierer in den anderen Städten. Die älteren Eliten ringen mit unterschiedlichem Erfolg weiterhin um die Hegemonie, und zumindest für einige Zeit greift noch ihre Strategie.

Wer hat Interesse an der »modernen Stadt«? Natürlich ist der Begriff »moderne Stadt« in allen vier Fallbeispielen positiv besetzt, es zeigen sich aber durchaus gravierende Unterschiede im Verständnis dieses Begriffs. In Leipzig wird er zu Ikone auf der Symbolebene, unantastbar, alle sozialen und politischen Lager verpflichtend im gemeinsamen Ringen um eine deutsche, ja europäische Spitzenposition. In Linz läßt sich eine geradezu gegenteilige Strategie erkennen: das Wirkungsfeld ist eindeutig regional, bodenständig, antiinternationalistisch. Der Gegensatz zur Metropole Wien führt hier zu einem bewußt gewählten Regionalismus, zu einer Heimatstrategie, die auf der Ebene der urbanen Infrastrukturen auf moderate Modernisierung setzt, aber politisch und kulturell Modernisierungstendenzen bekämpft.

Laibach/Ljubljana setzt weitgehend auf nachholende Modernisierung. Die Konkurrenzsituation der beiden im städtischen Bereich bestimmenden nationalen Modernisierungsfraktionen gibt der Stadt eine Dynamik, die ihrer ökonomischen und sozialen Entwicklung gar nicht entspricht. In Bologna bremst die alte Führungsschicht den Modernisierungsprozeß. Die links-liberale Herausforderung, die sich deutlich als Modernisierungskoalition artikuliert, gibt die dynamische Gegenposition ab, die allerdings nur kurze Zeit an den Hebeln der Macht sitzt.

Auf der konkreten Handlungsebene, dem Ausbau von Technik und Infrastruktur, gab es in allen Städten ein im wesentlichen einheitliches Bemühen, wenn auch mit unterschiedlichen Strategien etwa in der Frage des Anteils des öffentlichen, d.h. des kommunalen Sektors. Kommunalisierung ist im Modernisierungsprozeß ein Phänomen, das untrennbar mit dem Ausbau der Leistungen moderner Städte verbunden zu sein scheint. Allerdings zeigt wohl der weitere Verlauf der Geschichte, daß Kommunalisierung das Mittel unter bestimmten Rahmenbedingungen, nicht aber der Zweck selbst ist. Dieser liegt im möglichst breiten Nutzen, im zweckmäßigsten und kostengünstigsten Zugang für möglichst viele Menschen zu städtischen Einrichtungen. Die Frage der Besitzstruktur ist in der langen Perspektive sekundär. Aber gerade die Beispiele von Leipzig und Bologna können verdeutlichen, daß in der Auseinandersetzung mit den vermögenden alten Eliten die jungen, ökonomisch schwächeren Herausforderer (die bürgerliche Modernisierungskoalition in Bologna bzw. die Sozialdemokratie in Leipzig) Strategien der Kommunalisierung von Infrastruktur- und Kultureinrichtungen anstreben müssen, um eine reale Chance zu erhalten, die alten Eliten abzulösen.

In allen vier Städten arbeiten auf der Ebene der konkreten Umsetzung von kulturellen, aber auch infrastrukturellen Vorhaben bildungsbürgerliche Experten. Der Spezialisierungsgrad schreitet voran, Ausdifferenzierungen von Handlungsfeldern sind Kennzeichen jener Epoche.

3. Die nationale Frage

In allen vier untersuchten Städten steht die nationale Frage als eine der ganz zentralen Probleme im Vordergrund, wobei sich die nationalen Probleme in verschiedenen Formen darstellen. Der Nationalismus in der Provinz ist ein sehr differenziert zu betrachtendes Phänomen, das in seiner Bewertung nicht immer mit den großen, traditionellen Nationalismustheorien in Einklang zu bringen ist. Am deutlichsten sichtbar in Laibach/Ljubljana, wo dem deutsch-slowenischen Gegensatz in der Stadt alle anderen Konfliktlinien untergeordnet sind. In Linz, das sich besonders als deutsch(-nationale) Stadt präsentieren will, spielt der Umgang mit der tschechischen Minorität eine wichtige Rolle, wie auch der Antisemitismus durchaus schon prägend ist. Die Sozialisation Adolf Hitlers gerade in jener Zeit ist ein deutlicher Beleg für die Relevanz der Frage. In Bologna ist das Phänomen unter dem Aspekt von Zentralismus und Föderalismus interessant, von nationalem Einheitsdenken und regionalem Bewußtsein. Speziell im religiösen Bereich spitzen sich die Fragen zu, der Diskurs um die Feuerbestattung kann dies exemplarisch bestätigen.

In Leipzig spielt der Zentralismus-Föderalismus-Aspekt eine wichtige Rolle; dazu kommt noch eine außenpolitische Komponente. Das Völkerschlachtdenkmal 1913 in Anwesenheit des österreichischen

Thronfolgers (neben dem deutschen Kaiser und dem sächsischen König) einzuweihen, das der »Patriotenbund« aus Spenden finanziert hatte, Ausländer (nicht Österreicher) nur als Gäste beim Festakt zu dulden und die Sozialdemokratie politisch auszugrenzen, bringt die europäische Konstellation jener Jahre ins Bild, die in Leipzig auch direkt nach innen, in die Stadt hinein, Auswirkungen hat. Noch ist dies aber nicht der »Burgfrieden« der nächsten Jahre, sondern eine sozial segmentierende Form der nationalen Identität.

Insgesamt ist in den urbanen Bereichen außerhalb der Metropolen der Nationalismus in vormodernen Zeiten eher aus- und abgrenzend, die Moderne machte ihn integrierend bzw. erhöht den Integrationsdruck. Bildung, Medien und Theater verlangen nach sprachlicher Homogenität, die Tschechen in Linz, wie etwa auch die Slowenen in Graz, werden aus der öffentlichen Wahrnehmung gedrängt und können nur über Anpassung an die herrschende Kultur sozial überleben. Ausgegrenzt bleiben Feindbilder, die man gerade für die eigene Positionierung, etwa zur Abgrenzung von Wien benötigt und denen Sündenbockfunktionen zugeschrieben werden. In Linz sind es jene, die die deutschnationale Öffentlichkeit die »Tintenjuden« nennt. Sie sind exponierter Teil der antisemitischen Vorurteile.

Auch in Laibach/Ljubljana erhöht sich der Integrationsdruck, er verteilt sich allerdings auf zwei Pole. Über Schulvereine, Turnvereine und nationale Organisationen unterschiedlichster Art üben beide Gruppen einen starken Integrationsdruck aus, der aber auch »Überläufer« akzeptiert. In der slowenischen Hauptstadt wird nicht biologistisch, sondern dem Sprachnationsverständnis verpflichtet argumentiert. Auf der Strecke bleibt hier das alte, stärker über die Region als über die Sprache vermittelte Bewußtsein der »Krainer«, deren deutsch-österreichisches Verhalten stark paternalistische Züge getragen hatte.

4. Symbolebene und konkretes Handeln

Politik manifestiert sich auch im kommunalen Bereich auf der Ebene von Symbolen. Darunter liegen konkrete Handlungsfelder, bei denen es um die Umsetzung von konkreten Anliegen, um die Durchsetzung von pragmatischen Interessen geht.

Der Blick auf unsere vier Städte macht deutlich, daß Konfliktlinien auf der Symbolebene keineswegs gemeinsame Aktionen auf der konkreten Handlungsebene verhindern, daß es bei Harmonie auf der Symbolebene hingegen eher Konflikte bei den Umsetzungen gibt.

Leipzig bietet ein gutes Beispiel für letzteren Sachverhalt. Die Symbolik »modernes Leipzig« ist über alle Gruppengrenzen hinweg akzeptiert, die moderne Großstadt ist das Leitbild. Darunter aber wird um jedes Handlungsfeld erbittert gerungen. Wahlordnungen sollen die Sozialdemokraten vom Entscheidungsprozeß fernhalten, Kommunalisierungsstrategien laufen gegen das Mäzenatentum, jede Form der Presse ist kontroversiell, jede Bücherei ist umkämpft.

Laibach/Ljubljana ist das Gegenbeispiel. Die Symbolebene ist unüberwindbar geteilt, kein gemeinsam verpflichtendes Bild ist der Stadt zu verordnen. In der praktischen Zusammenarbeit zwischen dem slowenischen »Dramatischen Verein« und dem »deutschen« Theaterverein im 1892 neueröffneten Landestheater gab es hingegen gemeinsame Aktionen. Erst als auch auf der konkreten Handlungsebene die symbolischen Konflikte Einzug hielten, zerbrach die Stadt in zwei Teile.

Es ist nicht zuletzt die unterschiedliche Funktionsweise dieser beiden Ebenen, die die Stabilität urbaner Zentren zweiter Größenordnung sichern hilft. Eine Ebene verbindet, die andere trennt. Verbinden beide, fehlt das für die Modernisierung notwendige Konflikt- und Konkurrenzmoment; trennen beide, segmentiert sich die Stadt. Ob diese These über die vier hier untersuchten Fallbeispiele synchron und diachron für alle europäischen Städte der zweiten Größen- und Bedeutungsordnung gilt, müßten erst Folgeuntersuchungen bestätigen oder falsifizieren. Das in einem anderen Zusammenhang analysierte Beispiel der Stadt Graz fügt sich jedenfalls erstaunlich gut in diese Hypothese. Auch in der nationalen Frage lassen sich an diesem Beispiel die hier getroffenen Annahmen recht genau bestätigen.

5. Metropolitane und provinzielle Leitbilder

Die Symbolik spielt auch für die im engeren Sinne kulturelle Orientierung der vier Städte im Geflecht der klein- und großräumigen geographischen und politischen Infrastrukturen eine wichtige Rolle. Da alle vier Städte der »zweiten Ordnung« zuzuzählen sind, sich also mehr oder weniger überall im Spannungsfeld zwischen provinziellen und metropolitanen Einflüssen bewegen, gewinnen symbolische Akzente besondere Bedeutung für die »kulturelle Identität«. Wobei »metropolitan«

im wesentlichen hochkulturelle Repräsentation und Moderne bedeutet, »provinziell« hingegen vormoderne, an der jeweiligen ruralen Tradition ausgerichtete kulturelle Muster. Insgesamt gehen die Tendenzen, wie ein Blick auf die längerfristigen Entwicklungen im 20. Jahrhundert zeigt, überall in Richtung »moderne Stadt«. In der in diesem Band untersuchten Übergangsphase befindet sich Leipzig nahezu schon dort, wohin Linz und Ljubljana, aber auch Bologna noch einen weiten Weg zurückzulegen haben.

Wo die Position im genannten Spannungsfeld verortet wird, hängt außer von den wirtschafts- und sozialdemographischen Rahmenbedingungen nicht zuletzt von dem ab, was man das »intellektuelle Milieu« in den Städten nennen könnte. Und davon, wie die Beziehung der urbanen Eliten zu diesem Milieu ist: ob sie konkurrenzieren, an den Rändern verschmelzen oder über gemeinsame Interessen zu gemeinsamen Vorstellungen von Leitkulturen finden. Also auch davon, wie homogen oder inhomogen die Eliten bzw. das intellektuelle Milieu sind.

Eine weitgehende Verschmelzung von politischer Elite und intellektuellem Milieu kann trotz der zunehmenden Bedeutung des Expertentums kaum festgestellt werden. Zweifellos ist das Eindringen in die politischen Eliten über kulturelle Kompetenz ungleich schwieriger als der umgekehrte Weg, nämlich über Stiftungen, kommunale Ausschüsse usw. politischen Einfluß auf die Formulierung der Leitkulturen zu gewinnen. Je ausgeprägter jedenfalls der soziale Hintergrund und je einheitlicher die kulturpolitischen Zielvorstellungen sind, umso eher setzen sich neue Leitbilder durch. Das zeigt sich am Beispiel der Sozialdemokratie in Leipzig. Dort, wo beide Komponenten unterentwickelt sind, wie beispielsweise in Bologna, wird eine tragfähige Integration nahezu unmöglich.

Die metropolitane Orientierung wächst mit der Stärke der intellektuellen Milieus, in dem insbesondere kulturelle Experten, die Presse, ja einzelne Journalisten und im einen oder anderen Fall auch Beamte eine bedeutende Rolle spielen. Der Journalist Gustav Morgenstern in Leipzig oder der Dirigent Angelo Mariani in Bologna sind dafür gute Beispiele.

Die Umsetzungen der generellen Orientierung in kulturpolitische Strategien fällt in den vier Städten dementsprechend unterschiedlich und in sich widersprüchlich aus. Auch hier kreuzen sich integrative und ausgrenzende Tendenzen. In Leipzig ist der – auch begriffliche – Wandel von einer »Bürgerstadt« des 19. Jahrhunderts zu einer »modernen

Großstadt« mit dem unverkennbaren Stolz auf »die« Stadt verbunden. Es ist ein gemeinsamer Stolz, der Modernität und Qualität statt Lokalpatriotismus fordert – vielleicht könnte man sogar sagen, daß er nach Symbolen verlangt, die die Modernität der Stadt eher über die Achse Moderne und Nation ausdrücken als über die Verbindung von Moderne und lokaler Situation.

In Bologna findet der Frontenkampf des intellektuellen Milieus mit den Herausforderungen durch die konkurrenzierenden norditalienischen Großstädte, mit Rom und mit den agrarkapitalistischen Notablen statt, die die Traditionen des 19. Jahrhunderts verkörpern. Wie die Analyse des *Teatro Comunale* zeigt, setzt sich aber bald die metropolitane Ausrichtung durch.

In Linz hingegen wird in den vormodernen Kulturformen geradezu ein Kampfinstrument gegen die Moderne gefunden. Vor dem Hintergrund eines »provinziellen Patriotismus« richtet sich der Kampf der dominierenden urbanen Eliten sowohl gegen die bunte ethnische und kulturelle Vielfalt der Habsburger-Monarchie, als auch gegen die künstlerische Moderne und einen damit verbundenen kosmopolitischen Intellektualismus. An deren Stelle forderte sie deutschnationale Einheit und kulturelle Bodenständigkeit. Diese ausgeprägte Stoßrichtung wird vor dem Hintergrund eines außerordentlich hohen Grades an kultureller Homogenität in der urbanen Elite verständlich. In Ljubljana polarisierte sich die Entwicklung einerseits in Richtung rural-katholischer Traditionen, verbunden mit einer Kritik am »dekadenten« Theater andererseits, im »Nachziehverfahren« orientierte sie sich an städtisch-bürgerlichen Kulturformen des 19. Jahrhunderts.

Generell kann man den Schluß ziehen, daß die Verteidigung des »provinziellen Patriotismus« primär über die kulturellen Felder Literatur, Denkmäler und Musikrezeption läuft, wohingegen das Musiktheater und die Architektur eher für eine metropolitane Ausrichtung stehen.

6. Kulturelle Modernisierung

Die Konflikte um die kulturelle Modernisierung laufen in allen vier Städten selbstverständlich entlang der Linien der großen politischen Auseinandersetzungen. Darüber hinaus aber gibt es gewisse strukturelle Faktoren, die das Ob und Wie der Modernisierung bestimmen. Der Beginn der Moderne markiert den Anfang einer »langen Welle« in der kultureller Entwicklung, die den Großteil des 20. Jahrhunderts dominiert. Wie schon im Band *Urbane Leitkulturen* ausgeführt, macht es nur Sinn, diesen Begriff zu verwenden, wenn für »kulturelle Modernisierung« vergleichbare Kriterien wie in anderen gesellschaftlichen Bereichen auffindbar sind bzw. angewendet werden. Die Vergleiche zeigen, daß es um die Jahrhundertwende vor allem vier solche Parameter gibt, an denen sich der Grad kultureller Modernisierung unabhängig von den konkreten politischen Inputs messen läßt:

* *Apparate, Organisationen.* Auf der Ebene technisch-organisatorischer Entwicklungen ist es relativ leicht, gemeinsame Muster zu finden. Sie stützen sich auf die enormen technologischen Innovationen im letzten Drittel des 19. Jahrhunderts und reichen vom Ausbau der Orchesterapparate, neuen Bühnentechniken oder dem Eindringen technologischer Sujets in die Kunst bis zu effektiveren Organisationsformen in der Verwaltung kultureller Güter.
* *Finanzen.* Immer größere Teile des Kulturbetriebs werden sukzessive den ökonomischen Gesetzen des Marktes angepaßt. Interessant ist, daß die Eigentumsfrage zwar ideologisch thematisiert, aber pragmatisch gelöst wird. Ob Kommunalisierung, Verpachtung oder völlig private Unternehmensformen gewählt werden, richtet sich nach der konkreten Situation und Zweckmäßigkeit, wie die oben erwähnten Kommunalisierungs-Beispiele aus Leipzig (Sozialdemokratie) und Bologna (Bürgertum) zeigen.
* *Professionalisierung.* Durch die erhöhten technologischen und organisatorischen Erfordernisse sowie durch den verstärkten Einbezug von Experten findet eine deutliche Professionalisierung in allen Bereichen kulturellen Handelns statt. Sie erfaßt darüber hinaus auch Zwischenbereiche wie etwa das Agentur- und Vermittlungswesen.
* *Autonomisierung.* Das ist zweifellos der am schwierigsten zu erfassende Komplex, weil er mehrere Tendenzen umfaßt: Einerseits gibt es eine deutliche Autonomisierung der Kultur von der Politik. Die Experten übernehmen immer mehr die immer komplexeren Planungs- und Organisationsaufgaben. Es ist dies eine Entwicklung, die bis heute andauert und mittlerweile heftig diskutiert wird: die Delegation von ursprünglich kulturpolitischer Verantwortung an Beiräte, Kuratoren, Jurys usw., die sich aus Experten und/oder Künstlern zusammensetzen. Ebenso deutlich verläuft andererseits die Integration der Kultur in den Markt – auch hier ein Prozeß, der heute, mit der sprunghaften Erweiterung des tertiären Sektors, neue Dimensio-

nen erreicht hat (Sponsoring, Kulturtourismus, Werbung, Freizeitindustrie usw.). Schließlich markiert den Beginn der Moderne auch die ästhetische Autonomisierung, am spektakulärsten in der Entfernung von der Gegenständlichkeit in der Malerei und von der Tonalität in der Musik. Von hier führt die Linie direkt weiter zur Abstraktion, zur Zwölftontechnik oder zur Neuen Sachlichkeit.

Es ist also kein Zufall, daß in allen vier Städten der Anspruch, moderne, zeitgemäße Kultur zu präsentieren, vor allem auch mit den Aufführungen von Richard Wagners Opern verbunden wurde. Das verwundert auf den ersten Blick, denkt man an die nationalen Konfliktlinien in Ljubljana oder an die politisch-symbolischen Folgen der Italienischen Einigung. Aber in seinem Werk waren, unabhängig von den jeweiligen politischen Intentionen, die ohne Zweifel sehr unterschiedlich waren, alle genannten Kriterien in höchstem Maß gefordert: großer Orchesterapparat, moderne Kostenrechnung für aufwendige Produktionen, hohe Professionalität aller künstlerisch Ausführenden und auch ästhetisch so manch »gewagte Modulation«, wie ein Rezensent in Bologna feststellte. Wagners berühmter *Tristan-Akkord* gilt schließlich als Vater der musikalischen Moderne.

Die Bandbreite, innerhalb derer sich die kulturelle Modernisierung in den Städten bewegt, ist sehr breit, wobei in sich widersprüchliche Tendenzen nicht selten sind. So wird zum Beispiel in Linz von den Deutschnationalen die reine Abbild-Kunst als »unmodern« kritisiert, während man gleichzeitig gegen die »amoralische« Entwurzelung der modernen Kunst, gegen die Trennung von »Kunst und Leben«, zu Felde zieht. Aber auch solche Divergenzen lassen sich in ein Modernisierungs-Modell einbauen, das die Zusammensetzung der urbanen Eliten, die intellektuellen Milieus, klar definierte Konfliktlinien, die Bedeutung der Symbolebene und die genannten Parameter berücksichtigt, die ihrerseits Basis für sinnvolle Vergleiche sind. Das ist wohl eine der wichtigsten Erkenntnisse, die aus dem Städtevergleich Bologna – Leipzig – Linz – Ljubljana gezogen werden konnten.

Axel Körner

Bürgerliche Öffentlichkeit in Bologna
Soziale und politische Bedingungen urbaner Leitkulturen nach der Italienischen Einigung

1. Der Blick von außen: eine moderne bürgerliche Gesellschaft?

Zwei Italienreisende um die Jahrhundertwende

Ein Vorläufer der modernen Erasmus-Studenten, Armand Kleefeld aus Brüssel, der im Jahre 1900 ein Studienjahr am *Collegio dei Fiamminghi* in Bologna verbrachte, hat die Erfahrungen seines Auslandaufenthaltes für die *Revue de l'Université de Bruxelles* niedergeschrieben.[1] Im Einleitungsteil des Artikels *Bologne, son université et ses étudiants* setzt er sich mit der politischen Kultur seines Gastlandes auseinander, das dem jungen Mediziner insgesamt wenig demokratisch erscheint. Der Belgier erkennt außerdem einen frappierenden Widerspruch im Verhältnis der Bologneser zum politischen Leben ihres seit 40 Jahren geeinten Vaterlandes: Zum einen gäbe sich Italien noch immer einem teilweise recht selbstgefällig anmutenden Enthusiasmus über seine langersehnte Einigung hin. Zum anderen fehle es der italienischen Gesellschaft jedoch an entsprechendem Gemeinsinn. Die politischen Leidenschaften der sich nach regionaler Herkunft stark unterscheidenden, aber auch in Monarchisten, Papisten, Republikaner und Sozialisten gespaltenen Italiener empfindet Kleefeld »extrêmement surexcitées«. Zudem beklagt sich der von administrativen Hürden geplagte Auslandsstudent über das Verwaltungschaos, nicht nur in der Universität. All dies widerspräche einer modernen Konzeption von Staat und Gesellschaft, wie sie von einem so jungen Gemeinwesen zu erwarten waren. Aus seiner Heimat kannte der Student eine Bourgeoisie, welche seit 1830 zielbewußt einen modernen Staat aufgebaut hatte und bereits wenige Jahre später über die bestentwickeltste Industrie auf dem Kontinent verfügte. Mit einem gewissen Nationalstolz konnte Kleefeld beobachten, daß ein bedeutender Teil des tertiären Sektors in Bologna belgischen Firmen unterstand, die in der Lage waren, den »Fortschritt«, so die Straßenbeleuchtung oder den öffentlichen Nahverkehr, in die Hauptstadt der Emilia-Romagna zu exportieren. Der Student zeichnet ein insgesamt eher negatives Bild Bolognas und Italiens – bei aller Bewunderung für die Kunstreichtümer der Apenninhalbinsel. Ein modernes Staats- und Verwaltungswesen, eine fortschrittliche Wirtschaftsstruktur und ein in seinen Ideen und Zielen geeintes Bürgertum, welches als Elite der Gesellschaft ein bürgerliches Zeitalter prägte, fand er während seines Studienaufenthaltes nicht vor.

Die Besonderheiten der sozio-ökonomischen Entwicklung Italiens haben einige Jahre zuvor auch einen international bekannten Sozialforscher veranlaßt, Italien mit arrogantem Gefühl der Überlegenheit als Prototyp eines primitiv unterentwickelten Landes zu untersuchen: »Wie der Biologe gerade die niedrigst organisierten Lebewesen vornehmlich emsig studiert, um die ersten Grundzüge der Deszentenztheorie klar zu stellen, so wird der Soziologe sich jetzt denjenigen Ländern zuwenden, in denen die soziale Entwicklung (...) in den Anfängen steckt.« Werner Sombart – aus seiner Arbeit zur Entwicklungsgeschichte des italienischen Proletariats stammt das Zitat – beruft sich hier als Nationalökonom vor allem auf die Entwicklung des Kapitalismus und fordert die Italiener selbstherrlich auf, einmal nach Deutschland zu reisen – »es würde ihnen sehr nützlich sein«. Die Ursachen der »primitiven Zustände«[2], mit denen er die geringe Industrialisierung bei gleichzeitig hoher Protestbereitschaft der Arbeiter beschreibt, meint er in »der Eigenart des italienischen Volkscharakters«, aber auch in der Distanz zwischen politischer Klasse und den realen Problemen des Landes zu sehen.[3] Insbesondere das im Parlament hinreichend vertretene Bürgertum komme – weniger noch als der im Vergleich recht aktiv erscheinende Adel – seiner prädestinierten Rolle in der sozio-ökonomischen und politischen Modernisierung des Landes nicht nach.

Ein Jahrhundert zuvor waren die Italienberichte der Nordeuropäer von der romantischen Idealisierung des Landes »in dem die Zitronen blüh'n« bestimmt. Dem reisenden Forscher des *Finesecolo* erscheint Italien hingegen als ein von tiefen Mißständen gezeichnetes Land – trotz Respekt für das auch nach der Einigung fortbestehende »garibaldische Temperament«[4]. Hatte das Bürgertum auch eine entscheidende Rolle im Risorgimento gespielt, und war es nach der Einigung zumindest auf nationaler Ebene in Politik und Verwaltung hinreichend präsent, so scheint es der *classe dirigente* des Landes nicht gelungen zu sein, Italien ein dem Rest Europas vergleichbares modernes Gepräge zu geben. Auch neuere Forschungen zur italienischen Gesellschaft nach der Einigung bestätigen das Bild eines eher vormodernen Landes, wobei der Blick gewöhnlich nicht nur auf dem unterentwickelten Süden fällt, sondern insbesondere auch auf die Region Emilia-Romagna und ihre Hauptstadt Bologna.[5]

Im folgenden soll am Beispiel Bolognas die Position des Bürgertums in der sozialen, politischen und kulturellen Öffentlichkeit der Stadt untersucht werden. Das Bolognese erweist sich 1860 gewissermaßen als Extrembeispiel rückständiger Entwicklung. War den Mittelschichten Bolognas unter der päpstlichen Herrschaft kaum eine Möglichkeit zur Partizipation gegeben, versuchen sie nach 1860 nicht nur entsprechende Positionen in den politischen Gremien zu besetzen, sondern vor allem das städtische Kulturleben nach seinen gesellschaftlichen Vorstellungen zu prägen und sich mittels der urbanen Leitkulturen eine eigene neue und ausgesprochen von »Modernität« bestimmte Identität zu geben. Dabei trifft es jedoch auf den Widerstand der überkommenen *classe dirigente* moderater Landbesitzer aus dem Adel und dem Großbürgertum. Mit Blick auf das Kulturleben Bolognas richtet sich das Interesse dieser Untersuchung vor allem auf die Versuche des Bildungsbürgertums, sich in die urbane Öffentlichkeit einzubringen. Dieses Bildungsbürgertum wurde im Italien der Zeit mit *borghesia umanista* betitelt, oder auch als *borghesia civile*[6], ein Konzept, das sich bewußt vom »besitzenden« Bürgertum absetzte.[7] In Italien im allgemeinen, ganz besonders aber in Bologna, zeigte sich in der zweiten Hälfte des 19. Jahrhunderts ein tiefer Interessengegensatz zwischen, auf der einen Seite, der *classe dirigente* des Landes, deren wirtschaftliche Machtgrundlage in Anbetracht der verspäteten Industrialisierung des Landes vor allem der Agrarkapitalismus war, und den gebildeten Mittelschichten auf der anderen Seite, also dem Teil des Bürgertums, der das neue Gemeinwesen über seine Wirkungsmöglichkeiten in Universitäten, Akademien, Theatern und Museen, entsprechend seinen Idealen, zu prägen versuchte. Zwar bestand Eintracht darüber, daß sich das neue Italien auch kulturell ein eigenes Gesicht geben müsse, doch die Tendenz des Bürgertums, »hier enorme Theater zu bauen, dort Denkmäler zu errichten oder Gärten zu pflanzen«, zu einem Zeitpunkt, wo es Italien noch an Straßen, Kanälen, Häfen und selbst an Waffen zur Verteidigung des eigenen Territoriums mangele[8], war nicht nur der Kritik der steuerkräftigen Landbesitzer ausgesetzt, sondern traf auch auf den Widerspruch derjenigen, welche hinter der kulturellen Fassade des Bürgertums zu viel demokratischen Geist witterten.

Diese Debatte um die öffentliche Rolle des sich kulturell profilierenden Bildungsbürgertums wirft verschiedene Fragen auf, die am Beispiel Bolognas diskutiert werden sollen. Welche Rolle spielte dieses eher demokratisch orientierte Bildungsbürgertum in der nach der Einigung von den *Moderati* um Minghetti und Cavour bestimmten Politik? Welchen Einfluß hatte es auf das Kulturleben der Stadt und inwieweit gelang es ihm, sich über die urbanen Leitkulturen darzustellen? Worin lagen die inhaltlichen Unterschiede zwischen dieser kulturellen Selbstdarstellung des Bildungsbürgertums und den Ideen der überkommenen, wirtschaftlich und politisch dominierenden Notabelngesellschaft? Nach einer Erläuterung der verschiedenen sozialen Kategorien des italienischen Bürgertums im 19. Jahrhundert soll am Beispiel Bolognas der Einfluß des Bürgertums auf die Politik und dann seine Rolle im Kulturleben der Stadt untersucht werden.

2. Die soziale Stellung der bürgerlichen Mittelschichten

»Humanistisches« Bildungsbürgertum und aristokratisiertes Besitzbürgertum

Italien wird häufig als ein Musterbeispiel für das erfolgreiche Eindringen des Bürgertums in die Strukturen von Politik und Verwaltung genannt. Der Blick richtet sich dabei in erster Linie auf die Freiberufler, vor allem die Advokaten im Parlament und in der Beamtenschaft. Während sich nach der Einigung der Adel, mit gewisser Ausnahme für den piemontesischen Adel, aus der Politik, der Verwaltung und dem Offizierskorps immer weiter zurückzog, drängte das Bürgertum in die entsprechenden Positionen vor.[9] Das italienische Bürgertum war zudem politisch in besonderer Weise begünstigt: Das aktive und passive Wahlrecht beruhte nicht ausschließlich auf dem Zensus, sondern wurde progressiv auch nach dem Kriterium der Alphabetisierung erweitert und beruhte damit zu nicht geringem Maße auf dem Bildungsstand.[10]

Ungeachtet dieser häufig benannten Charakteristika des italienischen Parlamentarismus sollte jedoch auf einige die soziale Konstituierung und die kulturelle Mentalität des Bürgertums der Apenninenhalbinsel betreffende Besonderheiten hingewiesen werden. Zum einen läßt der Adel im speziellen Fall Italiens eine Übernahme von Sozialcharakteren erkennen, die im übrigen Europa als bürgerlich gelten: die seit dem Mittelalter datierende Niederlassung des Adels als Patriziat in den Städten, die Ausübung »bürgerlicher« Berufe (Anwalt) oder die Wahrnehmung öffentlicher, häufig demokratisch verstandener Ämter durch den Adel bezeugen dies.[11] Beispielhaft für einen von seinem öffentlichem Auftreten bewußt bürgerlich geprägten Aristokraten aus der Zeit der italienischen Einigung ist der Staatsgründer Graf Camillo Benso di Cavour.[12] Gleichzeitig weisen Teile des italienischen Adels als Merkmal der Abgrenzung vom piemontesisch geprägten Zentralstaat ausgesprochen »republikanische« und damit gewissermaßen bürgerlich anmutende Tendenzen auf.

Die neuere Bürgertumsforschung beschäftigt sich weniger mit der Verbürgerlichung des Adels, als viel mehr mit der Aristokratisierung des Bürgertums, d.h. einer vor allem sozio-kulturellen Orientierung des Bürgertums an den Vorbildern der adligen Gesellschaft.[13] Auch eine solche Entwicklung läßt sich im Fall Italiens und vor allem Bolognas nachweisen. Der an Landbesitz reiche, agrarkapitalistisch orientierte Teil des Bürgertums überschritt in Italien schon vor der Herausbildung einer sich aristokratisch gebenden Industriebourgeoisie die Trennungslinien zum Adel. Napoleon hatte als sozialen Kern seiner Italienpolitik eine solche Integration des durch die Auflösung zahlreicher Kirchengüter reich an Feudalbesitz gewordenen Großbürgertums in den Adel bewußt angestrebt.[14] Mangelnde Möglichkeiten zur wirtschaftlichen Entfaltung wurden im Bürgertum, soweit die finanziellen Gegebenheiten dies erlaubten, durch den Erwerb ausgedehnten Landbesitzes kompensiert und prägten die italienischen Agrarstrukturen in der zweiten Hälfte des 19. Jahrhunderts in auffälliger Weise.[15] Ein Blick auf das Umland Bolognas: Verteilten sich hier gut 73.000 ha auf knapp 58.000 Kleinstbesitzer, so waren über 130.000 ha in den Händen von lediglich 603 Großgrundbesitzern mit einem durchschnittlichen Besitz von ca. 230 ha konzentriert.[16] Nur ein Teil dieser Großgrundbesitzer gehörte jedoch dem alten Adel an. Die ökonomischen Machtinteressen des agrarkapitalistisch orientierten Besitzbürgertums deckten sich daher weitgehend mit denen des Adels.[17] Diese Interessenkoalition spiegelte sich denn auch in politischer und sozialer Hinsicht in der Formierung der moderaten *Destra Storica* um Cavour wieder.[18] Die konservativen Vertreter der lokalen *Moderati*, die in Bologna und dem Umland bis ins 20. Jahrhundert hinein über eine politische und wirtschaftliche Hegemonialstellung verfügten, waren neben Marco Minghetti Männer wie Enrico Pini, mit dem Landgut S.Martino d'Ancognano von 440 ha, der Marchese Lorenzo Bottini, mit einem Landbesitz von 800 ha, oder sein Standesgenosse Luigi Pizzardi mit einem Besitz von 1640 ha.[19] Die auch sozio-kulturell weitgehend aristokratisierte Schicht des agrarkapitalistischen Bürgertums mit seinen spezifischen ökonomischen, aber noch nicht industriellen Interessen gilt in der komparativen Bürgertumsforschung als ein Spezifikum Italiens.[20] Trotz des wirtschaftlichen Engagements des Bürgertums im Agrarsektor war jedoch die Entwicklung der italienischen Landwirtschaft im europäischen Vergleich stark rückständig, außerdem bremste das einseitige, auf den Landbesitz ausgerichtete Interesse die schon verspätete Industrialisierung, welche ohnehin fast ausschließlich an die Agrarwirtschaft gebunden war.[21] Der agrarisch orientierte Teil des italienischen Bürgertums entwickelte insgesamt eine Rentiers-Mentalität[22], die den Idealen einer bürgerlich-liberalen Gesellschaft sicherlich widersprach.

In wirtschaftlicher und mit Blick auf die Formierung der *Destra Storica* auch in politischer Hinsicht überschnitten sich also die Trennungslinien zwischen landbesitzendem Großbürgertum und Adel, wobei die konservative Konzeption einer an der Bewahrung des sozialen Status quo interessierten Agrargesellschaft den fortschrittlich-liberalen Idealen der bürgerlichen Gesellschaft widersprach. Die obere Schicht des Bürgertums ist durch ein feingliedriges Netzwerk mit dem Adel verbunden: geschäftlicher Klientelismus[23], Vereine und Verbände, Heiratsbeziehungen, schließlich die Scharnierfunktion des Militärs.[24] Gerade die Figur des *avvocato* spielte bei der Annäherung zwischen Adel und den obersten Schichten des Bürgertums eine Schlüsselrolle. Im allgemeinen wird der Rechtsanwalt auf Grund seines Berufsstandes dem Bildungsbürgertum und damit den Mittelschichten zugerechnet. In Italien jedoch, vor allem in Norditalien, verfügte ein nennenswerter Teil der Anwaltschaft über ausgedehnten Landbesitz, sodaß die Literatur auch vom *avvocato-possidente* spricht.[25] Juristisches Studium und entsprechende Karriere als Anwalt galten als typischer Lebensweg der besseren Bürgergesellschaft der Städte, aber auch des Adels.[26] Vor allem im Norden Italiens vertrat die wohlhabende Anwaltschaft die Interessen der landbesitzenden Notabelngesellschaft. Sieht man einmal vom jungen, arbeitslosen Anwalt aus dem Süden ab, der stolz auf seine humanistische Bildung war, Artikel für demokratische Zeitschriften oder Gedichte schrieb, aber kaum über ein regelmäßiges Einkommen verfügte[27], so ist für den wohlhabenden, landbesitzenden Rechtsanwalt aus Nord- und Mittelitalien die Frage zu stellen, ob diese Kategorie überhaupt noch zum Bildungsbürgertum zählt.[28]

Der wohlsituierten Schicht des agrarkapitalistisch orientierten Großbürgertums standen die Mittelschichten und vor allem eine ständig anwachsende Gruppe von mittleren und kleineren Staatsbediensteten gegenüber, deren finanzielles Auskommen häufig kaum ein standesgemäßes Dasein erlaubte.[29] Auch die häufig demokratisch oder republikanisch orientierten Akademiker, Gymnasial- und Universitätsprofessoren, wie der legendäre Professor Carducci, Intellektuelle, wie der Bologneser Verleger und Buchhändler Zanichelli, Vertreter der freien Berufe, wie der Architekt des neuen Bolognas, Alfonso Rubbiani, hatten sicherlich andere gesellschaftliche Interessen als die in der Partei der *Moderati* zusammengefaßte *classe dirigente* der lokalen Großgrundbesitzer. Die Interessenunterschiede innerhalb des Bürgertums, zwischen dem wohlhabenden Advokaten und seiner landbesitzenden, konservativen Klientel einerseits, den »humanistischen Intellektuellen« oder dem mittleren, demokratisch orientierten Bürgertum andererseits, wiegen schwer.

Auch die begriffsgeschichtlichen Untersuchungen Marco Meriggis unterstützen die Idee einer im Fall Italiens stärker differenzierenden Verwendung des Begriffs Bürgertum.[30] Philosophische Konzepte und die Erläuterungen der Lexika weisen in Italien schon früh auf die Heterogenität dieser Kategorie hin. Das Bildungsbürgertum nahm für sich bestimmte zivilbürgerliche Ideale in Anspruch, mit denen es sich für das Gemeinwesen einsetze. Dem widersprächen jedoch die individualistischen Wirtschaftsinteressen der Besitzbourgeoisie, an denen Italien zu zerbrechen drohte. Wie Benedetto Croce noch in den 1930er Jahren schreibt, sei im Fall Italiens die Verwendung einer sozial weit gefaßten Kategorie wie der des Bürgertums kaum zu rechtfertigen.

Dieser zunächst wirtschaftlich begründete Interessenkonflikt wurde in der zweiten Hälfte des 19. Jahrhunderts zunehmend um eine politische Dimension erweitert, als das Bildungsbürgertum über den Eintritt in die Verwaltungslaufbahn des Staates im neuen Italien an Bedeutung gewann, zu einer Zeit, in der der Landbesitz auf Grund seiner Rückständigkeit und als Folge kontinentaler Wirtschaftsentwicklungen seine frühere Machtstellung zu verlieren drohte. Die sich allmählich verändernde Stellung der Mittelschichten in der Gesellschaft erklärt auch die extremen Vorbehalte der herkömmlichen Eliten gegen die fortschreitende Bürokratisierung des Staates.[31] Bereits 1863 ließ Marco Minghetti in der Kammer seine Kritik an den übertriebenen Verwaltungsausgaben laut werden; Bolognas prominentester Politiker unter den *Moderati* war zunächst als Innenminister, dann als Finanzminister und schließlich als Ministerpräsident in besonderer Weise vom Problem der Staatsausgaben betroffen.[32] Die Kritik an dem in Politik und Verwaltung aufsteigenden Bürgertum zieht sich über die gesamte Geschichte der *Italia Liberale* hin.[33] Das Bürgertum wurde von den überkommenen Eliten für die übertriebene Bürokratisierung des Staates verantwortlich gemacht; eine grundsätzlichen Kritik am staatlichen Gemeinwesens lag dort nicht fern.

Während des *Risorgimento* wurden die Gegensätze zwischen den bürgerlichen Mittelschichten auf der einen Seite, Adel und Besitzbürgertum auf der anderen Seite, von dem gemeinsamen Interesse der italienischen Einigung überspielt.[34] Fanden sich in Preußen und im Deutschen Reich große Teile des Bildungsbürgertums und der eher wirtschaftlich definierten Bourgeoisie in der Partei der Nationalliberalen zusammen, so zeigte sich in Italien nach der Einigung auch politisch eine schärfere Trennung zwischen dem sogenannten »humanistischen Bürgertum«, welches sich von der *Sinistra Storica*, aber auch von Radikalen und Republikanern vertreten sah, und dem wohlhabenden Besitzbürgertum, welches sich mit weiten Teilen des Adels bei den *Moderati* zusammenfand. Die starke Fraktionierung des Bürgertums und die Gegensätze zwischen aristokratisiertem Großbürgertum und den Mittelschichten lassen sich nicht nur wirtschaftlich und politisch, sondern auch in sozio-kultureller Hinsicht erfassen. Die Orientierung der wohlhabenden, großbürgerlichen Familien am aristokratischen Lebensstil hat Paolo Macry für den Fall Neapels beschrieben und dabei insbesondere auf die symbolische Bedeutung der entsprechenden Wohnquartiere des Stadtzentrums hingewiesen. Gegen enorme Beträge mietete dort das wohlhabende Bürgertum die Adelspaläste des *Seicento*.[35] Eine ähnliche symbolische Bedeutung kommt dem mittelalterlichen Zentrum Bolognas zu. Ausgehend von der Piazza Maggiore und entlang der Hauptachse der nördlich ausgerichteten Via Rizzoli erhalten sich auch nach 1860 die vornehmsten Familien der Stadt, bestehend aus dem alten Patriziat Bolognas, der Aristokratie und den Familien des landbesitzenden Bürgertums. Eine recht genau dem Milieu der *Moderati* entsprechende Elite bietet auf diese Weise dem Einzug wirtschaftlicher Funktionen (Banken, Versicherungen, Geschäftshäuser) stärker Einhalt als in anderen europäischen Stadtzentren.[36] Währenddessen siedeln das mittlere Bürgertum, die Angehörigen der freien Berufe und der Universität in den neueren Stadtvierteln außerhalb des historischen Bolognas.[37] Nicht nur in Neapel oder Bologna, auch in anderen Städten Italiens, beispielsweise in Turin oder Florenz, lassen sich seit dem Beginn des 19. Jahrhunderts zum einen die Überschneidung der früher klar erkennbaren Standeslinien zwischen dem wohlsituierten Großbürgertum und dem Adel, zum anderen die starke Fraktionierung des Bürgertums in eine Besitz- und eine Bildungsklasse beobachten.[38]

Soziabilitätsstrukturen: Vereine und Kaffeehäuser

Vereine gelten als typische Soziabilitätsstrukturen der bürgerlichen Gesellschaft, und eine aktive Vereinsmitgliedschaft dient häufig als Eintrittsbillet in die lokale Politik.[39] Die Vereine sind aber auch eine wichtige Vorraussetzung, um das urbane Umfeld kulturell zu prägen. Eine solche bürgerliche Vereinsstruktur war in der italienischen Gesellschaft des 19. Jahrhunderts, im Vergleich mit anderen europäischen Gesellschaften, nur schwach ausgeprägt.[40] Weisen die Register der Präfekturen teilweise zahlreiche Vereine auf, so betrafen viele dieser Eintragungen in erster Linie wirtschaftliche Interessenverbände, nicht selten mit dem Ziel, die Hegemonie der agrarischen Führungsschicht aus dem Adel und dem wohlhabenden Bürgertum zu verteidigen.[41] Auch die vor allem dem Vergnügen dienenden Vereine sprachen häufig genau diese Schicht der Notabelngesellschaft an. Dies hat Wurzeln, die zum Teil vor 1860 zurückreichen, wie gerade das Beispiel Bologna verdeutlicht.

Bereits in der zweiten Hälfte des 18. Jahrhunderts gegründet, setzte sich die *Società del Casino* die Organisation musikalischer und literarischer Veranstaltungen zum Ziel. Zu den ersten dokumentierten Ereignissen gehörte im Jahre 1788 immerhin eine Aufführung von Glucks *Orfeo ed Euridice*.[42] Trotz solch aufwendiger Programmpunkte war die *Società del Casino* bis 1796 ausschließlich dem Adel vorbehalten und die Veranstaltungen durften lediglich von den eingeschriebenen Mitgliedern besucht werden. In der ersten Hälfte des 19. Jahrhunderts lockerten sich diese Regeln. Nicht zuletzt ökonomische Schwierigkeiten zwangen die Gesellschaft, sich sozial auszudehnen und die Mitgliedschaft des aufsteigenden, wohlhabenden Bürgertums zu suchen. Doch reproduzierte das *Casino* noch immer ganz bewußt die Modelle aristokratischer Soziabilität. Neben der Veranstaltung von Theater- und Opernaufführungen, ab 1834 in eigenen Räumen, diente die Gesellschaft vor allem als Spielcasino (Roulette, Billard, Lotteria) und Lesekabinett. Die Anzahl der den Mitgliedern zur Verfügung stehenden Zeitschriften wuchs bis zum Jahr 1832 auf 41 Publikationen an. Unter den für die Bibliothek zuständigen »Direktoren« fanden sich prominente Mitglieder wie z.B. seit 1838 Graf Marco Minghetti. Auch diese intellektuelle Ausrichtung ändert hingegen nicht das Gesamtbild einer falls überhaupt bürgerlichen, dann gänzlich aristokratisch assimilierten Gesellschaft.

Wie aus den Polizeiakten hervorgeht, sammelte sich in den Jahren des *Risorgimento* um die *Società del Casino* eine national-liberale Gruppe. Trotzdem zogen es die päpstlichen Staatssekretäre vor, diese moderate Opposition über die Casinogesellschaft unter Kontrolle zu halten, als durch eine Auflösung ihre Verwandlung in eine revolutionäre Geheimgesellschaft zu riskieren. Erst die österreichische Besatzung konnte die Gesellschaft seit dem Januar 1848 zum Schweigen bringen. Als sich die *Società del Casino* weigerte, die österreichischen Offiziere zu den Veranstaltungen einzuladen, ordnete der Kommandant die Schließung an. Auch ein Wiederruf dieser Anordnung durch die kirchlichen Hoheiten konnte die Gesellschaft nicht mehr zusammenhalten.

Veranschaulicht dieses Ende, daß es sich bei der *Società del Casino* tatsächlich um eine den Ideen des *Risorgimento* verpflichtete Opposition gegen das repressive System der päpstlichen Regierung handelte, so ging von der Gesellschaft doch keine bürgerliche Öffentlichkeit oder Vereinskultur aus. Im Gegenteil: Die *Società del Casino* versammelte genau die soziale Schicht, welche nach der italienischen Einigung den Aufstieg des Bürgertums hemmen sollte und stattdessen mit allen Mitteln seine soziale, wirtschaftliche und politische Hegemonie über Bologna ausübte. Trotzdem orientierte sich auch nach 1860 das gesellschaftliche Leben Bolognas an dem Vorbild der *Società del Casino*. Zunächst fand sich 1866 als Nachfolgeorganisation der alten Gesellschaft im Palazzo Salina Armorini der *Domino Club* zusammen. Für das kulturelle Leben in der Stadt, insbesondere für die musikalischen Aktivitäten, gewann bald ein anderer, ähnlich aristokratisch geprägter Verein an Bedeutung: die *Società del Quartetto*. Während sich in anderen Städten Europas überall bürgerliche Konzert- und Abonnentenvereine bildeten[43], war das Kulturleben Bolognas noch lange Zeit von den Aktivitäten privater Theater-, Opern- und Konzertveranstaltungen in den Palästen der lokalen Notabelngesellschaft geprägt.[44] Ganz in diesem Sinne entstand in Bologna 1877 im Hause des Grafen Camillo Pizzardi die *Società del Quartetto*.[45] Bildete diese Gesellschaft für mehrere Jahrzehnte die wichtigste Institution für Kammermusik in Bologna, so bestand die Idee doch eindeutig im Erhalt der spezifischen Soziabilitätsstrukturen der lokalen Notabelngesellschaft, nicht aber in der Schaffung einer bürgerlichen Öffentlichkeit. Sehr viel später als entsprechende Musikvereine in Wien, Leipzig oder Berlin begann die Gesellschaft erst 1888, anläßlich der internationalen Ausstellungen, mit der Veranstaltung von Orchesterkonzerten im *Teatro Comunale* und sprach damit nun auch ein größeres, bürgerliches Publikum an.

Während in England, Frankreich und im deutschsprachigen Raum auch das aktive Musizieren in Musik- und Orchestervereinen eine wichtige Grundlage des bürgerlichen Vereinslebens im 19. Jahrhundert bildete,[46] beschränkte sich dies in Italien meistens auf populäre Blaskapellen.[47] Auch Sportvereine für die bürgerlichen Mittelschichten entstanden in Italien wesentlich später als beispielsweise in Deutschland. Wurden sie während des *Risorgimento* zunächst von der republikanischen Bewegung nach dem Vorbild der deutschen Turner als Element der Volksbildung propagiert, entwickelten sich nach 1860 keine vergleichbaren Vereinsstrukturen.[48] Wenige entsprechende Initiativen waren zudem den Attacken der mazzinischen und sozialistischen Arbeiterbewegung ausgesetzt, die mit einem »Abbasso lo sport!« solche »gewalttätige Muskelreaktion gegen das unproduktive Nichtstun der Besitzerklassen« verspotteten.[49]

In mancher Hinsicht fehlte es in Italien also bereits an entsprechenden gesellschaftlichen Traditionen zur Herausbildung bürgerlicher Vereinsstrukturen nach der Einigung. Doch es gab auch Ausnahmen. Ein ausgesprochen bürgerlich geprägter Verein war in Bologna der Feuerbestattungsverein. Er initiierte eine lebhafte Debatte über mögliche Vor- und Nachteile dieser von seinen Befürwortern als ausgesprochen modern verstandenen Bestattungsweise. Wurden die hygienischen Aspekte ausschließlich positiv beurteilt, so waren auch die von gerichtsmedizinischer Seite herrührenden Zweifel bald ausgeräumt.[50] Damit bewegte sich die Diskussion auf einer ausgesprochen bürgerlich-liberalen Ebene: Die Frage der Hygiene spielte eine entscheidende Rolle in der vor allem von den bürgerlichen Linksliberalen vorangetriebenen

Diskussion um die Stadterneuerung und die moderne Infrastruktur Bolognas.[51] Die stärkste Kritik bot die Kirche.[52] Die Frage der Feuerbestattung fungierte als wichtige Chiffre bei der Herausbildung einer laizistischen und anti-klerikalen Identität des sich vom moralischen Druck des überwundenen Papstregimes emanzipierenden Bürgertums. Der Widerstand der Kirche gegen den Bruch ihres bis dahin nahezu unangetasteten Monopols, Leben und Tod zu interpretieren, betraf somit einen zentralen Punkt der postrisorgimentalen Bürgergesellschaft.

1880 gegründet, zählte die Gesellschaft bald 250 Mitglieder und führte neun Jahre später seine erste Bestattung durch. Auch von der sozialen Zusammensetzung seiner Mitglieder war es ausgerechnet der Feuerbestattungsverein, der unter den wenigen Bologneser Vereinen eine ausgesprochen bürgerliche Struktur aufweisen konnte. Zwar nehmen die Landbesitzer unter den 622 ersten Verbrennungen noch 96 ein, doch stehen dem 265 Vertreter der freien Berufe, der Beamten, Unternehmer und Akademiker gegenüber. Auch der große Anteil jüdischer Bevölkerung unter den Bestatteten sprach für den bürgerlichen Hintergrund des Vereins, und ebenfalls, als Zeichen der Opposition gegen die katholische Kirche, die große Zahl der Freimaurer.

Der Feuerbestattungsverein gehörte auch zu den wenigen Vereinigungen, die nach dem Statut Frauen aufnahmen. Allerdings standen bei allen zwischen 1889 und 1914 durchgeführten Bestattungen Frauen und Männer in einem Verhältnis von 123 zu 499. Was die Vereinsstrukturen des italienischen Bürgertums betraf, waren die Frauen besonders schlecht gestellt. Auch eigene, meist weniger politische als wohltätige Assoziationen von oder für Frauen entstanden erst zum Ende des 19. Jahrhunderts.[53] Der Antiliberalismus der sozial tief verwurzelten Kirche verstärkte diese Tendenz. Doch auch die *Moderati*, obwohl sie auf eine nicht zu vernachlässigende Tradition nationalbewegter Frauen zurückblicken konnten, begegneten der erwachenden Frauenbewegung meist nur mit Spott. Gerade die *Moderati* Bolognas boten dafür ein Beispiel, wie die Aufzeichnungen des Chronisten Enrico Bottrigari belegen.[54] Zu den wenigen Institutionen der Frauenbewegung gehörte in Bologna das *Propagandakomitee zur Verbesserung der Lage der Frauen*[55], welches allerdings auch zahlreiche Männer unter den Mitgliedern vorzuweisen hatte. Galt das Komitee seiner politischen Tendenz nach als *filosocialista*, wurden dort auch zahlreiche Themen diskutiert, die als ausgesprochen bürgerlich-liberal zu bezeichnen wären: dazu gehörte nicht nur das Wahlrecht, sondern auch das Recht zur Ausübung der liberalen Berufe durch Frauen, besonders als Rechtsanwältin. Schon 1881 hatte die erste Frau in Italien ihre juristischen Examina abgelegt. Nur durften die weiblichen Anwälte ihren Beruf nicht ausüben. Das Bologneser Komitee veröffentlichte zahlreiche Publikationen zu Themen der rechtlichen Lage der Frauen, aber auch zur Frauengeschichte, insbesondere zur Rolle der Frauen im *Risorgimento*. Auf Grund der mal demokratisch-liberalen, mal eher sozialistischen Ausrichtung bestanden enge Verbindungen zum *Resto del Carlino*, der eine ähnliche politische Linie verfolgte und regelmäßig über die Veranstaltungen des Frauenkomitees berichtet. Die politische Ausrichtung der Vereinigung, wie auch der emanzipatorischen Frauenbewegung Italiens im allgemeinen, war nicht frei von interner Kritik. Sie bildete eine klar erkennbare Bruchlinie innerhalb der Vereinigung. Ähnliche Diskussionen provozierte die Festlegung auf eine eher laizistische oder aber klerikale Tendenz. Sollte die Frau Vorkämpferin der Revolution oder Bewahrerin von Tradition und Religion gegen modernen Liberalismus und Individualismus sein?

Begegneten die lokalen *Moderati* den Emanzipationsbestrebungen der Bologneser Frauen mit Geringschätzung, so fanden sie gerade im akademisch-demokratischen Milieu des mittelständischen Bürgertums ernsthaften Zuspruch. Unter den zahlreichen Besuchern der Vortragsveranstaltungen des Komitees fanden sich regelmäßig bekannte Republikaner und Sozialisten wie Aurelio Saffi und Andrea Costa, oder die Dichter Carducci und Pascoli. Das Umfeld der Universität war gegenüber der Frauenfrage besonders offen. Die Kassenwartin des *Propagandakomitees*, Elisa Norsa Guerrieri, war die erste promovierte Naturwissenschaftlerin der Universität Bologna (1894). Bereits 20 Jahre zuvor gehörte Carducci, der 1882 auch die ersten Frauen zum Examen in Literaturwissenschaft und Philosophie zuließ, zu den wenigen Propagandisten der Frauenfrage.

Könnte das *Propagandakomitee zur Verbesserung der Lage der Frauen* somit als ein gutes Beispiel für eine demokratisch-liberale Vereinsstruktur der bürgerlichen Gesellschaft in Bologna gelten, so hatte es trotz des prominenten Zuspruchs aus dem Umkreis der Universität kaum Bestand und vermochte das städtische Vereinsleben nur vorübergehend zu prägen. Nach drei Jahren löste es sich selbst auf, die in der Zwischenzeit angesammelten Gelder führte es einer Berufsschule für Frauen zu. Damit verlor nicht nur das Bologneser Vereinsleben einen interessanten Bestandteil. Wurde selbst die italienische Kaffehauskultur des 19. Jahrhunderts von den zeitgenössischen Beobachtern mit dem *vita maschile al caffé* umschrieben,[56] so blieb den Frauen des Bologneser Bürgertums kaum ein Platz in den Strukturen der Öffentlichkeit. Ganz anders war die Rolle, welche Frauen in der adelig-großbürgerlichen Gesellschaft Italiens einnahmen. Hier gehörte es geradezu zu den sozialen Pflichten der Frauen, sich der gesellschaftlichen Standesverpflichtungen anzunehmen und einen Salon zur Pflege entsprechender Soziabilitätsstrukturen zu führen.[57] Dabei war die italienische Salonkultur ausschließlich dem Adel vorbehalten. Als der Bologneser Professor Carducci in der Casa Lovatelli in Rom empfangen wurde, mokierte man sich insgeheim über die der Gesellschaft des Salons unangemessenen Verhaltensweisen des Bürgertums.[58] Doch selbst Verdi, sicherlich näher als Carducci mit den kulturellen Regeln der Adelsgesellschaft vertraut, wurde erst ab 1842, nach dem großen Erfolg von *Nabucco* an der Scala, in den Salon der Chiara Maffei gebeten.[59]

Behauptet die italienische Vereinsforschung eine auch für Italien gültige, weite Verbreitung assoziativer Strukturen, so kann doch von den sich nach 1860 schnell ausbreitenden Solidaritätskassen, Bruderschaften des Handwerks oder Kooperativen des Proletariats[60] nicht auf eine bürgerlich-liberale Vereinssoziabilität geschlossen werden. Nach einer nationalen Statistik waren tatsächlich noch 1894 von insgesamt 9.379 im Königreich eingeschriebenen Vereinen nur ca. 15 % rekreativen Charakters; die überwiegende Anzahl der Assoziationen waren Hilfskassen oder politische Vereine.[61] Das bürgerliche Vereinswesen im Bologna des 19. Jahrhunderts war demgegenüber nur gering ausgeprägt. Tatsächlich wurde die Assoziationsfreiheit außerhalb des Geltungsbereichs des *Statuto Albertino* (Piemonte) erst nach 1860 gewährt.[62] Gleichzeitig muß beachtet werden, daß eine gewisse soziale Öffnung von Zirkeln der adligen Gesellschaft (Kammermusikgesellschaften oder Lesekabinetten nach Art der *Società di Casino* in Bologna) häufig nur das aristokratisch assimilierte, wohlhabende Bürgertum ansprach, weniger die Mittelschichten.[63]

Als Beispiel einer ungezwungenen, nicht den Regeln des Assoziationsrechts unterliegenden Struktur von Öffentlichkeit innerhalb der italienischen Gesellschaft des 19. Jahrhundert gilt die Kaffeehauskultur. So dienten in Neapel die Caffés der großen Boulevards dem Austausch zwischen ganz verschiedenen Schichten des Bürgertums – Künstlern und Intellektuellen, Politikern und Geschäftsleuten. Wie Paolo Macry aus den Berichten der Präfektur an den Innenminister schließt, kümmerte man sich dort häufig »um mehr als die Fragen des persönlichen Interesses«.[64] Anders erscheint die Situation in Bologna, obwohl auch hier die Kaffeehauskultur recht gut ausgeprägt war. In Bologna dienten die Kaffeehäuser weniger dem Austausch zwischen den verschiedenen Fraktionen des Bürgertums, wie die Erinnerungen eines lokalen Szenekenners zeigen.[65] Ähnlich dem Vereinsleben reproduzierte die Kaffeehauskultur Bolognas weitgehend die soziale Fraktionierung der Gesellschaft und im speziellen des Bürgertums. Im ehemaligen *Caffè Ungherese*, nicht ohne politische Bedeutung nach dem Ende der österreichischen Besatzungszeit in *Caffè dei Cacciatori* umbenannt, trafen sich ausschließlich Vertreter des Bologneser Bildungsbürgertums: demokratisch oder republikanisch orientierte Professoren, wie der Kreis um Giosue Carducci, Künstler und Studenten. Dekoriert war das Caffè nach Ideen des berühmten Architekten der *Bologna Carducciana*, Alfonso Rubbiani. Für Carduccis intellektuellen Zirkel war das Kaffeehaus nicht der einzige Treffpunkt. Auch in der Buchhandlung Zanichelli, unter dem Portico des altehrwürdigen *Archiginnasio*, traf er sich mit Kollegen der Universität, mit Journalisten, Schriftstellern und Männern aus dem Bologneser Kulturleben.[66] Das *Caffè dell'Arena* hingegen, früher einmal von Arbeitern und den Schauspielern der umliegenden Theater besucht, wurde nach gründlichem Umbau Treffpunkt der wohlhabenden *Moderati* um den Bologneser Parlamentsabgeordneten Marescalchi, die Schicht konservativer Großgrundbesitzer aus dem Adel und der vornehmsten Familien des Besitzbürgertums. Durch diese Trennung der beiden wichtigsten Fraktionen des sozialen und politischen Bolognas war sichergestellt, daß sich demokratische Akademiker und die moderate Fraktion der Großgrundbesitzer nur selten gegenseitig zutrinken mußten.

War das Vereinsleben der bürgerlichen Mittelschichten in Bologna ausgesprochen schwach ausgeprägt, so bestanden trotzdem mit Treffpunkten wie dem *Caffè dei Cacciatori*, aber auch dem demokratisch-bildungsbürgerlichen Zirkel um den Verleger und Buchhändler Zanichelli, wichtige Institutionen bildungsbürgerlicher Soziabilität. Diese reproduzierten, ähnlich wie die Vereine, weitgehend die starke Zersplitterung des Bürgertums. In Anbetracht erheblicher Schwierigkeiten der bürgerlichen Mittelschichten, sich einen Platz in der lokalen Politik zu erobern, kam diesen spezifischen Soziabilitätsstrukturen des Bologneser Bildungsbürgertums jedoch eine besondere Bedeutung bei der Herausbildung bürgerlich geprägter, urbaner Leitkulturen zu. Die Diskussionen in den entsprechenden Zirkeln dienten der Verabredung politischer Strategien und Bündnisse, förderten aber darüber hinausgehend auch die Konstruktion einer sozialen und lokalen Identität der bürgerlichen Mittelschichten der Stadt. Hier prägte sich ein sozialspezifisches Kulturinteresse des Bildungsbürgertums. Hatte die vom fortschrittlichen Bürgertum gemeinsam mit Exponenten der lokalen Musikszene betriebene Kampagne für die Musik Richard Wagners eine lebhafte Debatte unter den Opernliebhabern angeregt, so diente gerade der Kreis um Carducci als Treffpunkt der Wagnerianer, und der Buchhändler Zanichelli veröffentlichte 1872, auf dem Höhepunkt der Diskussion, Panzacchis einflußreiche Propagandaschrift über Wagners Zukunftsmusik.[67] Die entsprechenden Zirkel waren die Grundlage dafür, daß sich ein solcher Musikgeschmack der kulturellen Elite auch im weiteren Rahmen durchsetzen konnten.

3. Die politische Stellung der bürgerlichen Mittelschichten

Die urbanen Leitkulturen, d.h. die Museen, die Theater, die Stadtplanung und das akademischen Leben, dienen der jeweiligen *classe dirigente* zur Selbstdarstellung und zur öffentlichen Illustration ihres Gesellschaftskonzepts. Daher hängt auch die Art und Weise, in der verschiedene Gesellschaftsschichten Einfluß auf das lokale Kulturleben nehmen, entscheidend von der politischen Partizipation ab. Dies betrifft nicht zuletzt die Verfügung über öffentliche Mittel zur Gestaltung des Kulturlebens. Der Blick auf Bologna erweckt den Eindruck, daß das Bürgertum in der Emilianischen Hauptstadt erst sehr spät und unzureichend eine seinem sozialen Anspruch entsprechende Stellung in der Politik erlangte. Die *classe dirigente* rekrutierte sich auch lange Zeit nach der Einigung fast ausschließlich aus dem Feudaladel und dem wohlhabenden Großbürgertum der Landbesitzer.[68] Nur sehr allmählich wuchsen die bürgerlichen Mittelschichten Bolognas in diese *classe dirigente* hinein. Grund für die verspätete politische Partizipation der bürgerlichen Mittelschichten waren historische Bedingungen, welche Bologna auch nach dem Anschluß an das Königreich weiterhin beeinflußten: Die Regierung des Papstes hatte jeglichen Aufbruch aus den vormodernen sozialen Strukturen verhindert, und die österreichische Besatzung führte dazu, daß die Restaurationsphase noch drückender als in anderen Teilen Europas empfunden wurde. Die Einigung Italiens wurde nach den Ideen Cavours, nicht Garibaldis oder Mazzinis, vollzogen, was einen radikalen Bruch mit dem bestehenden Gesellschaftssystem verhinderte und die Machtkonzentration in den Händen einer kleinen, nach der Einigung rasch etablierten Führungselite ermöglichte.[69] Kam es auf nationaler Ebene durch den Wahlsieg der Linken im Jahre 1876 zu einer teilweisen Korrektur dieser Ausgangsposition, so bestand in Bologna die Vorrangstellung der überkommenen agrarischen Elite, die sich politisch in der Formation der *Moderati* zusammenfand, bis ins 20. Jahrhundert fort.[70] Die politische Partizipation der bürgerlichen Mittelschicht blieb dadurch beschränkt. Das wirkte sich auch auf das Kulturleben aus, doch gelangte das Bürgertum hier schon früher als in der Politik zu einem gewissen Einfluß. Eine Untersuchung von Bolognas Leitkulturen sollte dieser politischen Ausgangslage Rechnung tragen. Daher wird im folgenden die politische Partizipation der bürgerlichen Mittelschichten als eine Voraussetzung für deren Einfluß auf das städtische Kulturleben untersucht.

Eine Analyse der Sozialstruktur der Bologneser *classe dirigente* zeigt in der Tat, daß trotz des nach der Einigung grundsätzlich bürgerlich geprägten Parlamentarismus Italiens die entscheidenden politischen Positionen im Bolognese von Vertretern des Adels oder des agrarkapitalistischen Großbürgertums besetzt blieben. Dies erscheint schon allein an Hand der politischen Daten plausibel, d.h. der weit über den Machtwechsel in Rom hinausreichenden hegemonialen Stellung der *Destra Storica*. Der programmatische Unterschied zwischen der linken und der rechten Formation des italienischen Liberalismus verlor zwar durch den *Trasformismo* und später wegen des Anwachsens der extremen Linken an Bedeutung.[71] Trotzdem stand die *Destra Storica* auch gegen Ende des Jahrhunderts noch eindeutig für das soziale Milieu der wohlhabenden Landbesitzer, so wie die *Sinistra Storica* als Grundpfeiler der Verbürgerlichung der Politik galt.

Diese soziale Charakterisierung der beiden bestimmenden politischen Parteien läßt sich an Hand weniger Daten illustrieren: So waren in den Regierungen der Historischen Rechten (1861–1876) insgesamt 21% der Minister als Grundbesitzer und 43% als Adelige deklariert, während die gleichen sozialen Kategorien in den Regierungsjahren der

Historischen Linken (1876–1903) nur 3% bzw. 16% ausmachten.[72] Welchen Einfluß genossen die beiden Formationen im politischen Leben Bolognas? Gewannen die bis zu Crispi eher demokratisch orientierten Linksliberalen die Parlamentswahlen von 1876, so wurden Bolognas Parlamentsabgeordnete weiterhin von den oben beschriebenen, den Landbesitz vertretenden *Moderati* der Historischen Rechten gestellt,[73] welche über Jahrzehnte hinaus auch über die Mehrheit im Stadtrat verfügten. Sich im Sinne des *Trasformismo* der neuen politischen Großwetterlage anpassend, schlugen die auf nationaler Ebene besiegten *Moderati* 1877 den *Progressisti* in Bologna eine gemeinsame Liste vor. Mit wenig Selbstvertrauen ausgestattet, nahm die Bologneser *Sinistra Storica* diesen Bündnisvorschlag an und stellte zudem lediglich Kandidaten von ihrem rechten Rand auf, die sogenannten *Dissidenti.* Während es den *Moderati* auf diese Weise gelang, ihre hegemoniale Stellung in Bologna zu erhalten, wechselten einige Demokraten, verärgert über die *Dissidenti* der eigenen Partei, zu den Republikanern über.[74] Doch zeigen die Wahlen des Jahres 1880, bei denen sich *Moderati* und *Progressisti* wieder getrennt präsentierten, daß die *Sinistra Storica* in Bologna ohne Hilfe der *Destra* machtlos war: Lediglich vier Kandidaten, gegen zehn aus den Reihen der *Moderati*, wurden gewählt.[75] Auch als sich 1885 und 1886 der konsequent demokratische Teil der *Sinistra Storica* im Bündnis mit Radikalen und Republikanern bei den Wahlen präsentierte, führte dies zu einer vernichtenden Niederlage.[76] Auf Seiten der Rechten stellte zudem der Tod Marco Minghettis im Dezember 1886 die transigente Politik der vergangenen zehn Jahre in Frage und begünstigte eine noch betonter konservative Profilierung des moderaten Milieus in Bologna.[77] Die nach 1860 in Bologna etablierten Machtverhältnisse blieben also nach dem Regierungswechsel von 1876 im wesentlichen unverändert.[78]

Wie ist dieser Gegensatz zwischen der nationalen Entwicklung der politischen Mehrheiten und der spezifischen Situation Bolognas zu erklären? Warum schloß sich Bologna nicht den allgemeinen Verhältnissen an? Die in Italien nach der Einigung nicht unumstrittene, aber von den Regierungsvertretern doch zugestandene lokale Selbstverwaltung, war gleichbedeutend mit einer freiwilligen Abstinenz des neuen Staates von der Lokalpolitik, welche die Fortschreibung von Privilegien der überkommenen Eliten favorisierte.[79] War die Revolution in Bologna vor allem den garibaldinisch-mazzinischen Kräften um Camillo Casarini zu verdanken, sammelte sich die alteingesessene Führungsschicht im

Umkreis Cavours und Minghettis bei den *Moderati*. Der revolutionäre Elan der Linken mußte dem Pragmatismus der Rechten Platz machen und sich den politischen Bedingungen in Europa anpassen. Immerhin galt die Einigung Italiens zu diesem Zeitpunkt noch nicht als gesichert und der Ausgang des Unternehmens hing zu einem guten Teil von der Haltung Napoleons III und den Gefahren einer reaktionär-legitimistischen Konteroffensive ab.[80] Tatsächlich waren es zwei moderate Großgrundbesitzer, der oben beschriebene Marchese Luigi Pizzardi sowie Graf Giovanni Malvezzi, beide bereits als Senatoren im Parlament vertreten, welche 1861 die Administration Bolognas übernahmen. Die entscheidenden Positionen in der Giuntà wurden ausschließlich mit Vertretern des lokalen Adels besetzt: dem Grafen Carlo Marsili, Conte Giovanni Massei, Conte Agostino Salina, Conte Achille Sassoli. Der Bürgermeister Gioachino Napoleone Pepoli, verheiratet mit der Prinzessin Fridericke Wilhelmina von Hohenzollern-Sigmaringen, stammte aus einer der angesehensten Adelsfamilien Italiens. Vom Aufbruch in ein bürgerliches Zeitalter war also im Falle Bolognas kaum zu sprechen. Die für Bologna nach der Einigung so charakteristische Hegemonie der *Moderati* bedeutete die Herrschaft einer kleinen Elite von Landbesitzern aus dem Adel und dem Großbürgertum. In der Verwaltung verfügten die Beamten bürgerlicher Herkunft kaum über entscheidende Funktionen und waren zudem meist Delegierte der lokalen Notabelngesellschaft.[81]

Die Führungselite, welche die Transition vom *Risorgimento* zum Königreich Italien und im Fall Bolognas auch die folgenden Jahrzehnte bestimmte, bediente sich häufig der Möglichkeit des mehrfachen Mandats. Die überwiegende Zahl der politischen Vertreter besetzte mehrere Positionen in verschiedenen Verfassungsorganen, dem Kommunal- oder dem Provinzialrat, der Kammer oder dem Senat.[82] Luigi Pizzardi und Giovanni Malvezzi wurden in diesem Zusammenhang schon genannt. Marco Minghetti, Führer der *Moderati* im Parlament, erster Innenminister im Kabinett Ricasolis und später Ministerpräsident, stand in Bologna auch dem Provinzialrat vor. In diesem Amt wurde er vom Marchese Carlo Bevilaqua gefolgt, der bereits Senator war.[83] Weitere Vertreter der lokalen *Moderati*, verfügten über Mandate im Parlament, saßen aber auch im Provinzialrat, so Codronchi, Lugli und Berti.

Diese *classe dirigente* Bolognas war nicht nur durch die Interessen des gemeinsamen Landbesitzes geeint. Zahlreiche Verbände, Vereinigungen und Geldinstitute nahmen sich der wirtschaftlichen Interessen der politischen Elite an: der *Credito Agricolo*, der *Credito fondiario*, die Loge der Agrier und die Agrargesellschaft, das *Comizio agrario*.[84] Luigi Pizzardi war zum einen Gründer der *Cassa di Risparmio*, welche sich vor allem in den ersten Jahren ausschließlich um die finanziellen Bedürfnisse der Agrarier kümmerte.[85] Mit den Grafen Gaetano Zucchini, Marco Minghetti, Carlo Marsili, Carlo Bevilacqua und anderen hatte er 1855 auch die wichtige Regionalbank *Banca pontificia delle quattro Legazioni* aus der Taufe gehoben. Außerdem waren Pizzardi und Bevilacqua unter den Gründern der Bologneser Bergbaugesellschaft.[86] Cesare Zucchini gehörte zwar einer alten Familie des Bologneser Feudaladels an, war Direktor der agrarisch orientierten *Cassa di Risparmio* und Präsident der *Loggia degli Agrari*, fungierte jedoch auch als Präsident der Handelskammer.

Die urbanen Leitkulturen Bolognas können bei dieser *classe dirigente* kaum bürgerlich genannt werden, sondern entsprachen viel mehr den Ideen der lokalen Adelsgesellschaft. Seiner politischen und wirtschaftlichen Stellung innerhalb der Gesellschaft entsprechend, ließ die lokale Elite des Agrarkapitalismus seiner postrisorgimentalen Machtentfaltung bald symbolische Signale folgen. Ein viel diskutiertes Zeichen seiner weitreichenden Macht war der 1871 eingeweihte Repräsentationsbau der *Cassa di Risparmio* aus der Feder des Architekten Giuseppe Mengonis. Bekannt für den Palazzo Cavour, die Galleria Vittorio Emanuele in Mailand oder den Mercato S. Lorenzo in Florenz, gehörte Mengoni zu den gefragtesten Architekten des neuen Italien. Der Monumentalismus des neuen Palasts in der Via Farini und die damit verbundenen Kosten stießen jedoch selbst Enrico Bottrigari vor den Kopf, obwohl sich der eher konservativ gesinnte Beobachter und Chronist der Stadt in der Regel mit der moderaten *classe dirigente* politisch auf einer Linie befand:[87] Trotz seines bewundernswerten Effekts passe der Bau in keinerlei ästhetisches Konzept und schon gar nicht in das mittelalterliche Stadtbild Bolognas. Die verschiedensten Stile seien hier bunt miteinander gemischt. Das in familiärer Tradition fein geschulte Kunstempfinden des Bottrigari widersprach den Intentionen der sich mittels des Neubaus der Sparkasse allzu selbstbewußt darstellenden Agrarelite. Konnte ganz in der Nähe die *Banca Nazionale*, von dem Napolitaner Antonio Cipolla im klassizistischen Stil der *Roma Imperiale* errichtet, noch als klares Symbol für die wirtschaftliche Integration und Entwicklung der Nation gelten, so war die *Cassa di Risparmio* der Pizzardi,

Zucchini und Bevilacqua in erster Linie Machtsymbol einer lokalen und regionalen Klientel. Nicht nur der verwirrende Baustil, auch der Preis für den Prachtbau der Sparkasse traf auf die Kritik des Bottrigari. Der Direktor Marchese Bevilacqua habe den Palast in erster Linie mit den Ersparnissen der kleinen Handwerker finanziert, statt die Mittel mit mehr Nutzen für die Allgemeinheit zu investieren.[88] Damit traf Bottrigari ein anderes Problem der politischen und wirtschaftlichen Machtkonzentration in den Händen der Agrarelite. Statt eine mittelständische Industrialisierung durch Kredite an Handwerker und kleine Unternehmer in Gang zu setzen, beschränkten sich die Finanzaktivitäten auf die Interessen der bis zur Jahrhundertwende zudem kaum modern wirtschaftenden Großagrarier.[89]

Auch auf der Ebene der lokalen Verwaltung und der öffentlichen Ämter verfügte die Elite über ein Machtmonopol. Die Homogenisierung einer omnipotenten *classe dirigente* wurde nicht nur durch die Praxis des mehrfachen Mandats und die starke Überschneidung zwischen wirtschaftlichen und politischen Interessen, sondern auch durch die starke Osmose zwischen den Spitzenpositionen der Verwaltung und der Politik untermauert.[90] Von den Angestellten und Beamten des jungen Staates wurde absolute Treue zum politischen System und zur Regierungspartei verlangt.[91] Die seit der Einigung in Opposition befindliche mazzinische und garibaldische Variante des *Risorgimento* galt bereits als gefährliche Infragestellung des Einigungswerks von 1860. Die Bezeichnung der *Moderati* und ihres trasformistischen Amalgams als »Regierungs-» oder »Ministerialpartei« sprach für sich. Dies schloß den Teil des Bürgertums, der sich in Tradition Garibaldis und Mazzinis einordnete, automatisch von bestimmten Staatsämtern aus, auch auf Kosten liberaler Ideale einer zivibürgerlichen Gesellschaft.[92] Bereits einem republikanisch engagierten Professor, wie dem jungen Giosuè Carducci, konnte das zumindest zeitweise seinen Lehrstuhl kosten.[93] Doch auch ein weithin respektierter Demokrat wie Giuseppe Ceneri oder der bekannte Professor für Chemie, Pietro Piazza, wurden nach den Erinnerungsfeierlichkeiten für die Repubblica Romana 1868 von der Universität Bologna suspendiert. Quirico Filopanti, Gefolgsmann Garibadis, führender Kopf des Arbeitervereins und Professor für Mechanik und Hydraulik an der Universität Bologna, trat aus Solidarität freiwillig von seinem Katheder ab.[94]

Die soziale und kulturelle Homogenität der Spitzenpositionen des Verwaltungsapparates blieb auch nach dem nationalen Regierungswechsel des Jahres 1876 weitgehend bestehen.[95] Doch unter den Präfekten schrumpfte der Anteil des Adels bis zum Ende des Jahrhunderts auf kaum nennenswerte Restbestände.[96] So standen in Bologna die aus Rom abgesandten Präfekten nach 1876 zur Lage vor Ort in einem gewissen Spannungsverhältnis. Dies wirkte sich auch auf die politische Linie der einzelnen Parteien aus. Wurde der Übergang von der *Destra* zur *Sinistra Storica* in Rom durch den *Trasformismo* abgefedert, so waren die bis dahin wenig kompromißbereiten *Moderati* Bolognas zu Zugeständnissen gezwungen. Gerade die Präfekten Bolognas unterstützten den von Depretis und Minghetti seit 1882 angestrebten *Trasformismo*, die Annäherung und Zusammenarbeit zwischen *Destra Storica* und *Sinistra Storica*.[97] Diese war zwar gleichbedeutend mit einer zunehmenden Aufgabe demokratischer Grundsätze auf Seiten der Linken, erlaubte aber gleichzeitig eine gewisse Verbürgerlichung der bis dahin fast ausschließlich vom Großgrundbesitz gesteuerten Politik.

Daß der *Trasformismo* im Falle Bolognas trotzdem die Vorherrschaft der überkommenen Machtstrukturen kaum zu brechen vermochte, liegt in der Schwäche des bürgerlichen Linksliberalismus Bolognas einerseits, an der Allianz zwischen *Moderati* und Katholiken andererseits begründet. So blieb der Unterschied zwischen den beiden historischen Parteien im Fall Bolognas recht deutlich erkennbar. Trotzdem begünstigten die Präfekten nach dem Regierungswechsel in Rom die Verbürgerlichung der Politik. Auch der seit 1885 erscheinende, zur lokalen Politik in Opposition stehende *Resto del Carlino* wurde vom Präfekten Efisio Salaris als Zeichen der Vermittlung zwischen moderaten und bürgerlich-demokratischen Kräften begrüßt.[98] Entstammte Salaris eher dem politischen Umfeld der Rechten und trat entschieden gegen jegliche Akkorde mit der extremen Linken ein, so war er gleichzeitig ein typischer Vertreter des in Bologna bis dahin nur schwach betriebenen *Trasformismo*, was im Vergleich zur Hegemonie des lokalen Agrarkapitalismus bereits einen Fortschritt bedeutete. Doch vor allem die Biographie seines Nachfolgers, des seit 1887 amtierenden Präfekten Giacinto Scelsi, zeigt im sozialen Profil deutliche Unterschiede zur lokalen *classe dirigente*.[99] Scelsi war unter den modesten Verhältnissen einer ärmlichen Beamtenfamilie in Sizilien aufgewachsen. Nach Beteiligung an der 48er Revolution ging er ins Exil, wo er den späteren Ministerpräsidenten der *Sinistra Storica* Francesco Crispi kennenlernte, mit dem er bis zu seinem Tod in freundlicher Verbindung blieb. Als Dozent an der Universität Turin gründete er später mit Depretis die Zeitschrift *Il*

Diritto (Das Recht). 1860 nach Sizilien zurückgekehrt, wurde er von Garibaldi nacheinander in mehreren Provinzstädten zum Gouverneur ernannt. In verschiedenen Regionen Italiens als Präfekt eingesetzt, geriet er bald in Konflikte mit der moderaten Regierung und wurde mehrfach strafversetzt und kurzweilig auch in den Vorruhestand geschickt. Die soziale Herkunft, seine politische Orientierung und nicht zuletzt seine Wirtschaftspolitik betreffend[100] unterschied sich Scelsi auf bemerkenswerte Weise vom Profil der lokalen Elite, als er zum Präfekt von Bologna ernannt wurde.

Gerade das Amt des Präfekten war im liberalen Italien mit viel Macht verbunden. Den Provinzen gelang es nur selten, gegen den Willen des Präfekten, der auch Präsident des Provinzialrats (*Deputazione Provinciale*) war, ihre Eigenständigkeit durchzusetzen.[101] Die wichtige Stellung des Präfekten zeigte sich vor allem in politischen Krisensituationen: 1913 koordinierte der Präfekt persönlich alle Maßnahmen, die einen Wahlsieg der Sozialisten in Bologna verhindern sollten und versuchte mit allen Mitteln, *Moderati*, *Progressisti* und Katholiken zu einem Bündnis zu überreden.[102] Konnte der Präfekt im Provinzialrat und im persönlichen Gespräch mit lokalen Honoratioren einen gewissen Einfluß auf die Politik geltend machen, so reichte seine Autorität andererseits kaum, um direkt Entscheidungen für die Gemeinden zu treffen. So vermochten die seit dem Regierungswechsel in Rom nach Bologna entsandten Präfekten auch nur in geringem Maße auf die soziale Komposition der lokalen *classe dirigente* Einfluß zu nehmen.

Seit der zweiten Hälfte der 1880er Jahre nahmen in Bologna Universitätsprofessoren und die Vertreter der freien Berufe, d.h. größtenteils Honoratioren bürgerlicher Provenienz, immerhin schon ca. 50 % der Sitze im Stadtrat ein.[103] Nur noch die Hälfte der *Consiglieri* wurde vom Adel und dem landbesitzenden Großbürgertum gestellt. Doch sieht man von dem kurzen radikal-demokratischen Intermezzo Casarinis Ende der 1860er Jahre ab, dauerte es noch über zwanzig Jahre, bis Bologna mit Gaetano Tacconi den ersten bürgerlichen, nicht aus der lokalen Adelsgesellschaft kommenden Bürgermeister bekam. Und auch Tacconi war im Amt weiterhin von den Vertretern der alteingesessenen Elite umgeben, Baronen und Grafen wie Sacchetti, Berti, Maccaferri, Malvezzi, Mazzacorati, Lugli, Zucchini und Massei.

Lassen sich unter Tacconi und später unter Dallolio, beide dem Bündnis der Moderati zugehörig, einige entscheidende Veränderungen für die moderne Entwicklung Bolognas beobachten, und öffnet sich seine Politik damit gegenüber den Vertretern und Ideen des bürgerlich-demokratischen Zentrums, so sind diese Regierungsjahre jedoch auch von einer Annäherung der Moderati an die Katholiken gekennzeichnet. Die hegemoniale Stellung der *Moderati* begann allmählich unter neuen sozialen und politischen Bedingungen zu wanken. Statt einer konsequenten Öffnung gegenüber dem demokratischen Bürgertum[104], näherte sich der überwiegende Teil der Moderati dem im Entstehen begriffenen politischen Katholizismus an. In diesem neuen Rahmen war somit ein zentraler Programmpunkt der *Progressisti* nicht mehr gewährleistet: der historisch begründete Laizismus. Sollte die Administration Taccconis bezüglich der Frage des Religionsunterrichts in den Schulen nach den Wahlen zunächst einige Zugeständnisse an das demokratische Bürgertum machen, schienen dem Projekt einer zivilbürgerlichen Gesellschaft nach den Vorstellungen der Carducciani durch die Annäherung zwischen Katholizismus und Moderatismus neue Hindernisse gestellt. Was den sozialen Hintergrund seiner Führungselite betrifft, unterschied sich der politische Katholizismus, kaum von der alten *classe dirigente* der Moderati. Die sogenannte »schwarze Aristokratie« der Marsigli, Grabinski, Ranuzzi und der Sassoli Tomba, fand sich auch hier mit dem wohlhabenden Bürgertum der Landbesitzer zusammen, welche im Bündnis mit dem Katholizismus die Restauration einer konservativen Ordnungspartei erhofften. Beispielhaft für diese katholisch-konservative Interessenkoaltion stand der aus einer wohlhabenden Familie von Großgrundbesitzern stammende Kopf der transigenten, d.h. der sich gegenüber dem italienischen Staat öffnenden Katholiken, Giovanni Acquaderni[105]. Bologna, ehemals nach Rom die wichtigste Stadt des päpstlichen Herrschaftsbereiches, wurde damit seit den 1880er Jahren zum nationalen Zentrum des politischen Katholizismus. Die neue Bewegung, vom demokratischen Bürgertum in der Regel als systemfeindlich eingestuft, gelangte über Zeitschriften und publikumswirksame Propaganda schnell zu weitem Einfluß.

Der freien Entfaltung dieser neuen politischen Formation aus Konservatismus und Katholizismus stand zunächst noch die Intransigenz von Teilen der Kirche entgegen, d.h. die explizite Ablehnung jeglicher Partizipation am italienischen Staatswesen durch die römisch-katholische Kirche. Dies änderte sich mit der Proklamation des jungen, aus bürgerlicher Familie stammenden Erzbischofs von Bologna, Domenico Svampa. Die Wahlergebnisse der darauf folgenden Jahre tragen dieser

Veränderung des politischen Klimas im Umfeld der Kirche Rechnung. Im Gegensatz zu seinem Vorgänger orientierte sich Svampa an den Ideen des seit 1879 amtierenden Papstes Leone XIII, der eine explizit diplomatische Linie verfolgte und dessen Politik, nicht ohne Widerstand von Seiten des auch in Bologna starken intransigenten Katholizismus, zur Gründung der *Conservatori Cattolici Nazionali* geführt hatte.[106] Waren noch bei den Wahlen des Jahres 1886 lediglich zwei Katholiken über die Liste der *Moderati* vertreten, so wurden bei den Administrativwahlen 1895, also nach der Amtseinführung des neuen Erzbischofs, neben 24 Konservativen und 12 Demokraten bereits 24 *Clericali* gewählt.[107] Die politische Antwort ließ nicht lange auf sich warten: Eine der ersten Maßnahmen der neuen Administration war die Wiedereinführung des Religionsunterrichts in den Schulen – nicht zuletzt als Mittel gegen die Irrlehren des Sozialismus und die Auflösung sozialer Strukturen.

Die Öffnung der moderaten Politik zum Bürgertum hin schien durch das Bündnis zwischen Konservatismus und Katholizismus neuerlich gescheitert. Doch kam es auf Grund von innerparteilichen Auseinandersetzungen auf Seiten der *Moderati*, wie auch der *Progressisti*, kurz nach der Jahrhundertwende zu einem unerwarteten Umschwung in den Mehrheitsverhältnissen. Teile der *Moderati* und der Klerikalen widersetzten sich der gemeinsamen Liste, gleichzeitig drängte eine Gruppe von *Progressisti,* statt den Verlust eines eigenen Profils durch Absprachen mit der Rechten zu riskieren, auf eine Verständigung mit der immer deutlicher wahrnehmbaren extremen Linken. Auf dieser Grundlage wurde 1902 eine sogenannte »populäre« Stadtverwaltung ins Amt gewählt, zusammengesetzt aus Radikalen, Sozialisten und dem linken Flügel der Progressisten. Versprach man sich von diesem Bündnis eine reformistische Befriedung der gerade in der Emilia-Romagna schnell anwachsenden Arbeiterbewegung und vermochte diese Zusammenarbeit die Gefahr einer ultramontanen Koalition aus Katholizismus und Konservatismus einstweilen zu verhindern, wurde die neue Stadtregierung nicht nur vom lokalen *Resto del Carlino*, sondern auch vom Regierungschef Giolitti ausdrücklich begrüßt. Nicht nur die Eindämmung der reaktionären Kräfte, sondern auch eine konsequente Inangriffnahme der seit Jahrzehnten ausstehenden und von der konservativen Elite immer wieder verzögerten Erneuerungs- und Infrastrukturmaßnahmen standen auf dem Programm der neuen Regierungskoalition. Dazu gehörten neben der Verwaltungsreform auch einige betont sozialistisch inspirierte Ideen: so die Errichtung einer Stadtbäckerei und großzügige Subventionen für die Arbeiterkammer.

Bereits seit 1889 bestand für Bologna ein Bebauungsplan, auf dessen Ausgestaltung maßgeblich Carducci Einfluß genommen hatte. Zentralpunkt dieses urbanistischen Konzepts und Zeichen der nicht nur räumlich verstandenen Öffnung der Stadt war der Abbruch der mittelalterlichen Stadtmauer, um Platz für eine moderne Infrastruktur zu schaffen. Kernstück der bürgerlich verstandenen Stadtpolitik, hatten sich die moderaten Stadtregierungen der konsequenten Durchführung des Plans seit geraumer Zeit immer wieder entgegengestellt. Gerade die Diskussion des Bebauungsplanes, oder genauer, die Frage des Abbruchs der Stadtmauern, führte jedoch auch unter den neuen politischen Vorzeichen zum vorzeitigen Bruch der Koalition und beendete die Hoffnungen auf einen politischen Neuanfang des Bürgertums im Bündnis mit den Kräften der Arbeiterbewegung. Im Januar 1905 wurde die *Giunta popolare* von einer klerikal-konservativen Liste abgelöst.[108] Der neue Bürgermeister, Marchese Giuseppe Tanari, flankiert vom Grafen Filippo Cavazza, stand stellvertretend für den klerikal-moderaten Konsens, welchen das demokratisch orientierte Bügertum durch sein Bündnis mit Radikalen und Sozialisten zu verhindern versucht hatte. Die katholisch-konservative Formation wurde durch ein betont national-patriotisches Element bestärkt, an dem der Erzbischof Svampa, durch seine Ehrerweisungen an Vittorio-Emanuele III im Jahre 1904, entscheidenden Anteil hatte.

Der politische Katholizismus Bolognas, finanziell bestens für die politischen Kampagnen ausgerüstet, baute auf einer festen Organisationsstruktur auf: Der Wahlverein zählte 700 Mitglieder, unterteilt in vier Steuerklassen, und verfügte in jeder Pfarrei über eine Vertretung. Wichtigstes Propagandainstrument des konservativ-klerikalen Bündnisses war seit der Jahrhundertwende der imperialistische Traum eines italienischen Reiches. Seit 1911 wurde der katholische Konservatismus darin durch die *Associazione Nazionalista Bolognese* unterstützt, welche mit dem Parteiorgan *La Nuova Italia* und dem seit 1909 von den neuen Herausgebern aus der Lobby des Agrarkapitalismus in seiner politischen Linie vollkommen verwandelten *Carlino* erheblichen Einfluß auf die öffentliche Meinung hatte.[109]

Nationalismus und Katholizismus bildeten so die Klammern für eine neue Form des Konservatismus, welcher sich vom Liberalismus moderater Prägung von Cavour und Minghetti immer mehr unterschied.

Strukturveränderungen im Bankgewerbe hatten eine allmählich einsetzende wirtschaftliche Entwicklung der Region ermöglicht. Auch diese erste Phase der Industrialisierung stützte sich jedoch vollkommen auf den Agrarsektor, sodaß die neue Kategorie von Industriellen ziemlich genau die politischen und sozialen Interessen der überkommenen Führungselite der Großagrarier vertrat. Die Erneuerung der politischen Klasse bedeutete daher kaum eine Öffnung zum bürgerlichen Mittelstand, der in den Augen der Industrie mittlerweile durch Kontakte zum Radikalismus und Sozialismus ohnehin diskreditiert war. Der reaktionär geprägte politische Katholizismus bildete in dieser Formation die entscheidende Barriere gegen die vom Sozialismus beständig drohende Neuordnung der Gesellschaft, während der Nationalismus sich wandelnden Wirtschaftsinteressen der Führungsschicht Rechnung trug und darüber hinaus ein wirksames und für breite Kreise attraktives Propagandainstrument bildete, welches Teile der Liberalen zu Zugeständnissen bezüglich der klerikalen Frage verleiten konnte. Dieser Nationalismus vermochte auch die Studentenschaft und intellektuelle Kreise anzuziehen, welche wie Giovanni Pascoli bisher dem Sozialismus nahestanden, in Anbetracht des Giolitismus aber auch nach neuen Inhalten und Zielen der Gesellschaft zu suchen begannen.

Welche Stellung nahm jetzt das demokratisch-laizistische Bürgertum innerhalb der sich wandelnden politischen Landschaft Bolognas ein? Die ursprünglich vor allem das Kleinbürgertum ansprechende republikanische Partei, der als Versammlungsort lange Zeit das *Liceo Musicale* zur Verfügung stand, litt seit dem Tode Mazzinis stark an Mitgliederschwund, und ihre Bedeutung im politischen Diskurs reduzierte sich in Bologna auf die Attraktivität einiger weniger Namen von kulturellem oder sozialem Prestige, wie Amelio Saffi, den Strafrechtsprofessor Giuseppe Ceneri, den Mathematiker Giuseppe Baricci. Auch Carducci war mit gewissen Einschränkungen noch dieser politischen Orientierung zuzurechnen.[110] Trotz der schillernden Namen aus dem Umfeld der Kultur und dem wissenschaftlichen Leben der Stadt, gelang es den Republikanern nur in Ausnahmefällen, an den politischen Mehrheiten als eigenständige Kraft teilzuhaben.

Bereits seit 1878 näherten sich Teile der Republikaner dem Internationalismus an. Giovanni Pascoli hatte an der Gründung der Bologneser Sektion der Internationalen teilgenommen und selbst Carducci schrieb für deren seit dem 1. Mai 1881 erscheinendes Blatt *Don Chisciotte*[111]. Ein wichtiger Grund für das Anwachsen des Internationalismus und des

Sozialismus im Bolognese war die sich ständig dramatisierende Lebenslage des Landproletariats, welches immer seltener Arbeit und sein täglich Brot zu sichern vermochte. Zu Beginn der 1890er Jahre konnte ein männlicher Tagelöhner noch für maximal 180 bis 200 Tage im Jahr gegen schlechte Bezahlung Arbeit auftreiben, was jedoch zum Überleben schon nicht reichte. Bald reduzierten sich die Arbeitstage auf nur noch 100 bis 120 pro Jahr und Mann.[112] Der Alltag war von unglaublicher Armut gekennzeichnet: Viele schliefen das ganze Jahr in den Ställen. Der geringe Verdienst reichte nicht, Vorsorge für den Winter zu treffen. Zweimaliger Fleischkonsum im Jahr war bereits eine Ausnahme. Auch paternalistischer Assistenzialismus, wie ihn *Moderati* und Katholiken als Gegenmaßnahme vorschlugen, konnte in dieser Mißlage nicht mehr greifen. Selbst der Präfekt, der die Schuld an den zunehmenden und teilweise in offene Gewalt ausufernden sozialen Spannungen ausschließlich der Propaganda der Sozialisten zuwies, mußte eingestehen, daß die Landbesitzer bei der Verteidigung ihrer agrarwirtschaftlichen Profite zu wenig Kompromißbereitschaft mit den Arbeitskräften zeigten.

Die Administration, verschreckt durch die aus dem Umland in die Stadt eindringenden, arbeitslosen und entwurzelten Massen, versuchte auf die soziale Bedrohung zu reagieren, indem sie außerordentliche Mittel für öffentliche Bauvorhaben bereitstellte.[113] Die verspätete Industrialisierung Bolognas konnte dem ständig anwachsenden Heer der Arbeitslosen ländlicher Provenienz kaum einen Ausgleich bieten.[114] Doch boten Arbeitsplätze in der Industrie ohnehin kaum Sicherheit gegen die drohende Revolution: Auch die relativ geringe Zahl Bologneser Fabrikarbeiter sah im Sozialismus ihre Zukunft und bildete für die Arbeiterbewegung eine sichere soziale Basis. Im Zeichen des Giolitismus fand der Sozialismus auch aus dem Bürgertum einen gewissen Zulauf und unter den zu Beginn des 20. Jahrhunderts ca. 3.000 eingeschriebenen Mitgliedern befand sich ein nicht unbedeutender Kern bürgerlicher Intellektueller. Die mangelnde Durchsetzungskraft des bürgerlich-demokratischen Liberalismus – progressiver, radikaler oder republikanischer Prägung – war dafür eine wichtige Grundlage.[115]

Trotz des organisatorischen Erfolgs der Arbeiterbewegung führten die spezifischen sozialen und wirtschaftlichen Bedingungen im Bolognese zu scharfen Bruchlinien zwischen städtischem und ländlichen Sozialismus, zwischen Revolutionären und Reformisten. Der Konflikt ging so weit, daß zu den Kommunalwahlen im Jahre 1906 beide Formationen mit getrennten Listen antraten.[116] Am Ende überwogen die maximalistischen Positionen innerhalb der Partei. Dies führte jedoch zum Bruch mit den Radikalen, welche sich von den Extrempositionen des Bologneser Sozialismus abzusetzen versuchten. Damit drohte der Bologneser Sozialismus sein »bürgerliches« und kleinbürgerliches Element zu verlieren, was sich im Scheitern des »populären« Programms, d.h. der Allianz zwischen bürgerlich-demokratischen, radikalen und sozialistischen Kräften, abzeichnete.

Gelang es in den Jahren 1868–1872 sowie 1903–1905 kurzzeitig, den demokratischen Linksliberalismus durch Bündnisse mit Radikalen, Republikanern und Sozialisten zu stärken, so reichte dies kaum, um eine tiefgreifende Veränderung in der politischen Klasse zu vollziehen. Zur Ablösung der alteingesessenen Führungselite kam es erst kurz vor Ausbruch des Ersten Weltkriegs; doch auch dann nicht zugunsten der demokratisch orientierten bürgerlichen Mittelschichten, sondern der Sozialisten. Der erste sozialistische Bürgermeister Francesco Zanardi war mit seiner Universitätsausbildung und als Eigentümer eines kleinen pharmazeutischen Betriebes zweifelsohne dem Bürgertum zuzurechnen. Doch im neu zusammengesetzten Kommunalrat umgaben ihn 21 Arbeiter und fünf Angestellte, welche sich nun die Sitze mit lediglich 17 Freiberuflern, drei Kaufleuten und zwei Buchhaltern zu teilen hatten. Die Bologneser Adelsfamilien waren im neuen Stadtrat nicht mehr vertreten. Wie unter Schock tituliert der katholische *Avvenire,* Bologna sei unter »die Hegemonie der Arbeiterkammer und des Analphabetismus« gefallen.[117] Zumindest die Hegemonie der seit der italienischen Einigung regierenden Führungselite der Großagrarier war tatsächlich zunächst einmal gebrochen.

Der Sieg der Sozialisten führte zu einer tiefen Krise im Verhältnis zwischen Konservativen, Demokraten und Klerikalen, welche in panischer Reaktion auf den Regierungsantritt der Linken zu keinerlei Verständigung gelangten, um der neuen, nun sozialistischen Hegemonie zu begegnen. Tatsächlich beschränkte sich die neue Macht der Sozialisten nicht nur auf den Stadtrat und die Lokalregierungen im Umland des Bolognese. Auch bei den Parlamentswahlen hatten die Sozialisten zwei von drei Bologneser Wahlkreisen gewonnen. Die Wahlerfolge der Arbeiterpartei im Umland Bolognas erlaubten es schließlich, daß auch das Präsidium im Provinzialrat erstmals mit einem Sozialisten besetzt wurde.

Die Einführung des Proporzionalsystems nach dem Krieg machte das Ausmaß der politischen Veränderung besonders deutlich: die *Moderati*, welche für mehr als 50 Jahre die Geschicke der Stadt bestimmt hatten, kamen lediglich auf 13 % der Stimmen und lagen damit noch unter dem Resultat des neuen katholischen *Partito Poplare* (13,8 %). Dem standen fast 63 % für die Sozialisten gegenüber. Doch auch das Konzept eines bürgerlich-demokratischen Liberalismus, der seit den Zeiten des Carducci in Bologna um politischen Einfluß gekämpft hatte, mußte sein politisches Ende eingestehen. In Anbetracht der sozialistischen Übermacht und des nun selbstbewußt eigene Listen präsentierenden politischen Katholizismus lösten sich die *Progressisti* in einem Bündnis mit den *Moderati* auf; die republikanischen *Radicali* blieben als politischer Faktor erhalten, kamen aber unter diesen Bedingungen gerade auf 10 % der Stimmen und waren damit kleinste Partei.[118] Der Bruch der moderat-konservativen Vorherrschaft bedeutete also auch das Ende jeglicher Hoffnung für eine aus den bürgerlichen Mittelschichten konstituierte und demokratisch-liberal inspirierte *classe dirigente.*

Dem Bologneser Sozialismus wurde nach Ende des Krieges kaum Zeit gelassen, sich als politische Macht zu etablieren. Die konservative Elite der Großagrarier sollte ihre Ablösung von der politischen Macht nicht ohne weiteres hinnehmen und suchte nach neuen Bündnispartnern. Der Nationalismus, welcher seit Beginn des 20. Jahrhunderts eine neue Formation im Parteienspektrum bildete, gewann durch die Frage des Interventionismus im Ersten Weltkrieg neue Kraft. Die militärische Begeisterung vermochte gleichermaßen Teile der Unterschichten, des Kleinbürgertums, wie auch intellektuelle Kreise zusammenzuführen. Kann die beeindruckende Bestätigung der sozialistischen Wahlerfolge nach Kriegsende ohne Zweifel als breite, über die Klassenlinie der Arbeiterpartei hinausreichende Zustimmung zum Pazifismus des PSI verstanden werden, so waren auch die nach 1918 neu entstandenen *Fasci di Combattimento* von bemerkenswerter sozialer Heterogenität gekennzeichnet. Die neue Bewegung versammelte nicht nur nach einem neuen politischen Umfeld suchende Arbeiter, sondern auch Intellektuelle und Künstler aus der *Avantguardia*, entwurzelte und vom sozialen Abstieg bedrohte Frontkämpfer aus dem ländlichen Umland und ehemalige Legionäre der Fiume-Kampagne D'Annunzios.[119] In der Bewegung fanden sich überzeugte Katholiken, die sich über den neuen Nationalismus der Kirche mit dem italienischen Staat ausgesöhnt hatten, ehemalige Republikaner und Radikale aus bildungsbürgerlichem oder kleinbürgerlichem Milieu[120], aber auch über den Pazifismus des PSI enttäuschte, ehemalige Sozialisten. Auch das Bologneser Milieu der Kleinhändler, welches sich vor allem gegen die Steuer- und Sozialpolitik der sozialistischen Stadtregierung auflehnte, fand in den Reihen dieser protofaschistischen Verbände eine neue politische Sozialisierung. Gerade Gabriele D'Annunzio war zu diesem Zeitpunkt, mehr als Mussolini, Idol und Mittelpunkt der Bewegung. Im *Carlino*, der seit 1909 nicht mehr die demokratisch-radikale Stimme der Carducciani, sondern Sprachrohr der national-konservativen Agrarlobby war, wurde der *comandante* von Fiume euphorisch als der *massimo poeta* betitelt.

Nicht so sehr das mittelständische Bürgertum, als vielmehr der adelige und großbürgerliche Agrarkapitalismus gaben den ersten Regungen des Faschismus das entscheidende Gewicht im politischen und sozialen Nachkriegsalltag. Die Stellung der Landbesitzer und der Agrarindustrie im gesellschaftlichen System war durch die sozialen Spannungen im Bolognese und die vom Sozialismus gebotenen Problemlösungen in ihrer Existenz äußerst bedroht. Bereits seit 1919 in paramilitärischen Verbänden wie der *Lega latina della gioventù* oder *Sempre pronti per la Patria e per il re*[121] organisiert und ab 1920 mit dem Terminus Faschismus umschrieben[122], stand die Bewegung innerhalb kürzester Zeit im Zentrum des antisozialistischen Terrors. Sie verstand den Nationalismus als ideologisches Instrument und die Kampfverbände als physisches Machtmittel, um sich gegen die unaufhaltsam erscheinende revolutionäre Umwälzung des sozialen Systems durch die Vorkämpfer der Arbeiterbewegung zu verteidigen.[123] Sicherlich war die vom Klassenkampf der Fabrikräte ausgehende Gefahr in Bologna weniger akut als beispielsweise in Turin.[124] Trotzdem erkannten auch die Vertreter der lokalen Industrie im Faschismus einen wichtigen Verbündeten im Kampf gegen den Sozialismus, was nicht zuletzt der Blick auf die in der »Vereinigung für Zivilverteidigung« konstituierten Anti-Streikbewegung beweist. Die Bekämpfung der sozialistischen Arbeiterbewegung war den Vertretern der Industrie in dieser Situation zweifelsohne wichtiger war als der Aufbau einer zivilbürgerlichen Gesellschaft, wie sie der Giolittismus im Bündnis zwischen Arbeiterbewegung, Industrie und Staat suchte.

So vermochte die alteingesessene Agrarelite im Bündnis mit dem Faschismus und der nunmehr auch im Bolognese einziehenden, modernen Industrie seine durch den überwältigenden Sieg der Sozialisten kurzweilig eingebüßte Macht zu einem nicht unerheblichen Teil zu restaurieren.[125] Die lokalen Führer des Faschismus, Dino Grandi und Leandro Arpinati, delegierten seit Mitte der 1920er Jahre entscheidende Verwaltungsfunktionen an die Exponenten des traditionellen Bologneser Konservatismus. War ein Charakteristikum des sich von Rom bewußt unterscheidenden Bologneser Faschismus der über die Machtergreifung hinausreichende Aktivismus und sein massiver Einsatz von Gewalt in der Öffentlichkeit[126], so trat er auch durch seine Bestrebungen einer regelrechten sozialen und politischen Restauration des Konservatismus aus dem nationalen Rahmen hervor.[127] Nicht zuletzt der bereits seit 1922 eindeutig pro-faschistische Wandel des katholischen *Avvenire* bildete dabei ein wichtiges Element.[128] Marchese Giuseppe Tanari, 1905 zum Bürgermeister der katholisch-konservativen Koalition gewählt, legte in der 1933 vorgelegten Autobiographie von seinem Wandel zum Faschismus selbst Zeugnis ab.[129] Wichtige Vertreter der Agrarindustrie im Bolognese, Venturi, Zambonelli und Serrazanetti, gehörten zu den lokalen Initiatoren des *Partito Nazionale Fascista*. Der ehemalige Polizeichef Giuseppe Guadagnini, welcher nach dem Krieg, während der sozialen Spannungen zwischen Landbesitzern und Landarbeitern, das Konkordat der Polizeitruppen mit den faschistischen Terrorverbänden begründet hatte, wurde Präfekt von Bologna. Die Grafen Alessandritti und Isolani sowie der Marchese Beccadelli nahmen ohne Widerwillen vor dem Schwarzhemd Positionen als Podestà im Bologneser Umland an.[130] Sein teilweise dramatisches Spannungsverhältnis zum römischen Faschismus und zu den Ideen Mussolinis versuchte die konservativen Komponente des Bologneser Faschismus dadurch auszugleichen, daß sie den *Duce* als Ehrenmitglied »ob pacem agris restitutam« in die *Società agraria* aufnahm.[131]

Eine Analyse der politischen Machtverhältnisse in Bologna zwischen italienischer Einigung und Faschismus zeigt, daß es den bürgerlichen Mittelschichten kaum gelang, in die politische Klasse hineinzuwachsen. In Bologna etablierte sich nach der Einigung eine Führungsschicht politisch konservativ gesinnter Großgrundbesitzer aus dem Adel und dem wohlhabenden Besitzbürgertum, welche ihre soziale, wirtschaftliche und politische Hegemonie bis über die Wende zum 20. Jahrhundert hinaus beizubehalten vermochte. Diese lokale *classe dirigente* blockierte über Jahrzehnte die Ausbildung bürgerlicher Strukturen in der lokalen Öffentlichkeit. Den bürgerlichen Mittelschichten blieben wichtige Institutionen der Politik verschlossen und die wirtschaftliche Entwicklung stützte sich fast ausschließlich auf die Interessen des Agrarsektors. Erst kurz vor Beginn des Ersten Weltkriegs führte die dramatische Lage der Unterschichten und die gleichzeitig von Rom betriebene Erweiterung des Wahlkorpus zu einem radikalen Umschwung der in Bologna bis dahin herrschenden Machtverhältnisse. Jetzt verfügten die Sozialisten in allen politischen Gremien über komfortable Mehrheiten und brachen auf diesem Weg die bis dahin unangetastete Hegemonie der überkommenen Führungselite. Die sich daraufhin etablierende Verbindung des Agrarkapitalismus zu den neuen faschistischen Terrorverbänden, welche Bologna 1921 zum ersten Opfer des neuen Regimes machten, läßt sich ohne Zweifel aus dem seit dem Ersten Weltkrieg unverkennbar gewordenen Machtverlust genau dieser regionalen Führungsschicht erklären. So kam es unter dem Banner des faschistischen Regimes zu einer teilweisen Restauration der traditionellen konservativ-katholischen Machtstrukturen. Die soziale Schicht der adeligen und großbürgerlichen Landbesitzer zeigte damit im Bolognese eine außerordentliche politische Überlebensfähigkeit.

Daß es sich bei der Herausbildung dieser konservativen, unter Ausklammerung der Mittelschichten entstandenen Hegemonie nicht um einen Regelfall der sozialen Entwicklung Italiens handelt – trotz der eingangs zitierten, stereotypisch verallgemeinernden Darstellung Sombarts – soll ein kurzer Blick auf die soziale und politische Entwicklung der Stadt Pisa in den Jahrzehnten nach der Einigung zeigen. In Pisa läßt sich bereits während der ersten 20 Jahre ein auffälliger *turnover* unter den politischen Funktionsträgern nachweisen. Stärker als im Falle Bolognas, sind in Pisa bürgerlich-linksliberale Schichten in die entscheidenden Positionen der Lokalpolitik und auch der Parlamentsvertretung vorgerückt und haben die alte Elite moderat orientierter Landbesitzer aus dem Adel und dem Besitzbürgertum abgelöst.[132] Bei den Kommunalwahlen im Jahre 1869 wurden bereits 25 Ratsmitglieder nicht mehr bestätigt, darunter 14 Großgrundbesitzer und weitere Vertreter der Agralobby. Die neuen Ratsmitglieder rekrutieren sich nicht nur aus der für die politische Elite Italiens typischen Gruppe der Rechtsanwälte, sondern zu einem großen Teil auch aus Universitätsprofessoren, Beamten und Ingenieuren. Die Landbesitzer nahmen nunmehr weniger als ein Viertel der Mandate ein.[133] So wundert es kaum, daß auch in der *Giunta* der Landbesitz bereits Anfang der 1870er Jahre kaum noch über Einfluß verfügte und die kommunale Regierung beinahe aus-

schließlich von Vertretern aus dem Umfeld der *Sinistra Storica* gestellt wurde – ein sich von Bologna zu diesem Zeitpunkt recht deutlich unterscheidendes Bild der politischen Klasse.[134]
Es wäre sicherlich verfehlt, im Fall Bolognas die wachsende Bedeutung von Vertretern des Bürgertums in den verschiedenen politischen Gremien und in den Institutionen der lokalen Verwaltung seit der zweiten Hälfte des 19. Jahrhunderts grundsätzlich in Frage zu stellen. Trotzdem erlaubt die Analyse der politischen Partizipationsstrukturen in Bologna kaum, von einem »bürgerlichen Zeitalter« zu sprechen. Gelang es den bürgerlichen Mittelschichten trotz der politischen Hegemonie der konservativ-klerikalen Führungsschicht ihre Stadt in kultureller Hinsicht zu prägen?

4. Die bürgerlichen Mittelschichten und die urbanen Leitkulturen in Bologna

Das städtische Kulturleben diente in Bologna, ähnlich wie die Politik, als Bühne inhaltlich ganz unterschiedlicher Gesellschaftskonzepte. Dies betrifft zum einen die Bedeutung, welche die *classe dirigente* der Errichtung einer seinen Ansprüchen entsprechenden kulturellen Infrastruktur zuspricht, zum anderen aber auch die Inhalte von Kultur, deren soziale Funktion und politische Bedeutung in verschiedenen interpretativen Zusammenhängen. Die Untersuchung urbaner Leitkulturen bietet daher eine interessante Methode zur Definition von Bürgertum, aber auch einen Schlüssel zur Analyse von Konfliktlinien innerhalb der Gesellschaft überhaupt.

Das Eindringen des Bürgertums in Politik und Verwaltung war eine Bedingung unter anderen, um auf die urbanen Leitkulturen Einfluß zu nehmen. Wichtige kulturelle Entscheidungen der Stadt hingen vom politischen Einverständnis der politischen Mehrheiten ab. Wie bereits angedeutet, gab es, gerade die Ausgaben für das Kulturleben betreffend, heftige Diskussionen zwischen der moderaten Notabelngesellschaft und dem Bürgertum. In Bologna fehlten den demokratisch und laizistisch orientierten bürgerlichen Mittelschichten in Anbetracht der konservativen und bald klerikalen Hegemonie die Voraussetzungen für eine direkte politische Einflußnahme auf das städtische Kulturleben. Trotzdem eroberte sich das Bürgertum einen Raum in der Öffentlichkeit und war gerade in Bologna im Kulturleben präsent.

Die Debatte um den Kulturhaushalt

In der italienischen Debatte um die Ausgestaltung der Verfassung und die Organisation von Macht zwischen Zentrum und Peripherie des neuen Staatsgebildes wurde schon bald nach der Einigung eine deutliche Kritik der Zentralverwaltung an den zu hohen Ausgaben der Kommunen laut. Grund genug, meinten vor allem die Vertreter der Rechten, deren Autonomie einzuschränken. Vor allem die kommunalen Ausgaben zur kulturellen Selbstdarstellung des Bildungsbürgertums widersprachen den Intentionen der *Moderati* in Rom.[135] Die Verantwortung, so die Argumentation, für die als »unnütz« definierten Luxusausgaben trage in der Regel das Bürgertum, welches mit dem neuen Regime des vereinigten Italiens aufgestiegen sei und nun sein Italien und seine Städte nach dem Vorbild des in seinen Augen fortschrittlichen, wohlhabenden Europas errichten wolle.[136] Doch solche Vorhaben wären höchstens über lokale Steuern zu finanzieren. In Italien hatten aber nicht die Mittelschichten, schon gar nicht das Bildungsbürgertum, das höchste Steueraufkommen, sondern die Großgrundbesitzer. Genau aus diesem Grund gehörte der schon zitierte Marco Minghetti, der als Exponent des Bologneser Agrarunternehmertums im Parlament gerade diese Lobby vertrat, zu den schärfsten Kritikern der ausufernden Kommunalausgaben.[137] Kulturelle Selbstdarstellung der Städte galt als zu teuer und ein modernes Wirtschaftsbürgertum, welches für entsprechende Ausgaben hätte aufkommen können, gab es noch kaum. Zudem stellten sich über das städtische Kulturleben in erster Linie die demokratisch inspirierten Professoren und Intellektuellen dar, deren Sympathien für das Proletariat und die Ideen des Sozialismus schon Sombart erstaunt hatten.[138]

Kein Wunder also, daß die *Destra Storica* entsprechende Kulturprojekte in seine Schranken weisen wollte. Im städtischen Theater von Bologna war mit der Berufung des jungen, doch bereits einen landesweiten Ruf genießenden Dirigenten Angelo Mariani gerade ein neuer, moderner Stil eingezogen, der jedoch nicht immer dem Geschmack des alteingesessenen Publikums der Notabelngesellschaft entsprach.[139] Zur Finanzierung eines der neuen Rolle Bolognas in der geeinten Nation entsprechenden Theaters hatte die Stadt die Zuschüsse nahezu verdoppelt, und der Theaterunternehmer hatte den Eintritt erhöht. Doch bereits im November des Jahres 1861 setzte Marco Minghetti seine zuvor schon als Minister in Angriff genommene Einsparungspolitik auch im Stadtrat von Bologna durch. Nach einer lebhaften Debatte wurde, den moderaten Mehrheiten entsprechend, die jährliche Subvention der Stadt für das *Teatro Comunale* schlichtweg gestrichen.[140] Als Finanzausgleich wurde dem Unternehmer des Hauses im folgenden Jahr eine Lösung geboten, welche zweifelsohne den Theatergewohnheiten des Ancien régime entsprach: Der Stadtrat gestand dem Unternehmer, neben den Einnahmen aus den Eintrittskarten, die Finanzierung seines Theaters über die Veranstaltung von Tombolas und exquisiten Karnevalsbällen zu, was in Bologna eine weit zurückreichende Tradition hatte, aber kaum dem modernen Kulturkonzept der bürgerlichen Gesellschaft entsprach.[141] Gerade über solche Veranstaltungen, in deren Rahmen Musik und Oper eher das Beiprogramm bildeten, vermochte die alteingesessene Notabelngesellschaft ihre soziale Exklusivität zu reproduzieren. Erst als in den Jahren 1863/1864 Bologna befürchten mußte, auf Grund mangelnder Zuschüsse der öffentlichen Hand auf seine Theatersaison ganz verzichten zu müssen, bewilligte der moderate Stadtrat erneut die notwendige Subvention.

Zum besseren Verständnis der Unterschiede zwischen der Idee einer eher bürgerlich geprägten, modernen Kulturpolitik und dem Beispiel des moderat regierten, von den Interessen einer konservativen Notabelngesellschaft bestimmten Bologna bietet sich noch einmal der Vergleich mit Pisa und seiner Kulturpolitik in den Jahren nach der Einigung an. Hier gelang es dem Bürgertum, sich über die Haushaltsmacht auch kulturell eine gesellschaftliche Hegemonie aufzubauen. Bereits 1865 bildete sich in Pisa eine Gesellschaft zur Errichtung eines neuen Theaters.[142] Das *Reale Teatro Nuovo* sollte nicht nur den modernen Ansprüchen der Theatertechnik genügen, sondern, von der bürgerlichen *Giunta* errichtet, auch bezüglich seines Publikums und des Repertoires einen merklichen Kontrast zum *Settecento*-Theater der lokalen Notabelngesellschaft setzen. Interessante Aufschlüsse über die sozialen Veränderungen im Konzept des Pisaner Theaters bietet die Verteilung der Logen. Die besten Logen des 1867 eingeweihten Theaters wurden hier nicht mehr nur von den Großgrundbesitzern eingenommen, sondern von der Geschäftswelt und den Exponenten der lokalen Industrie, sogenannten *uomini nuovi*.[143] Tatsächlich verzichteten in Reaktion einige der alteingesessenen Familien des Adels darauf, eine Loge zu mieten. Das Bürgertum hatte seiner neu erworbenen politischen und sozialen Position mit Erfolg ein kulturelles Monument gesetzt. Nicht ohne symbolische Brisanz, fand im alten Theater von Pisa seit Anfang der 1870er

Jahre die Versammlung der moderaten Opposition statt, während die Kommune unter dem linksliberalen Bürgermeister Simonelli, seinerzeit Sekretär der Gesellschaft zur Errichtung des Theaters, das neue Haus mit einer generösen Subvention unterstützte.[144]

Vollkommen anders war die Situation des Bologneser Theaters: Am Reno waren 1863 dringende Instandsetzungsarbeiten notwendig geworden, deren Ausführung die *Giunta* ohne vorherige Absprache mit dem Stadtrat begann. Die Bögen des alten Portico wurden dabei zwecks besserer Statik durch stabile Mauern ausgefüllt, wodurch das Theater praktisch über eine neue Straßenfront verfügte. Bewilligte der Stadtrat nach langer Diskussion nachträglich die dazu notwendigen Geldmittel, schrieb er gleichzeitig die Bedingung fest, daß trotz des sich nun merkwürdig gestaltenden Anblicks des altehrwürdigen Baus über eine neue Fassade nicht einmal diskutiert werden dürfe.[145] Jegliche Ausgaben für den Kulturetat sollten vermieden werden. Die Unterschiede zwischen dem moderaten Bologna und dem demokratisch-bürgerlichen Pisa liegen auf der Hand.

Zahlreiche vergleichbare Projekte der Stadterneuerung und -modernisierung dienten in Pisa der Selbstdarstellung des neuen Bürgertums. Wie eine Untersuchung der Finanzierung des neuen Theaters in Pisa jedoch auch klar vor Augen führt, verstand es das aufsteigende Wirtschaftsbürgertum, auch finanziell von diesen Unternehmungen zu profitieren: Verschiedene Bauvorhaben wurden mit Hilfe genau jener Banken finanziert, welche die Vertreter der neuen *Giunta* in den Jahren seit der italienischen Einigung als private Geschäftsleute selbst ins Leben gerufen hatten. Ähnlich wie Bottrigari in Bologna den monumentalen Neubau der *Cassa di Risparmio* durch die Großagrarier kritisiert hatte, finanzierte in Pisa das aufsteigende Wirtschaftsbürgertum seine kulturelle Selbstdarstellung mittels der Spareinlagen der kleinen Handwerker und Händler.[146] So erstaunt es kaum, daß nicht zuletzt vor dem Hintergrund solcher Geschäfte, die in erster Linie der Bestätigung der gesellschaftlichen Position des liberalen Bürgertums dienende, aber aus allgemeinen Steuermitteln finanzierte Stadtplanung und Kulturpolitik auch in Pisa Widerspruch provozierte. Das Verhalten der bürgerlichen *classe dirigente* in Pisa unterschied sich kaum vom Spekulationsgeschäft der Bologneser Notabelngesellschaft in den Jahren nach der Einigung.[147]

Führte in Bologna das kulturelle Sparkonzept der *Moderati*, welche auf ein eigenes Theater in der Stadt durchaus nicht verzichten wollten, regelmäßig zu finanziellen Krisen in der Unterhaltung und gelegentlich zu drastischen Einsparungen auf dem Spielplan, so versuchten sie trotzdem das Theater vom Einfluß des Bürgertums weitgehend freizuhalten und als Rückzugsgebiet der Notabelngesellschaft zu bewahren. Dies zeigt auch die Debatte über die Verteilung der Logenplätze am *Teatro Comunale*, welche die Widersprüche zwischen den Symbolen der bürgerlichen Gesellschaft und der an den Traditionen des Ancien régime orientierten Gesellschaft eingängig verdeutlicht.[148] In Konsequenz der andauernden Finanzierungskrise des *Teatro Comunale* sah sich die Leitung des Theaters 1866 zu einem grundsätzlichen Umbau gezwungen. Die Anzahl der Besucher und damit die Summe der Einnahmen sollte erhöht werden. Bisher war das aus dem 18. Jahrhundert stammende Theater mit fünf Logenrängen ausgestattet. Davon sollten nun drei Ränge abgebrochen, beziehungsweise die Logen erweitert oder durch gewöhnliche Sitzreihen ersetzt werden. Die Anzahl der Sitzplätze im Theater konnte durch diese Maßnahme nahezu verdoppelt werden. Trotzdem führte diese Veränderung zu erbitterten Auseinandersetzungen mit den alteingesessenen Familien, welche nicht bereit waren, ihre teilweise seit Generationen angemieteten Logen aufzugeben oder gegen normale Sitzplätze auf den neu entstehenden Rängen einzutauschen. Wie nicht zuletzt aus Franz Werfels *Die Geschwister von Neapel* bekannt, war die Familienloge in der Oper eines der wichtigsten Statussymbole der italienischen Adelsgesellschaft.

Die alteingesessenen Familien der Bologneser Notabelngesellschaft hatten letztendlich der finanziellen Vernunft nachzugeben. Mit den neuen Sitzreihen und der dadurch bedingten sozialen Erweiterung des Publikums verstärkte das Bürgertum auch seinen Einfluß auf das Bologneser Theaterleben. Selbst die politische Hegemonie der *Moderati* konnte diese Entwicklung nicht aufhalten. Ähnlichen Zwängen unterlag auch die Kulturpolitik des klerikal-konervativen Bürgermeisters Tacconi. Zur Erweiterung des finanziellen Spielraums des Theaters veröffentlichte er im Jahre 1878 ein Manifest, um den Betrieb in eine Aktiengesellschaft zu überführen.[149] Auch diese Initiative war mit inhaltlichen Zugeständnissen an das bürgerliche Publikum verbunden: Die Veranstaltung des *ballo*, bis dahin ein zentraler Programmpunkt des Spielplans, findet in dem Aufruf an die Aktionäre keine Erwähnung mehr, stattdessen verpflichtet sich die Leitung des Hauses, pro Saison mindestens drei Opern zu geben, darunter eine Ur- oder Erstaufführung. Lediglich die Klausel, in jeder Spielzeit auch die Oper eines italienischen Komponisten zur Aufführung zu bringen, könnte als Zugeständnis an das konservative Publikum verstanden werden, welches sich seit Jahren gegen die Ausbreitung der *scuola alemanna* im Repertoire zur Wehr setzte[150] und in jedem Abweichen vom *belcanto* Zündstoff für seine Anti-Wagner-Kampagne erkannte.[151] Aber auch diesen letzten Punkt in der Debatte um die Strukturreform des Theaters konnte das fortschrittliche Bologneser Bürgertum für sich gewinnen: Seit den 1880er Jahren war ausgerechnet der 1871 vom ersten radikalen Bürgermeister und Vorsitzendem des Kulturausschußes, Camillo Casarini, während seines kurzen politischen Intermezzos persönlich zur Aufführung gebrachte *Lohengrin* das meistgespielte Stück des Hauses. Bis dahin ohne Zweifel vom Repertoire eher konservativ, konnte sich Bolognas *Teatro Comunale* seit dem letzten Drittel des 19. Jahrhunderts als eines der modernsten Musiktheater Italiens behaupten. Trotz der politischen Vorrangstellung der überkommenen Führungselite, verschaffte sich das Bologneser Bürgertum auf dem Gebiet der Kultur dadurch einen immer weiterreichenderen Einfluß.

Die italienische Debatte um den Kulturetat der Kommunen läßt erkennen, daß es den *Moderati* bei der Kritik an der Verwendung ihrer Steuermittel nicht nur um finanzielle Aspekte ging, sondern daß die *classe dirigente* die Kulturpolitik der demokratisch orientierten bürgerlichen Mittelschichten auch auf Grund gesellschaftspolitischer Aspekte fürchtete. Wie die Diskussion um die Logenplätze im Theater vor Augen führt, ging es einmal um die Verteidigung einer bis dahin der Notabelngesellschaft vorbehaltenen Öffentlichkeit: das Theater als klassischer Raum nicht des Bildungsbürgertums, sondern des Adels und einiger wohlhabender Familien aus dem wohlhabenden Bürgertum. Zum anderen erkannte die *classe dirigente* die von den inhaltlichen Aspekten eines demokratisch-liberalen Kulturkonzepts des Bürgertums ausgehende Gefahr: Kultur, in Italien insbesondere das Theater, diente unter der Regie des Bürgertums der gesellschaftlichen Emanzipation – Wagner statt Rossini und Donizetti wurde diesbezüglich nicht nur als musikalische Revolution verstanden. Mit Hilfe der *musica dell'avvenire* brachte Kultur unter Umständen auch einfach eine fortschrittliche Gesinnung zum Ausdruck, was den Intentionen der Moderati widersprechen konnte. Die Kultur des Bürgertums diente nicht nur der Unterhaltung, sondern ließ Raum für Kritik an der bestehenden Gesellschaft, vielleicht sogar Raum für Utopie.

Erkannte die moderate *classe dirigente* die wachsende Bedeutung der Kultur als Mittel zur Verteidigung ihrer gesellschaftlichen Führungsposition, so versuchte sie, auch die kulturell einflußreichen Positionen innerhalb der Gesellschaft, obwohl gemeinhin als Domäne des Bildungsbürgertums verstanden, mit Vertretern aus den eigenen Reihen zu besetzen. Tatsächlich kamen in den sechzehn Regierungsjahren der *Destra Storica* 33 % der auf dem Gebiet der Kultur tätigen Kabinettsmitglieder noch aus dem Adel. Selbst in den darauffolgenden Regierungsjahren der *Sinistra*, in denen der Adel insgesamt nur noch 16 % der Regierungsämter für sich beanspruchen konnte, gehörten immerhin noch 8 % der sich mit Fragen der Bildung und Kultur beschäftigenden Minister der Aristokratie an.[152] Selbst auf nationaler Ebene versuchte also der Adel, dem Bildungsbürgertum seine klassischen Kompetenzen, Bildung und Kultur, streitig zu machen.
Die Debatte um den städtischen Kulturhaushalt läßt im Fall Bolognas zwei miteinander in Konkurrenz stehende Modelle erkennen: Auf der einen Seite die an den gesellschaftlichen Formen des Ancien régime orientierte Kulturpolitik der moderaten Führungselite der Großagrarier, welche in erster Linie der Fortschreibung der kulturellen Selbstdarstellung der aristokratischen Notabelngesellschaft gilt. Sie versuchte, die öffentlichen Ausgaben so weit wie möglich zu reduzieren, nicht zuletzt um über die private Finanzierung auch ein inhaltliches Monopol zu wahren. Auf der anderen Seite stand die Kulturpolitik der bürgerlichen Mittelschichten. Sie diente der Darstellung ihrer gesellschaftspolitischen Ideale, im weitesten Sinne mit dem Begriff Fortschritt zu erfassen, und strebte als demokratisches Konzept die weitgehende Finanzierung des städtischen Kulturlebens aus öffentlichen Mitteln an. Trotz der wirtschaftlichen und politischen Hegemonie der moderaten *classe dirigente* vermochte sich das Bürgertum auf dem Gebiet der Kultur eine gewisse Einflußsphäre zu sichern und bewahrte diese auch in den Jahren der konservativ-katholischen Reaktion.

Währenddessen wurden in verschiedenen deutschen Großstädten die herkömmlichen Konzepte öffentlicher Kultur bereits durch die sozialdemokratische Arbeiterbewegung in Frage gestellt, welche der Kultur zumindest teilweise neue politische und soziale Funktionen zusprach. In Italien erlangt ein solches Kulturverständnis erst kurz vor Ausbruch des Ersten Weltkrieges, mit dem massiven Einzug des PSI in die Kommunalparlamente an Bedeutung. Doch reichte die kurze Zeitspanne zwichen Kriegsende und Machtergreifung der Faschisten kaum, um in

Bologna entsprechende eigene Akzente der urbanen Leitkulturen setzen zu können.

Urbane Leitkulturen und das Bildungsbürgertum

Blieb die Partizipation der bürgerlichen Mittelschichten Bolognas an der Kommunalpolitik lange Zeit beschränkt, so zeigt das Beispiel des *Teatro Comunale* doch, daß es auf dem Gebiet der Kultur seinen Einfluß geltend machen konnte. Die Motive, welche zu dieser gestaltenden Kraft des Bürgertums in den Leitkulturen führten, lassen sich in drei Punkten erfassen. In Anbetracht seiner mangelnden politischen Partizipation vermochte das Bürgertum zum einen, die Kultur als eine Zufluchtzone für eine eigene Öffentlichkeit zu erobern. Fehlte es an direktem Einfluß auf die Politik, so zählte die Konstruktion einer eigenen, an Nation und Stadt gebundenen sozialen Identität und die abstrakte Darstellung gesellschaftlicher Leitbilder auf dem Weg der künstlerisch-kulturellen Kommunikation um so mehr. Zweitens konnte weder eine konservativ-klerikale, noch eine sozialistische *Giunta* bei der Gestaltung der Kulturpolitik auf die kompetente Beteiligung des Bildungsbürgertums verzichten. Kulturelle Selbstdarstellung der Stadt, sollte sie sich auf einem dem Profil der Stadt angemessenen Standard bewegen, bedurfte einer ganz bestimmten Professionalität. Diesbezüglich genoß das Bildungsbürgertum ein Privileg, dessen es sich dann bei der Ausgestaltung kultureller Inhalte bedienen konnte. Um nur ein Beispiel zu nennen: Die republikanischen und teilweise philosozialistischen Ideen des Carducci standen den politischen Grundsätzen des moderaten Bologna diametral entgegen. Trotzdem konnte man auf das internationale Renommee des Dichters nicht verzichten, übertrug ihm Ehrenämter und prestigeträchtige Rapräsentationsaufgaben in der Öffentlichkeit. Schließlich war auch er einer der Beweggründe, weshalb man zur Gewerbeausstellung, zum Musikfest oder zur internationalen Archäologentagung in die Stadt am Reno reiste. Drittens gab es in den urbanen Leitkulturen wichtige Kommunikationskanäle, die außerhalb des direkten Einflusses der Kommunalpolitik standen. So pflegten die Exponenten eines bürgerlichen Kulturverständnisses – über intellektuelle Zirkel, öffentliche Veranstaltungen und nicht zuletzt über den gemeinsamen Besuch einer Premiere im *Teatro Comunale* – Kontakte zur *classe dirigente*, selbst wenn sie politisch wenig mit den *Moderati* gemein hatten.

Im folgenden soll exemplarisch gezeigt werden, wie es dem demokratisch orientierten Bürgertum in Bologna gelang, trotz der widrigen politischen Ausgangslage mittels der Kultur öffentlichen Einfluß geltend zu machen.

Ein Beispiel dafür bietet die öffentliche Rolle des Bildungsbürgertums in den wissenschaftlichen Institutionen Bolognas. 1860 setzte Luigi Carlo Farini, Gouverneur der ehemaligen Legationen, per Dekret die Mitglieder der *Deputazione di Storia Patria* ein.[153] Die Aufgabe dieser Deputation bestand im weitesten Sinne in der Erforschung der Regionalgeschichte, doch trat sie auch zur Erstellung von Gutachten hervor, insbesondere die kommunalen Restaurierungsprojekte betreffend. Zur Finanzierung von Quelleneditionen und zur Veröffentlichung der Arbeiten ihrer Mitglieder stand der Deputation ein eigenes Budget zur Verfügung. Bis 1908 tagte die Deputation in den Räumen des *Archeginnasio* oder im Hause des Präsidenten, dann wurde sie mit eigenen Räumlichkeiten ausgestattet. Bei der ersten Zusammenstellung der Mitglieder stand dem Gouverneur der moderate Bildungsminister und Professor der Universität Bologna, Antonio Montanari, zur Seite. Der erste Präsident war der Archaeologe Giovanni Gozzadini.

Die Berufung in diese Expertenkommission hing jedoch weniger von der politischen Orientierung, als von den wissenschaftlichen Meriten ab. So spielte die Aristokratie, welche in Italien bisher die offizielle Geschichtsschreibung ohne wissenschaftliche Expertise unternommen hatte, in den Deputationen der verschiedenen Regionen eine eher untergeordnete Rolle.[154] Trotz der Präsenz einiger Vertreter der moderaten Führungselite, wie dem schon mehrfach zitierten Chronisten Bottrigari, gilt dies auch für den Fall Bolognas.[155] So konnten auch die historischen Anliegen des um die Konstruktion einer historisch gespeisten, postrisorgimentalen Identität bemühten Bürgertums in der Deputation Beachtung finden. Nicht zuletzt die politische Unzufriedenheit mit dem verhinderten Neuanfang und dem Umbruch seit 1860 konnte in der historischen Reflexion zum Ausdruck gebracht werden.[156] Dabei wurde dem Studium des Mittelalters besonderes Gewicht beigemessen, in dem gerade Carducci eine wichtige Referenz für das neue Geschichtsbild des demokratischen Bürgertums erkannte.[157] Das Mittelalter war das Zeitalter der freiheitlichen Stadtrepubliken, welches der »Versklavung« durch die Herrschaft des Papstes vorhergegangen war.[158] Selbst der Präsident der Bologneser Deputation, Giovanni Gozzadini, obwohl als Ordensritter und moderater Ratsherr der moderaten Notabelngesellschaft zugehörig, förderte in seinen gelegentlichen Arbeiten zur mittelalterlichen Architektur Bolognas dieses Geschichtsbild.[159] Mit Carducci teilte er dabei das Interesse für den romanischen Kirchenkomplex von S. Stefano.[160] Das Studium des mittelalterlichen Bolognas wurde von der Deputation explizit als pädagogisches Instrument zur Konstruktion einer nationalen und urbanen Identität des postrisorgimentalen Bürgertums verstanden. Ihre wissenschaftliche Unabhängigkeit von den politischen Mehrheiten vermochte die Deputation bis 1935 zu verteidigen, bis es vom faschistischen Regime einer Regierungskommission unterstellt wurde.

Trotz der durchaus als Teil des öffentlichen Kulturlebens der Stadt zu verstehenden Verbreitung eines bürgerlich-nationalen Geschichtsbildes bleibt es fraglich, ob eine solche Institution mit *sociabilità culturale*[161] zu umschreiben wäre. Sicherlich diente die Deputation gerade in Bologna der Förderung bürgerlicher Strukturen von Öffentlichkeit, doch nahm sie von der Idee gewissermaßen eine hoheitliche Aufgabe war. Mit bürgerlicher Vereinskultur hatte das wenig zu tun, doch konnte das Bildungsbürgertum, durch die enge Verbindung der Deputation zur Wissenschaft, das Geschichtsverständnis der Nation und der Stadt wesentlich mitbestimmen.

Ein stärker das Stadtbild Bolognas bestimmendes Element in der Auseinandersetzung mit der eigenen Geschichte war das 1888 errichtete Reiterstandbild Vittorio-Emanuele II auf der Piazza Maggiore. Das Bedürfnis nach einem populären Kult um das Haus Savoyen und den ersten Souverän des vereinigten Italiens[162], aber auch die Forderung nach einer zivilbürgerlichen Auseinandersetzung mit Staat und Vaterland trafen sich im öffentlichen Diskurs nach der Einigung mit der allgemeinen Klage über den Mangel an Informationen zur Geschichte des *Risorgimento*. Die *classe dirigente* versuchte außerdem, das lange Zeit vernachlässigte, aber seit der Wahlreform von 1882 in der Öffentlichkeit immer stärker präsente Bürgertum mit den anfänglichen Entscheidungen der Staatsgründer versöhnen.[163]

Das geeinte Italien suchte als Medium vaterländischer Erziehung nach seiner jüngsten Geschichte.[164] In diesem Zusammenhang entstand, wie in vielen anderen Städten Italiens, auch in Bologna ein Museum des *Risorgimentos*, welches 1893 eingeweiht wurde. Auch hier gelang es dem Bürgertum, seinen Einfluß geltend zu machen. War die Gestaltung der Räumlichkeiten von den zuständigen Behörden der Stadtverwaltung abhängig, so bedurfte man auch einiger gewichtiger Namen aus dem Umfeld der Kultur, um die Attraktivität des Projekts zu erhöhen. Dazu gehörten in Bologna verschiedene Vertreter des demokratischen Bürgertums, wie der Professor Vittorio Fiorini, der Architekt Tito Azzolini und der Rechtsanwalt Aristide Venturini.[165] Die wesentliche Arbeit gestalteten ohnehin nicht die politischen Initiatoren, sondern mit Bibliothekaren, Lehrern und Lokaljournalisten Vertreter der bürgerlichen Mittelschichten.

Den Ideen Carduccis und Raffaele Beluzzis standen dabei die politischen Überzeugungen der konservativen Kulturpolitiker entgegen. Dazu zählte nicht nur der moderate Bürgermeister Alberto Dallolio, sondern ausgerechnet der nationalistisch-konservative Kulturassessor und Vertreter der Agrarlobby, Enrico Pini. Die Eröffnung der Museen als den sogenannten *Santuari laici dell'Italia liberale* (Baioni) traf zusammen mit dem Höhepunkt der Spannungen zwischen katholischer Revendikation und dem Antiklerikalismus der Demokraten.[166] Doch sahen sich die konservativ-katholischen Kulturpolitiker der Stadt gezwungen, mit der politisch eher oppositionellen Kommission auch in dieser Frage einen Ausgleich zu finden. Zeugnis dieser Verständigung war in der Ausstellung beispielsweise die Dokumentation revolutionärer Traditionen des *Risorgimento*, welche die Chronik mit den Aufständen von 1790 und 1794 beginnen ließ. Wurden in den entsprechenden Ausstellungsräumen die politischen Gegensätze des *Risorgimento* weit heruntergespielt, so war die republikanisch-radikale Komponente der italienischen Einigung, wenn vielleicht auch nur als historische Anekdote, doch in das offizielle Geschichtsbild integriert. Immerhin war es kurze Zeit zuvor noch verboten gewesen, die Hymne Garibaldis in der Öffentlichkeit zu singen. Dieser bezüglich des Geschichtsbildes erreichte allgemeine Konsens zeigte seine Wirkung deutlich anläßlich der Fünfzigjahrfeier der Befreiung Bolognas am 12.6.1909. Die verschiedenen Parteien waren sich über die »*morale del Risorgimento*« einig, so wie sich alle Parteien, auch die Sozialisten, im Werk Carduccis wiederfanden.[167]

Die Orte, welche dem Bildungsbürgertum die meisten Möglichkeiten zur Selbstdarstellung überließen, waren Wissenschaft und Universität. Daß die Stadtverwaltung deren Bedeutung für das Gesamtbild ihres öffentlichen Erscheinens anerkannte, zeigt der Aufwand, mit dem sie die Ereignisse des akademischen Lebens würdigte. Schließlich dienten die Universitäten nicht nur der Heranbildung von Funktionären für den neuen Staat und der Garantie homogener Standards in der Ausbildung, sie hatten auch einen symbolischen Wert im Prozeß des *nation building*.[168] Ein Beispiel dafür bietet der im Oktober 1871 in Bologna veranstaltete Internationale Kongreß für Archaeologie und praehistorische Anthropologie. Die Eröffnung, unter Anwesenheit des Prinzen Umberto, wurde mit der Einweihung des *Museo Civico* zusammengelegt. Das *Teatro Comunale* setzte alles daran, anläßlich des internationalen Treffens der Wissenschaftler die italienische Erstaufführung des *Lohengrin* auf die Bühne zu bringen; als Probleme mit den Proben auftraten, lud man die Gäste immerhin zu einer Aufführung des *Faust* von Gounod.[169] Der Archaeologen-Kongreß fiel mit der kurzen Regierungszeit der radikal-populären *Giunta* Camillo Casarinis zusammen, welche dem Bildungsbürgertum und der Universität auf besondere Weise verbunden war. Doch auch die moderaten Stadtverwaltungen empfingen die verschiedensten Kongresse mit entsprechenden Ehrerweisungen. Anläßlich des Italienischen Geologentages im Jahre 1881 wurde beispielsweise im *Teatro Comunale* ein »Grande Concerto Orchestrale« veranstaltet.

Eines der ersten öffentlichen Ereignisse nach der Befreiung von der österreichischen Besatzung im Leben der Stadt war die von der Bürgerschaft mit großem Interesse verfolgte Einrichtung verschiedener moderner Lehrstühle an der Universität. Dazu gehörten mehrere chemische und medizinische Institute, aber auch Fächer wie indo-germanische Forschungen, Semantik und Dialektforschung. Auch eine neue Universitätsbibliothek wurde innerhalb des ersten Jahres nach der Einigung eröffnet[170] – ein Symbol für den neuen Geist. Zu den neuen Einrichtungen des akademischen Lebens gehörte auch die lange Zeit geschlossene Akademie der Schönen Künste, wobei bezüglich der Verteilung der Lehrstühle durch den Gouverneur Farini öffentliche Kritik laut wurde: Ein großer Teil der berufenen Professoren sei entweder wenig qualifiziert oder durch prestigeträchtige Funktionen zur Zeit der päpstlichen Herrschaft für die Begründung einer neuen künstlerischen Identität der Stadt diskreditiert.[171] Der akademischen Selbstbestimmung des demokratischen Bürgertums waren also Grenzen gesetzt, doch immerhin fand eine öffentliche Diskussion entsprechender Fragen statt.

Die Universität, im Mittelpunkt der nach dem Muster der großen *Expositions Universelles* gestalteten Ausstellungen des Jahres 1888 stehend[172], nahm in den folgenden Jahren einen bemerkenswerten Aufschwung.[173] Nach Erlaß des Bebauungsplanes aus dem Jahre 1889 entstanden zahlreiche neue, nach modernsten wissenschaftlichen Bedürfnissen gestaltete Universitätsinstitute. Ins Zentrum ihrer Modernisierung stellte die Universität die medizinische Ausbildung. Es entstanden neue Gebäude für Physiologie und Anatomie, das Institut für Experimentalhygiene, außerdem eine neue Botanik, sowie die Institute für Chemie und Physik. Vielleicht war es auch dieser von den Festen des Jahres 1888 ausgehende Wind der Erneuerung, welcher die Entscheidung der Universität beeinflußte, im gleichen Jahr eine Frau, Giuseppina Cattani, als Privatdozentin in Pathologie zu berufen.[174] Cattani war im Jahre 1878 bereits als erste Abiturientin des Bologneser Humanistischen Gymnasiums Galvani und sechs Jahre später als erste promovierte Medizinerin der Universität Bologna bekannt geworden. Die herausragende Bedeutung der medizinischen Forschung und Lehre in Bologna spiegelt sich nicht zuletzt in der wichtigen Funktion wieder, welche die Mediziner in der Verwaltung der Universität einnahmen. Zwischen Finesecolo und den Jahren des Faschismus wurde die größte Zahl der Universitäts-Rektoren von der medizinischen Fakultät gestellt. Neben den enormen Ausgaben zur Errichtung der naturwissenschaftlichen Institute und Laboratorien, ging ein Viertel des zur Erweiterung der Universität vorgesehenen Budgets zugunsten der Geisteswissenschaften, insbesondere für den Ausbau der Bibliothek.[175] Auch diese Entwicklung war ohne Zweifel als ein Sieg des Bildungsbürgertums zu betrachten. Obwohl die Ordinarien der Universität um 1900 lediglich etwas über achtzig Professoren ausmachten, war es ihnen ohne Zweifel gelungen, das akademische Leben in den Mittelpunkt der postrisorgimentalen Entwicklung der Stadt zu stellen. Im akademischen Jahr 1860/61 hatte die Zahl der Studierenden lediglich 454 betragen, bei nur zwanzig Professoren. Zwei Jahrzehnte später zählte die Universität knapp 733 Studierende und zweiundsechzig Professoren und erreichte zu Beginn des 20. Jahrhunderts die Zahl von 2.000 Studierenden. Nicht einmal in den ökonomischen Krisenjahren, sondern erstmals in den Jahren des Faschismus, war die progressive Entwicklung der Lehrstühle an der Universität rückläufig.[176]

Mit der Universität gewann im moderaten Bologna auch das demokratische Bürgertum an Bedeutung. Dabei könnte ein Teil des Lehrkörpers der Universität nahezu als Sammelbecken des radikalen, republikanischen und sozialistischen Umfelds bezeichnet werden. Exemplarisch dafür ist der Fall Giosue Carduccis, dem als junger Professor wegen seines republikanischen Engagements zeitweise sogar die Lehrbefähigung entzogen wurde. Als den Studenten und einigen ihrer Professoren 1868 anläßlich der Jubiläumsfeierlichkeiten der Römischen Republik, der Rektor der Universität die Gastfreundschaft versagte, versammelten sie sich in den Räumen des damals noch mazzinisch ausgerichteten Arbeitervereins.[177] Am revolutionären Aufstand Andrea Costas im Jahre 1874 beteiligte sich als Student Giovanni Pascoli, der später als einer der wichtigsten Dichter Italiens die Tradition des Carducci weiterführen sollte. Unter den in dieser Sache angeklagten Universitätsangehörigen befanden sich auch Severino Ferrari und Bartolo Nigrisoli.[178] Allein im Studienjahr 1877 gehörten zu den Absolventen der Universität die wenig später führenden Köpfe des italienischen Sozialismus, Leonida Bissolati, Enrico Ferri und Filippo Turati. Auch in den 1890er Jahren fanden sich an der Universität zahlreiche in der Opposition engagierte oder mit der Arbeiterbewegung in Verbindung stehende Professoren und Studenten; darunter Pietro Albertoni und vor allem Francesco Zanardi, einige Jahre später erster sozialistischer Bürgermeister von Bologna. Die demokratisch, radikal oder auch sozialistisch gesinnten Professoren boten zahlreichen Studenten, welche auf Grund ihrer politischen Tätigkeit vom Crispinischen Repressionsstaat bedroht waren, den Schutz ihrer anerkannten Autorität. Es kann kaum ein Zweifel bestehen, daß die Universität nicht nur eine wichtige und einflußreiche Struktur des Bildungsbürgertums in Bologna bildete, sondern auch eine Basis der politischen Opposition gegen das bis vor den Ersten Weltkrieg die Stadt dominierende konservativ-klerikale Klima darstellte.

Auf die über das Ministerium in Rom laufenden Berufungen von Professoren hatte Bolognas Führungselite nur wenig Einfluß. Doch auch auf der Ebene der lokalen Repräsentation stand die *classe dirigente* ihren so häufig oppositionellen Professoren der Universität nicht immer negativ gegenüber. Offensichtlich erkannte sie im Bildungsbürgertum aus dem Umfeld der Universität, trotz seiner überwiegend kritischen Orientierung, ein kulturelles Prestige, mit dem sich die Stadt schmücken wollte. So finden sich selbst in den Wahlbündnissen der *Moderati* immer wieder Republikaner, wie zum Beispiel die Professoren Quirico Filopanti und Giosue Carducci. Ohne jemals die konservativen Listen politisch dominieren zu können, erkannten sie darin eine Chance, auf politische Entscheidungen Einfluß zu nehmen. Immerhin führten ihre Namen auf den Wahllisten zu verschiedenen Demissionen am reaktionären Rand der *Destra Storica*, der sich auch zwecks eines besseren kulturellen Images nicht durch Verbindungen zum Radikalismus kompromittieren wollte.[179] Die Kandidatur Carduccis, der nicht nur Senator war, sondern von 1869 bis 1872 und erneut zwischen 1886 und 1902 im Stadtrat, von 1892 bis 1902 darüberhinaus im Provinzialrat saß, wurde von Teilen der *Moderati* unterstützt, trotz republikanischer Positionen und seiner Tätigkeit für die sozialistische Presse. Die Grundlage seines politischen Einflusses war weniger die Zugehörigkeit zu den lokalen Honoratioren, als das von ihm und seinem Werk ausgehende nationale Flair und seine Berühmtheit als einer der wichtigsten zeitgenössischen Dichter Europas. Das Werk des Poeten der »klassizistischen Restauration« und späteren Nobelpreisträgers traf sich hingegen mit dem Geschmack der bürgerlichen Mittelschichten und widersprach damit der in Bologna traditionell vorherrschenden Kultur der aristokratischen Elite.[180] War sich Carducci seines politischen Wertes für die verschiedenen Wahlbündnisse bewußt, so gelang es ihm trotzdem kaum, sein großes Projekt der Konstruktion einer bürgerlich-urbanen Identität im Rahmen einer fortschrittlichen Nation auch in der alteingesessenen Herrschaftsschicht Bolognas durchzusetzen.[181]

Die enge, vom Prestige seiner Professoren getragene Verbindung zwischen dem *Studio* und der Stadt bestand auch im 20. Jahrhundert fort. Carduccis Funktion in der Öffentlichkeit und auf dem Bologneser Lehrstuhl für Literaturgeschichte wurde später von Giovanni Pascoli fortgeführt, der jedoch – der nationalen Euphorie verfallen – politisch bereits ganz andere Interessen verfolgt. Hatte sich mit Carducci und Pascoli eine eminente Tradition auf dem Lehrstuhl etabliert, so verwundert es nicht, daß beim Tode des Pascoli 1912 in der öffentlichen Meinung Ansprüche auf eine würdige Fortsetzung laut wurden. Noch vor dem Ende der Totenfeierlichkeiten für Pascoli hatte sich eine Bewegung gebildet, welche Gabriele D'Annunzio als einzigen in Frage kommenden Nachfolger in die »Metropole der Poesie« – so der Dichter Alfredo Oriani – berufen wollte.[182] Gerade dieser Fall macht jedoch deutlich, daß es vor allem die lokale Presse und Vertreter der öffentlichen Meinung waren, welche sich für eine in erster Linie von der symbolischen Bedeutung des Namens getragene Berufung einsetzten. Zu dieser Gruppe gehörten der *Resto del Carlino*, der Bürgermeister Nadalini, der Buchhändler und Verleger Zanichelli und mit gewissen Einschränkungen die moderaten Abgeordneten Enrico Pini, Vertreter der

Agrarindustrie, sowie der Senator und ehemalige Bürgermeister Alberto Dallolio. Weniger begeistert für diese Idee zeigten sich in der Tat die Universität selbst und das akademische Milieu.[183] Strebten die einen, statt Einhaltung des herkömmlichen Berufungsverfahrens, nach einer spektakulären Akklamation des D'Annunzio durch die Studenten, stellte die akademische Fraktion die Frage nach der universitären und didaktischen Erfahrung des Dichters, ohne dessen poetische Qualitäten dadurch in Frage stellen zu wollen. Der Napolitaner Benedetto Croce gab im *Giornale d'Italia* zu denken, warum ausgerechnet die Universität Bologna eines besonderen Ritus bei der Berufung eines neuen Professors bedürfe; sie sei schließlich eine Universität wie jede andere.[184] Doch vielleicht spielte dabei auch Neid eine gewisse Rolle, denn in anderen Universitäten hatte sich diese Frage bisher nicht gestellt. Eine rationale Diskussion war in dieser Situation kaum möglich. Selbst die dekadente Antwort des den Kult um seine Person durchaus genießenden und befördernden Dichters konnte die lebhaft geführte Debatte kaum beenden: »Studenten der Universität von Bologna. Ich danke meinen jungen Freunden, doch liebe ich die weiten Strände mehr als die engen Schulen aus denen zu befreien ich Euch wärmstens empfehle. Grüße an alle. Gabriele D'Annunzio.«, so ließ er per Telegramm aus dem sonnigen Arcachon verlauten.[185] Zweifelsohne zeigt die Frage um die Berufung D'Annunzios, welche wichtige symbolische Bedeutung die Universität für den öffentlichen Diskurs, die urbanen Leitkulturen und die Identität der Stadt erlangt hatte.

Nicht nur auf dem Weg akademischer Meriten eroberten sich die bürgerlichen Mittelschichten einen Raum in Bolognas Öffentlichkeit. Ein Beispiel dafür, daß sich das Bürgertum auf dem Weg einer öffentlichen Debatte gegen die Hegemonie der *classe dirigente* durchzusetzen vermochte, zeigt auch die Geschichte des bereits erwähnten Feuerbestattungsvereins. Hier erkannte die konservativ-klerikale Stadtverwaltung, daß es auch gegen Empfehlung der Kirche opportun war, dem progressiven Bürgertum Zugeständnisse zu machen. Daß es sich hierbei nicht um eine rein ethische Frage handelte, zeigt die Bereitschaft des Stadtrats, dem Verein finanzielle Unterstützung zu gewähren. In Anbetracht der allgemeinen hygienischen Probleme bei der Bestattung erkannte der Stadtrat den Nutzen des Konzepts, bezahlte dem Verein das Kolumbarium und erkannte 1899 die Gemeinnützigkeit an – gegen den Willen seiner eigenen konservativ-katholischen Lobby.[186] Dies, obwohl die Mitglieder des Vereins zu einem guten Teil aus dem demokratischrepublikanischen Umfeld kamen und gute Verbindungen zur *Società Operaia* pflegten, welche sich ähnlich anderen europäischen Arbeiterbewegungen zu dieser Zeit mit entsprechenden Fragen befaßte.[187] Erst das faschistische Regime erklärte sich explizit gegen die Feuerbestattung.

Ein politisch eher brisantes Beispiel für die Auseinandersetzungen bei der Entstehung neuer Sphären bürgerlicher Öffentlichkeit im konservativ-klerikalen Bologna bietet die Gründungsphase der Arbeiterkammer in den Jahren zwischen 1890 und 1893.[188] Hier versuchte das demokratisch orientierte Bürgertum bewußt, die Dominanz der *classe dirigente* zu eigenen Gunsten zurückzudrängen. Gerade der Beginn der Arbeiterbewegung im Bolognese war von einer starken Einflußnahme von Seiten der agrarkapitalistischen Führungsschicht gekennzeichnet.[189] Den ländlichen Hilfskassen standen beispielsweise genau die Vertreter der moderaten Agrarier vor, die auch das politische und wirtschaftliche Leben der Stadt bestimmten und den Landarbeitern vollkommen widersprechende Interessen verfolgten: Pepoli, Hercolani, Codronchi, Berti, Pallavicini, Bonora, Ramponi, Sanguinetti und andere.[190]

Seit den 1860er Jahren bestanden in Bologna und dem Umland zahlreiche Arbeitervereinigungen. Seit den 1880er Jahren vertraten diese ihre Interessen selbstbewußt durch das Mittel des Streiks. Die Gründung einer Arbeiterkammer, welche die verschiedenen Organisationen der sich ausbreitenden Arbeiterbewegung zusammenfassen und in Arbeitskämpfe vermittelnd eingreifen sollte, diente den Vertretern der Industrie und des Großgrundbesitzes als Versuch, die Kontrolle über die sich emanzipierende Arbeiterschaft zu erlangen. Die *Camera di Commercio* (Handelskammer) sollte in diesem Sinne der neuen Interessenvertretung der Arbeiter als Dachorganisation übergeordnet sein und hätte damit ihre ursprüngliche Idee ad absurdum geführt. »Eine Kammer für die Mäuse im Haus der Katzen« nannte Ugo Rabbeno, Professor für politische Ökonomie am Technischen Institut von Bologna, diese Idee.[191] Doch während Enrico Pini, konservativ-klerikaler Parlamentsabgeordneter und als Direktor der *Cassa di Risparmio* ein wichtiger Vertreter des großbürgerlichen Agrarkapitalismus, sowie Cesare Zucchini, Präsident der Handelskammer und Vertreter des *partito clericale*, für eine Anbindung an die Handelskammer plädierten, trat das demokratische Bürgertum aus dem Umfeld der *Progressisti* und des frühen Sozialismus für die Unabhängigkeit der Arbeiterkammer ein: so die Rechtsanwälte Giuseppe Barbanti-Brodano und Aristide Venturini, bekannt als Verteidiger der 79 Angeklagten des revolutionären Aufstands von 1874.[192] In Anbetracht der konsequenten Haltung der Arbeitervertreter und ihrer Mittelsmänner aus dem demokratischen Bürgertum mußten die Vertreter der Arbeitgeber schließlich nachgeben, wollten sie das Projekt einer Vermittlungsinstanz bei den ausufernden Arbeitskämpfen nicht ganz aufgeben. Verfügten zu dieser Zeit die Vertreter der lokalen Arbeiterschaft selbst kaum über genügend politischen Einfluß, so spielte das Bürgertum bei der Etablierung einer freien *Camera del Lavoro* zweifelsohne eine entscheidende Rolle. Der moderat dominierte Stadtrat widersetzte sich lange Zeit der notwendigen finanziellen Unterstützung der unabhängigen Arbeiterkammer. Doch mußte er sich schließlich den Gegebenheiten fügen, wollte er nicht eine weitere Eskalation der sozialen Auseinandersetzungen in der Region riskieren. Die Notwendigkeit einer Vermittlungsinstanz lag außer Zweifel.

Ergaben die Wahlergebnisse dieser Jahre noch eine numerische Mehrheit für die *Moderati*, zeigt das Beispiel der Konstituierung der Arbeiterkammer bereits deutlich eine neue politische Orientierung: Während das demokratisch-republikanisch orientierte Bildungsbürgertum in der Arbeiterbewegung einen wichtigen Partner fand, schwand die Bedeutung der moderaten und klerikalen Führungselite. Insofern wundert es nicht, daß von den Maßnahmen des Crispinischen Polizeistaates Ende der 1890er Jahre immer häufiger nicht nur die Arbeiterbewegung betroffen war, sondern auch die politischen Institutionen des demokratischen Bürgertums angegriffen wurden.[193] Die in diesem Zusammenhang stehende Illegalisierung der republikanisch-radikalen Bewegung in den Jahren vor dem Ersten Weltkrieg war die Grundlage des Scheiterns eines Abkommens zwischen klerikal-moderaten und linksliberalen Kräften gegen die Regierungsübernahme der Sozialisten.[194] Versteht man die Konstituierung der Arbeiterkammer unter emanzipatorischem Vorzeichen als Element einer demokratischen Öffentlichkeit, so hat damit auch das demokratische Bürgertum an gesellschaftlichem Einfluß gewonnen. Gerade die im Jahre 1901 als Teil der Arbeiterkammer eingeweihte *Università Popolare G. Garibaldi* ist Beispiel für ein soziales und intellektuelles Zusammenwirken des demokratischen Bildungsbürgertums mit den neuen Institutionen der Arbeiterbewegung.[195]

Inwiefern erwuchsen aus den auch von der moderaten *classe dirigente* zugestandenen kulturellen Kompetenzen des Bildungsbürgertums politische Konsequenzen? Das Bürgertum gewann in der Öffentlichkeit vor allem in den Jahren der Administration Gaetano Tacconi an Bedeutung. Der moderat orientierte Bürgermeister wurde bereits im Zusammenhang mit dem Aufruf zur Umwandlung des Theaters in eine Aktiengesellschaft genannt. Er formte seine Verwaltung zwar noch immer aus dem politischen Kreis um Marco Minghetti, doch war es dem innerhalb des Bologneser Liberalismus als Zentristen bezeichneten Politiker jetzt immerhin möglich, einige Progressisten in die Entscheidungen miteinzubinden. Auch unter seinen moderaten Mitarbeitern trat eine jüngere Generation von Politikern an, welche trotz ihrer politischen Charakterisierung immer häufiger aus bürgerlichen Familien kamen. Sie unterschieden sich zwar in sozialer Hinsicht von der klassischen Klientel der *Moderati*, doch sicherten sie sich mit der Entscheidung für die offizielle Regierungspartei gewissermaßen einen Zugang zur Macht. So fanden sich in Tacconis Stadtverwaltung jetzt zahlreiche Befürworter einer fortschrittlichen Neugestaltung Bolognas, wie sie das Bürgertum seit langem anstrebte. Beispiel dafür bietet der moderate Parlamentsabgeordnete und Kommunalrat für Städtebau, Gualtiero Sacchetti, der wichtige Grundlagen für die Ausgestaltung des Bebauungsplans schuf und damit eine zentrale Forderung des Bürgertums auf die politische Tagesordnung brachte. Bologna setzte sich durch den vieldiskutierten Bebauungsplan auch in eine eigene Beziehung zur *Roma-Capitale.* Dort galt schon der *piano regolatore* von 1883 der Konstruktion eines später in Bologna imitierten »myth of national reality, fixed in the past«.[196] Die in Bologna angestrebte Verbindung zwischen moderner Funktionalität und stilistischem, in der Architktur des 14. Jahrhunderts verwurzelten Traditionsbewußtsein fand sich in Rom im Werk des nach der Einigung führenden Architekten Italiens und Präsidenten der Mailänder Akademie, Camillo Boito.[197]

Außer dem Bebauungsplan, welcher neben neuen Stadtvierteln und mittelalterlicher Rekonstruktion auch ein neues Wasserleitungssystem und die Pferde-Tramway vorsah, gehörte zu dem Programm von *Giunta* die Organisation der Feste und Ausstellungen des Jahres 1888, deren Erfolg umstritten war, welche aber zweifelsohne den bis dahin vom demokratischen Bürgertum angestrebten Prozeß urbaner Identitätsbildung in Bologna förderten. Damit begann, trotz moderater Stadtverwaltung, der von Carducci seit der Einigung geforderte Aufbruch der Stadt in ein neues Zeitalter.[198]

Ein weiteres Beispiel für die Einflußnahme des demokratischen Bürgertums auf die Politik der *classe dirigente* bietet die zeitweise laizistisch gestaltete Schulpolitik des moderaten Bürgermeisters Alberto Dallolio. In entscheidenden Punkten näherte sich die moderate Stadtverwaltung also den Vorstellungen des demokratischen Bürgertums an. Diese allmähliche Integration des Bürgertums begegnete jedoch noch vor der Jahrhundertwende erheblichen Schwierigkeiten. Statt sich konsequent für die Ideen des demokratisch geprägten Liberalismus der *Carducciani* einzusetzen, suchten die *Moderati* Bolognas ihre inzwischen unabdingbare Unterstützung zur Bewahrung politischer Mehrheiten bei den Katholiken. Hatte sich das gesellschaftliche Klima der Stadt durch die Öffnung gegenüber dem Bürgertum und das ansatzweise Zurückdrängen des Adels in der politischen Klasse allmählich geändert, so verhinderte das neue, unter katholisch-moderatem Vorzeichen stehende Bündnis den Wechsel der politischen Mehrheiten und die konsequente Integration des Bürgertums in die Führungselite.

Doch gerade deshalb spielten die urbanen Leitkulturen eine entscheidende Rolle bei der Verwirklichung gesellschaftlicher Ideale des demokratischen Bildungsbürgertums. In den urbanen Leitkulturen nach anfänglichen Schwierigkeiten erstaunliche Erfolge erringend, gelingt es dem Bürgertum innerhalb weniger Jahrzehnte ihre Stadt zu einem Vorreiter der Moderne in Italien, wenn nicht in Europa zu machen. Doch die Versuche der Mittelschichten, sich auch politisch durchzusetzen, blieben in Anbetracht der katholisch-konservativen Bastion erfolglos. Dafür mangelte es in der *classe dirigente* an Liberalität und Bürgersinn.

Das Ende der konservativ-klerikalen Hegemonie?

Der sozialistischen Administration waren auf Grund der schwierigen ökonomischen Situation in den Jahren des Ersten Weltkrieges keine großen Gestaltungsmöglichkeiten in der Kulturpolitik gegeben. Hatten die moderaten Stadtverwaltungen einen starken Akzent auf einige teure Großprojekte des Städtebaus gelegt, die im Entwicklungsplan von 1889 durchaus vorgesehene soziale Dimension aber stark vernachlässigt, bestand nun in erster Linie sozialpolitischer Handlungsbedarf.[199] Die Administration Francesco Zanardis verfolgte ein Konzept, das nach den Interessen des *popolo* ausgerichtet war, weniger nach denen der Klasse, wie es der PSI forderte. Seine Politik betraf nicht nur den Arbeiterwohnungsbau, sondern die Steuerung der Konsumpreise, eine sozial ausgleichende Steuerpolitik und eine bewußte Kontrolle des Arbeitsmarktes. Eine entscheidende und mit Dringlichkeit zu lösende Aufgabe betraf auch die sanitäre Infrastruktur der Stadt. Für eigene Akzente in der Kulturpolitik fehlten nicht zuletzt wegen des Krieges die Mittel. Außerdem unterstand die Stadtverwaltung zu diesem Zeitpunkt teilweise der Autorität des militärischen Kommandos und des Präfekten. Doch zumindest gehörte der Bau neuer Schulen, der Aufbau eines Netzes medizinischer Betreuung in den Vororten und die infrastrukturelle Anbindung der Peripherie an das Zentrum zum Programm des sozialistischen Bürgermeisters. Unabhängig davon gelang es der Administration Bolognas die Kriegsjahre ohne nenneswerte Engpässe bei der Verteilung von Kohle, Brot und anderer Lebensmittel zu überstehen, was der Munizipalsozialismus über die Parteigrenzen hinaus als wichtigen Erfolg verbuchen konnte.[200]

Wirtschaft und Politik betreffend, wurde bereits auf die Restauration der alteingesessenen Führungsschicht unter dem Zeichen des Faschismus hingewiesen. War die *classe dirigente*, welche Bologna seit der Einigung bestimmt hatte, nach dem Erfolg der sozialistischen Partei und nach der Machtübernahme durch die Faschisten zumindest aus der Kultur verdrängt worden? Dies ist zu bezweifeln. Tatsächlich traf sich der konservativ-katholische Charakter des Bologneser Faschismus auch mit dem Versuch einer konservativen Restauration in der Kulturpolitik.[201] Wird für die Zeit seit 1935 der Zusammenhang zwischen italienischem Faschismus und künstlerischer Avantgarde, vor allem dem Futurismus, von der Forschung ohnehin relativiert[202], so gilt dies in besonderem Maße für den Faschismus Bologneser Prägung. Dies ist vor allem im Stadtbild Bolognas nachvollziehbar.

Verstand es der Faschismus, imposante Großprojekte in relativ kurzer Zeit zu planen und umzusetzen, so überzeugte er dabei nur selten durch neue, wegweisende Konzepte der Urbanistik.[203] Auch schuf der Faschismus weniger eigene Bauwerke, als bei einem ersten Blick auf den Stadtplan Bolognas zu vermuten wäre: Verschiedene der unter faschistischer Direktion in Bologna durchgeführten Baumaßnahmen stammten noch aus der sozialistischen oder gar aus vorhergehenden Administrationen; darunter auch das gigantische Denkmal für Giosue Carducci. Ein Teil der während des Ventennio fertiggestellten Bauvorhaben galt außerdem schon länger geplanten Infrastrukturmaßnahmen, deren Ausführung nicht zuletzt der Propaganda für das

Regime dienten: die Erweiterung der Straßenbahnlinien, der Ausbau des Bahnhofs, neue Straßenzüge, die längst notwendig gewordene Telephonzentrale. Trotz einiger Beispiele für die architektonische Orientierung an den Modellen der klassischen Moderne, so die Wohnkomplexe Giuseppe Vaccaros[204] oder die in Bologna realisierten Projekte des *Movimento Italiano per l'Architettura Razionale*, überwiegen am Reno wenig zukunftsweisende Ideen der Stadtplanung. Die Architekten orientieren sich an lokalen, meist historisierenden Traditionen, welche dem Geschmack der *classe dirigente* am ehesten entsprachen. Beispiele dafür bieten u. a. der monumentalistische Ausbau der zentral gelegenen Via Rizzoli mit Bürogebäuden verschiedener Verbände und Versicherungsanstalten, das neoklassizistische Krankenhaus *Bellaria*, der Historismus der neuen Via Ugo Bassi und nicht zuletzt das in seiner Ausführung direkt vom lokalen Führer des Faschismus, Arpinati, geplante Littoriale-Stadion mit dem Reiterstandbild Mussolinis, welches in seiner Gesamtkonzeption verschiedenste historische Referenzen mit Erinnerungen an den Bologneser *Liberty* kombiniert.

Leandro Arpinati nahm auch auf die Organisation des intellektuellen Lebens in Bologna entscheidend Einfluß und wurde dabei von den Intentionen des PNF, zu dem er ansonsten in einem eher gespannten Verhältnis stand, unterstützt. Die in Italien vor allem seit 1935, wenn auch in geringerem Maße als in Deutschland, fühlbar werdende staatliche Organisation und Kontrolle des Kulturlebens wurde in wesentlichen Zügen schon zehn Jahre zuvor geplant. Ausgerechnet in Bologna tagte im Jahre 1925 die Konferenz des PNF, welche die Kulturpolitik des Regimes festlegen sollte und den Abschied von allen zuvor propopagierten »revolutionären« Freiheiten der modernen Künste einleitete.[205] Gerade die bis dahin dem Regime mit großen Erwartungen begegnenden Futuristen wurden beim Bologneser Kongreß ihrer Illusionen beraubt, obwohl Italien, bis zur Etablierung der Achse Berlin-Rom, noch zu den Vorreitern der Avantgarde auf dem Gebiet des Theaters und der Musik zu rechnen war.[206] In Bologna spielte direkt in Folge der Beschlüsse von 1925 das faschistische Kulturinstitut eine entscheidende Rolle. Bei der Ausformulierung seiner eigenen – konservativ-nationalistischen – Linie in der Kulturpolitik standen dem Bologneser Faschismus neben der Tagespresse entsprechende Zeitschriften zur Seite – vor allem der *Assalto*, Leo Longanesis *Italiano* oder Giuseppe Saitas *Vita Nova*.

In der Umsetzung seines ebenfalls bereits in Bologna geplanten Konzepts einer »Kultur für die Massen« konnte der PNF außerdem auf die in der Emilia-Romagna reiche Infrastruktur der entmachteten, sozialistischen Arbeiterbewegung zurückgreifen. Die Soziabilitätsstrukturen des PSI und der Gewerkschaften wurden in *Case del Fascio* oder paternalistisch-autoritäre Organisationen wie das *Opera nazionale della madre e del fanciullo* umgewandelt.[207] Nicht immer waren in Bologna die Maßnahmen faschistischer Kulturpolitik im Sinne moderner Konzepte kontraproduktiv. So wurde Mitte der 1930er Jahre das *Teatro Comunale* mit einem der für die Zeit – will man dem Bericht des federführenden Ingenieurs Armando Villa Glauben schenken[208] – modernsten Bühnensysteme Europas und entsprechender Feuersicherung ausgestattet. Eine gewisse Begeisterung für die technische Perfektion blieb dem Regime auch in den 1930er Jahren erhalten. Diesbezüglich wäre nicht zuletzt der um die gleiche Zeit eingeweihte und für die Entwicklung der Emilia-Romagna wichtige *elettrotreno aerodinamico* zu nennen, welcher die Strecke Bologna-Neapel in 5 Stunden 36 Minuten zurücklegte. Doch der Futurismus war in seiner Begeisterung für das Maschinenzeitalter kaum auf technische Details zu reduzieren und gerade die Stadtplanung, welche in Bologna seit der Einigung ein Zentralthema bei der Gestaltung der urbanen Leitkulturen bildete, wurde durch den Korporationszwang der Architekten in stark eingeschränkten Bahnen gehalten.

Es erübrigt sich, unter diesen Umständen die Möglichkeiten einer liberalen, bürgerlichen Kulturpolitik zu diskutieren. Auffällig erscheint hingegen die den Bologneser Faschismus begleitende »konservative Restauration«. Sollte der frühe Italienforscher Sombart mit seiner verallgemeinernden Charakterisierung in einem Punkt doch recht behalten? »Rascher ist der Entschluß des Südländers, rascher aber ist auch die Verständigung des einen mit dem anderen, die Verabredung zu gemeinsamen Thun.«[209] Erst die mit der *Resistenza* seit 1943 eingeleitete Revolution des Munizipalkommunismus konnte die alteingesessene Führungselite entmachten.

Anmerkungen

1 KLEEFELD, Armand, Bologne, son Université et ses étudiants, in: *Revue de l'Université de Bruxelles*, 1900, pp.365–373.
2 SOMBART, Werner, Studien zur Entwicklungsgeschichte des italienischen Proletariats, in: *Archiv für Soziale Gesetzgebung und Statistik*, Berlin, 1893, p.178.
3 Ebd., pp.226, 213–218.
4 KLEEFELD, Armand, Bologne (op.cit.), p.367.
5 FORGACS, David, *Italian Culture in the industrial era 1880–1980: cultural industries, politics and the public*, Manchester, U.P., 1990. Von einer vormodernen Gesellschaft im Bolognese spricht u.a. MASULLI, Ignazio, *Crisi e trasformazione: strutture economiche, rapporti sociali e lotte politiche nel bolognese (1880–1914)*, Istituto per la storia di Bologna, 1980.
6 Marco MERIGGI, Italienisches und deutsches Bürgertum im Vergleich, in: Jürgen KOCKA, Hg., *Bürgertum im 19.Jahrhundert. Deutschland im europäischen Vergleich*, Bd.1, München, 1988, pp.141–159, p.149.
7 SIEGRIST, Hannes, Gli avvocati nell'Italia del XIX secolo. Provenienza e matrimoni, titoli e prestigio, in: *Meridiana*, XIV, 1992, pp.145–181, p.152.
8 V.ELLENA, Le finanze comunali, in: *Archivio di Statistica* (1878), zitiert nach: ROMANELLI, Raffaele, *Il Comando impossibile. Stato e società nell'Italia liberale*, Bologna, il Mulino, (1988), 1995, p.60.
9 Marco MERIGGI, Italienisches und deutsches Bürgertum im Vergleich (op.cit.), p.148.
10 Ebd., p.149.
11 Ebd., p.156.
12 Siehe das von Jens PETERSEN gezeichnete Bild: Der italienische Adel von 1861 bis 1946, in: WEHLER, Hans-Ulrich, Hg., *Europäischer Adel 1750–1950*, Göttingen, 1990, pp.243–259, pp.243 f.
13 IZENBERG, Gerald N., Die Aristokratisierung der bürgerlichen Kultur im 19. Jahrhundert, in: HOHENDAHL, Peter Uwe/LÜTZELER, Paul Michael, *Legitimationskrisen des deutschen Adels 1200–1900*, Stuttgart, 1979. Werner MOSSE, Adel und Bürgertum im Europa des 19. Jahrhunderts. Eine vergleichende Betrachtung, in: KOCKA, Jürgen, Hg., *Bürgertum im 19.Jahrhundert* (op.cit.), Bd.2, pp.276–314.
14 WOOLF, Stuart J., *Il risorgimento italiano, v.I: Dall'età delle riforme all'Italia napoleonica*, Torino, 1981, pp.290 ff. MORABITO, Pierfrancesco, Divertimento e élites sociali a Bologna nella prima metà dell'Ottocento: la Società del Casino, in: *Cheiron*, 9/10, 1988, pp.169–191, p.169.
15 Marco MERIGGI, Italienisches und deutsches Bürgertum im Vergleich (op.cit.), pp.146, 150.
16 MASULLI, Ignazio, *Crisi e trasformazione* (op.cit.), p.15. Der größte Teil des Landes, knapp 140.000 ha, war unter 5.800 mittleren Landbesitzern verteilt.

17 Siehe hierzu auch den Beitrag von Raffaele ROMANELLI, In Search of an Italian Bourgeoisie: Trends in Social History beim 18th International Congress of Historical Sciences, Montréal, 1995, *The Bourgeoisie. Structures and Cultures in 19th Century Europe*.

18 PETERSEN, Jens, Der italienische Adel von 1861 bis 1946 (op.cit.), p.243.

19 MASULLI, Ignazio, *Crisi e trasformazione* (op.cit.), p.14.

20 MACRY, Paolo, in: KOCKA, Jürgen/MACRY, Paolo/ROMANELLI, Raffaele/SALVATI, Mariuccia, Borghesie, ceti medi, professioni, in: *Passato e Presente*, IX, 1990, pp.21–51, pp.27 ff.

21 MASULLI, Ignazio, *Crisi e trasformazione* (op.cit.), pp.16–19.

22 Marco MERIGGI, Italienisches und deutsches Bürgertum im Vergleich (op.cit.), p.149.

23 SIEGRIST, Hannes, Die Rechtsanwälte und das Bürgertum. Deutschland, die Schweiz und Italien im 19.Jahrhundert, in: KOCKA, Jürgen, Hg., *Bürgertum im 19.Jahrhundert* (op.cit.), Bd.II, pp.92–123, p.100. Ähnliche soziale Funktionen erfüllen häufig auch die Vereine entsprechender Schichten: BANTI, Alberto Mario/MERIGGI, Marco, Elites e associazioni nell' Italia dell'Ottocento, *Quaderni storici*, No.77, 1991, pp.357–362, pp.360 f.

24 MACRY, Paolo, in: KOCKA, Jürgen/MACRY, Paolo/ROMANELLI, Raffaele/SALVATI, Mariuccia, Borghesie, ceti medi, professioni (op.cit.), p.32. Siehe auch RIDOLFI, Maurizio, Associazionismo e forme di sociabilità nella società italiana fra '800 e '900: Alcune premesse di ricerca, in: *Bollettino del Museo del Risorgimento*, XXXII-XXXIII, 1987/88, pp.7–53, p.31.

25 SIEGRIST, Hannes, Profilo degli avvocati italiani dal 1870 al 1930. Omogeneità istituzionalizzata e eterogeneità reale di una professione classica, in: *Polis*, VIII, 2, agosto, 1994, pp.223–243, p.234.

26 MACRY, Paolo, in: KOCKA, Jürgen/MACRY, Paolo/ROMANELLI, Raffaele/SALVATI, Mariuccia, Borghesie, ceti medi, professioni (op.cit.), p.32. SIEGRIST, Hannes, Die Rechtsanwälte und das Bürgertum (op.cit.), pp.114, 120. Zum sozio-kulturellen Milieu der Rechtsanwälte in Neapel siehe auch MACRY, Paolo, Borghesie, città e Stato (op.cit.), p.358. In Florenz kamen um die Mitte des 19.Jahrhunderts 12,7% der lokal ansässigen Rechtsanwälte aus dem Adel, weitere 27,3% kamen aus Familien mit der Berufsbezeichnung *possidenti*: SIEGRIST, Hannes, Profilo degli avvocati italiani (op.cit.), pp.148, 163 ff.

27 SIEGRIST, Hannes, Profilo degli avvocati italiani (op.cit.), pp.235 f. Doch in der zweiten Hälfte des 19. Jahrhunderts wurde ein solch humanistisches Profil unter den Rechtsanwälten immer seltener.

28 SIEGRIST, Hannes, Die Rechtsanwälte und das Bürgertum (op.cit.), p.123. FINZI, Roberto/TASSINARI, Franco weisen in diesem Zusammenhang auf den Unterschied bezüglich des Berufsstandes der Mediziner hin: La società, in: ZANGHERI, Renato, Hg., *Bologna*, Roma/Bari, 1986, pp.191–244, p.207

29 Paolo MACRY hat für Neapel einige entsprechende Fälle beschrieben, in denen die teilweise relativ gut ausgebildeten Staats – und Kommunaldiener in der Nähe des wirtschaftlichen Ruins, in den billigsten Vierteln der Stadt lebten: Borghesie, Città e Stato. Appunti e impressioni su Napoli. 1860–1880, in: *Quaderni Storici*, N.S., 56, 1984, pp.339–383, pp.358 f.

30 Marco MERIGGI, Italienisches und deutsches Bürgertum im Vergleich (op.cit.), p.141.

31 Siehe beispielsweise die *Gedanken über die italienische Politik* des Grafen Jacini (1889), zitiert bei CARACCIOLO, Alberto, Crescita e potere della burocrazia dopo l'unificazione, in: CASSESE, Sabino, Hg., *L'amministrazione pubblica in Italia*, Bologna, il Mulino, (1974), 1976, pp.53–63, p.53.

32 Ebd., p.56.

33 SALVEMINI, Gaetano, L'elefantiasi burocratica degli inizi del secolo, in: CASSESE, Sabino, Hg., *L'amministrazione pubblica in Italia* (op.cit.), pp.71–74, p.71.

34 MERIGGI, Marco, Italienisches und deutsches Bürgertum im Vergleich (op.cit.), p.146.

35 MACRY, Paolo, Borghesie, città e Stato (op.cit.), pp.341 f.

36 SCHNAPPER, Dominique, *L'Italie rouge et noire. Les modèles culturels de la vie quotidienne à Bologne*, Paris, 1971, pp.89 f.

37 Ebd., p.92.

38 BANTI, Alberto Mario/MERIGGI, Marco, in: Elites e associazioni nell' Italia dell'Ottocento (op.cit.).

39 Ebd., p.358.

40 MERIGGI, Marco, Italienisches und deutsches Bürgertum im Vergleich (op. cit.), p.152. Weniger kritisch: RIDOLFI, Maurizio/TAROZZI, Fiorenza, Hg., Associazionismo e forme di sociabilità in Emilia Romagna fra '800 e '900, in: *Bolletino del Museo del Risorgimento*, Bologna, XXXII-XXXIII, 1987/88.

41 BANTI, Alberto Mario/MERIGGI, Marco, Elites e associazioni nell' Italia dell'Ottocento (op.cit.), p.360. Siehe vor allem die Untersuchung für Turin: CARDOZA, Anthony, Tra Casta e classe. Clubs maschili dell'élite torinese, 1840–1914, in: *Quaderni storici*, No.77, 1991, pp.363–388. Siehe zum Vergleich auch die ersten Vereinsstrukturen nach 1860 in Forlì, nicht weit von Bologna. Sie dienten entweder dem radikalen Kleinbürgertum oder den überkommenen Eliten aus Adel und Besitzbürgertum: BALZANI, Roberto, Politica e gioco d'Azzardo: I circoli privati forlivesi del secondo Ottocento, in: *Bollettino del Museo del Risorgimento*, XXXII-XXXIII, 1987/88, pp.55–82, p.56. Erst später bildeten sich Vereine, die auch die bürgerlichen Mittelschichten ansprachen.

42 Auch zum folgenden MORABITO, Pierfrancesco, Divertimento e élites sociali a Bologna (op.cit.), p.169.

43 DAHLHAUS, Carl, *Die Musik des 19.Jahrhunderts*, Wiesbaden, 1980. (Neues Handbuch der Musikwissenschaft, Bd.6). KANNONIER, Reinhard,

Zeitwenden und Stilwenden: Sozial- und geistesgeschichtliche Anmerkungen zur Entwicklungen der europäischen Kunstmusik, Wien, 1984, pp.170 ff.

44 Siehe beispielsweise den Bericht über ein Konzert im Theater des Grafen Hercolani im Oktober 1860: BOTTRIGARI, Enrico, *Cronaca di Bologna*, Bologna, Zanichelli, 1960–63, (Fonti e Ricerche per la storia di Bologna), v.III, p.132.

45 FLORA, Francesco, Il risorgimento e l'età Carducciana, in: *Bologna e la Cultura dopo l'Unità d'Italia*, Bologna, 1960, pp.41–123, p.121.

46 DAHLHAUS, Carl, *Die Musik des 19.Jahrhunderts* (op.cit.), aber auch: WEBER, William, Die Handwerker im Londoner und Pariser Konzertleben, in: RITTER, Gerhard A., Hg., Arbeiterkultur, Königstein/T., 1979, pp.109–121.

47 RIDOLFI, Maurizio, Associazionismo e forme di sociabilità nella società italiana (op.cit.), p.37.

48 PIVATO, Stefano, Associazionismo sportivo e associazionismo politico nella Romagna d'inizio Novecento, in: *Bolletino del Museo del Risorgimento*, Bologna, XXXII-XXXIII, 1987/88, pp.167–193, p.169.

49 Ebd., p.177–182. Der Kongreß der sozialistischen Jugend von 1909 in Florenz verabschiedete sogar einen Unvereinbarkeitsbeschluß zwischen der Mitgliedschaft in Sportvereinen und der *Federazione Giovanile Socialista*. Erst kurz vor dem Ersten Weltkrieg wendete sich mit den *Ciclisti Rossi* in Imola das Blatt. Trotzdem bildete die Auseinandersetzung mit der gesellschaftspolitischen Funktionalisierung des Sports auch ein schlagkräftiges Argument gegen den Faschismus.

50 GAVELLI, Mirtide/TAROZZI, Fiorenza, *Anche sotto l'ombra dei cipressi*: La Società di cremazione a Bologna (1884–1914), in: *Bolletino del Museo del Risorgimento*, Bologna, XXXII-XXXIII, 1987/88, pp.107–143, p.119.

51 Siehe beispielsweise die Rede Carduccis zum Bebauungsplan 1889 anläßlich der Eröffnung der Sitzungsperiode des Stadtrats, zitiert nach: GOTTARELLI, Elena, La salvaguardia dei monumenti medievali, in: FASOLI, Gina/SACCENTI, Mario, Hg., *Carducci e Bologna*, Bologna, pp.177–193, p.190.

52 Auch zum folgenden GAVELLI, Mirtide/TAROZZI, Fiorenza, *Anche sotto l'ombra dei cipressi* (op.cit.).

53 DE GRAZIA, Victoria, Il patriarcato fascista: come Mussolini governò le donne italiane, in: DUBY, Georges/PERROT, Michelle, Hg., *Storia delle Donne*, v.5: *Il Novecento*, hg.v. THEBAUT, Françoise, Roma/Bari (1992), 1996, pp.141–175, p.146.

54 BOTTRIGARI, Enrico, *Cronaca di Bologna (op.cit.),* Bd.III, pp.245 f.

55 Zum folgenden: DALLA CASA, Brunella, Associazionismo borghese ed emancipazione femminile a Bologna: Il comitato di propaganda per il miglioramento delle condizioni della donna (1890–1893), in: *Bollettino del Museo del Risorgimento*, XXXII-XXXIII, 1987/88, pp.145–165.

56 Siehe dazu den Chronisten der Kaffehauskultur in Udine, Giovanni Andrea Ronchi, zitiert nach: FRANCFORT, Didier, Nobili e borghesi al caffè: considerazioni sulla clientela dei caffè di Udine a metà del XIX secolo, in: *Cheiron*, 9/10, 1988, pp.133–147, p.136.

57 PALAZZOLO, Maria Iolanda, *I Salotti di Cultura nell'Italia dell'Ottocento. Scene e modelli*, Milano, Angeli, 1985. RIDOLFI, Maurizio, Associazionismo e forme di sociabilità nella società italiana (op.cit.), p.45.

58 PALAZZOLO, Maria Iolanda, *I Salotti di Cultura nell'Italia dell'Ottocento*, Roma, 1984, pp.24, 48, 90 f.

59 Ebd., p.46.

60 RIDOLFI, Maurizio, Associazionismo e forme di sociabilità (op.cit.).

61 Zitiert nach ebd., p.36.

62 Ebd., p.11.

63 Siehe ebd.

64 MACRY, Paolo, Borghesie, città e Stato (op.cit.), p.342.

65 SANI, Sebastiano, *Bologna di Ieri* (1922), Bologna, 1983, pp.6–32, 73–110. Diese Situation war jedoch nicht nur in Bologna anzutreffen: FRANCFORT, Didier, Nobili e borghesi al caffè (op.cit.), p.135.

66 FLORA, Francesco, Il risorgimento e l'età Carducciana (op.cit.), p.121.

67 Ebd., p.120–123.

68 Siehe vor allem die präzise Studie von MASULLI, Ignazio, *Crisi e trasformazione* (op.cit.), p.23.

69 Bei der Transition versuchte man jeglichen Aufruhr zu vermeiden: SPADOLINI, Giovanni, 12 giugno 1859: la liberazione di Bologna, in: ders., *Autumno del Risorgimento. Miti e contraddizioni dell'Unitá*, Firenze, Cassa di Risparmio, 1986, pp.128–133.

70 Diese These bezieht sich explizit auf den Fall Bolognas, ohne damit Arno Mayers Argument einer Fortdauer des Ancien régime bis zum Ersten Weltkrieg zu übernehmen: MAYER, Arno, *The Persistence of the Old Regime. Europe to the Great War*, New York, 1981.

71 ULLRICH, Hartmut, Die italienischen Liberalen und die Probleme der Demokratisierung 1876–1915, in: *GG*, IV, 1978, pp.49–76.

72 PETERSEN, Jens, Der italienische Adel von 1861 bis 1946 (op.cit.), p.247.

73 LOTTI, Luigi, La vita politica tra Ottocento e Novecento, in: BERSELLI, Aldo, Hg., *Storia dell' Emilia Romagna*, Bd.III, Imola, 1980, pp.305–328.

74 CAVAZZA, Giulio, Bologna dall'età napoleonica al primo Novecento (1796–1918), in: FERRI, Antonio/ROVERSI, Giancarlo, Hg., *Storia di Bologna*, Bologna, (1978), 1984, pp.283–391, pp.49 ff. Über die Wahlbündnisse in Bologna siehe vor allem *Clero e partiti a Bologna dopo l'Unitá*, Bologna, Istituto per la storia del Risorgimento, 1968.

75 ORATA, Niobe Alvisi, I partiti politici a Bologna dopo l'avvento della sinistra al potere (1876–1882), in: *Clero e partiti* (op.cit.), pp.65–111, p.72.

76 STRAZIOTA, Giovanni, I Partiti politici a Bologna nell'età del trasformismo (1883–87), in: *Clero e Partiti* (op.cit.), pp.113–144, p.119.
77 STRAZIOTA, Giovanni, I Partiti politici a Bologna (op.cit.), p.121. CUCCHIELLA, Luisa, Bologna e i suoi prefetti dal 1882 al 1889, in: SERIO, Mario, Hg., *L'Archivio centrale dello stato 1954–1993,* (Pubblicazzioni degli Archivi di Stato, Saggi 27), Roma, Ministero per i beni culturali e ambientali, 1993, pp.133–151, p.135.
78 ORATA, Niobe Alvisi, I partiti politici a Bologna dopo l'avvento della sinistra al potere (op.cit.).
79 ROMANELLI, Raffaele, *Il Comando impossibile* (op.cit.), p.42 ff., vor allem p.51.
80 CAVAZZA, Giulio, Bologna dall'età napoleonica al primo Novecento (op.cit.), pp.364–374. ZANGHERI, Renato, L'Unificazione, in: ders., Hg., *Bologna* (op.cit.), pp.3–61.
81 MASULLI, Ignazio, *Crisi e trasformazione* (op.cit.), p.24.
82 ROMANELLI, Raffaele, *Il Comando impossibile* (op.cit.), p.139. Für Bologna siehe auch hier MASULLI, Ignazio, *Crisi e trasformazione* (op.cit.), p.33.
83 ZANGHERI, Renato, L'Unificazione (op.cit.), p.53.
84 MASULLI, Ignazio, *Crisi e trasformazione* (op.cit.), p.28.
85 Ebd., pp.28 f. ZAMAGNI, Vera, L'economia, in: ZANGHERI, Renato, *Bologna* (op.cit.), p.255.
86 ZANGHERI, Renato, L'Unificazione (op.cit.), p.54.
87 BOTTRIGARI, Enrico, *Cronaca di Bologna* (op.cit.), Bd.IV, pp.204 f.
88 Zu den Architekten Cipolla und Mengoni siehe: BERNABEI, Giancarlo/GRESLERI, Giuliano/ZAGNOMI, Stefano, *Bologna moderna. 1860–1984*, Bologna, 1977, pp.24 ff, 34 ff, 295, 298.
89 MASULLI, Ignazio, *Crisi e trasformazione* (op.cit.), p.28. ZAMAGNI, Vera, L'economia (op.cit.), pp.245–314, pp.251, 255.
90 FAUCCI, Riccardo, L'Osmosi tra politica e amministrazione nel primo trentennio unitario, in: CASSESE, Sabino, Hg., *L'amministrazione pubblica in Italia* (op.cit.), pp.65–70.
91 MACRY, Paolo, Borghesie, città e Stato (op.cit.), pp.370–375.
92 CAMMARANI, Fulvio, Nazionalizzazione della politica e politicizzazione della nazione. I dilemmi della classe dirigente nell'Italia liberale, in: MERIGGI, Marco/SCHIERA, Pierangelo, Hg., *Dalla città alla nazione. Borghesie ottocentesche in Italia e in Germania*, Bologna, 1993, pp.139–163, pp.142 f.
93 ALBERTAZZI, Alessandro, Carducci *politico*: lo sviluppo della città, in: FASOLI, Gina/SACCENTI, Mario, Hg., *Carducci e Bologna* (op.cit.), pp.227–235, p.227. Zur politischen Tätigkeit siehe die Reden in: CARDUCCI, Giosue, *Edizione delle Opere di Giosue Carducci*, vol.XXV, *Confessione e Battaglie*, Bologna, 1938. Zu Carduccis Tätigkeit für die radikalen, repu-

blikanischen und sozialistischen Zeitungen Bolognas: CRISTOFORI, Franco, Giornali e giornalismo, in: FASOLI, Gina/SACCENTI, Mario, *Carducci e Bologna* (op.cit.), pp.219–226.

94 D'ATTORRE, Pier Paolo, La Politica, in: ZANGHERI, Renato, *Bologna* (op.cit.), pp.63–188, p.76.

95 FAUCCI, Riccardo, L'Osmosi tra politica e amministrazione nel primo trentennio unitario (op.cit.), p.69.

96 PETERSEN, Jens, Der italienische Adel von 1861 bis 1946 (op.cit.), p.249.

97 CUCCHIELLA, Luisa, Bologna e i suoi prefetti (op.cit.), p.135.

98 Ebd., p.138.

99 Siehe zur Person Scelsis ebd., pp.146 ff.

100 Als Präfekt von Reggio Emilia setzte er sich entschieden für die Industrialisierung ein und verstand es, die lokalen Banken zu entsprechenden Finanzierungen zu überreden.

101 GIANNINI, Massimo Severo, Caratteristiche degli enti locali, in: CASSESE, Sabino, Hg., *L'amministrazione pubblica in Italia* (op.cit.), pp.493–495, p.493. ROMANELLI, Raffaele, *Il Comando impossibile* (op.cit.), pp.136 f.

102 MASULLI, Ignazio, *Crisi e trasformazione* (op.cit.), p.293.

103 CUCCHIELLA, Luisa, Bologna e i suoi prefetti dal 1882 al 1889 (op.cit.), p.134.

104 Carducci hatte insbesondere der jungen Königin Margherita seine Ehrerbietung erwiesen.

105 D'ATTORRE, Pier Paolo, La Politica (op.cit.), p.81. Siehe auch ORATA, Niobe Alvisi, I partiti politici a Bologna (op.cit.), p.76, und GENCO, Gabriella, I partiti politici a Bologna e l'avvento del socialismo (1888–1892), in: *Clero e partiti* (op.cit.), pp.145–177, p.155.

106 ORATA, Niobe Alvisi, I partiti politici a Bologna (op.cit.), p.82.

107 D'ATTORRE, Pier Paolo, La Politica (op.cit.), p.85.

108 Ebd., pp.91 f.

109 Ebd., pp.98 f.

110 Hatte sich Carducci beim Tode Vittorio Emanuele II geweigert, eine Kondolenz der Universität zu unterschreiben, erwies er 1878 der jungen Königin Margherita mit eigenen Poesien seine Ehre. Seine Position bleibt auch weiterhin widersprüchlich: In den 1880er Jahren sitzt er wiederum im Präsidium der Republikanischen Partei. ORATA, Niobe Alvisi, I partiti politici a Bologna (op.cit.), pp.87–90.

111 Ebd., p.101.

112 ZAMAGNI, Vera, L'economia (op.cit.), p.251.

113 MASULLI, Ignazio, *Crisi e trasformazione* (op.cit.), p.79.

114 In der Lebensmittel- und Chemieindustrie, immerhin ein Schlüsselsektor der lokalen Wirtschaft, wuchs der Anteil der Beschäftigten von 1901 bis 1911 lediglich von 3,3 % auf 4 %: ebd., p.194.

115 D'ATTORRE, Pier Paolo, La Politica (op.cit.), p.109.
116 Ebd., p.110.
117 CAVAZZA, Giulio, Bologna dall'età napoleonica al primo Novecento (op.cit.), p.389.
118 D'ATTORRE, Pier Paolo, La politica (op.cit.), p.128.
119 Dies betrifft u.a. das soziale Umfeld, welches der ehemalige Anarchist Arpinati in die Bewegung einbrachte. Zum sozialen Problem der Kriegsheimkehrer: Von über 39.000 Frontkämpfern waren nahezu 22.000 Landarbeiter. Ebd., pp.136, 126.
120 Siehe den Kreis um Pietro Nenni bis zu dessen Annäherung an den Sozialismus.
121 *Lateinische Liga der Jugend* und *Immer bereit für Vaterland und König.*
122 D'ATTORRE, Pier Paolo, La Politica (op.cit.), p.136.
123 Siehe diesbezüglich ARBIZZANI, Luigi, L'Avvento del Fascismo nel Bolognese. 1920–1922, in: *Movimento Operaio e socialista*, X, n.2, 1964, pp.83–102; n.3, pp.253–276.
124 Siehe dazu SPRIANO, Paolo, »*L'ordine Nuovo e i consigli di fabbrica*«, Torino, 1971.
125 CARDOZA, Anthony L., *Agrarian Elites and Italian Fascism. The Province of Bologna*, 1901–1926, Princeton, 1982. ARBIZZANI, Luigi, L'Avvento del Fascismo nel Bolognese (op.cit.), pp.253–276.
126 BONFIGLIOLI, Giorgio, Bologna dalla prima alla seconda guerra mondiale (op.cit.), p.415.
127 D'ATTORRE, Pier Paolo, La Politica (op.cit.), p.143.
128 Ebd.
129 TANARI, Giuseppe, *La mia evoluzione politica al fascismo*, Bologna, 1933.
130 D'ATTORRE, Pier Paolo, La Politica (op.cit.), p.144.
131 FINZI, Roberto/TASSINARI, Franco, La società (op.cit.), p.212.
132 POLSI, Alessandro, Possidenti e nuovi ceti urbani: l'élite politica di Pisa nel ventennio post-unitario, in: *Quaderni Storici*, N.S., 56, 1984, pp.493–516.
133 Ebd., p.496.
134 Die Analyse Polsis zeigt zudem, daß der überwiegende Teil der politischen Vertreter den genannten Berufen (Rechtsanwalt, Professor) tatsächlich zum Broterwerb nachging und nur noch in Ausnahmefällen auf ein zusätzliches Einkommen aus Kapitalien, Landbesitz oder Immobilien rechnen konnte. Ebd., pp.497 f.
135 Siehe die schon genannte Stellungnahme von ELLENA, V., Le finanze comunali (op.cit.), p.60.
136 FRANCHETTI, L., Condizioni economiche, zitiert nach: ROMANELLI, Raffaele, *Il Comando impossibile* (op.cit.), p.68.
137 ROMANELLI, Raffaele, *Il Comando impossibile* (op.cit.), p.71. Zum soziopolitischen Hintergrund Minghettis: D'ATTORRE, Pier Paolo, La Politica, pp.63–188, p.67.

138 SOMBART, Werner, Studien zur Entwicklungsgeschichte des italienischen Proletariats (op.cit.), p.218.

139 Siehe beispielsweise die Kritik an Verdis *Boccanegra*, Meyerbeers *Profeta* und *Ugonotti*, ein Programm, welches für Bologna neu war. Auch die Einschränkung des *Ballo* zugunsten der Darbietung von Opern stieß auf die Kritik des Publikums. BOTTRIGARI, Enrico, *Cronaca di Bologna* (op.cit.), Bd.III, pp.140, 219, 225, 266.

140 BOTTRIGARI, Enrico, *Cronaca di Bologna* (op.cit.), Bd.III, p.225.

141 Ebd., p.266.

142 POLSI, Alessandro, Possidenti e nuovi ceti urbani: l'élite politica di Pisa (op.cit.), p.498.

143 Ebd., p.499. Von einem solchen Bruch zwischen »neuer« und »alter« Gesellschaft spricht auch RIDOLFI, Maurizio, Associazionismo e forme di sociabilità (op.cit.), p.10.

144 POLSI, Alessandro, Possidenti e nuovi ceti urbani: l'élite politica di Pisa (op.cit.), p.500.

145 BOTTRIGARI, Enrico, *Cronaca di Bologna* (op.cit.), Bd.III, p.315.

146 POLSI, Alessandro, Possidenti e nuovi ceti urbani: l'élite politica di Pisa (op.cit.), pp.500–507.

147 Siehe dazu: ALAIMO, Aurelio, *L'organizzazione della città. Amministrazione e politica urbana a Bologna dopo l'Unità (1859–1889)*, Bologna, 1990.

148 CALORE, Marina, *Bologna a teatro. L'ottocento*, Imola, 1982, p.12.

149 Luigi BIGNAMI, *Cronologia di tutti gli spettacoli rappresentati al Teatro Comunale di Bologna dalla sua apertura 14 maggio 1763 a tutto l'autunno 1881*, Bologna, 1882, p.214.

150 BOTTRIGARI, Enrico, *Cronaca di Bologna* (op.cit.), Bd.III, p.140.

151 Zusammenfassend siehe die Artikel in: TREZZINI, Lamberto, Hg., *Due secoli di vita musicale. Storia del Teatro Comunale di Bologna*, 3 vol., (1966), Bologna, 1987.

152 PETERSEN, Jens, Der italienische Adel von 1861 bis 1946 (op.cit.), p.247.

153 Zur Bologneser Deputation: FASOLI, Gina, in: *La deputazione di Storia Patria per le province di Romagna: 125 anni dalla fondazione*, (Documenti e Studi, XXI), Bologna, Deputazione di Storia Patria, 1989, pp.3–10.

154 PORCIANI, Ilaria, Sociabilità culturale e erudizione storica in Toscana tra Otto e Novecento, in: *Annali dell'Istituto storico italo-germanico in Trento*, VII, 1981, (Bologna, 1982), pp.105–142, p.118.

155 Zur Biographie Bottrigaris: BERSELLI, Aldo, Introduzione, in: BOTTRIGRI, Enrico, *Cronaca di Bologna* (op.cit.), Bd.I.

156 TOBIA, Bruno, Urban space and monuments in the Nationalization of the Masses, in: WOOLF, Stuart, Hg., *Nationalism in Europe, 1815 to the Present. A Reader*, London, 1996, pp.171–191.

157 MARCELLI, Umberto, La Deputazione di Storia Patria per le province di Romagna nel centoventicinquesimo anno: studi sull'età moderna, in: *La de-*

putazione di Storia Patria per le province di Romagna (op.cit.), pp.45–53, p.47.

158 Siehe stellvertretend: Risposta ai soci della Deputazione di Storia patria, in: Il Resto del Carlino, 14.2.1896, zitiert nach: *Edizione delle Opere di Giosue Carducci*, vol.XXV, *Confessione e Battaglie*, 2, Bologna, 1938.

159 GOZZADINI, Giovanni, Note per studi sull'architettura di Bologna al secolo XIII al XVI, in: *Atti e Memorie della Deputazione di storia patria*, I, p.1. Ders., Del restauro di due chiese monumentali nella basilica stefaniana di Bologna, in: ebd., III, p.47.

160 Siehe dessen »Manifesto ai Bolognesi« anläßlich der Instandsetzungsarbeiten der Kirche, zitiert bei RICCI, Giovanni, *Bologna. Storia di un'immagine*, Bologna, 1976, p.239.

161 RIDOLFI, Maurizio, Associazionismo e forme di sociabilità nella società italiana (op.cit.), p.33.

162 Siehe die Untersuchungen von TOBIA, Bruno, Associazionismo e patriottismo: il caso del pellegrinaggio nazionale a Roma del 1884, in: MERIGGI, Marco/SCHIERA, Pierangelo, Hg., *Dalla città alla nazione* (op.cit.), pp.227–247.

163 BAIONI, Massimo, I musei del Risorgimento, santuari laici dell'Italia liberale, in: *Passato e Presente*, XI, 1993, pp.57–86, p.60.

164 Ebd., p.58.

165 Ebd., pp.66 f.

166 Ebd.

167 SPADOLINI, Giovanni, 12 giugno 1859: la liberazione di Bologna (op.cit.).

168 Zu dieser Diskussion: PORCIANI, Ilaria, L'università dell'Italia unita, in: *Passato e Presente*, XI, 1993, pp.123–135, p.130.

169 BOTTRIGARI, Enrico, *Cronaca di Bologna* (op.cit.), Bd.IV, pp.197–203.

170 Ebd., vol.III, pp.17, 37.

171 Siehe dazu BOTTRIGARI, Enrico, *Cronaca* (op.cit.), vol.III, pp.34 f.

172 TEGA, Walter, Hg., *Lo Studio e la Città. Bologna 1888–1988*, Bologna, 1987.

173 Siehe den Bologna-Band der Zeitschrift *Storia Urbana*, XII, 44, 1988.

174 DALLA CASA, Brunella, Associazionismo borghese ed emancipazione femminile (op.cit.), p.149.

175 FINZI, Roberto/TASSINARI, Franco, La società (op.cit.), p.206.

176 Ebd., p.208.

177 CAVAZZA, Giulio, Bologna dall'età napoleonica al primo Novecento (op.cit.), p.380.

178 Letzterer wies als Professor für Chirurgie im Jahre 1924 die Ernennung zum Senator zurück und gehörte wenige Jahre später zu den zwölf Professoren Italiens, die dem Treueschwur gegenüber dem Regime widerstanden.

179 Siehe den Rücktritt des Abgeordneten Codronchi vom Präsidium der *Associazione Costituzionale* anläßlich der Kandidaten für die Kommunal-

wahlen 1886: STRAZIOTA, Giovanni, I Partiti politici a Bologna (op.cit.), p.120.

180 ROSA, Alberto Asor, *Storia d'Italia*, IV, 2, (La Cultura), Torino, 1975.

181 ALBERTAZZI, Alessandro, Carducci *politico* (op.cit.), p.227.

182 CHELI, P.P., Alla morte del Pascoli fu invocato D'Annunzio sulla cattedra bolognese, in: *Strenna storica*, a.XXL, 1971, pp.93–112.

183 Tatsächlich stimmte der Fakultätsrat kurze Zeit später einstimmig für die Berufung des Literaturprofessors Giuseppe Albini, der seine Kandidatur jedoch zurückzog. Ebd., p.102.

184 Ebd., p.99.

185 Zitiert nach CHELI, P.P., Alla morte del Pascoli fu invocato D'Annunzio sulla cattedra bolognese (op.cit.), 100.

186 GAVELLI, MIRTIDE/TAROZZI, Fiorenza, *Anche sotto l'ombra dei cipressi* (op.cit.), pp.126 f.

187 Ebd., pp.129, 133. Der Name Andrea Costa, erster sozialistischer Abgeordneter im italienischen Parlament, erscheint im Cremationsregister als einziger in roter Tinte geschrieben (1910).

188 ARBIZZANI, Luigi, La Camera del Lavoro di Bologna. Origini e primi anni di vita (1889–1900), in: *Movimento operaio e socialista*, 8, 1962, pp.295–258.

189 RIDOLFI, Maurizio, Associazionismo e forme di sociabilità nella società italiana (op.cit.), p.21.

190 MASULLI, Ignazio, *Crisi e trasformazione* (op.cit.), p.40.

191 ARBIZZANI, Luigi, La Camera del Lavoro di Bologna (op.cit.), pp.309 f.

192 D'ATTORRE, Pier Paolo, Politica (op.cit.), pp.77–88.

193 ARBIZZANI, Luigi, La Camera del Lavoro di Bologna (op.cit.), p.352.

194 D'ATTORRE, Pier Paolo, La politica, pp.115 ff.

195 ARBIZZANI, Luigi, La Camera del Lavoro di Bologna (op.cit.), p.338.

196 TOBIA, Bruno, Urban space and monuments (op.cit.), p.172.

197 Ebd., pp.172–175.

198 Siehe Giosue Carducci bei Eröffnung der Sitzungsperiode des Stadtrats, 1889, (op.cit.).

199 Siehe im Einzelnen PENZO, Paola, L'urbanistica e l'amministrazione socialista a Bologna 1914–1920, in: *Storia Urbana*, XVIII, 66, 1994, pp.109–143.

200 D'ATTORRE, Pier Paolo, La Politica (op.cit.), p.121.

201 Ebd., p.143.

202 Siehe die Musik betreffend SALVETTI, Guido, *La Nascita del Novecento* (1977), Torino, EDT, 1991, (Storia della Musica, v.10), pp.296, 304 f. SACHS, Harvey, *Music in Fascist Italy*, London, 1987, pp.23 ff, 94 f. Siehe auch die Einleitung von FIORAVANTI, Gigliola, Hg., *Partito Nazionale Fascista. Mostra della Rivoluzione Fascista*, Roma, Ministero per i beni culturali, 1990, pp.23 ff.

203 BERNABEI, G./GRESLERI, G./ZAGNONI, S., *Bologna moderna* (op.cit.), p.82.

204 Ebd., pp.105–107.

205 FIORAVANTI, Gigliola, Hg., *Partito Nazionale Fascista* (op.cit.), p.24.

206 Spätestens ist als Wendepunkt der Besuch von Hitler, Hess und Ribbentrop auf dem Maggio Musicale des Jahres 1938 erkennbar. Otto Klemperer und Ida Rubinstein, ursprünglich im Programm vorgesehen, wurden durch die Berliner Philhamoniker unter Wilhelm Furtwängler ersetzt. Bis 1937 galt sowohl der Maggio Musicale als auch das Venezianische Musikfest noch als Sammelpunkt der Europäischen Moderne und Avantgarde, insbesondere von in Deutschland verbotenenWerken und Künstlern (Arnold Schoenberg, Alban Berg, Hermann Scherchen, Max Reinhard, Darius Milhaud, Ernst Krenek). SACHS, Harvey, *Music in Fascist Italy* (op.cit.), pp.89–95.

207 Nationales Hilfswerk Mutter und Kind. Siehe den Überblick von DE GRAZIA, Victoria, Il patriarcato fascista (op.cit.), p.161. Zu Bologna: D'ATTORRE, Pier Paolo, La Politica (op.cit.), p.145.

208 Ditta Donati Agostini e Figlio, *Ricostruzione del Palcoscenico del Teatro Comunale di Bologna. Lavori eseguiti dall'Ingenere Armando Villa,* Bologna, Azzoguidi, 1936.

209 SOMBART, Werner, Studien zur Entwicklungsgeschichte des italienischen Proletariats (op.cit.), p.227.

Axel Körner

Von Campanilismo zur Europäischen Avantgarde

Bolognas Leitkulturen und das Teatro Comunale[1]

»Campanilismo« bezeichnet im Italienischen ein von der Perspektive des heimatlichen Kirchturms gesteuertes und damit meist provinzielles Weltbild. Ganz entsprechend – und dazu mit einem guten Maß Lokalpatriotismus ausgestattet – scheint nach der italienischen Einigung von 1859/60 das traditionelle Opernpublikum Bolognas geprägt gewesen zu sein. Werfen wir hingegen in den Jahren nach der Jahrhundertwende einen Blick auf die Spielpläne des *Teatro Comunale*, so erscheint uns das Bologneser Haus als ein modernes, international orientiertes und vom künstlerischen Standpunkt im höchsten Maße interessantes Zentrum des europäischen Musiktheaters.

Wie ist es innerhalb einiger weniger Jahrzehnte zu einer solchen Entwicklung gekommen? Weder in politischer, noch in sozialer Hinsicht war Bologna in diesem Zeitraum von bemerkenswerter Dynamik gekennzeichnet. Eher das Gegenteil war der Fall. Die nach dem Ende der päpstlichen Herrschaft an die Macht gekommene *classe dirigente*, welche sich ausschließlich aus den alteingesessenen Familien des Adels und dem landbesitzendem, wohlhabenden Großbürgertum rekrutierte, konnte seine Hegemonie erst unter moderatem, später unter katholisch-konservativem Vorzeichen bis zum Ausbruch des Ersten Weltkrieges behaupten.[2] War es etwa diese überkommene, konservative Führungselite der lokalen Notabelngesellschaft, welche sich auf solch wegweisende Bahnen in der Kulturpolitik vorarbeitete? Oder gelangten die urbanen Leitkulturen in Bologna zu einer künstlerischen Autonomie, innerhalb derer sich das Musiktheater und vielleicht auch andere Sparten der Kunst frei von Einflüssen der Politik entwickeln konnten? Keines dieser Erklärungsmodelle paßt in dieser Form auf die Situation der urbanen Leitkulturen in Bologna. Werfen wir einen Blick auf die Ausgangslage, in der sich das italienische Musiktheater zum Zeitpunkt der italienischen Einigung, also ungefähr um 1860, befand.

Die Ausgangssituation

Die Zeit zwischen der mit den Namen Rossini, Bellini, Mercadante und Donizetti verbundenen Schaffensperiode und dem Beginn der sogenannten *Giovine Scuola* wird in der Musikgeschichte nicht selten als eine vierzigjährige Krise des italienischen Musiktheaters bezeichnet.[3] Rossini hatte seit dem *Guillaume Tell* aus dem Jahre 1829 keine Oper mehr geschaffen, Bellini starb 1835 in der Nähe von Paris, Donizetti im Jahr der Revolution von 1848. Die Erfolge der *Giovine Scuola* um Puccini und Mascagni setzten hingegen erst um das Jahr 1890 ein. Zwischen diese beiden Eckdaten fallen zwar mit Giuseppe Verdi verschiedene Meilensteine des Lyrischen Theaters, doch dem Meister aus Busseto blieb zumindest zwischen dem *Ballo in Maschera* (1859) und dem Welterfolg *Aida* (1872) der öffentliche Zuspruch weitgehend versagt. Die Erfolge seiner *Triologie* lagen lange Jahre zurück. Seine beiden letzten Opern, *Othello* (1887) und *Falstaff* (1892), fielen als ausgesprochene Spätwerke bereits in eine neue Epoche der Musikgeschichte.

Erkennen wir also Verdi in der Rolle des großen Komponisten des *Risorgimento* an, so scheint die italienische Oper trotzdem ausgerechnet seit Vollendung des Einigungswerks, im Jahrzehnt 1860–1870, in ihrer weiteren Entwicklung gehemmt. Dies ist um so bemerkenswerter, als »revolutionäre« Ereignisse und Zeitwenden, wozu die italienische Einigung bestimmt zu zählen wäre, meistens Phasen herausragender künstlerischer Inspiration und Produktivität sind, wie beispielsweise Eric Hobsbawm erkennt.[4] Dieser Zusammenhang gilt unleugbar für die Ereignisse von 1789, 1830, 1848 und auch für die Industrielle Revolution. Doch hatten Verdis Werke aus der Zeit des *Risorgimento* die nationale Revolution unverkennbar angekündigt und eingeläutet, so waren die musikalischen *Echos der Marseillaise* nach 1860 in Italien kaum zu vernehmen. Gioacchino Rossini, 1868 in Paris gestorben, widmete dem neuen Vaterland wenig Beachtung, auch musikalisch. Er war nicht nur den Bourbonen auf besondere Weise verbunden, was sein Verhältnis zum *Risorgimento* in ein eigentümliches Licht stellt,[5] sondern weigerte sich auch, die seit 1830 klar erkennbaren stilistischen Veränderungen der Oper, den Wandel vom Genre der *opera buffa* zur *opera seria*, im eigenen Werk nachzuvollziehen.[6] Wenn in Italien während der beinahe vierzigjährigen Opernkrise rein quantitativ ca. 100 Neuproduktionen zu zählen sind,[7] so erregte außer

Verdis Werken lediglich Boitos *Mefistofeles* und Ponchiellis *La Gioconda* eine gewisse Aufmerksamkeit. Kein Komponist vermochte die Theatereuphorie wiederzubeleben, welchen Italien Jahre zuvor um Rossini gekannt hatte, oder die genau zum Zeitpunkt der italienischen Schaffenskrise die Wagnerianer in Deutschland beflügelte. Auch Verdis Spätwerk konnte nicht – wie Wagners Konzept der *Musik als Mittel und Ursprung des Dramas*[8] oder den großen Werken der französischen »Theaterindustrie« in den Jahren des Zweiten Kaiserreichs und der Dritten Republik vergleichbar – die italienische Oper revolutionieren.[9]

Betraf die Krise des Lyrischen Theaters in erster Linie Italien, so war die Geschichte der Oper im allgemeinen europäischen Rahmen seit der zweiten Hälfte des 19. Jahrhunderts von bedeutenden Veränderungen gekennzeichnet. Dies betrifft nicht nur einen stilistischen Wandel in der Musik. Statt der seit dem 17. Jahrhundert das Musiktheater bestimmenden Darbietung aktueller, von einem beauftragten Komponisten für eine Spielzeit eines bestimmten Hauses mit ganz bestimmten Interpreten geschriebenen Werke, entstanden im 19. Jahrhundert die Repertoire-Theater, die sich allmählich in das bis heute meistenteils gültige Museum historischer Reproduktionen entwickelten.[10] Statt der Uraufführung von häufig nach wenigen Spielzeiten bereits in Vergessenheit geratenen Opern, bemühen sich die Häuser zunehmend um einen wenige wichtige oder beim Publikum erfolgreiche Werke der Musikgeschichte wiedergebenden Spielplan. Zu einem solchen Repertoire gehören u. a. die beliebten Opern Rossinis und des *Belcanto*, Verdi, einige Werke der französischen *Grand Opéra*, bald Mozart und – mit starken regionalen und nationalen Unterschieden – Wagner, die Komponisten verschiedener Nationalbewegungen oder des zaristischen Rußlands.

Daß sich diese Entwicklung zur Repertoire-Oper erst mit der Zeit durchsetzte und seine historische Komponente erst sehr allmählich ausgedehnt wurde, zeigt ein einfaches Beispiel aus Bologna: In der Geschichte des vereinigten Italiens dauerte es insgesamt 80 Jahre bis im Jahre 1940 am *Teatro Comunale* mit *Le Nozze del Figaro* eine Oper von Mozart auf dem Programm stand, die aber auch dann nur zwei Aufführungen erlebte. Dabei war Mozart im Italien dieser Zeit alles andere als ein in Vergessenheit geratener Komponist. Nur in den Spielplänen der Oper hatte eben ein längst verstorbener Tonkünstler nur selten einen Platz. So war in Bolognas *Teatro Comunale* seit 1818 keine Mozart-Oper zu hören gewesen und lediglich das *Teatro del Corso* brachte 1867 einige Aufführungen von Mozarts *Don Giovanni.*[11] Doch dieses Haus stand in künstlerischer Hinsicht mit seinem gemischten Programm aus leichter Musik, Zirkusartisten und Vorführungen internationaler Dompteure eindeutig im Schatten des offiziellen Theaters der Stadt, des *Comunale.*[12] Erst nach dem Zweiten Weltkrieg konnte sich Mozart mit zwei Aufführungen von *Così fan tutte* im Jahre 1946 und im folgenden Jahr mit zwei weiteren Darbietungen der *Entführung aus dem Serail* im *Teatro Comunale* etablieren. Die Entstehung eines klassischen Repertoires an den Opernhäusern bewegte sich also nur relativ langsam auf den heute bekannten Kanon historischer Werke zu. Trotzdem waren die Spielpläne seit der zweiten Hälfte des 19. Jahrhunderts immer deutlicher von Wiederaufnahmen vergangener Spielzeiten, Erfolgen anderer Häuser und Stücke gekennzeichnet, deren Uraufführung bereits geraume Zeit zurücklag.[13]

Nicht nur das Theater, auch das Konzertleben war von der Herausbildung eines historischen Repertoires gekennzeichnet. Im deutschsprachigen Raum war dieser Trend bereits seit der ersten Hälfte des 19. Jahrhunderts als Merkmal eines ausgesprochen bürgerlichen, öffentlichen Musikinteresses zu beobachten. So läßt sich das Repertoire gewissermaßen auch als »Bildungsbesitz« des bürgerlichen Publikums bezeichnen.[14] Gerade der Entwicklungsgrad eines spezifischen Repertoires an verschiedenen Opernhäusern und in den Konzertsälen kann als Indikator dafür dienen, inwiefern der jeweilige Musikbetrieb bereits vom aufsteigendem Bürgertum oder noch von den das *Ancien régime* bestimmenden Gesellschaftsschichten geprägt wurde.

Mit der Entwicklung eines Repertoires nimmt eine die Opernwelt bis heute begleitende, zuvor aber in dem Maße nahezu unbekannte Auseinandersetzung über die jeweils zu fördernden Tradition des Musiktheaters ihren Lauf. Nicht zuletzt ist von einer derartigen Diskussion auch das quantitative Verhältnis zwischen historischem Repertoire und der Aufführung zeitgenössischer Werke betroffen. Sollte die zeitgenössische Komposition (zumindest im 19. Jahrhundert) zwar nicht gänzlich vom historischen Repertoire verdrängt werden, so hatte der Komponist doch einen für die Zukunft kaum mehr auszuschließenden Konkurrenten erhalten.

Der Konflikt um die Symbole von Herrschaft

Den Kulturpolitikern, den professionellen Künstlern und auch den Opernliebhabern stellt sich mit der Festlegung eines Repertoires und der Entscheidung für die zu fördernden, zeitgenössischen Komponisten auch die Frage nach Stil und Geschmack, was nicht nur eine Diskussion um Musik und Theater selbst, sondern auch um deren soziale und politische Funktion in der Öffentlichkeit bedeutet. Erklärt Tibor Kneif die Funktion von Musik im »Überbau« mit der Bestätigung von Herrschaftsformen,[15] so führt er die soziale und politische Dimension einer aus diesen Umbrüchen im Theaterbetrieb herrührenden Spielplandiskussion klar vor Augen. Tatsächlich geht es bei der Auseinandersetzung um das *Teatro Comunale* in Bologna um die Symbole von Herrschaft.

In Bologna spiegeln sich die Schaffenskrise des italienischen Musiktheaters und die Herausbildung eines eigenen Repertoires am *Teatro Comunale* in einer allgemeinen Verunsicherung und in lebhaften Debatten des Opernpublikums wider. Wer war dieses Publikum? Die Vollendung der italienischen Einigung wird nicht nur als eine politisch-territoriale Begebenheit der europäischen Geschichte verstanden, sondern vielmehr als eine bedeutende sozialgeschichtliche Umwälzung, in seinen Ergebnissen für die italienische Gesellschaft in gewisser Weise vergleichbar mit der Französischen Revolution. So gilt die Einheit Italiens als Geburtsstunde eines modernen, bürgerlichen Staates, als nationale wie auch als bürgerliche Revolution.[16] Daß diese gesellschaftliche Entwicklung im Fall Bolognas nur in beschränktem Maße nachvollziehbar war, darauf wurde bereits hingewiesen.[17] Dies bedeutet jedoch nicht, daß das Bologneser Bürgertum auf dem Gebiet der Politik, aber auch der Kultur, nicht ganz bestimmte Zielvorstellungen hatte. Fand es sich politisch im Bündnis der demokratisch-liberalen *Sinistra Storica* oder der Republikaner wieder, so wurde es in kultureller Hinsicht von Intellektuellen wie Giosue Carducci, dem Verleger und Buchhändler Domenico Zanichelli und dem Architekten Alfonso Rubbiani geprägt. Gerade auf dem Gebiet der Oper traten jedoch die Widersprüche zu den kulturellen Leitbildern der moderaten *classe dirigente* aus der lokalen Notabelngesellschaft deutlich hervor, obwohl der Oper im vereinigten Italien zunächst kaum politisches Interesse zuteil wurde.

Im Gegensatz zu Schulen, Universitäten und später auch Museen erkannte der italienische Staat im Lyrischen Theater kein Instrument, die nationale Einheit auch sozial und kulturell zu fundieren.[18] Die öffentliche Subventionierung wurde daher nach 1860 allein den Kommunen überlassen, jedoch ohne diesen die Finanzierung ihrer Opernhäuser zwingend vorzuschreiben. Seit 1868 verlangte der Staat von seinen Theatern sogar eine Steuer in Höhe von 10 % des Umsatzes. Vielleicht war diese Vernachlässigung von seiten des Staates nicht zuletzt auch die Suche nach einer bewußten Distanz zu einer als Unterhaltung für die Aristokratie angesehenen Institution. Wurde zwar das *Risorgimento* in wesentlichen Zügen vom liberalen Adel getragen, so sah der junge Zentralstaat das öffentliche Vergnügen – etwas anderes war die Oper in seinen Augen wohl nicht – als Privatangelegenheit und kritisierte darüber hinaus sogar die Kommunen, welche sich zum Zwecke ihrer kulturellen Infrastruktur angeblich finanziell ruinierten.[19]

Damit wird bereits angedeutet, daß den Kommunen, im Gegensatz zum Staat, die symbolische Funktion eines repräsentablen Opernhauses um so wichtiger war. Gerade Bologna wollte sich als bedeutende Stadt des neuen Regnums beweisen. Schließlich war Bologna, nach Rom, das wichtigste Zentrum der päpstlichen Legationen gewesen. Der daraus erwachsende Anspruch spornte die im Zuge der Einigung an die Macht gekommene, politisch moderat orientierte Notabelngesellschaft ebenso wie die noch wenig in der Öffentlichkeit präsenten, meist demokratisch gesinnten bürgerlichen Mittelschichten zur kulturellen Selbstdarstellung an. Strebte die moderate *classe dirigente* bei der Finanzierung eines angemessenen Opernbetriebes weitgehend nach Unabhängigkeit von öffentlichen Haushalten und wollten die wohlhabenden Steuerzahler von allgemeinen Kulturausgaben entlastet sein, verstand das mittelständische Bürgertum den gesamten Bereich der Kultur als Aufgabe des Staates beziehungsweise der Gemeinden. In anderen Städten, die großen Wert auf ihr Opernhaus legten, war dies ohnehin der Fall: Der Zuschuß der Stadtverwaltung zum Theater *San Carlo* in Neapel betrug im Jahre 1879 180.000 Lire und wurde bald auf 300.000 Lire erhöht, wodurch die Kulturpolitiker der Stadt auch einen entscheidenden Einfluß auf die Programmgestaltung ihres Theaters nehmen konnten.[20] So leicht hatte es der Theaterunternehmer in Bologna nicht. Immer wieder kam es wegen finanzieller Engpässe zu Veränderungen in der unternehmerischen Leitung des Hauses, mitunter mußte eine Saison auch verkürzt werden oder fiel ganz aus. Zwischenzeitlich übernahmen die Musiker des Orchesters selbst die Verantwortung für den Spielbetrieb. Ab 1875 war es schließlich eine vom städtischen Bürgertum gegründete Gesellschaft, die teilweise auch als Karnevalsverein in der Stadt wirkte. Sie übernahm den Betrieb des Theaters, bevor es in eine Aktiengesellschaft überführt wurde. Die Schwierigkeiten in der Leitung des *Teatro Comunale* hingen nicht zuletzt mit der Phase des Umbruchs von einem Theater der lokalen Notabelngesellschaft zum modernen Kulturunternehmen des mittelständischen Bürgertums zusammen.

Die Traditionen der Notabelngesellschaft

Trotz der gerade von dem moderaten Bologneser Marco Minghetti verordneten Einsparungen im kulturellen Sektor, war die städtische Führungsschicht nach dem Anschluß an das Königreich zunächst zu kulturellen Investitionen bereit. Veränderungen und Innovationen in der technischen Ausstattung des Theaters, beispielsweise in der Beleuchtung, wurden von adeligen wie bürgerlichen Besuchern gleichermaßen und ähnlich einer »neuen, hervorragenden Prima Donna« bewundert.[21] Wichtiger als die in Bologna ohnehin nur schleppend vorangehende Erneuerung der Bausubstanz war in künstlerischer Hinsicht die Suche nach einem neuen Dirigenten. Im gleichen Jahr, in dem das *Studio Bolognese* mit dem jungen Giosue Carducci einen die Geschichte der Universität und der Stadt bald in ganz herausragender Weise prägenden Literaten an den Reno rief, kam der junge Komponist und Dirigent Angelo Mariano an das *Teatro Comunale*. Bereits als Kapellmeister in Genua hatte Mariani durch sein breites Repertoire, aber vor allem durch neue Methoden – insbesondere die Vereinigung der Funktionen des *Maestro della musica* am Cembalo und des Konzertmeisters in der Figur des mit der Gesamtleitung des Orchesters beauftragten Dirigenten – die Klangqualität seines Orchesters auf sensationelle Weise verbessert und war so zu einem auch über die Grenzen des Landes reichenden Ruhm gelangt.[22] Wegen seiner überaus intensiven Orchesterarbeit, strategisch geschickter Programmkonzeptionen und einer vom Gestus bald legendären Schlagtechnik konnte sich Mariani den Ruf des »Napoleon unter den Dirigenten« erobern.[23]

Die Wahl Angelo Marianis, der nach der ersten Saison insgesamt bis 1872 die musikalische Leitung des *Teatro Comunale* innehatte, war sicherlich Zeichen einer modernen Professionalisierung des städtischen Kulturbetriebes. Ganz allgemein läßt sich die Professionalisierung bestimmter Berufssparten, auch im Bereich von Kunst und Kultur, als ein bürgerlich-liberales Konzept der gesellschaftlichen Modernisierung bezeichnen.[24] Die Entscheidung für einen solchen, den Ansprüchen der Zeit vollauf genügenden Fachmann birgt mitunter künstlerische Konsequenzen, die den musikalischen Ideen des Publikums nicht unbedingt entsprechen. Die *classe dirigente*, welche nicht nur über die Entscheidungsgewalt in der Kulturpolitik verfügte, sondern dabei auch die Interessen der theaterbegeisterten Notabelngesellschaft vertrat, verfolgte bei der Förderung öffentlicher Kultur eigentlich ganz andere Ziele als das mittelständische Bürgertum. Ging es den Mittelschichten um die Konstruktion einer modernen, auch kulturell begründeten Identität für die junge Nation, so wollte die moderate Notabelngesellschaft im Theater vor allem den Glanz ihrer eigenen, sozial exklusiven Sphäre der Öffentlichkeit aus dem *Ancien régime* bewahren. Unter diesem Aspekt hatte die *classe dirigente* kaum den richtigen Dirigenten gewählt, trotz allen Stolzes auf den international gerühmten Musiker in der Stadt.

Das Lyrische Theater wurde ursprünglich als ein höfisches Vergnügen geboren.[25] Im Zeitalter des Barock entstanden aus dieser neuen Kunstsparte vor allem in Italien bedeutende Repräsentationsbauten der adeligen Gesellschaft in den Städten. Träger dieser neuen Opernhäuser waren meistens vornehme private Familien oder Interessenverbände der lokalen Notabelngesellschaft. Nicht ganz ohne Grund erhoben daher die Bologneser Aristokratie und einige wenige Familien aus dem wohlsituiertem Bürgertum auch noch im 19. Jahrhundert gewisse Exklusivansprüche auf »ihr« *Teatro Comunale*. Hatte die *Repubblica Cisalpina* viel für eine soziale Neukonzeption des Theaters getan, seine soziale Funktion um eine edukative und moralische Dimension erweitert, so war der Opernbesuch unter Napoleon wieder in erster Linie eine mondäne, der Darstellung des sozialen Status dienende und in ihrer Symbolik großartig und elegante Veranstaltung der Eliten.[26] Bologna brauchte sehr lange, um dieses soziale Schema zu verlassen. Wie einem ausführlichen Bericht aus dem Jahre 1888 zur Situation der Bologneser Theater zu entnehmen ist, befand sich auch noch in der zweiten Hälfte des 19. Jahrhunderts ein Teil der Bologneser Bühnen in den Händen privater Familien, als wichtiger Bestandteil luxeriöser Villen und Stadthäuser der lokalen Notabelngesellschaft.[27] Entwickelte sich in großen Teilen Europas das Theater bereits seit dem Beginn des 19. Jahrhunderts in eine (auch) bürgerliche Institution, blieb es in Bologna noch bis nach der italienischen Einigung weitgehend dem Vergnügen der Aristokratie und weniger großbürgerlicher Familien vorbehalten.

Diese sozialen Bedingungen führten jedoch zu einer Stagnation in der künstlerischen Entwicklung des *Teatro Comunale*. Das Bologneser Haus konnte sich lange Zeit kaum im Vergleich mit der italienischen Opernwelt behaupten und geriet in den Jahren des *Risorgimento* beinahe in Vergessenheit.[28] Unter der Federführung des moderaten Conte Carlo Marescalchi vermochte die *Nobile Direzione degli Spettacoli* zwar wieder einige bekannte Sänger an das *Teatro Comunale* zu verpflichten, doch das Programm war alles andere als spektakulär. Nicht nur *San Carlo*, die *Scala* und *La Fenice* liefen dem *Comunale* am Reno den Rang ab. Mit wenigen Ausnahmen beschränkte sich das Repertoire auf Rossini, Donizetti und Bellini. Bei der Präferenz für Rossini und Donizetti, die beide in Bologna am *Liceo Musicale* studiert hatten, bestimmte die Bologneser in ihrer musikalischen Präferenz zudem noch ein gewisser Lokalpatriotismus.

Nicht nur in musikalischer Hinsicht entsprach gerade Gioacchino Rossini dem traditionellen Opernpublikum Bolognas.[29] Bereits in jungen Jahren und als Sohn einer am *Comunale* häufig präsenten Sängerin wirkte er gelegentlich in Bolognas Theatern, u. a. als Cembalist. Ein großer Komponist geworden, waren seine Aufenthalte in der Stadt am Reno zu jeder Zeit begleitet von mondänen Einladungen, Banketten und Empfängen in den Salons der Hercolanis, Malvezzis, der Prinzen Poniatowski und anderer adeliger Familien. Auch zu musikalischen Ereignissen der vornehmen Art, bei denen Grafen und Marchesi in den Werken Donizettis und anderer als Sänger auftraten, ließ sich Rossini bewegen. Nicht zuletzt mit seinem turbulenten Liebesleben trug er zur Unterhaltung der noblen Gesellschaft bei. Währenddessen beschränkte sich das Programm des *Comunale* fast ausschließlich auf den *Belcanto* – ganz dem Geschmack des vornehmen und nach leichter Zerstreuung suchenden Publikums entsprechend. Wurde Donizettis *La Favorita* vom traditionellen Publikum bereits eher kritisch aufgenommen,[30] so lag dies vielleicht gerade daran, daß sich der international erfahrene Komponist hierbei im Stil der *Grand Opéra* nach dem Vorbild Meyerbeers versucht hatte und somit das in Bologna einzig akzeptierte Schema bereits verließ.

Der Opernbesuch gehörte in der Gesellschaft des *Ancien régime* zu den absoluten Verpflichtungen der vornehmen Familien. Mindestens an vier von sieben Abenden mußte man sich im Theater sehen lassen, so schreibt der Engländer W.J.A. Stamer 1878 über seinen Besuch in

Neapel.[31] Selbstverständlich gehörte dazu die angestammte Loge, wie Franz Werfel noch in der ersten Hälfte des 20. Jahrhunderts über das gleiche Haus berichtet[32]; und wer sich trotz allem die Loge nicht leisten konnte, mietete sie sich zusammen mit Freunden oder lieh sich Schlüssel. Sie diente nicht nur der Bewunderung des Spektakels, sondern auch dem Empfang von Freunden, dem Austausch von Briefen, intimen Verabredungen und nicht zuletzt der Darstellung vornehmer Toilette. Mit diesen vielseitigen Funktionen wurde der Platz im Theater wie eine repräsentative Immobilie von einer Generation an die nächste weitervererbt.[33]

Ein weiterer wichtiger Punkt der vornehmen Bologneser Familien war der *ballo*, ohne den jedes Werk von der adeligen Gesellschaft schlichtweg mißachtet wurde. Erst die Umwandlung 1878 des *Comunale* in eine auch vom Bürgertum mitgetragene Aktiengesellschaft konnte mit dieser Tradition brechen.[34] Inhaltlich mußte der *ballo* mit dem dargebotenen Werk kaum etwas gemein haben – er paßte ohnehin in das *genre* der *opera buffa*. Schließlich galt der Besuch der Oper dem Vergnügen und eine Oper ohne Ballett, oder gar eine *opera seria,* waren dem eigentlichen Zweck ganz unangemessenen. Ein Vierteljahrhundert zuvor hatte Richard Wagner bezüglich seines *Tannhäusers* in Paris die gleiche Kritik zu hören bekommen, doch inzwischen hatte man sich an der Seine, wie auch an vielen italienischen Opernhäusern, an andere Konzeptionen des musikalischen Dramas gewöhnt. In Bologna dauerte diese Entwicklung bis weit in die zweite Hälfte des 19.Jahrhunderts hinein.

Auch auf dem Gebiet des Konzertwesens orientierte sich Bologna noch lange Zeit an den Modellen des *Ancien régime*. Das kulturelle Programm der *Società del Casino*, seit dem Ende des 18. Jahrhunderts Treffpunkt der adeligen Gesellschaft, konnte sich sehen lassen: Zu Beginn des 19. Jahrhunderts veranstaltete sie jährlich u. a. vier *Accademie di Musica* und zwei literarische Veranstaltungen inklusive eines *grande concerto*.[35] War diese Gesellschaft auf gesellschaftliche Exklusivität bedacht, so führten ihre höchsten künstlerischen Ansprüche andererseits seit der Restauration zu einer gewissen Verbürgerlichung des Musikgeschmacks; konkret zum Interesse an der bis dahin in Italien wenig geförderten symphonischen Musik. Daß dies auch für das Konzertwesen in Bologna kaum die Regel war, zeigt ein Blick auf die Konzertprogramme des *Teatro Comunale*. Erst in den 1890er Jahren setzte sich das klassische, dem bürgerlichen Bildungsanspruch entsprechende Konzert durch: eine inhaltlich bewußt abgestimmte Kombination von Solokonzert und Symphonie, oder zwei Symphonien, unter Leitung eines zumindest vor Ort nahmhaften Dirigenten und, je nach Repertoire, eines interessanten Solisten. Noch bis in die 1880er Jahre hinein bestanden die meisten Bologneser Konzerte hingegen ausschließlich aus scheinbar wahllos aneinandergereihten Programmpunkten von sechs, acht oder mehr Komponisten, einer Mischung von Highlights aktueller Opernarien, Ouverturen und einzelnen Sätzen aus Konzerten oder Symphonien. Anders die *Società del Casino*, welche schon früher begann, sich auf einem höheren Niveau für ein Repertoire symphonischer Musik und klassischer Orchesterkonzerte zu interessieren. Der Rahmen der Gesellschaft bot auch zur Darbietung großer Werke die entsprechenden Möglichkeiten: Ab 1834 wagte man sich in den eigenen Räumen auch an die Aufführung von Opern heran.[36] Allein im Jahre 1841 wurden so *Lucrezia Borgia*, *Linda di Chamounix*, und *Othello* von Rossini aufgeführt. Läßt das zeitweilige Interesse an der symphonischen Musik eine Orientierung am bürgerlichen Musikwesen Englands oder Deutschlands vermuten, so stellte die *Società del Casino* trotzdem zu keinem Zeitpunkt einen von seinen Trägern bürgerlich zu nennenden Musikverein dar.

Die altehrwürdige *Accademia Filarmonica* hatte seit 1853 mit einer Reihe von Konzerten Kammermusik, insbesondere die Streichquartette Beethovens, Mozarts, Haydns und Hummels, einem sozial weiter gefächerten Publikum zugänglich gemacht. Doch wurden diese Veranstaltungen bereits 1864 wieder eingestellt.[37] Die 1878 gegründete *Società del Quartetto* konnte dafür mit ihren in der Tat anspruchsvollen Kammermusikkonzerten im Hause des Grafen Pizzardi, später im Salon des Liceo Musicale, kaum Ersatz bieten, galt sie doch ähnlich der *Società del Casino* lange Zeit als *Privatissimum* der vornehmen Gesellschaft.[38]

In dieses musikalische Klima der vornehmen Bologneser Gesellschaft platzte nun Angelo Mariani mit seinen modernen Vorstellungen von Musiktheater förmlich hinein und brachte überdies auch ein Repertoire mit, welches den musikalischen Zielvorstellungen des traditionellen Bologneser Opernpublikums kaum mehr entsprach.

In künstlerischer Hinsicht war es zunächst die Musik Giuseppe Verdis, mit der sich Mariani bereits vor der Einladung an den Reno einen Namen gemacht hatte. Lange Zeit galt Mariani als einer der besten und vom Komponisten selbst besonders geschätzten Dirigenten

Verdis. Außerdem brachte er die Werke der französischen *Grand Opéra* nach Bologna, wo bis dahin die internationale Entwicklung des Lyrischen Theaters vollkommen ignoriert wurde: Weder die Revolutionsopern Cherubinis, noch Weber und schon gar nicht Beethovens *Fidelio* waren dem Publikum des *Teatro Comunale* zu Ohren gekommen.[39] Ähnlich verhielt es sich mit den Werken Meyerbeers. So wäre eigentlich zu vermuten, daß das Bologneser Publikum – bemüht sein Image als neue Stadt des Regnums auszubauen – über das internationale Flair seines Theaters hocherfreut war. Doch gerade aus diesem Interesse des Dirigenten erwuchsen in der kulturellen Debatte Bolognas bald die ersten Meinungsverschiedenheiten.

Vielleicht hatten sich die *Moderati* Bolognas nach dem Anschluß an das Regnum in einer außergewöhnlichen Phase patriotischer Begeisterung für den Interpreten Verdis entschieden – anläßlich der nationalen Feierlichkeiten beim ersten Besuchs durch den neuen Herrscher Vittorio Emanuele II ließ der Bürgermeister am 4.Mai 1860 die Verdi-Oper *I Lombardi alla Prima Crociata* geben.[40] Denn eigentlich war ihnen die Musik des Komponisten des *Risorgimento* zwar einigermaßen vertraut, doch gehörte sie bis dahin kaum zu den Höhepunkten im Spielplan des *Teatro Comunale*.[41] 1843 hatten *Nabucco* und im folgenden Jahr *Ernani* zwar um die 30 Repliken erlebt,[42] doch war dies für Bologna durchaus keine Ausnahme. Man zählte sich eben zu den *Rossiniani*. Trotzdem setzte Mariani sein Programm durch: Verschiedene schon bekannte Verdi-Opern nahm er wieder in seine Spielpläne auf. Die Herbstsaison 1860 wurde mit *Un Ballo in Maschera* eröffnete. Der lokale Chronist und vorzügliche Kenner der italienischen Musikszene Enrico Bottrigari, repräsentativ für das traditionelle Opernpublikum Bolognas, kommentierte die Aufführung mit der kalten, heute kaum nachvollziehbaren Bemerkung: »Verdis Werk mangelt es an Kraft und Ideen. Der erste Akt ist recht erbärmlich, ansonsten gibt es einige gute Effekte, aber alles in allem wenig Neues.«[43] *Simon Boccanegra* wurde im Dezember 1860 unter Anwesenheit der königlichen Prinzen gegeben. Trotz des hohen Besuchs war ein Teil des Bologneser Publikums nicht zu einer positiven Aufnahme des Werkes bereit.[44] Was war doch im Vergleich dazu die geradezu »*paradiesische Musik*« Rossinis![45] Bottrigari schrieb diese Bemerkungen kaum als musikalischer Laie: Er hatte selbst eine musikalische Ausbildung genossen, und sein Bruder war ein zur gleichen Zeit wohl respektierter Komponist in Rom. Seine Stimme hatte also sowohl eine fachinterne Autorität, verfügte aber auch im weiteren

Rahmen über einen gewissen Einfluß beim Publikum und bei der moderaten *classe dirigente* der Stadt. Um die Stimmung des traditionellen, politisch konservativen Publikums am *Teatro Comunale* einschätzen zu können, sei in der folgenden Analyse des Spielplans seine ausführliche Chronik Bolognas aus den Jahren nach dem Anschluß der päpstlichen Legationen an das Königreich mit einigen Beispielen herangezogen.

Verdi hatte mit dem *Don Carlos* 1867 in Paris nur einen mäßigen Erfolg erlebt. Angelo Mariani konnte den Meister nicht nur zu entscheidenden Eingriffen in das Werk überreden, sondern auch, mit einer italienischen Erstaufführung am *Teatro Comunale* in Bologna, zu einem neuen Versuch vor dem Publikum. Dabei wurde die Oper um den ersten Akt und um verschiedene *Ballabili*-Einlagen gekürzt. Vielleicht widersprach gerade ein solcher Eingriff dem balletbegeisterten Bologneser Publikum. Trotz seiner tiefsinnigen nationalen Symbolik, beschreibt Bottrigari auch dieses Werk mit den einfachen Worten »*recht langweilig*«.[46] Begegnete die Mehrheit der Opernbesucher dem Werk mit Wohlwollen, teilweise gar mit Begeisterung, so mochte dies allein an der Tatsache liegen, daß man als Bologneser stolz darauf war, daß Verdi und Mariani nicht Mailand, Venedig oder Neapel, sondern ausgerechnet ihre Heimatstadt für die italienische Erstaufführung des Werkes ausgewählt hatten.

Bereits Wochen vor der Premiere diskutierten die Bologneser Opernliebhaber ihre Erwartungen bezüglich eines bis dahin am Reno noch wenig bekannten Komponisten: Giacomo Meyerbeer, dessen *Profeta* ebenfalls in Marianis erster Bologneser Saison auf dem Spielplan erschien. »Wenig attraktiv«, so beurteilte Bottrigari das Stück, trotz gelungener Bühnenbilder.[47] Einzig die Massenszenen auf der Bühne, begleitet von einem enormen Orchesterapparat, konnte Bottrigari als interessante Neuerung des Musiktheaters anerkennen. Tatsächlich begegnete der größte Teil des Publikums den grandiosen Effekten des *Propheten* mit Enthusiasmus. Das eigentliche Interesse wurde jedoch der aus Bologna stammenden und hier allseitig Bewunderung hervorrufenden *Prima Donna* Borghi Mano zugemessen. Im Herbst 1861, nach drei Verdi-Opern in der Karnevals-Spielzeit, ließ Mariani, trotz der zuvor hervorgerufenen Skepsis, mit einer weiteren Oper von Meyerbeer, *Den Hugenotten*, aufwarten und verließ sich dabei auf die Zuneigung des neuen, weniger traditionell eingestellten Publikums. Auch hier lautete das Urteil des alten Bottrigari: »langatmig und ermüdend«. Lediglich der vierte Akt, mit einem Chor und einem italienisch anmutendem

Duett, sei etwas »melodischer« und daher »erträglich«. Doch alles in allem: »Der Stil dieser Musik kommt an das italienische Genie einfach nicht heran.«[48] Bereits in den vierziger Jahren war in Bologna *Robert le Diable*, trotz italienischer Fassung, durchgefallen und der berühmte Kritiker Fiori kommentierte damals den Mißerfolg mit der Bemerkung: »in der Tat eine deutsche Musik, welche dem italienischen Geschmack einfach widerspricht«.[49] Widerstand der konservative Kritiker Bottrigari auch zwanzig Jahre später den Effekten der Grand Opéra – in der Herbstsaison 1869 standen neben *Robert le Diable* noch zwei weitere Werke Meyerbeers, die Wiederaufnahmen des *Propheten* und der *Hugenotten* auf dem Spielplan, gefolgt noch im Herbst 1870 von der Bologneser Erstaufführung der *Dinorah* –, so hatte sich Giacomo Meyerbeer, wenn auch mit einiger Verspätung, unter Marianis Stabführung in Bologna etabliert und vermochte so, die durch die Krise der italienischen Oper entstandene Lücke im Repertoire wirkungsvoll zu schließen.

Traf der *Faust* von Gounod 1864 auf etwas mehr Zustimmung des alteingesessenen Publikums,[50] so war die totale Ablehnung der *Jüdin* von Halévy ein typisches Beispiel für eine mit italienischen Hörgewohnheiten notdürftig begründete Verwurzelung im *Belcanto*. Zwar war der französische Komponist als Leiter der Pariser *Opéra Italien* ursprünglich stark von Rossini geprägt, doch auch er hatte sich seit 1830 dem neuen Genre der *opera seria* zugewandt, aus der sich schließlich die französische *Grand Opéra* entwickeln sollte. Bottrigari: »Dem Urteil des guten Geschmacks folgend, ist auch dieses Werk zu gewichtig und kann unser Publikum, mit seiner italienischen Art und Weise zu fühlen, nicht befriedigen. (...) Es fehlt an melodischem Stil, welcher den einzigartigen Charakter unserer Musik ausmacht und ausmachen muß.«[51] Man stand also der »ausländischen« Musik grundsätzlich mißtrauisch gegenüber. Selbst über die Musik Beethovens, zu dieser Zeit im Repertoire der *Accademia* heimisch, äußerte sich der lokale Musikkritiker Francesco Vatielli mit den Worten: »(...) er bringt selten Neues, ist launisch, fliegt von einem Gedanken zum nächsten, kommt von der Straße ab und man verliert ihn aus den Augen...«.[52]

Brachte das *Comunale* in diesen Jahren auch verschiedene Uraufführungen auf die Bühne, so 1861 die *Mazeppa* des gefeierten Dirigenten Carlo Pedrotti oder *Valeria* des bald vergessenen Edoardo Vera, so waren diese für den Bottrigari kaum der Rede wert. Vielleicht zu recht. Eine eigene Fassung des *Barbiere di Siviglia* von Dall'Argine im Herbst

1868 wurde mit dem lokalpatriotischen Argument abgefertigt, »wie kann man sich nur noch einmal an Rossinis ureigensten Stoff heranwagen«.[53] Die Oper wurde schnell abgesetzt. Trotz konservativer Kritik an der Führung des Hauses setzte sich Marianis frischer Stil jedoch durch. Eindeutig gekürzt wurden die Balleteinlagen, gleichzeitig ging die Gesamtzahl der Aufführungen, vermutlich auf Grund der finanziellen Schwierigkeiten des Hauses, zurück. Das Repertoire wurde in den ersten Jahren nach der Einigung ohne Zweifel ausgeweitet: auf Kosten des vom Publikum so geliebten *Belcanto* und zu Gunsten der bis dahin in Bologna beinahe unbekannten *Grand Opéra* französischen Stils, sowie vor allem einer umfassenden Retrospektive der verschiedenen Schaffensperioden Giuseppe Verdis.[54] Rossini fiel in den Jahren 1860 bis 1881 unter den meist gespielten Komponisten des Hauses auf Platz vier ab, gefolgt noch von Bellini. Lediglich Donizetti konnte sich weiterhin einen festen Platz im Repertoire behaupten.

Noch viel weiter greifende Entwicklungen des Bologneser Repertoires vermochten in den 1870er Jahren das traditionelle Publikum zu verbitterten Rufen wie »*Viva Rossini!*« zu verleiten. Und jetzt sollte sich daran häufig auch ein herzhaftes »*Viva Verdi!*« anschließen.[55]

Moderne Konzepte des Musiktheaters in der bürgerlichen Gesellschaft

Erkennt Hobsbawm gerade im Kunstverständnis der Aristokratie den Hang zum Kosmopolitismus und stellte diesem ein nach nationaler Wiedergeburt suchendes Bürgertum gegenüber,[56] so finden wir im Bologna der zweiten Hälfte des 19. Jahrhunderts genau umgekehrte Verhältnisse vor. Dies bezeugen bereits die Vorbehalte des Bottrigari und des traditionellen Bologneser Publikums gegenüber dem Abweichen vom Stil des *Belcanto* in Verdis Musikdramen, aber noch deutlicher die Kritik an den Ausnahmen auf den Spielplänen bleibenden Komponisten aus dem Ausland.[57] Weist eine teleologisch orientierte Musikgeschichtsschreibung häufig eher auf die positive Aufnahme bestimmter, später von der allgemeinen Entwicklung bestätigte Werke hin,[58] so sollten zum Zweck eines tieferen Verständnis auch die Schwierigkeiten bei der Rezeption untersucht werden. Auf diese Weise wird erkennbar, was als neu oder modern empfunden wurde, oder aus welchen – ästhetischen, politischen oder allgemein ideologischen –

Motiven das Publikum musikalische Stilwenden positiv oder negativ beurteilte. Dies bedeutet für Bologna, daß in der Repertoireanalyse des *Teatro Comunale* auch die konservativen, sich gegen die Erweiterung des Repertoires wendenden Stimmen Bedacht finden. Entgegen der Theorie Hobsbawms, erweist sich gerade die alteingesessene Bologneser Notabelngesellschaft auf dem Gebiet der Musik zu einem kompromißlosen Nationalismus bereit. In Bologna war es vielmehr das mittelständische Bürgertum, welches sich aus dem Anspruch auf ein modernes, international konkurrenzfähiges Musiktheater heraus für eine Öffnung des herkömmlichen Repertoires stark machte und die Werke Meyerbeers, Gounods und anderer bis dahin am Hause wenig bekannter Komponisten emphatisch willkommen hieß.

Nicht nur mit Marianis italienischer Erstaufführung des *Don Carlos* im Oktober des Jahres 1867 plazierte sich Bologna eindeutig unter den wichtigen Brennpunkten des Lyrischen Theaters auf der Apenninenhalbinsel. Der Mailänder Filippo Filippi, Direktor der Zeitschrift *Mondo Artistico* schrieb dazu im Oktober 1867: »Seit einiger Zeit kann sich Bologna rühmen, die wichtigsten Werke der Musik einzuweihen: im Teatro Comunale waren die hervorragendsten Aufführungen des ›Ballo in Maschera‹, des ›Faust‹, der ›Afrikanerin‹ zu hören und heute der ›Don Carlos‹, dessen Perfektion, ich sage dies ohne Übertreibung, niemals von irgend einem anderen Theater erreicht werden wird.« War es nicht ein solcher Ausspruch, noch dazu aus dem Mund eines Milanesen, auf den alle Bologneser – moderate Notabelngesellschaft wie progressistisches Bürgertum – seit dem Anschluß an das Königreich gewartet hatten?[59] Trotzdem wurde Verdi bald vom Interesse an einem anderen Komponisten und Rivalen aus der öffentlichen Diskussion verdrängt: dem Schöpfer des *Lohengrin* und der *musica dell'avvenire*.[60]

Was bedeutete Wagner dem Bologneser Bürgertum? Mit begeisterter Unterstützung des nunmehr am Reno heimisch gewordenen Angelo Mariani wurde Wagner in Bologna von der nur wenige Jahre im Amt verbleibenden Giunta unter dem Republikaner Camillo Casarini eingeführt. Die Jahre seiner Regierung, in der er persönlich das Amt des Präsidenten der Kulturkommission besetzte, reichten aus, um Wagner einen festen Platz in den Leitkulturen Bolognas zu verschaffen und die Stadt, im Vergleich mit anderen Städten Italiens, zum Vorreiter für den Wagnerismus zu machen. Anlaß für die Inszenierung des *Lohengrin* war nicht nur der bevorstehende und von viel öffentlichem Interesse begleitete *Internationale Kongreß für Anthropologie und Frühgeschichte*, welcher Forscher aus aller Welt nach Bologna brachte.[61] Auch die Feiern für den Transfer der Hauptstadt von Florenz nach Rom wollte Bologna durch ein besonderes Kulturereignis würdigen.[62] Oder ging es eher darum, einen Teil der Aufmerksamkeit von Rom auf Bologna umzulenken? 1871 fuhr der frisch gewählte Bürgermeister Casarini persönlich in Begleitung des Dirigenten, des Bühnenmeisters und anderer Fachleute zu einer Vorführung des *Lohengrin* nach München. Schließlich galt bereits die Inszenierung einer Wagner-Oper als Wagnis und bedurfte einer eingehenden Vorbereitung.[63] Wenige Wochen später, am 1. November 1871, wurde *Lohegrin* unter der Regie des Deutschen Ernst Frank und der musikalischen Leitung Angelo Marianis am *Teatro Comunale* auf die Bühne gebracht: eine Sensation in der Theaterwelt Italiens.[64] Wie zuvor anderere vom häuslichen *Belcanto* abweichende Werke, fiel Wagners italienische Premiere beim konservativen Stammpublikum durch und wurde von der katholischen und der moderaten Presse total verrissen. »*Viva Verdi! Viva Rossini!*«, so hieß es vor allem zu Beginn des Spektakels.[65] In der *Gazzetta dell'Emilia*, der zu dieser Zeit wichtigsten Tageszeitung Bolognas, war zu lesen: »Wagners Musik beruht mehr auf der Wissenschaft als auf dem Gefühl und liefert damit ein Beispiel für den Niedergang der Künste: durch die zahlreichen und qualitativ gewagten Modulationen, um nicht von den unüberschaubaren Cantilenen in der Begleitung zu sprechen, fügt Wagner der Musik in Europa Schaden zu. Und Italien wird von diesem Übel nicht verschont bleiben, beginnt es doch bereits in überaus starkem Maße auch in unserer Schule Fuß zu fassen...«[66]

Bereits die folgenden Aufführungen wurden jedoch mit einem sich auch in sozialer Hinsicht verändernden Publikum ein großer Erfolg: Das Bürgertum Bolognas entdeckte in Wagner *seinen* Komponisten und damit ein neues Interesse an der Oper, die nicht mehr nur Vergnügen des Adels war. Schon vor der Premiere des *Lohengrin* war die interessierte Öffentlichkeit durch eine lebhafte, stark politisierte Debatte in den Zeitungen und an den Stammtischen der Cafés auf das Ereignis aufmerksam geworden. Alle wichtigen Kritiker Italiens hatten sich in die Stadt am Reno begeben, Hans von Bülow war zu einer Vorstellung angereist, und selbst Verdi soll sich in einer der Repliken, mit der Partitur bewaffnet, heimlich in eine Loge geschlichen haben. Wagner gratulierte Mariani zu dem Ereignis und sprach selbstbewußt von einer Vermählung zwischen italienischem und deutschem Genie.[67]

War das plötzliche Interesse Marianis an Wagner Zeichen persönlicher Rache gegen seinen einstigen Förderer aus Busseto? Angeblich hatte sich Mariani empört von Verdi abgewendet, als dieser ein Verhältnis mit seiner früheren Verlobten eingegangen war, der 1864 von Mariani selbst für die Aufführung des *Ernani* in Bologna eingeführten Österreicherin Teresina Stolz.[68] Aus gleichem Grund widersetzte sich der musikalische Leiter des *Teatro Comunale* dem von Verdi betriebenen Projekt eines kollektiven Requiems für Rossini,[69] dessen feierliche Darbietung Mariani in die Wege leiten sollte. Zuvor hatte Verdi jedoch den ohnehin schwer angeschlagenen Mariani aus Eifersucht von der Liste der beteiligten Komponisten ausgeschlossen. Außerdem weigerte sich Mariani, gegen den ausdrücklichen Wunsch des Komponisten, die Premiere der *Aida* in Kairo zu dirigieren. Auch diese Gerüchte animierten die kulturelle Debatte in Bologna. Doch im Grunde genommen ging es um ganz andere Dinge. Ausgerechnet der italienischen Premiere des *Lohengrin* am *Teatro Comunale* in Bologna widmete Bottrigari die letzten Seiten seiner mehrbändigen Chronik zur Stadtgeschichte: »Seit einigen Jahren macht sich hier unter den Wortführern der eleganten Gesellschaft die häßliche Lust breit, auf der führenden Bühne unserer Stadt, dem Teatro Comunale, inmitten der Herbstsaison, deutsche Musikwerke zu produzieren – oder eher noch, italienische Kompositionen, nach deutschem Geschmack modeliert, welche sich zudem, wer weiß mit welchem Recht, die ›Musik der Zukunft‹ nennen. Dieses verquere Konzept der Kunst wird von unseren Stadträten auch noch gefördert und ebenfalls von der Autorität des Mariani, dessen Bestätigung als Direktor unseres wertvollen Orchesters ohnehin jedes Jahr schon vorher feststeht (...).«[70]

Liest man zwischen den Zeilen des verbitterten Bottrigari, so versteht sich, daß der Chronist gewissermaßen Bilanz einer bereits seit geraumer Zeit im Gange befindlichen, kaum mehr zu stoppenden Entwicklung zieht. Er begreift letztendlich, daß dieses Konzept neuer Musik, mag es dem einzelnen gefallen oder nicht, auch von den politischen Autoritäten, egal welcher Couleur, einer höheren Eingebung folgend, akzeptiert ist. Vor allem Mariani, der so gar nicht den klassischen Vorstellungen eines Bologneser Operndirigenten entsprach, durfte sich auf Grund seiner außerordentlichen Professionalität und seines Erfolges in musikalischen Dingen alles erlauben, auch ein Repertoire, das ins altehrwürdige *Teatro Comunale* gar nicht passe:

»Natürlich ist der Mariani ein exzellenter Dirigent. (...) Aber dies gilt nicht, wenn er die wichtigen Werke Rossinis, Bellinis und Donizettis dirigiert. Dann fehlt es an den geliebten Effekten, es mangelt in der Wahl der Tempi und damit an der Eleganz des Rhythmus, was die Grundlage melodischer Klangentfaltung bildet und womit begnadet ist, wem es vergönnt sei, unter unserem italienischen Himmel geboren zu sein. Die Auswahl deutscher Werke und der Vorzug, den man diesen zukommen läßt, werden vor allem durch die Mode und den Stolz befördert, als ginge es nur noch darum, daß Bologna, nach Paris, die Ehre habe, auf seinen eigenen Bühnen – und erstmals in Italien – diese oder jene Neuigkeit herauszubringen. So war es mit der ›Afrikanerin, so war es mit ›Don Carlos‹ und genau so ist es eben heute mit dem ›Lohengrin‹. (...) Der ›Lohengrin‹ ist von phantastischem Genre, hier und da präsentiert er sogar dramatisch ganz gute Effekte auf der Bühne. Doch die Musik ist ein Werk der Berechnung und kommt nur vom Gehirn, statt von der Phantasie und vom Herzen. Die Phrasen sind konstruiert, die äußere Form ist unendlich in die Länge gezogen, in einer Art, daß sich das Publikum langweilt. (...) Wagner ist ein auserwähltes Genie, welches es jedoch nötig hätte, sich erst einmal an der schönen Sonne Italiens zu wärmen.«[71]

Weiß sich Bottrigari in musikalischen Dingen ohnehin bereits isoliert, so können auch seine politischen Freunde bei den *Moderati* die moderne Entwicklung nicht mehr aufhalten. Deutlich wird dies auch in einer Debatte im italienischen Parlament, im Februar 1873. Mit Blick auf Bologna hatte der moderate Abgeordnete Righi, in Anbetracht einer angeblichen Flut musikalischen »Germanismus«, das Überleben der italienischen Musikkultur offen in Zweifel gezogen. Doch in einem beeindruckenden Appell, polemisch formuliert, doch von tiefer Überzeugung getragen, hat Camillo Casarini sein Konzept einer weltoffenen, modernen Kultur für das junge Italien gegen den konservativen, kleingeistigen Campanilismus verteidigt:

»Der Abgeordnete Righi hat sich in einer lebhaften und elegant vorgetragenen Rede um die Zukunft der musikalischen Ausbildung in Italien besorgt gezeigt. Ich bin nicht sicher, ob er mit seiner These, einer angeblich erzwungenen Überflutung des Italienischen durch das Germanische, auf die Aufführung der jüngsten Zeit einiger Werke des großen Meisters Wagner im Theater von Bologna und dem dortigen Liceo Musicale anspielen wollte. Wie dem auch sei, es handelt sich dabei um ein Thema von großer Tragweite, wichtiger als einige Herren sich hier vorstellen können und so bedeutend, daß es die unbedingte Aufmerksamkeit des Ministeriums und des Parlaments verdient. (...) Für mich gesprochen käme beispielsweise der Verzicht auf die Erfahrungen mit der vielklängigen, heiligen Musik Wagners dem Willen gleich, die Jugend in der Ignoranz unserer Generation zu belassen. Überhaupt ist diese gesegnete ›Musik der Zukunft‹ vielleicht gerade mal seit eineinhalb oder zwei Jahren und nur in ganz wenigen Ecken Italiens überhaupt bekannt. Was soll also dann mit dieser ›ausländischen Musik‹ gemeint sein? Vielleicht ›Robert der Teufel‹? ›Die Hugenotten‹? ›Faust‹? Die Symphonien von Beethoven? Die Melodien Gounods? Streichquartette von Mozart? Oder wollt Ihr vielleicht den ›Don Giovanni‹ von Mozart verstoßen? Geht es Euch eigentlich darum, daß – während das Ausland wächst und gedeiht – unsere Jugend, mit kompletter Ignoranz bewaffnet, in Reih und Glied hinabsteigt in die riesige Schlacht der Kunstbewegungen, die sich heute um uns herum abspielt?«[72]

Auch ein konservativer, vor dem *Belcanto* in nationaler Ergötzung verharrender Kulturpolitiker konnte diesem mit Passion und zugleich mit Vernunft vorgetragenen Aufruf, der moderenen Zeit ins Gesicht zu blicken, kaum etwas entgegensetzen. Es scheint in der modernen Kulturpolitik um andere Dinge als die Bewahrung überkommener ästhetischer Normen zu gehen. Nicht zuletzt ist die repräsentative Wirkung der Kultur nach außen gefragt – und nicht wie früher beim *Ballo*, der Erhalt von Riten und Symbolen der Notabelngesellschaft.[73] Die moderne Kulturpolitik, im Einklang mit der künstlerischen Elite und dem progressiven Bürgertum, sollte Dynamik, Risikofreude und Weltoffenheit der Stadt unter Beweis stellen. Vielleicht verstand manch einer unter den Befürwortern Wagners gar nicht, worum es beim »Gesamtkunstwerk« eigentlich ging und wies gerade auf die Passagen im Werk hin, die weniger der Zukunftsmusik entsprachen, sondern sich am Ausdruck der Romantik orientierten. Gerade *Lohengrin* war, im Vergleich mit den zu diesem Zeitpunkt bereits fertiggestellten ersten drei Teilen des *Rings*, eine eher eingängliche Oper. Trotzdem scheint sich der Fortschritt in Bologna seinen Weg gebahnt zu haben. Ruft das bei dem seine Aufzeichnungen abschließenden Bottrigari Ärger hervor, so erkennt er damit doch nur die Realitäten des Bologneser Musiktheaters: Fassen wir die Entwicklung der zukünftigen Spielpläne zusammen, so ergibt sich das in den Jahren zwischen der Premiere des *Lohengrin* (1871) und dem Ausbruch des Ersten Weltkriegs insgesamt zwölf mal eine Oper von Verdi auf dem Spielplan stand. Bellini, Donizetti und Rossini brachten es gemeinsam auf lediglich zehn Werke, während

Wagner im gleichen Zeitraum insgesamt 23 Mal auf dem Spielplan erschien. Die in der Geschichte des *Teatro Comunale* meist gespielte Oper wurde – noch vor *La Traviata* – der *Lohengrin*; *Tristan und Isolde* stand an dritter Stelle.[74]

Doch hiermit wird einer erst längerfristig erkennbaren Entwicklung vorgegriffen. Im Jahr nach dem »Lohengrin«, 1872, wurde zunächst der »Tannhäuser« auf die Bühne gebracht. Auch dieses Werk provozierte bei der Premiere im *Teatro Comunale* »teuflisches Gepfeife und feindliche Protestrufe« von seiten des herkömmlichen Publikums, worauf die vollkommen verstörte Elisabeth im dritten Akt angeblich sogar in Ohnmacht fiel: Die verzweifelte Erzählung des Tannhäusers (III, 3) wurde inhaltlich nicht verstanden und mit wilden »*Viva Rossini!*«- und gar »*Morte a Wagner!*«-Rufen gestört, worauf die über den Handlungsablauf besser informierten Wagnerianer mit »*Geht erst mal zur Schule! Raus hier!*« antworteten.[75] Was hätten die Kritiker wohl erst zum Meistergesang des Sixtus Beckmesser gesagt? Auch auf Grund solcher Mißverständnisse kurzzeitig in Krise geraten, fand sich mit der Zeit trotzdem eine immer größere, an der Musik Wagners interessierte Öffentlichkeit. Die kulturelle Elite der Stadt versuchte ihrerseits, diesen Prozeß zu unterstützen: Panzacchi, Direktor des Instituts der Schönen Künste, brachte bei dem ebenfalls den Wagnerianern zuzurechnenden Buchhändler Zanichelli eine regelrechte Propagandaschrift heraus, die sich an ein größeres Publikum richtete.[76]

Auf Grund eines Finanzskandals sah sich der progressive Stadtrat gezwungen, sein kurzes Interregnum vor Ablauf der Amtszeit zu beenden. Unter der neuen, wieder moderaten Giunta wurde das Wagnerfieber zunächst erst einmal eingedämmt, obwohl es Casarini trotz des Regierungswechsels gelang, den Vorsitz der kommunalen Kulturkommission zu behalten.[77] Immerhin hatte er sich für das kulturelle Ansehen Bolognas überaus verdient gemacht, wie immer man nun auch zu Wagner stand. Auf dieser Grundlage holte die kulturpolitische Elite des Bürgertums zu einem weiteren Schlag aus und ließ Wagner, gegen erheblichen Widerstand eines Teils der Abgeordneten, noch 1872 zum Ehrenbürger der Stadt wählen.[78] Um den noch immer mit Wagner verfeindeten Teil des Publikums im *Teatro Comunale* mit den Leitkulturen der Stadt zu versöhnen, standen 1873 nun wieder Rossini und Donizetti auf dem Programm, welche die katholische Presse als »natürliche Stimmen Italiens« präsentierte. Doch das Theater geriet gerade jetzt in eine neuerliche Krise. Mariani war unerwartet verstorben. Der jungen Wagner-Tradition Italiens schien damit eine tiefe Wunde geschlagen. Nur mit Schwierigkeiten war die künstlerische Leitung des Orchesters neu zu besetzen. Wechselnde Dirigenten führten umgehend zu mittelmäßigen Besetzungen im Ensemble,[79] außerdem gab es in kurzer Folge mehrere unglückliche Veränderungen in der unternehmerischen Leitung des Hauses. In dieser Situation wurde auch den früheren Kritikern des Mariani klar, worin der Verlust bestand. Zudem kam es ausgerechnet nach den Schwierigkeiten mit dem *Tannhäuser* auch noch zu Mißgriffen im Repertoire, die vielleicht noch einmal als Ausdruck lokalpatriotischer Hybris zu erklären wären, woran diesmal aber merkwürdiger Weise Camillo Casarini nicht unbeteiligt war: Stefano Gobatti, aus kleinsten Verhältnissen des Bologneser Umlandes kommend, durch einen wohlwollenden Förderer Schüler Busis am *Liceo Musicale*, wurde mit seinem Erstlingswerk *I Goti* von dem radikalen Politiker als angebliches Naturgenie entdeckt, stellte sich aber bald als große Enttäuschung heraus.[80] Erst ein anderes Projekt konnte das Bologneser Opernhaus wieder in die Schlagzeilen bringen. Im Jahre 1868 hatte Arrigo Boito in Mailand mit dem *Mefistofeles* eine große Enttäuschung erlebt, trotz seines weit verbreiteten Ruhms als Librettist Verdis, als Musikkritiker und Dirigent. Ein Bologneser Freund, der Graf Francesco Salina, konnte Boito zu einer kompletten Überarbeitung des bis dahin unglücklichen Werkes überreden, fand in einem Bologneser Kulturverein, welcher in der finanziellen Krise des Hauses kurze Zeit die Leitung der Oper übernommen hatte, einen risikofreudigen Organisator und konnte mit der am *Teatro Comunale* heimischen Erminia Borghi-Mano und dem als Lohengrin hervorgetretenen Tenor Campanini eine außerordentliche gute Besetzung engagieren.[81] Zwar mußte Boito, in Anbetracht der besonderen Umstände auf jegliches Honorar verzichten, doch nahm mit dem bemerkenswerten Erfolg des Werkes nicht nur das *Teatro Comunale* wieder einen Aufschwung, sondern auch Boito selbst konnte sich als einer der führenden italienischen Komponisten des Lyrischen Theaters etablieren. Für den Ruf der Stadt, als wichtiges Zentrum des italienischen Musiktheaters, bedeutete der Erfolg des Werkes nicht zuletzt, daß man sich gegenüber Mailand, ähnlich wie im Falle der Wagner-Opern, wieder einmal als der raffiniertere Musikexperte erwiesen hatte.

Den neuen Aufschwung des Hauses nutzend, fand man in Marino Mancinelli nun auch einen würdigen Nachfolger am Pult Marianis. Nun war auch wieder Platz für Wagner im Repertoire. Unter Anwesenheit des Komponisten und seiner Frau wurde im November 1876, vielleicht nicht unbedingt in Übereinstimmung mit dem Meister, *Rienzi* gegeben. In der Spielzeit des Jahres 1877 folgte der *Fliegende Holländer*, womit das Bologneser Haus mittlerweile auf ein stattliches Wagner-Repertoire stolz sein konnte. Doch auch *Aida*, auf Grund persönlicher Faktoren lange Zeit in Bologna gewissermaßen »unspielbar« gewesen, kam noch in der gleichen Saison unter der Leitung Marino Mancinellis auf die Bühne. Von neun, in den zwei Spielzeiten Marino Mancinellis aufgeführten Opern, handelte es sich bei sechs Werken um wichtige Neuerscheinungen am Bologneser Theater: eine Premiere (*Wallenstein* von Ruiz), eine italienische Erstaufführung (*Der Fliegende Holländer*), und vier Bologneser Erstaufführungen (*Dolores* von Manzocchi, *Rienzi*, *La Catalana* von Branca und *Aida*).

Nach dem Selbstmord Marino Mancinellis auf einer Konzertreise in Rio de Janeiro stand das Haus erneut vor einer grundlegenden Personalentscheidung, doch wieder wählte die Leitung, mit einem gewissen Risiko, einen Kandidaten, der die mit Beginn der 1870er Jahre einsetzenden, modernen Linien weiterführen konnte: den als Cellisten gefeierten, als Dirigenten populärer Konzerte im *Teatro Brunetti* teilweise eher belächelten Bruder des Verstorbenen, Luigi Mancinelli. Seine erste Saison brachte neben dem *Faust* von Gounod drei für Bologna neue Werke auf die Bühne: Goldmarks *Regina di Saba*, *Mignon* von Thomas, sowie die Premiere von Mascanzonis *Cloe*. Doch steht mit dem zweiten Mancinelli auch erneut ein begeisterter Wagnerianer am Pult. Außerdem war er bemüht, ganz im Sinne der demokratisch orientierten Politiker der Stadt, sein Publikum zu erweitern. So veranstaltete er beispielsweise konzertante Wagner-Abende im Saal des Konservatoriums, dessen Direktor er war. Dadurch konnte er erheblichen Einfluß auf das Konzertleben der Stadt nehmen, welches bis dahin, neben den Veranstaltungen des *Teatro Comunale*, nur die dem »besseren« Publikum vorbehaltenen Kammerkonzerte im Salon des Grafen Camillo Pizzardi zu bieten gehabt hatte.[82]

Mit der Erklärung der Ehrenbürgerschaft an Wagner waren im Kulturleben der Stadt Fundamente gelegt, von denen sich auch die *Moderati* nicht einfach lösen konnten. Damit zeigt sich, daß die Leitkulturen beständiger als die Veränderungen ihrer Trägerschaften und der politischen Landschaft sind. Außerdem stellte Wagner auch für die *Moderati* eine Möglichkeit dar, sich über dessen Musik als eine moderne Kulturlandschaft zu artikulieren, die Sonderstellung Bolognas in Italien zu behaupten, sich gegen Mailand abzusetzen und auf diesem Wege das progressive Bürgertum anzusprechen. Die langjährige Machtstellung der moderat-konservativen Notabelngesellschaft in Bologna baute also auch auf Kompromissen mit dem städtischen Bildungsbürgertum auf: ein Ausgleich mit den Künstlern selbst, aber vor allem mit den Intellektuellen, den Journalisten, Buchhändlern und Universitätsprofessoren, denen auf dem Gebiet der Kultur mehr Kompetenzen und mehr Gestaltungsmacht zugesprochen wurden.

1883 bestätigte sich die Entwicklung Bolognas zur italienischen Wagnerstadt: Das Todesjahr des Komponisten wurde mit verschiedenen Konzerten, einer Vorstellung der *Götterdämmerung* und vor allem mit einer sensationellen Gesamtaufführung des *Ring* durch ein deutsches Gastensemble unter Angelo Neumann gewürdigt. Panzacchi richtete die offiziellen Gedenkfeierlichkeiten der Stadt zum Tode ihres Ehrenbürgers aus. Carducci besuchte bei dieser Gelegenheit eine konzertante Aufführung verschiedener Werke im Bologneser Konservatorium und berichtete darüber mit Begeisterung an seine Bekannte Dafne Gargiolli:

»Gestern war am Liceo Rossini in Bologna wunderbare Musik zu hören. (...) Acht Stücke, davon drei bis dahin in Italien unbekannt. ›Isoldes Liebestod‹ ist für mich die außerordentlicheste Musik, die ich jemals vernommen habe. Welche Größe, welche Sehnsucht, was für ein Seelenkummer und feierlicher Schmerz! Der ›Walkürenritt‹: phantastisch, jeder menschlichen Schöpfung überlegen und letztendlich doch ein Produkt perfekter Technik. Das alles ist ein großes Wunder. Und dann das Vorsiel zu den ›Meistersingern von Nürnberg‹, ein Schatz der Musik, um vom Tannhäuser nicht einmal zu sprechen...!«[83]

Vier Jahre nach dem Tod des Komponisten wurde 1887 im *Liceo Musicale* die Wagner-Gesellschaft gegründet, welche in den folgenden Jahren regelmäßig als Konzertveranstalter auftrat. Nicht rein zufällig wählten die Wagnerianer der Stadt das *Liceo Musicale* als Tagungsort: Direktor des Hauses war Giuseppe Martucci, welcher als Musiker den modernen Konzepten des musikinteressierten Bologneser Bürgertums entsprach; außerdem diente das Institut in diesen Jahren als Versammlungslokal der Bologneser Republikaner, die seit den Zeiten Camillo Casarinis in einem besonderen Verhältnis zu Wagner standen. Eine weitere Möglichkeit, sich als die Festung Wagners in Italien, aber auch allgemein als Kulturmetropole zu behaupten, bot das Festjahr 1888: die 800 Jahrfeier der Universität, die Konzerte zur *Mostra Emiliana* und die in diesem Rahmen veranstaltete Internationale Musikausstellung.[84]

Arrigo Boito wurde zum Direktor des zu diesem Anlaß geschaffenen *Palazzo della Musica* ernannt und leitete dort zahlreiche große Wagnerkonzerte, welche gleichzeitig ein immer weiteres Publikum ansprachen.

Giuseppe Martucci setzte sich seit der zweiten Hälfte der 1880er Jahre für eine Ausweitung des Konzertpublikums und vor allem für die Förderung der bis dahin in Bologna nur unzureichend bekannten symphonischen Musik ein. Als künstlerischer Leiter der vom Grafen Pizzardo gegründeten *Società del Quartetto* verlegte er ab 1886 deren Konzerte in das *Teatro Comunale* und stellte dem Publikum hier das Repertoire der Wiener Klassik, Mendelssohn-Bartholdy, und die zeitgenössischen Werke von Johannes Brahms vor. Der Vorwurf, Martucci habe sich für die Oper und für Wagner zu wenig eingesetzt, läßt sich kaum halten: Unter Anwesenheit Boitos, Catalanis, Carduccis, Gabriele D'Annunzios, des jungen, später in die Geschichte des *Teatro Comunale* eingehenden Toscaninis und zahlreicher Spezialisten aus ganz Italien triumphierte Martucci im Juli 1888 mit der italienischen Erstaufführung von *Tristan und Isolde*.

Die Werke Wagners hatten sich in der Stadt ohne Zweifel gegen die konservativen Mehrheiten und den Musikgeschmack der bis dahin das Theater als ihren eigenen Raum beanspruchenden Notabelngesellschaft durchgesetzt. Doch worum ging es in der ideologischen Auseinandersetzung um Wagner? Waren es lediglich die von Bottrigari vorgebrachten ästhetischen Argumente, die gegen die Aufführung Wagners an einem italienischen Theater sprachen? Und wie erklärt sich die Vorliebe des linksliberalen und radikalen Bürgertums für Wagner?

Ein Teil des Bürgertums, Demokraten und Radikale, mochten in Wagner nostalgisch den Barrikadenkämpfer von 1848 suchen. Für die Sozialisten konnte es gar der zeitweilige Freund Bakunins sein, welcher das Interesse weckte und rechtfertigte. All' dies unbeachtet dessen, daß sich der politische Hintergrund dieser Musik seit dieser Zeit beträchtlich verändert hatte, Wagner einen Triumphmarsch für die Blut- und Eiseneinigung seines Vaterlandes geschrieben hatte. Wagner war der italienischen Linken eben nicht der Zögling des Bayernkönigs Ludwig, wie ihn Bottrigari sah,[85] sondern ein musikalischer Hegel. Wichtig mochte für das Wagnerbild auch sein, daß Wagner als Inkarnation deutscher Kultur einen Widerspruch zum Katholizismus bildete, von dessen Erbe sich die *Bologna Carducciana* mit allen Mitteln zu trennen suchte. So blickten die antiklerikalen Demokraten bald mit Interesse auf den preußischen Kulturkampf. Diese Frage stand für die bürgerlich-demokratische Kulturpolitik im Mittelpunkt. Aus einem entsprechenden Grund verfolgten auch die architektonischen Restaurierungsprojekte der Carducciani eine gewissermaßen »anti-katholische« Strategie: Die barocken, unter päpstlicher Herrschaft entstandenen Baudenkmäler sollten möglichst verschwinden, während das mittelalterlich-freie, republikanische Bologna originalgetreu, oder was man darunter verstand, wiedererrichtet wurde.[86] Auch außenpolitische Sympathien mochten beim Interesse der Linken für die deutsche Kultur eine Rolle spielen: Die risorgimentale Linke brachte große Hochachtung für den preußisch-deutschen Krieg gegen Österreich und Frankreich auf. Wagners Geist verkörperte den Gegensatz zum bonapartistischen Frankreich des *Parti d'Ordre*, obwohl Wagner von Napoleon III zunächst gefördert wurde und es dort gerade die *Commune* war, welche nur wenige Monate zuvor Wagner von den revolutionären Spielplänen der ehemals kaiserlichen Oper abgesetzt hatte.[87] Doch solche Details wurden in Bologna kaum reflektiert. Man konstruierte sich sein eigenes Bild. Nicht zuletzt äußerte sich im Wagnerismus des linksliberalen Bürgertums ein gewisser Gegensatz zu Verdi, der zwar der Komponist des *Risorgimento* war, aber in der Kulturlandschaft Italiens eher der moderaten Richtung des Cavour entsprach und in den Salons des nationalbewußten piemontesischen Adels ein- und ausging. In den vornehmen Salons von Rom und Mailand verkehrte Verdi seit den 1840er Jahren als vielgefragter Gast, während man sich gleichzeitig über das nicht standesgemäße Auftreten des bürgerlichen Carducci mokierte.[88] Carducci selbst sah seine Vorliebe für Wagner allerdings durchaus nicht als einen Widerspruch zu Verdi: Als dieser dem Carducci seine Verehrung zum Ausdruck bringen wollte, erwiderte er dem Komponisten: »Avanti a Lei tocca a me parlare di ammirazione!«[89]

Es sind also verschiedene Gründe, welche die Vorliebe des progressiven Bürgertums für Wagner erklären könnten. Zumindest stand Wagner in Bologna und Italien für ein ganz anderes Bürgertum als in München, Leipzig oder auch in Linz. Nicht reaktionärer Nationalismus, den Wagner zu dieser Zeit in Deutschland und Österreich verkörperte, sondern Fortschritt, Kosmopolitismus und »Musik der Zukunft« bedeutete Wagner dem Bologneser Bürgertum. Die Kultur erscheint so beinahe als Ersatz für die mangelnde politische Partizipation.

Tatsächlich versuchten die *Moderati* immer wieder, vor allem unter dem Druck klerikaler Koalitionspartner, den kulturellen Konzepten des demokratischen Bürgertums, die in der kurzen Regierungszeit Casarinis so plötzlich zutage getreten sind, Einhalt zu bieten. So wurde zwar anläßlich der Ausstellungen des Jahres 1888 viel Wagner gespielt, 1887 und 1889 der *Lohengrin* wiederaufgenommen, doch dauerte es dann immerhin bis zum Jahre 1897, als mit der *Walküre* erneut eine Oper Wagners inszeniert wurde, gefolgt 1898 von der *Götterdämmerung*. Wagner stand in diesen Jahren hinter anderen spektakulären Musikereignissen zurück, hinsichtlich der sich eine ideolgische Debatte jedoch weniger aufdrängte: Noch im Jahr ihrer jeweiligen Uraufführungen brachte das *Teatro Comunale* sowohl Puccinis *Manon Lescaut* (18 Vorstellungen 1893, 12 Vorstellungen 1895), als auch *La Bohème* (20 Vorstellungen 1896!) heraus; auch *Le Villi* wurden im gleichen Jahr wiederaufgenommen. Wollte man nicht gerade dies kritisieren, so war Puccinis Werk von einem »Streben nach Allgemeinverständlichkeit« gekennzeichnet.[90] Die seinen Kritikern vielleicht als vulgär erscheinende »Lebensnähe« gerade der *Bohème*, mochte für Dirigenten wie Toscanini durch die Faszination musikalischer Neukonzeptionen kompensiert werden. Toscanini dirigierte zudem 1894 die erste Bologneser Aufführung von Verdis *Falstaff*, was einen weiteren Ausgleich im Anspruch des Repertoires bot. Weiterhin bot das Theater im gleichen Zeitraum vier zum Teil interessante Uraufführungen: *William Ratcliff* von Emilio Pizzi (1889), eine recht erfolgreiche *Pellegrina* (1890) von Filippo Clementi, eine im Gegensatz dazu nach der Premiere abgesetzte *Vandea* (1893) des gleichen Komponisten, sowie Giacomo Orefices *Consuelo* (1895). 1899 wurde *Andrea Chénier* von Umberto Giordano, einem wichtigen Komponisten des Hauses, gespielt. Trotz der vereinzelten Werke Richard Wagners, zeigen die Jahre unter dem katholisch-konservativen (und zunehmend auch nationalistisch geprägten) Stadtrat eine stärkere Gewichtung der italienischen Oper, die nur teilweise mit dem neuen, von der *Giovine Scuola* um Puccini und Mascagni ausgehenden Wind zu erklären ist.

Urbane Leitkulturen und Europäische Avantgarde

Doch mittlerweile hatten sich die kulturpolitischen Fronten in Bologna ohnehin gewandelt. Wagner mochte noch immer das Mißtrauen der katholischen Presse erregen und das Todesjahr Verdis (1901) gab Anlaß, nach dem Verbleib der italienischen Kultur zu fragen,[91] doch war Wagner nicht mehr nur für den bürgerlichen Bologneser Kreis um Carducci und Panzacchi[92] Symbol der Modernität und des Fortschritts. Wagner wies durch Konvergenz mit neuen künstlerischen Bewegungen auch in das 20. Jahrhundert hinein: Italo Svevo beschäftigte sich bereits seit der zweiten Hälfte der 1880er Jahre mit Wagner.[93] Doch vor allem Gabriele D'Annunzio vertrat eine neue Generation von Wagnerianern und ein neues Verständnis seiner Musik. Obwohl er sich selbst als Antipode des dekadenten, im 19. Jahrhundert verfangenen Bürgertums verstand, veröffentlichte er seit 1893 verschiedene Aufsätze über das Schaffen Wagners, eine Abhandlung über dessen Verhältnis zu Nietzsche[94] und verarbeitete die Idee des Gesamtkunstwerks im 1900 erstmals erschienen Roman *Il Fuoco*.[95] Wenn das nationalistisch-konservativ gewandelte Lokalblatt, der *Resto del Carlino*, die verlorene Willenskraft des 19. Jahrhunderts mit den kraftstrotzenden Namen »*Garibaldi, Bismarck und Wagner*« umschreibt und dem verabscheuten Giolittismus seiner Tage gegenüberstellt,[96] so wird deutlich, daß nicht nur D'Annunzio Wagner inzwischen ganz anders verstand als dies um 1870 in Bologna der Fall war. Vielmehr näherte sich das italienische Verständnis der Musik Richard Wagners den in Deutschland bekannten Interpretationsmustern an. Bald war es kaum mehr Wagner, der die konservativen Gemüter in Bologna erhitzen konnte. Wie die klerikal-konservative Rechte die moderne Musik beurteilte, geht vor allem aus den Kritiken und der Kulturseite des *Carlino* nach dessen Übernahme durch die konservative Agrarlobby um Enrico Pini hervor. Als das Blatt noch in der Tradition der *Bologna Carducciana* von demokratischen und radikalen Kräften bestimmt wurde, suchte man mit Erfolg, das Bürgertum der Stadt für Wagners *musica dell'avvenire* zu begeistern. Die neue Kulturredaktion des Blattes wandte sich gegen die kosmopolitischen Interessen in der Kultur, gegen den aufkommenden Futurismus, die Komponisten der Moderne und explizit gegen Schönberg.[97]

Waren die Fronten zwischen »konservativer« und »progressiver« Kulturpolitik vor dem Ersten Weltkrieg nicht mehr so eindeutig wie in den Jahren nach der Einigung, so konnte das *Teatro Comunale* vielleicht gerade deswegen seine hohen künstlerischen Ansprüche behaupten. Auch konnten über Zusammenarbeit mit der Arbeiterkammer und dem Arbeiterverein ansatzweise neue Ansprechpartner für die urbane Kultur gewonnen werden: So veranstaltete die seit 1901 bestehende *Università popolare G. Garibaldi*[98] noch bis in den April 1923 symphonische Konzerte im *Teatro Comunale*. In einem Chor- und Orchesterkonzert zu Gunsten der Opfer eines Erdbebens stellte die Volksuniversität im Frühjahr des Jahres 1915 dem populären Publikum Beethoven und Weber, mit Respighi, der gerade die Kompositionsklasse an S. Cecilia in Rom übernommen hatte, aber auch einen wichtigen Komponisten der Moderne vor. Nicht nur eingängige Werke wie Puccinis *Tosca* und Mascagnis *Iris* (1900), alte »Renner« wie *La Traviata* und *Rigoletto* (1901), Catalanis *La Wally* (1908) oder ein gewissermaßen lokaltypisches Programm wie die Wiederaufnahme des *Mefistofeles* (1901 und 1909) oder die Uraufführung von Luigi Mancinellis *Paolo e Francesca* (1907) standen in den Jahren nach der Jahrhundertwende auf dem Spielplan. Rodolfo Ferrari präsentierte 1906 mit der *Verdammung des Faust* von Berlioz eine zwar noch dem Stil der Grand Opéra zugehörende, aber dem Bologneser Publikum bis dahin unbekannte Oper. Auch Saint-Saëns *Samson und Dalila* (1899) war ein aus der italienischen Norm herausragender Programmpunkt, nachdem im Vorjahr (1898) mit *Orfeo ed Euridice* erstmalig ein Werk aus dem 18. Jahrhundert aufgeführt wurde, im Spielplan zudem durch die Wiederaufnahme der *Götterdämmerung* kontrastiert. Bis zur Aufführung des *Matrimonio Secreto* von Cimarosa im Jahre 1911 blieb ein solcher historischer Rückgriff jedoch seltene Ausnahme.

War es seit den ersten Jahren des 20. Jahrhunderts Arturo Toscanini, der die Wagner-Tradition in Bologna entscheidend prägte (*Meistersinger* 1904, *Siegfried* 1905), so brachte er 1905 mit Humperdincks *Hänsel und Gretel* auch ein anderes ausgesprochen »deutsches« und an Wagner orientiertes Werk auf die Bühne. Im gleichen Jahr fand unter der künstlerischen Koordination Toscaninis die Hundertjahrfeier des *Liceo Musicale* statt. Zu diesem Anlaß konnte Bologna zum ersten mal Werke wie *L'Après-midi d'un faune*, *Eine Sage* von Sibelius, die Variationen op.36 von Elgar oder *Tod und Verklärung* von Strauss hören.[99] Hier bekundete Toscanini auch seine Sympathie für das symphonische Werk Giuseppe Martuccis.[100] Nicht nur für Bologna ein sensationelles Programm! Wen wundert es da, daß ausgerechnet in Bologna noch im gleichen Jahr die Gesellschaft der Theaterdirektoren und -besitzer ihre Gründungsveranstaltung abhielt?[101]

Toscanini verließ Bologna nach der Spielzeit des Jahres 1905. Doch Wagner stand unter der Leitung von Rodolfo Ferrari (*Rheingold* 1906, *Götterdämmerung* 1909, *Tannhäuser 1910, Lohengrin*, 1913), Luigi Mancinelli (*Tristan* 1907) und Edoardo Vitale (*Walküre* 1908) weiterhin im Programm an erster Stelle. War Mariani ursprünglich der erste italienische Dirigent, der eine Partitur von Wagner ganz beherrschte, war dies mittlerweile Standardrepertoire. Ein an Prestige und Spektakularität mit der italienischen Erstaufführung des Lohengrin im Jahre 1871 zu vergleichendes Ereignis war die *Prima Italiana* des *Parsifal* am ersten Januar des Jahres 1914. Für genau diesen Tag waren die Aufführungsrechte des Werkes frei geworden und so rangen Rom und Bologna miteinander um die Ehre, eine italienische Erstaufführung von Wagner zu präsentieren. Nachdem das *Teatro Comunale* von den Plänen Roms erfahren hatte, verlegte es die Vorstellung unter Leitung Rodolfo Ferraris kurzfristig auf den frühen Nachmittag.[102] Es darf also kein Zweifel darüber bestehen, welch symbolische Bedeutung von Wagner – 43 Jahre nach der italienischen Erstaufführung des *Lohengrin* am *Teatro Comunale* – noch immer ausging. Der großartige Erfolg des *Parsifal* ließ sich auch von der kritischen Presse nicht abstreiten.

Mit noch verschiedenen anderen Aufführungen mochte sich Bologna in den Jahren vor dem Ersten Weltkrieg als wichtiges Zentrum des europäischen Musiktheaters behaupten: Die von Francesco Balilla Pratella in Musik gesetzten Szenen aus der Bassa Romagna, im regionalen Dialekt geschrieben, wurden im Herbst 1909 uraufgeführt, wobei diese nicht nur durch die regionale Verbindung zum Bologneser Umland interessant waren, sondern auch wegen der Suche nach einem Kompromiß zwischen Volkskultur und Kunstmusik. Im darauf folgenden Jahr erregte Pratella internationales Aufsehen mit der Veröffentlichung des *Manifests der futuristischen Musiker*.[103] Bologna bot als Verlagsort für das Pamphlet (Bongiovanni, 1912) eine intellektuell und künstlerisch angemessene Kulisse. Ein auf ganz andere Weise der Moderne verpflichtetes Werk war Italo Montemezzis impressionistisch anmutende *L'Amore dei tre re*, welche das *Teatro Comunale* 1913 zur Aufführung brachte. Alberto Franchetti mochte in der italienischen Opernwelt kaum aus dem Schatten Mascagnis herauszutreten, hatte jedoch in Bologna bereits mit *Christoforo Colombo* von sich Reden gemacht; im November 1902 ging hier seine kurz zuvor in Mailand uraufgeführte Oper *Germania* mit insgesamt 18 Vorstellungen in Szene. Nicht alle zeitgenössischen Werke genossen jedoch solche Erfolge am Reno. Der mittlerweile sehr bekannte Ottorino Respighi stellte 1910 mit einer Uraufführung in Bologna die Oper *Semirana* vor, die jedoch nur drei Mal wiederholt wurde. Die *Melologhi Parisina* (1901) Vittore Venezianis wurden direkt nach der Premiere abgesetzt. Ein neuer Schwerpunkt im Bologneser Repertoire der Vorkriegsjahre bestand im russischen Musiktheater: 1907 präsentierte das *Teatro Comunale* die italienische

Premiere von Tschaikowskys *Jolanda* und vier Jahre später erlebte die Aufführung des *Boris Godunov* insgesamt zwölf Wiederholungen (1911). Mit der sicher nicht leicht verständlichen lyrischen Poesie *Ariane et Barbe-Bleu* von Paul Dukas (acht Vorstellungen, 1911) und der *Salome* von Richard Strauss (zwei Vorstellungen in der Frühjahrssaison 1911) – in deren Ankündigung, den künstlerischen Anspruch der Aufführung unterstreichend, zum ersten mal das Wort *Regia* (C.Ragni) am Bologneser Haus verwendet wurde – bot das *Teatro Comunale* seinem Publikum ein den wichtigsten Herausforderungen der Moderne voll entsprechendes Programm. Gerade in diesen – zumindest auf kulturellem Gebiet – »goldenen« Jahren vor dem Ersten Weltkrieg bildeten der *Belcanto*, Verdi und selbst Puccini tatsächlich Ausnahmen im Programm: Auf dem Gebiet des *Belcanto* erschien lediglich 1910 die *Norma* auf dem Spielplan, von Verdi wurden 1912 *Don Carlos* und 1913 die *Lombardi* präsentiert, wohingegen die letzte Aufführung einer Puccini-Oper 1905 Toscaninis *Madame Butterfly* bildete, gefolgt erst 1916 von *La Bohème* unter Marinuzzi! Vermutlich war es gerade der intellektuelle Anspruch dieses Repertoires, welcher Ferruccio Mosconi schon 1896 in der *Critica Sociale* darüber spekulieren ließ, warum das Bürgertum immer häufiger das Theater zu Gunsten des *Caffè-Concerto* verläßt und den leichten Gesang der aus Frankreich eingeführten Massenkultur den hohen Ansprüchen der Leitkulturen vorzieht.[104]

Anmerkungen

1 Alle im Text aufgeführten Details zu Spielplänen, Konzert- und Opernprogrammen beruhen auf zwei vom Autor erstellten Datenbanken. Die erste sammelt alle Informationen über die im *Teatro Comunale* zwischen 1860 und 1950 zur Aufführung gelangten Opern (Komponisten, Librettisten, Spielzeiten, Premieren, Uraufführungen, Zahl der Aufführungen, Dirigent, Regie/Bühnenbild). Eine weitere Datenbank erfaßt die zwischen 1860 und 1950 im *Teatro Comunale* veranstalteten Konzerte (Datum, Spielzeit, Komponisten, Werke, musikalische Gattung, Interpreten, Veranstalter, Rahmen und Titel der Veranstaltung). Die Informationen zur Erstellung dieser Datenbanken beruhen auf folgenden Publikationen:
BIGNAMI, Luigi, *Cronologia di tutti gli Spettacoli rappresentati nel gran Teatro Comunale di Bologna dalla solenne sua apertura 14 maggio 1763 a tutto l'Autunno del 1880*, Bologna 1880.

Ders., *Cronologia di tutti gli Spettacoli rappresentati nel gran Teatro Comunale di Bologna dalla solenne sua apertura 14 maggio 1763 a tutto l'Autunno 1881*, Bologna 1882.
TREZZINI, Lamberto, Hg., *Due secoli di vita musicale. Storia del Teatro Comunale di Bologna* (1966), Bd.1–3, Bologna 1987.

2 Siehe dazu das Kapitel »Bürgerliche Öffentlichkeit in Bologna. Soziale und politische Bedingungen urbaner Leitkulturen nach der Italienischen Einigung« im vorliegenden Band.

3 DELLA SETA, Fabrizio, *Italia e Francia nell'Ottocento*, Torino 1993, (Storia della Musica, Bd.9), p.277f.

4 Eric HOBSBAWM, *The Age of Revolution. 1789–1848* (1962), London 1989, p.310. Siehe aus der Perspektive musikalischer Entwicklungen KANNONIER, Reinhard, *Zeitwenden und Stilwenden. Entwicklung der europäischen Kunstmusik*, Wien/Köln/Graz 1984.

5 Ausgerechnet der Italiener Rossini schrieb mit dem *Viaggio a Reims* die Festoper zur Pariser Krönung von Charles X (1825). Seine zweite Frau, Olimpia Pelissier, zeigte in Bologna zudem offen ihre Sympathie für die österreichischen Besatzer: CALORE, Marina, *Bologna a teatro. L'Ottocento*, Imola 1982, p.45.

6 DELLA SETA, Fabrizio, *Italia e Francia nell'Ottocento* (op.cit.), pp.77f. Siehe auch KANNONIER, Reinhard, *Zeitwenden und Stilwenden* (op.cit.), p.164.

7 DELLA SETA, Fabrizio, *Italia e Francia nell'Ottocento* (op.cit.), p.178.

8 DAHLHAUS, Carl, *Wagners Konzeption des musikalischen Dramas* (1971), München/Kassel 1990, pp.110 ff.

9 ALONGE, Roberto, *Teatro e spettacolo nel secondo Ottocento*, Roma-Bari 1988, pp.89 ff.

10 DELLA SETA, Fabrizio, *Italia e Francia nell'Ottocento* (op.cit.), pp.41f.

11 BOTTRIGARI, Enrico, *Cronaca di Bologna (1860–1867)*, Bd.3, hg. v. Aldo BERSELLI, Bologna 1961, p.470.

12 RICCI, Corrado, *I Teatri di Bologna nei secoli XVII e XVIII. Storia aneddotica* (1888), Bologna 1965, p.303. CALORE, Marina, *Bologna a teatro* (op.cit.), pp.11f. In der Herbstspielzeit des Jahres 1869 war *Don Giovanni* auch im großen Haus vorgesehen, wurde jedoch kurzfristig wieder vom Programm gestrichen.

13 Siehe dazu auch die Aufstellung zur *Fenice* in Venedig während der Spielzeiten 1812/13 und 1873/74: DELLA SETA, Fabrizio, *Italia e Francia nell'Ottocento* (op.cit.), p.41.

14 KANNONIER, Reinhard, *Zeitwenden und Stilwenden* (op.cit.), p.120.

15 KNEIF, Tibor, *Musiksoziologie* (1971), Köln 1975, p.62.

16 Siehe beispielsweise CANDELORO, Giorgio, *Storia dell'Italia moderna*, Bd.1: *Le origini del Risorgimento* (1956), Milano 1986, p.10.

17 Siehe das Kapitel »Bürgerliche Öffentlichkeit in Bologna« im vorliegenden Band.
18 ALONGE, Roberto, *Teatro e spettacolo nel secondo Ottocento* (op.cit.), pp.19f.
19 ROMANELLI, Raffaele, *Il Comando impossibile. Stato e società nell'Italia liberale* (1988), Bologna 1995, p.60.
20 Paolo MACRY, »Borghesie, città e Stato. Appunti e impressioni su Napoli. 1860–1880«, in: *Quaderni Storici*, N.S., 56, 1984, pp.339–383, p.340f.
21 CALORE, Marina, *Bologna al Teatro* (op.cit), p.6.
22 BRUNI, Massimo, »Direzione d'orchestra«, in: BASSO, Alberto, Hg., *Dizionario Enciclopedico Universale della Musica e dei Musicisti*, Turin Bd.2, pp.38–48.
23 SANTINI, Claudio/TREZZINI, Lamberto, »La questione wagneriana«, in: TREZZINI, Lamberto, Hg., *Due secoli di vita musicale* (op.cit.), pp.101–158, p.105.
24 Zur Professionalisierung, insbesondere des Bürgertums: SIEGRIST, Hannes, »Bürgerliche Berufe. Die Professionen und das Bürgertum«, in: ders., Hg., *Bürgerliche Berufe*, Göttingen 1988, pp.11–51.
25 ALONGE, Roberto, *Teatro e spettacolo nel secondo Ottocento* (op.cit.), p.3.
26 CALORE, Marina, *Bologna a teatro* (op.cit.), p.8.
27 RICCI, Corrado, *I Teatri di Bologna* (op.cit.), pp.239–307.
28 CALORE, Marina, *Bologna a teatro* (op.cit.), p.37.
29 Ebd., pp.45 ff.
30 Siehe den Kommentar von BOTTRIGARI, Enrico, *Cronaca di Bologna* (op.cit.), Bd.3, p.130.
31 Siehe MACRY, Paolo, »Borghesie, città e Stato« (op.cit.), p.341
32 Erste Auflage WERFEL, Franz, *Die Geschwister von Neapel. Roman*, Berlin/Wien/Leipzig 1931.
33 MACRY, Paolo, »Borghesie, città e Stato« (op.cit.). Zum Bologneser Logen-Streit siehe das Kapitel »Bürgerliche Öffentlichkeit in Bologna« im vorliegenden Band.
34 Siehe den Aufruf des Bürgermeisters Tacconi in: Luigi BIGNAMI, *Cronologia di tutti gli Spettacoli* (op.cit.), 1882, p.214.
35 MORABITO, Pierfrancesco, »Divertimento e élites sociali a Bologna nella prima metà dell'Ottocento: la Società del Casino«, in: *Cheiron*, 9/10, 1988, pp.169–191, p.172.
36 Ebd., pp.181f.
37 SURIAN, Elvido, »Bologna«, in: SADIE, Stanley, *The New Grove. Dictionary of Music and Musicians*, London 1980, Bd.3, pp.1–9, p.5.
38 Siehe MACRY, Paolo, »Borghesie, città e Stato« (op.cit.), p.350.
39 LEVI, Lionello, »Due secoli di vita musicale«, in: TREZZINI, Hg., *Due secoli di vita musicale* (op.cit.), pp.1–44, p.5.
40 BIGNAMI, Luigi, *Cronologia di tutti gli Spettacoli* (op.cit.), 1882, p.172.

41 CALORE, Marina, *Bologna a teatro* (op.cit.), pp.77f.
42 LEVI, Lionello, »Due secoli di vita musicale« (op.cit.), p.10.
43 Enrico BOTTRIGARI, *Cronaca di Bologna* (op.cit.), Bd.3, p.115.
44 Ebd., Bd.3, p.219.
45 Ebd., Bd.4, p.79.
46 Ebd., Bd.3, p.494.
47 Ebd., Bd.3, p.140.
48 Ebd., Bd.3, p.225.
49 SANTINI, Claudio/TREZZINI, Lamberto, »La questione wagneriana« (op.cit.), p.104.
50 Enrico BOTTRIGARI, *Cronaca di Bologna* (op.cit.), Bd.3, p.352.
51 Ebd., Bd.4, pp.49f.
52 VATIELLI, Francesco, *50 anni di vita musicale a Bologna*, zitiert nach: SANTINI, Claudio/TREZZINI, Lamberto, »La questione wagneriana« (op.cit.), p.103.
53 Enrico BOTTRIGARI, *Cronaca di Bologna* (op.cit.), Bd.4, p.55.
54 In den Jahren 1860 bis 1870 werden elf verschiedene Opern Verdis zur Aufführung gebracht. Davon waren 5 bisher in Bologna noch unbekannt.
55 LEVI, Lionello, »Due secoli di vita musicale« (op.cit.), p.16.
56 HOBSBAWM, Eric, *The Age of Revolution* (op.cit.), p.311.
57 Die Statistik weist in dem gesamten Zeitraum von 1860 bis 1950 insgesamt 77 verschiedene, am *Teatro Comunale* zur Aufführung gelangte Opern-Komponisten aus. Die Italiener nehmen dabei mit 56 Komponisten die Spitzenstellung ein, gefolgt von 12 Franzosen und lediglich 10 Komponisten aus Deutschland und Österreich.
58 TREZZINI, Lamberto, Hg., *Due secoli di vita musicale* (op.cit.).
59 SANTINI, Claudio/TREZZINI, Lamberto, »La questione wagneriana« (op.cit.), p.108.
60 Allgemein zur Wagner-Rezeption in Italien siehe: ROSTIROLLA, G., Hg., *Wagner in Italia*, Torino 1982. JUNG, U., *Die Wagner Rezeption in Italien*, Regensburg 1974. Zu Bologna: TREZZINI, Lamberto, »Bologna e Wagner«, in: Walter TEGA, Hg., *Lo studio e la città. Bologna 1888–1988*, Bologna 1987, pp.169–171.
61 Zwar wurde die Premiere als Eröffnung für die internationale Tagung geplant, doch in Anbetracht mangelnder Probenzeit gab das Theater letztendlich *Faust* für die Wissenschaftler und mußte die Premiere des *Lohengrin* verschieben.
62 SANTINI, Claudio/TREZZINI, Lamberto, »La questione wagneriana« (op.cit.), p.118.
63 CALORE, Marina, *Bologna a teatro* (op.cit.), p.94.
64 FLORA, Francesco, »Il risorgimento e l'età Carducciana«, in: *Bologna e la cultura dopo l'Unità d'Italia*, Bologna 1960, pp.41–123, p.120.

65 SANTINI, Claudio/TREZZINI, Lamberto, »La questione wagneriana« (op.cit.), p.124.
66 GEMELLI, Carlo, in *Gazzetta dell'Emilia*, zitiert nach: SANTINI, Claudio/TREZZINI, Lamberto, »La questione wagneriana« (op.cit.), p.126.
67 LEVI, Lionello, »Due secoli di vita musicale« (op.cit.), p.16.
68 CALORE, Marina, *Bologna a teatro* (op.cit.), p.93. ZAPPI, U., *Mariani, Verdi e la Stolz*, Mailand 1947. SANTINI, Claudio/TREZZINI, Lamberto, »La questione wagneriana« (op.cit.), pp.112f.
69 Zum organisatorischen Plan der »Messa per Rossini«: POUGIN, Arthur, *Vita aneddotica di Verdi*, Mailand 1881, pp.112 ff.
70 Enrico BOTTRIGARI, *Cronaca di Bologna* (op.cit.), Bd.4, p.207f.
71 Ebd.
72 Zitiert nach SANTINI, Claudio/TREZZINI, Lamberto, »La questione wagneriana« (op.cit.), p.111.
73 Siehe zur Kritik der »modernen« Musik in den Salons der Adelsgesellschaft auch PALAZZOLO, Maria Iolanda, *I salotti di cultura nell'Italia dell'Ottocento*, Roma 1984, p.64.
74 Diese Aufstellung bezieht sich auf den Zeitraum von 1882 (das Jahr seit dem die Anzahl der Repliken innerhalb einer Saison lückenlos überliefert ist) bis 1950. *Lohengrin* wurde demzufolge 76 mal aufgeführt, *La Traviata* 57 Mal und *Tristan und Isolde* erlebte 54 Aufführungen.
75 SANTINI, Claudio/TREZZINI, Lamberto, »La questione wagneriana« (op.cit.), p.133.
76 FLORA, Francesco, »Il risorgimento e l'età Carducciana« (op.cit.), pp.120f.
77 Der Radikale Casarini, Bürgermeister von 1868 bis 1872, war insgesamt von 1863 bis 1867 und erneut von 1869 bis 1874 im Präsidium der Direktion des Theaters. SANTINI, Claudio/TREZZINI, Lamberto, »La questione wagneriana« (op.cit.), p.110.
78 Ebd., p.130.
79 LEVI, Lionello, »Due secoli di vita musicale« (op.cit.), p.18.
80 CALORE, Marina, *Bologna al teatro* (op.cit.), p.97.
81 Ebd., p.98. LEVI, Lionello, »Due secoli di vita musicale« (op.cit.), p.18. FLORA, Francesco, »Il risorgimento e l'età Carducciana« (op.cit.), p.121.
82 FLORA, Francesco, »Il risorgimento e l'età Carducciana« (op.cit.), p.121.
83 Ebd.
84 »L'esposizione musicale«, in: TEGA, Walter, Hg., *Lo Studio e la Città* (op.cit.), pp.165–168.
85 BOTTRIGARI, Enrico, *Cronaca di Bologna* (op.cit.), Bd.4, p.208.
86 KÖRNER, Axel, »Bologna: Leitkulturen im Spannungsfeld von Bürgersinn und Wirtschaftsinteressen. Der Kampf um die regionale Presse vor dem ersten Weltkrieg«, in: KANNONIER, Reinhard/KONRAD, Helmut, Hg., *Urbane Leitkulturen 1890–1914. Leipzig, Lubljana, Linz, Bologna*, Wien 1995, pp.123–153.

87 Siehe die Diskussion um den Musikdirektor der *Opéra Garnier*, Perrin, in den Tagen der *Commune*: Archives Nationales, Paris, AJ XIII, 445, Archives de l'Opéra, 1870/1871, »Coupures de Presse«, insbesondere *Le Grelot*, 14.5.1871.

88 PALAZZOLO, Maria Iolanda, *I salotti di cultura* (op.cit.), pp.48, 90f.

89 ALBINI, Giuseppe, »Lo Studio bolognese nel periodo Carducciano«, in: *Bologna nella storia d'Italia*, Bologna 1933, pp.217–236, p.227.

90 KRAUSE, Ernst, *Puccini. Beschreibung eines Welterfolgs* (1985), München/Zürich 1986, p.359.

91 Siehe dazu BONAZZI, Francesco/PAOLUCCI, Silvio/NERI, Guido, »La terza pagina del *Carlino*, 1913«, in: *Emilia*, 1, 1951, pp.155–159, p.156.

92 ANGELINI, Franca, *Teatro e spettacolo nel primo Novecento*, Roma-Bari 1988, p.7.

93 Siehe seinen biographischen Abriß, der im Dezember 1884 im *Indipendente* erschien. Auch SVEVO, Italo, *Saggi e Pagine sparse*, Milano 1954.

94 Erneut erschienen in: D'ANNUNZIO, Gabriele, *La Musica di Wagner e la genesi del »Parsifal«*, Firenze 1914.

95 Zur Wagner-Rezeption D'Annunzios: ANGELINI, Franca, *Teatro e spettacolo nel primo Novecento* (op.cit.), p.10.

96 BERGERET im *Resto del Carlino*, 14.9.1913, zitiert bei BONAZZI, Francesco/PAOLUCCI, Silvio/NERI, Guido, »La terza pagina del *Carlino*, 1913« (op.cit.), p.159.

97 Ebd.

98 Zum Bildungsprogramm der Arbeiterkammer: ARBIZZANI, Luigi, »La Camera del Lavoro di Bologna. Origini e primi anni di vita (1889–1900)«, in: *Movimento operaio e socialista*, 8, 1962, pp.295–258, p.338.

99 LEVI, Lionello, »Due secoli di vita musicale« (op.cit.), p.22.

100 Im Mai 1931 bot ein unter Leitung Toscaninis geplantes Gedenk-Konzert für Martucci in Bologna den Anlaß körperlicher Angriffe der Faschisten auf den für seine Opposition gegen das Regime bekannten Dirigenten. Siehe dazu SACHS, Harvey, Hg., *Arturo Toscanini dal 1915 al 1946. L'Arte all'ombra della politica. Mostra Documentaria*, Torino 1987, pp.57–73; ders., *Reflections on Toscanini*, London 1991, p.60 ff.

101 ALONGE, Roberto, *Teatro e spettacolo nel secondo Ottocento* (op.cit.), pp.193.

102 LEVI, Lionello, »Due secoli di vita musicale« (op.cit.), pp.35f.

103 Siehe SALVETTI, Guido, *La Nascita del Novecento* (1977), Turin 1991, (Storia della Musica, Bd.10), pp.354–357.

104 MOSCONI, Ferruccio, »Perchè la borghesia abbandona il teatro e frequenta il Caffè-Concerto«, in: *Critica Sociale. Rivista Quindicinale del Socialismo Scientifico*, VI, 10, pp.156f.

Heidemarie Uhl

Urbane Identität und Politik

Formen politischer Selbstdarstellung und kollektiver Identitätsstiftung in Leipzig und Laibach/Ljubljana in der zweiten Hälfte des 19. Jahrhunderts

I. Thesen über den Wandel urbaner Identität in der zweiten Hälfte des 19. Jahrhunderts

Die *moderne Stadt*, wie sie sich seit der Mitte des 19. Jahrhunderts entwickelt hat, ist ein Ergebnis der beschleunigten sozio-ökonomischen und politischen Modernisierungsphase, die durch rasch ansteigende Industrialisierungsraten, dem damit verbundenen, zum Teil rasanten Bevölkerungswachstum und der zunehmenden politischen Partizipation der Einwohner bestimmt ist.[1] Bereits im Verständnis der zeitgenössischen Sozialforschung wurde die Stadt als »Modernisierungsagentur«[2] gesehen, die für die Herausbildung der modernen Gesellschaft,[3] ihrer kulturellen Ausdrucksformen und ihres Lebensgefühls[4] von zentraler Bedeutung sei.

Die Städte wurden aber nicht nur zum Fokus des gesellschaftlichen Wandels, sie machten die Dynamik der Modernisierung auch in besonderem Maße sichtbar. Der Urbanisierungsprozeß wurde von den Mitlebenden »wesentlich auch als Veränderung ihrer räumlichen Umwelt erfahren«.[5] Insbesondere die neu entstehende Kategorie der Großstädte verlieh der »industrialisierten, urbanisierten und durch technischen Fortschritt geprägten Gesellschaft«[6] sichtbaren Ausdruck: Während in den Fabriks- und Arbeiterwohnvierteln der Vororte der »Maschinengeist ... sieghaft alles neu formte«,[7] wurden im städtischen Zentralraum durch öffentliche Repräsentationsbauten (wie Rathäuser, Theaterbauten, Museen, Konzerthäuser, Universitätsgebäude), Anlagen und Denkmäler neue Maßstäbe von Urbanität gesetzt. Das Ausmaß der städtebaulichen Neugestaltung, das »urbane Gesicht« einer Stadt,[8] wurde zu einem Gradmesser für ihre Teilhabe an der gesellschaftlichen Entwicklungsdynamik und damit zu einem wichtigen Kriterium in der nun entstehenden Städtekonkurrenz.[9]

Die architektonische und baukünstlerische Gestaltung der Innenstädte und repräsentativer Viertel durch »Monumentalbauten«, in denen – auch nach dem Verständnis der Stadtbewohner – die *moderne Stadt* zum materiellen Anschauungsobjekt wurde, dokumentierte zugleich die Führungsrolle ihrer Auftraggeber. Die »politische Topographie« einer großen Stadt – wie es Wolfgang Hardtwig am Beispiel Münchens beschrieben hat – wurde als »symbolische Präsentation der politischen Ordnung« im öffentlichen Raum wahrgenommen.[10] Auch Carl E. Schorske hat in seiner Analyse der Wiener Ringstraße die Zusammenhänge von Politik und Kultur und die »Rolle der Repräsentation« dargelegt: »Nicht der Nutzen beherrschte die Ringstraße, sondern die kulturelle Selbstdarstellung« des liberalen Bürgertums, das nach Erlangung der politischen Macht die Stadt nach seinen Vorstellungen umzugestalten begann. Weit über ihre Funktion hinaus seien die sogenannten »Prachtbauten« der Ringstraße als ein »optischer Ausdruck der Werte einer gesellschaftlichen Klasse«, als »Projektion von Werten in Raum und Stein«[11], zu verstehen.

Die Gestaltung des *architektonischen Diskurses der Urbanität* war in der politischen Ordnung der Gründerzeit dem Bürgertum vorbehalten, das die kommunalen Vertretungskörperschaften dominierte und damit entscheidenden Einfluß auf die urbane Repräsentationskultur nehmen konnte. Im Zeitraum um 1880/90 begann sich die politische Landschaft jedoch auch auf kommunaler Ebene zu verändern: Neue Parteien, die ihr Mandat nicht mehr durch Bildung und Besitz, sondern durch die Stärke ihrer Wählerbasis legitimierten, wie die Sozialdemokratie, christlichsoziale und nationale Gruppierungen, faßten in den Stadtvertretungen Fuß. Zwar gelang es aufgrund des restriktiven Klassenwahlrechts nur selten, die Machtverhältnisse zu verändern (so in Wien, wo im Jahr 1895 die Christlichsozialen unter Führung Karl Luegers das liberale Bürgertum entmachteten), mit dem »Eindringen der Parteien im kommunalen Raum« begannen jedoch die »Grundsatzkonflikte zwischen den Parteien verstärkt die Lokalpolitik zu beeinflussen.«[12] Die politische Führungsschicht sah sich nun mit oppositionellen Gruppen konfrontiert, die in Konkurrenz zu den bürgerlichen Werthaltungen traten und nun ihrerseits versuchten, den Charakter der Stadt nach ihren Leitvorstellungen zu verändern. Ungeachtet der Frage der Durchsetzbarkeit von Forderungen ging es für die Minderheitsfraktionen zunächst vor allem darum, Gegenpositionen zu formulieren und so Einfluß auf die öffentliche Meinung zu gewinnen. Zu einem Forum der konkurrierenden Diskurse über die Identität der Stadt und ihre kulturelle Ausrichtung wurde die Presse: Die politisch-weltanschaulichen Lager formierten sich in engem Zusammenhang mit ihren Presseorganen, die zum Aktionsfeld für die »Deutungskämpfe« um die »Verwendungsformen kultureller Güter und Diskurse«[13] wurden.

Die neuen politischen und gesellschaftlichen Zielvorstellungen – und die damit verbundenen neuen Leitbilder für die Gestaltung und die Aufgaben einer Stadt – veränderten vor allem auch den Diskurs über die Stadt. Um die Jahrhundertwende symbolisiert die architektonische Präsenz im öffentlichen Raum zwar weiterhin die politische Ordnung, indem sie die jeweiligen Machtverhältnisse reflektiert, die »soziale Energie« (Stephen Greenblatt), die den Transformationsprozeß von der bürgerlichen zur politisch strukturierten Stadt vorantreibt, bildet sich jedoch in der Topographie der Presselandschaft (und anderer Formen von Öffentlichkeit) ab.[14]

Die folgenden Ausführungen verstehen sich als Versuch, anhand von zwei Fallbeispielen – Leipzig und Laibach/Ljubljana – die Festschreibung und symbolische Repräsentation urbaner Identität zu rekonstruieren. Wie prägen verschiedenartige Vorstellungen über den Charakter der Stadt bzw. Konflikte um die Festlegung solcher Leitbilder (z.B. Leipzig als bürgerliche oder als »moderne« Großstadt, Ljubljana als nationale Hauptstadt der Slowenen oder als Landeshauptstadt von Krain, eine Definition, die auch die deutschsprachigen Bewohner miteinschloß) ihre symbolische Repräsentation? Auf welche Weise wird kollektive Identität in der »bürgerlichen Stadt« konstruiert, und wie versuchen die neuen politischen Bewegungen, auf die Formulierung urbaner Identität Einfluß zu nehmen oder gegenläufige Sub-Identitäten zu festigen?

Den identitätsstiftenden Symbolen – öffentliche Repräsentationsbauten und Denkmäler, aber auch die Vorstellungen über die Stadt, die in den Presseorganen propagiert wurden – kam darüber hinaus die Funktion zu, eine »kommunikative Einheit« (oder auch politische und nationale Gruppenidentitäten wie das »Proletariat« in Leipzig oder »Deutsche« und »Slowenen« in Laibach/Ljubljana) zu schaffen. Dies war umso notwendiger, als sich in dieser Phase gesellschaftlicher Modernisierung und nationaler bzw. politischer Differenzierung die städtische Bevölkerung und der sozio-ökonomische und politische Charakter von Städten wie Leipzig und Laibach/Ljubljana grundlegend veränderte – die unterschiedliche Ausprägung der politischen und ökonomischen Modernisierung kann geradezu als Beispiel für die große Spannbreite des Urbanisierungsprozesses im zentraleuropäischen Raum angesehen werden. Auch die Bildung der politischen Lager ist auf unterschiedliche

Weise erfolgt, die beiden Städte ermöglichen es somit, die »Deutungskämpfe« des ausgehenden 19. Jahrhunderts unter verschiedenen politischen und ökonomischen Rahmenbedingungen zu analysieren.

In Leipzig ging die Entwicklungsdynamik von der Industrialisierung der Stadt und ihres Umlandes aus. Der Aufstieg zur Großstadt – von rund 40.000 Einwohnern im Jahr 1830 auf 625.000 Bewohner vor Beginn des Ersten Weltkrieges und damit nach Berlin, Hamburg und München zur viertgrößten Stadt Deutschlands – ist ein Indikator für den außergewöhnlich hohen Industrialisierungsgrad, der in einem insgesamt hochindustrialisierten Umfeld erreicht wurde. Als Zentrum der sächsischen Industrieregion entwickelte sich die Stadt zu einer der führenden Industriestädte des Deutschen Reichs – 1914 lag Leipzig hinsichtlich der Zahl der Großbetriebe mit mehr als 1.000 Beschäftigten an zweiter Stelle hinter Berlin.

Die Industrialisierung erfolgte zudem in hochtechnisierten Sparten wie dem Maschinenbau und dem Druck- und Verlagswesen. Der entsprechend hohe Anteil an qualifizierten Industriearbeitern war eine wesentliche Voraussetzung dafür, daß Leipzig zu einem der Zentren bei der Herausbildung der sozialdemokratischen Arbeiterbewegung wurde; bekanntlich erfolgte hier die Gründung des *Allgemeinen deutschen Arbeitervereins* durch Ferdinand Lassalle (1863). Nach großangelegten Eingliederungen der industriellen Vororte – im Zuge der Eingemeindung von 17 Vororten in den Jahren 1889 bis 1891 hatte sich die Bevölkerungszahl verdoppelt – und nach der Aufhebung des Sozialistengesetzes wurde die Sozialdemokratie auch auf kommunaler Ebene zu einem politischen Faktor.[15]

Laibach hingegen wurde von der Dynamik des Industrialisierungsprozesses in weitaus geringerem Maß erfaßt: Die Einwohnerzahlen stiegen von rund 16.000 (1846) auf 41.727 (1910), die Industrialisierung erfolgte auf quantitativ und qualitativ niedrigem Niveau. Zumeist handelte es sich bei den Fabriksansiedlungen um Betriebe zur Verarbeitung landwirtschaftlicher Produkte wie die Tabakfabrik, die als größter Betrieb der Stadt um 1893 rund 2.000 vornehmlich weibliche Arbeitskräfte beschäftigte. Die Beschäftigungsstruktur wies insgesamt überwiegend angelernte und fachlich wenig qualifizierte Arbeiterinnen und Arbeiter auf, die vornehmlich aus den ländlichen Regionen Krains stammten. Damit war die Arbeiterschaft in Laibach/Ljubljana jedoch stärker für klerikale Gruppen ansprechbar als für die Sozialdemokratie. Die Sozialdemokraten blieben in Laibach/Ljubljana bis zum Ende der

Monarchie eine marginale politische Kraft, im Jahr 1911 befand sich unter den 45 Mitgliedern des Laibacher Gemeinderats lediglich ein Sozialdemokrat.[16]

Der Demokratisierungsprozeß erfolgte somit in beiden Städten unter unterschiedlichen sozio-ökonomischen Voraussetzungen und hatte dementsprechend unterschiedliche Auswirkungen: Während sich in Leipzig die Sozialdemokratie als wesentliche oppositionelle Kraft formierte, stand im zweisprachigen Laibach/Ljubljana zunächst die nationale Konfliktsituation im Vordergrund, wobei die slowenischen Liberalen im Jahr 1882 die Mehrheit im zuvor unter »deutscher« Führung stehenden Gemeinderat erlangten. Seit den 1890er Jahren formierten sich jedoch klerikale Gruppierungen, die gegen den liberal dominierten Gemeinderat opponierten.[17] Im politischen Spektrum des protestantischen Leipzig bestand hingegen keine dem politischen Katholizismus und seiner antiurbanen und anti-modernen Programmatik vergleichbare Kraft.

Im folgenden soll – ausgehend von der Weihe des umstrittenen Völkerschlachtdenkmals in Leipzig – die Frage nach dem Zusammenhang von politischen Veränderungen und symbolischen Formen der Selbstdarstellung bzw. Identitätsstiftung gestellt werden, wobei die Repräsentation der politischen Ordnung im urbanen Raum durch öffentliche Bauten und Denkmäler im Vordergrund steht.

II. Leipzig

1. Bürgerliche Identität und proletarische Kritik

Der 18. Oktober 1913, der Tag der Jahrhundertfeier der Völkerschlacht bei Leipzig und der Weihe des Völkerschlachtdenkmals, galt nach zeitgenössischem Verständnis als der »glanzvollste Tag in der Geschichte unserer Stadt«,[18] der in seinen historischen und politischen Bezugspunkten weit über den lokalen Rahmen hinausging. Durch die Erbauung dieses »Nationaldenkmals« wurde Leipzig zu einem zentralen Gedächtnisort einer über die Staatsgrenzen hinausgreifenden »deutschen Nation«, die Völkerschlacht, interpretiert als »Befreiung des deutschen Vaterlandes von dem Joch der französischen Fremdherrschaft« ,[19] zum Ausgangspunkt der deutschen Einheit. Auch die Errichtung dieses »gewaltigen Monuments«[20] (es galt als größtes Denkmal Europas) wurde als nationales Projekt geplant, das nach den Vorstellungen des Leipziger

Architekten Clemens Thieme, Begründer des *Deutschen Patriotenbundes zur Errichtung eines Völkerschlacht-Nationaldenkmals* (1894), die Einheit der Nation durch das Zusammenwirken von Volk und Herrschaft bekunden sollte. Die Teilnahme der höchsten Vertreter von Adel und Militär (allen voran der deutsche Kaiser, der sächsische König und der österreichische Thronfolger) an der Weihe eines Denkmals, das durch die Spendensammlungen des für diesen Zweck gegründeten *Patriotenbundes* und somit von breiten Volksschichten finanziert worden war, [21] sollte die Überwindung der Gegensätze zwischen »nationaler Opposition« und Kaiser signalisieren – darauf richtete sich auch die Dramaturgie der Feierlichkeiten. Als Teilnehmer wurden vom *Patriotenbund* »alle deutschgesinnten Männer und Frauen« willkommen geheißen, Ausländer konnten nur »als Gäste« teilnehmen.[22] Das nationalliberale Vereinsblatt *Sächsische Umschau* konkretisierte, diese Aufforderung richte sich an »das ganze deutsche Volk; bis auf die Götzen der Sozialdemokratie und ihre Diener.«[23] In dieser »Suche nach einem Minimalkonsens innerhalb der den Staat bejahenden Kräfte«[24] wurde die Oppositionsrolle der Sozialdemokratie somit bekräftigt.

Die mit dem Völkerschlachtdenkmal verbundene Ausgrenzung des »inneren Feindes« brachte auch die Konfliktlinien zwischen den politischen Lagern in Leipzig zum Ausdruck. Das Denkmalprojekt hatte »nachhaltigste Unterstützung durch die meisten maßgeblichen politischen Kräfte« erfahren[25] und wurde nach seiner Fertigstellung durch die Situierung auf einer künstlich angelegten Erhebung und durch seine Monumentalität zu einem neuen Wahrzeichen. Allerdings war es aus Sicht der Stadt nicht im nationalpolitischen Sinn definiert, in der offiziösen »Festgabe der Stadt Leipzig« zum Jubiläumsjahr 1913, *Leipzig. Ein Blick in das Wesen und Werden einer deutschen Stadt*, wurde ausdrücklich betont, das Denkmal sei »kein Siegeszeichen«.[26] Eine nationalistische Interpretation war mit dem liberal geprägten politischen Klima der Stadt wenig vereinbar, sie hätte zudem ihren wirtschaftlichen Interessen geschadet, wie sich bereits aus den Auswirkungen der Denkmalweihe auf die ebenfalls im Jahr 1913 durchgeführte *Internationale Baufach-Ausstellung* zeigte: Mit Ausnahme Österreichs blieben ausländische Staaten »aus leicht begreiflichen Rücksichten« fern.[27] Das Monument wurde vielmehr als weithin sichtbares Zeichen dafür betrachtet, daß Leipzig »zu den ersten deutschen und europäischen Städten gehört«.[28] Als Symbol für den erst vor wenigen Jahrzehnten erreichten Rang als eine der wichtigsten Großstädte des Deutschen Reiches und als führender

Wirtschaftsstandort im Bereich des Messewesens, der Buchproduktion und des Buchhandels stand das Völkerschlachtdenkmal in einer Reihe mit anderen Symbolen der Großstadt wie dem kurz vor der Fertigstellung stehenden Hauptbahnhof, dem damals größten Bahnhof Europas,[29] und der »Deutschen Bücherei«, die als zentrale Sammelstelle der Buchproduktion im deutschsprachigen Raum am 1. Januar 1913 den Betrieb aufgenommen hatte.[30] Einen Tag nach dem Weihefest wurde unter Anwesenheit namhafter Persönlichkeiten des In- und Auslandes, darunter der sächsische König Friedrich August III. und zahlreiche Festgäste des vortägigen Nationalfestes, der Grundstein zum Bibliotheksgebäude dieser »deutschen Nationalbibliothek« gelegt.[31]

Während sich das bürgerliche Leipzig im »Jubeljahr 1913« auf einer »nie erreichten Höhe«[32] sah, stieß die »Jahrhundertfeier« bei der Opposition auf dezidierte Ablehnung. Die Leipziger Sozialdemokratie trat aus diesem Anlaß der »bürgerlichen« Verfälschung der Vergangenheit entgegen; in »Massenkundgebungen der Leipziger Arbeiterschaft« sollte über die mit dem Denkmal verbundene Geschichtsfälschung aufgeklärt werden: Das Ende der napoleonischen Herrschaft durch die Völkerschlacht habe nicht, wie durch die »bürgerliche Presse« und »bürgerliche Geschichtsschreiber« verbreitet werde, die Befreiung gebracht, sondern die Weiterführung der Unterdrückung des Volkes ermöglicht.[33]

Als Demonstration gegen den nationalen Festakt wurden Protestversammlungen organisiert, die Affichierung der Kundgebungsaufrufe – und damit die öffentliche Präsenz einer Opposition zu den offiziellen Feierlichkeiten – wurde allerdings durch den Rat der Stadt verboten.[34] So wurde das sozialdemokratische Presseorgan, die *Leipziger Volkszeitung*, zum Sprachrohr der Gegner dieses »byzantinischen und hurrapatriotischen Festes«. Die *Leipziger Volkszeitung* nahm vor allem an der Präsenz von Adel und Militär und an den entsprechenden polizeilichen und militärischen Sicherheitsmaßnahmen Anstoß. Der Festakt sei »nicht eine Feier des Volkes, sondern nur der Fürsten und der Besitzenden«, die Ehrengäste zögen »wie fremde Eroberer im Triumph durch Leipzigs Straßen«. [35] Die Stadt werde in eine Art Belagerungszustand versetzt (»Mars beherrschte die Straße«), das »Volk« diene nur als Staffage für ein Spektakel, das allerdings nur »dumme Menschen« interessieren könne.[36]

Die Kritik der *Leipziger Volkszeitung* richtete sich aber auch gegen die gesellschaftlichen Verhältnisse in Leipzig selbst, obwohl die Stadt nicht direkt mit der Gestaltung der Feierlichkeiten und der Denkmalerrichtung in Verbindung stand. Im »beschämenden« Verhalten des Leipziger Bürgertums und der Stadtverwaltung offenbare sich über den Anlaßfall hinaus der wahre Charakter der bürgerlichen Herrschaft in der Kommune: Während die Leipziger Bourgeoisie feiere und sich auf den Straßen und Plätzen Leipzigs Triumphbögen erheben, »sitzt am Tische fleißiger Arbeiterfamilien das grinsende Gespenst der Not zu Gaste«.[37] Mit den Arbeiterversammlungen wurde nicht nur gegen die bürgerliche »Geschichtslüge« protestiert, sondern auch gegen die »Verschleuderung« von städtischen Mitteln – der Zuschuß der Stadt zu den Feierlichkeiten betrug 160.000 Mark – für den »Völkerschlachtrummel«: »Es galt aber auch, das Verhalten des Leipziger Rats und der Mehrheit des Stadtverordnetenkollegiums gebührend zu zeichnen, wegen der Verschleuderung großer Summen aus allgemeinen Steuermitteln, um eine byzantinische Orgie in den Straßen von Leipzig zu feiern, während Tausende fleißiger, aber jetzt beschäftigungsloser Proletarier, von Not und Elend gepeinigt, sehnsüchtig und vergeblich nach Arbeit und Brot Umschau halten.«[38]

Für die Leipziger Sozialdemokratie hatten sich die herrschenden Schichten durch ihr Vorgehen nicht nur moralisch, sondern auch politisch diskreditiert: Mit dem erwähnten Verbot der öffentlichen Plakatierung von Aufrufen zu den Protestkundgebungen zeige der – vorgeblich – liberale Leipziger Stadtrat seinen reaktionären Charakter: Zur Hundertjahrfeier der Befreiungskriege taste der Rat die »Meinungsfreiheit der Bürger« an, um sich gegenüber den »hohen, höchsten und allerhöchsten Herrschaften« gefällig zu erweisen. »Aber auch so echt deutsche Männer, wie es ohne allen Zweifel die Leipziger Ratsmitglieder sind, sollten auch im Fürstendienste Grenzen kennen und es den Hofschranzen überlassen, über dem Fürstendienste die Rechte und Freiheiten der Bürger zu vergessen.«[39]

Damit zielte die *Leipziger Volkszeitung* über die grundsätzliche Kritik an der bürgerlichen Herrschaft hinaus ganz dezidiert auf das »bürgerliche Leipzig«. Vor allem der Vorwurf der Fürstenhörigkeit bezog sich auf das Grundmotiv kollektiver Identitätsstiftung, das über die bürgerlichen Schichten hinaus gemeinschaftsstiftend wirkte. Leipzig definierte sich traditionell als Bürgerstadt, in Abgrenzung zur höfischen Residenzstadt Dresden, der Hauptstadt des Königreichs Sachsen. »Die geistige Verfassung Leipzigs begreift sich nicht zum geringsten aus dem jahrhundertealten Gegensatz zu Dresden«, bemerkte der Leipziger Schriftsteller Franz Adam Beyerlein einleitend in seinem Essay über

Leipzigs geistiges Gesicht,[40] und auch Heinrich Lange, einer der führenden sozialdemokratischen Kommunalpolitiker, ließ seine *Erinnerungen aus dem Leipzig der 80er und 90er Jahre* mit einem Vergleich zwischen Leipzig und Dresden beginnen.[41]

Der Stolz auf die Leistungen der Leipziger Bürger, die alles »aus Eigenem«, durch Tatkraft und Unternehmergeist, ohne die Unterstützung von Staat und Fürsten geschaffen hätten, bildete ein zentrales Element städtischer Selbstdarstellung und das wichtigste Bestimmungsmerkmal für den Charakter der Stadt. Leipzigs Entwicklung zu einer der führenden Handelsstädte wurde nicht nur auf die geographische Lage im mitteldeutschen Raum und an der Kreuzung von Heeres- und Handelsstraßen zurückgeführt – »eine ähnlich günstige Lage haben doch auch Städte, die viel älter und größer gewesen sind als Leipzig«. Daß Leipzig seine Konkurrenten im »friedlichen Wettstreit« der deutschen Handelsstädte hinter sich gelassen habe, sei vor allem der »Regsamkeit und Betriebsamkeit seiner Bürger« zu verdanken, wie es in einem Rückblick auf die Stadtgeschichte in der erwähnten »Festgabe der Stadt« zum Jahr 1913 hieß.[42] Das Selbstverständnis als »Bürgerstadt«, deren ökonomische Prosperität und kulturelle Bedeutung auf der Tüchtigkeit und dem Gemeinsinn der bügerlichen Eliten beruhte und nicht – wie in den Residenzstädten – durch Adel und Hof gefördert wurde, erwies sich auch weiterhin persistent, als sich Leipzig zum Industriestandort entwickelte und die Arbeiterbewegung im politischen Leben der Stadt an Einfluß gewann.

Die »Spaltung in ein ›bürgerliches‹ und in ein ›proletarisch-sozialistisches‹ Lager«[43] erfolgte nach den umfangreichen Eingemeindungen seit Ende der 1880er Jahre, der bedeutendsten kommunalpolitischen Entscheidung um die Jahrhundertwende. Die vormals gering bevölkerten agrarischen Vororte Leipzigs waren innerhalb weniger Jahre zur Größenordnung mittlerer Städte herangewachsen. Durch diese Entwicklung wurden die kommunalen Vertretungskörperschaften vor die Entscheidung gestellt, den Ansuchen der Vororte (den ersten Antrag stellte der Gemeinderat von Reudnitz bereits im Jahr 1864) um Eingemeindung nachzukommen, ansonsten war zu befürchten, daß die Gemeinden ihrerseits den rechtlichen Status von Städten anstrebten und die langfristigen Expansionsmöglichkeiten Leipzigs einschränkten.[44] Durch die Eingemeindung von insgesamt 25 Vororten – »eine Zahl, die wohl von keiner anderen Stadt Deutschlands erreicht wurde« – vergrößerte sich die Fläche der Stadt bis 1915 von 17,8 (1885) auf 84 Quadratkilometer, die Zahl der Einwohner stieg von 170.340 im Jahr 1885 auf 613.940 im Jahr 1910, davon entfielen weniger als ein Drittel (192.178 Personen) auf Alt-Leipzig, während die Bevölkerungszahl der einverleibten Vororte 421.762 betrug.[45]

Im Vorfeld der Eingemeindungen waren neben den befürchteten finanziellen Mehrbelastungen (vor allem aus diesem Grund lehnten die Stadtverordneten und zum Teil auch der Rat bis 1887 die Ansuchen um Eingemeindung ab) die kommunalpolitischen Folgen ein wichtiger Diskussionspunkt, denn durch die Eingliederung der Arbeiterviertel in den Vororten rückte eine sozialdemokratisch dominierte Stadtverordnetenversammlung in den Bereich des Möglichen. Die Befürchtung, daß die Sozialdemokraten – die »Feinde der Gesellschaft«[46] – im »neuen Leipzig« aufgrund ihrer zahlenmäßigen Stärke und ihres Organisationsgrades (und der entsprechenden Mobilisierbarkeit ihrer Wählerschaft) die bürgerliche Vorherrschaft gefährden könnten, führte im Jahr 1894 zur Einführung eines Dreiklassenwahlrechts für die Stadtverordnetenwahlen, das die Wahlberechtigten nach ihrer Steuerleistung in drei Abteilungen einstufte.[47]

Die neue Bevölkerungsschicht machte sich auf kommunalpolitischer Ebene »sehr bald bemerkbar und meldete ihre Ansprüche an«.[48] Trotz »Eindämmungsmaßnahmen«, wie einer »ausgeklügelten Wahlkreisgeometrie«[49], und Versuchen, sozialdemokratischen Parteimitgliedern den Zugang zum Bürgerrecht zu erschweren,[50] erlangte die Sozialdemokratie in der 3. Abteilung »das entscheidende Gewicht«:[51] Im Jahr 1895 wurden vier Sozialdemokraten in das Stadtverordnetenkollegium gewählt, zwischen 1900 und 1906 konnte die Sozialdemokratische Partei ihre Stadtverordnetenmandate fast verdoppeln (von 12 auf 23), damit erlangten sie bis auf einen Sitz sämtliche Mandate in der 3. Wahlabteilung. Selbst bei den Reichstagswahlen konnte sich im Jahr 1903 im Wahlbezirk Leipzig-Stadt ein sozialdemokratischer Kandidat durchsetzen, nachdem aufgrund von Unstimmigkeiten im bürgerlichen Lager die Mehrzahl der Liberalen in der Stichwahl für den sozialdemokratischen Kandidaten Julius Motteler gestimmt hatte; bei diesem Wahlgang eroberten die Sozialdemokraten in Sachsen insgesamt 22 der 23 Reichstagsmandate. Dieses Wahlergebnis konnte allerdings bei den folgenden Wahlen nicht wiederholt werden, Leipzig blieb weiterhin eine »Hochburg des Nationalliberalismus«. [52]

Obwohl die Sozialdemokraten im Leipziger Stadtparlament die Mehrheitsverhältnisse aufgrund des Bestehens von zwei »bürgerlichen«

Wahlklassen nicht gefährden konnten, hatten sie eine Machtposition errungen, mit der sich »eine Stadtverwaltung auseinanderzusetzen hatte«.[53] Diese Position beruhte nicht nur auf der politischen Vertretung, sondern auch auf ihrer publizistischen Präsenz. Ihr Organ, die *Leipziger Volkszeitung*, trat 1894 die Nachfolge der Parteizeitung *Der Wähler* (1890–94) an und fand nach der Übernahme der Redaktion durch Bruno Schönlank auch Anerkennung im bürgerlichen Lager: In der kritisch-satirischen Streitschrift *Indiskretionen über Leipzig und die Leipziger* (um 1896) wird der *Leipziger Volkszeitung* bereits wenige Jahre nach ihrer Gründung zugestanden, sich als »durchaus respektables Volksblatt« etabliert zu haben. Während das Vorläuferblatt »nicht mehr die Druckerschwärze wert war, mit welcher es gedruckt wurde«, habe sich die *Leipziger Volkszeitung* unter dem sozialistischen Reichstagsabgeordneten Schönlank »zu einem technisch und litterarisch – wenn man von der Parteitendenz absieht – guten Eindruck machenden wirklichen Blatte entwickelt. Freilich tauchen sich die daran arbeitenden Federn manchmal statt in Tinte in Vitriol, und zu allem Ernst gesellt sich hie und da eine groteske Albernheit und nicht selten ein derber Mangel an elementaren Kenntnissen, aber von dem Begriff ›Leipziger Presse‹ ist es nicht mehr trennbar.«[54]

Die Resonanz, die von der *Leipziger Volkszeitung* über die Kernschichten der Partei hinaus vor allem durch ihren Feuilleton- und Kulturteil erreicht wurde (siehe unten), verweist auf die Ambivalenz sozialdemokratischer Politik in Leipzig: Einerseits trat die scharf ausgeprägte Segregation der politischen Lager gerade in Fragen der symbolischen Repräsentation zutage, bei denen die sozialdemokratische Abgrenzung zur bürgerlichen Gesellschaft demonstriert wurde.[55] Die grundsätzliche Gegenposition zur »Bourgeoisie« blieb in Leipzig auch weiterhin Bestandteil der politischen Rhetorik, als sich die sozialdemokratische Opposition bereits politisch etabliert hatte. Im Jahr 1913 schloß die *Leipziger Volkszeitung* ihre Berichterstattung über die Weihe des Völkerschlachtdenkmals mit der Zukunftsvision über die Errichtung einer neuen Gesellschaft: »Aber schon regen sich die Hunderttausende, die Millionen der Enterbten in Stadt und Land, den alten Traum von der Freiheit alles dessen, was Menschenantlitz trägt, zu verwirklichen. Ein neues Völkerringen hat begonnen, kein blutiges Drama wie damals, sondern ein rastloses Kämpfen um Freiheit, Friede und wahres Menschentum. Mögen auch heute noch die Herrschenden von der Steinpyramide patriotisches Freudenfeuer weit in die Lande leuchten lassen, es kommt die Zeit, wo auch von dieser Ruine des kapitalistischen Zeitalters die Flammenzeichen der errungenen Freiheit zum Himmel lodern werden.«[56]

Dem Bild einer fragmentierten Stadt, geprägt durch die Konfrontation zwischen gegensätzlichen und unversöhnlichen politischen Kräften, wie es Leipzig in den Tagen der Weihe des Völkerschlachtdenkmals und bei anderen Anlässen politischer Mobilisierung bot, stehen jedoch andererseits Beziehungs- und Übereinstimmungsfelder zwischen dem bürgerlichen und dem sozialdemokratischen Leipzig gegenüber. Michael Schäfer hat in seiner Untersuchung über die politische Gruppenbildung im Leipziger Stadtparlament darauf hingewiesen, daß trotz der Isolierung der sozialdemokratischen Mandatare durch die bürgerliche Mehrheit (bis 1914 blockierten die beiden ersten Abteilungen die Wahl von Sozialdemokraten zu Stadträten) und der rhetorischen Konfrontationshaltung zwischen den beiden Lagern Kooperationen in der politischen Praxis möglich waren: »Doch trotz aller, das ›bürgerliche‹ wie das sozialistische Lager integrierenden Polemik und verbaler Abgrenzung in Wahlkämpfen und während der Debatten im Plenum des Stadtverordnetenkollegiums scheint aber die sozialdemokratische Fraktion im parlamentarischen Tagesgeschäft nicht völlig isoliert gewesen zu sein. Es konnte durchaus vorkommen, daß die 1. und die 3. Abteilung an einem Strang zogen, um die Opposition der Mittelständler gegen ausgabenträchtige Infrastrukturmaßnahmen, den Ausbau der kommunalen Dienstleistungen u.ä. zu überstimmen.«[57] Im Jahr 1913 erklärte einer der Sprecher der 1. Abteilung, »bei der Einführung des Klassenwahlrechts habe man krasse Vorstellungen gehabt vom Eindringen der Sozialdemokraten in die Stadtverwaltung. Inzwischen habe man aber die sachliche Mitarbeit der sozialdemokratischen Kollegen zu schätzen gelernt. Wenn von ihnen vier bis fünf Mal pro Jahr Fensterreden gehalten würden, so wisse das gesamte Kollegium, daß dies ein ›Tribut an die Masse‹ sei, den man hinnehmen müsse.«[58]

Da die Sozialdemokraten aufgrund des Dreiklassenwahlrechts nie mehr als ein Drittel aller Mandate erringen konnten,[59] mußten sie die Zusammenarbeit mit den bürgerlichen Fraktionen suchen. Kooperationen waren jedoch eher mit den Vertretern des »Wirtschaftsbürgertums« (dazu zählten in erster Linie Unternehmer, Verleger, Bankiers und Kaufleute) in der 1. Abteilung als mit den mittelständischen Gewerbetreibenden und Hausbesitzern der 2. Abteilung möglich, die ihre

Hauptfunktion in der finanziellen Kontrolle des Rats und der Stadtverwaltung sahen[60] und die ambitionierten »Zukunftsprojekte« des Rats häufig aufgrund des Kostenaufwands zurückwiesen. So konnten sich in den großen kommunalen Diskussionen des ausgehenden 19. Jahrhunderts, wie der Frage der Eingemeindungen und des Rathausneubaus, die Verfechter der »Großprojekte« im Rat erst nach langwierigen Verhandlungen mit dem Stadtverordnetenkollegium durchsetzen, beide Vorhaben wurden zunächst abgelehnt. Nach dem Einzug von Sozialdemokraten wurde für den Rat »das Durchbringen mancher Vorlage sogar leichter als früher. Um erfolgreiche Opposition zu treiben, waren die Sozialdemokraten allein zu schwach; aber die Opposition, die von der Mittelstandsfraktion ausging, stimmten sie in der Regel an der Seite der 1. Abteilung nieder«.[61] Der Appell, den Oberbürgermeister Dr. Tröndlin in der ersten Sitzung des Jahres 1901 nach Erläuterung der »vielfachen und großen Aufgaben« der nunmehrigen Großstadt Leipzig an die Stadtverordneten richtete, war offenkundig eher an die »allzu eng auf Sparsamkeit bedachten Mittelstandsgruppen«[62] adressiert als an die sozialdemokratische Opposition: »Aber wir dürfen nicht ängstlich wirthschaften nach den Grundsätzen, die für den Privatmann maßgebend sein können, sondern wir müssen von größeren Gesichtspunkten ausgehen und dürfen nur die Sparsamkeit üben, die für große Verhältnisse gilt und die darin besteht, daß man für wichtige, dem allgemeinen Besten, dem städtischen Interesse dienende Unternehmungen und Einrichtungen von vornherein ausreichende Mittel zur Verfügung stellt.«[63]

Wo lagen nun die Übereinstimmungsfelder zwischen Großbürgertum und Sozialdemokratie in Leipzig, die trotz der ideologischen Polarisierung eine Zusammenarbeit auf sachpolitischer Ebene ermöglichten? Im folgenden soll die These vertreten werden, daß es das Leitbild der »modernen Großstadt« ist, das am Beginn des 20. Jahrhunderts neben die Vorstellung der »Bürgerstadt« tritt und in dem sich sowohl die »fortschrittlichen« Eliten des Wirtschaftsbürgertums, intellektuelle Kreise und Teile des Bildungsbürgertums als auch die organisierte Arbeiterbewegung vertreten sehen konnte. Die Kriterien der »modernen Großstadt« – Kommunalisierung, Professionalisierung, Propagierung eines »modernen« Kulturverständnisses – begannen sich in den Jahren vor dem Ersten Weltkrieg in Teilbereichen durchzusetzen (siehe unten); zunächst wurde das Bild des neuen, großstädtischen Leipzig jedoch vom Bürgertum definiert.

2. Das »neue Leipzig«: Die architektonische Repräsentation der bürgerlichen Großstadt

Das Bewußtsein, in einer Phase beschleunigten Wandels, in einer »Zeit der aufsteigenden Entwickelung«[64] und des »Fortschritts« zu leben, in dessen Rahmen auch das »ungeheure Wachstum«[65] Leipzigs erfolgt war, wurde den Zeitgenossen am deutlichsten durch die Veränderung des Stadtbildes vor Augen geführt. Das Schlagwort vom »neuen Leipzig« erscheint als Leitbild einer städtebaulichen Umgestaltung, die der Stadt seit den 1860er Jahren das Aussehen und den Charakter einer Großstadt verlieh[66] und die zugleich die ökonomische und politische Führungsrolle des Großbürgertums als Motor dieser Entwicklung repräsentierte.

Die städtebaulichen Veränderungen führten zu einer Verlagerung des Schwerpunktes an die Ringstraße, dem bevorzugten Areal für die Großbauten der Gründerjahre im zentraleuropäischen Raum.[67] Die Grünanlagen am sogenannten Promenadenring um das Stadtzentrum, die nach dem bereits in der zweiten Hälfte des 18. Jahrhunderts erfolgten Abriß der Befestigungsmauern angelegt worden waren, boten Raum für eine ungehinderte Stadterweiterung.[68] Am Promenadenring entstand eine Reihe von »stadtbildprägenden Plätzen«,[69] die ihren großstädtischen Charakter durch »monumentale Bauten«[70] ebenso wie durch ihre Weitläufigkeit und ihre Funktion als Knotenpunkte des öffentlichen Verkehrs erhielten. [71] Insbesondere der Augustusplatz verkörperte durch seine Prestigebauten – Museum, Stadttheater, Universitätshauptgebäude, Hauptpost –, seine Großräumigkeit und die breite Straßenführung die urbanistischen Ideale einer von »Licht und Luft« (so lautete auch das Motto von Oberbürgermeister Dr. Georgi[72]) durchfluteten Großstadt, er wurde so zum »Symbol des modernen Leipzig«.[73]

Die Gegenüberstellung des »alten kleinen« und des »großen neuen Leipzig« begegnet uns um die Jahrhundertwende als häufig verwendeter Topos für die Darstellung der Stadtentwicklung. Das bisherige Stadtzentrum – die vom Promenadenring umschlossene Innenstadt um das Rathaus und den Markt – mit seinen engen und verwinkelten Gassen erschien nun als negatives Bild, das nicht nur hinsichtlich der Raumgestaltung den kleinstädtischen Geist des »alten Leipzig« verkörperte.[74] »Nur wer das Leipzig von ehemals und heute kennt«, meint der Autor der *Indiskretionen über Leipzig und die Leipziger*, »kann den wahren gewaltigen Wert des Neugeschaffenen ermessen. Breite, schöne, reine

Straßenzüge dehnen sich, mit schönen Gebäuden besetzt, dort, wo das Auge unschöne, winklige Gassen und Gäßchen sah.«[75]

Im Architekturprogramm der Gründerjahre fand das Selbstverständnis des fortschrittsorientierten, liberalen Bürgertums, das auch in seiner politischen Einstellung überregional ausgerichtet war und sich von der Einigung Deutschlands einen Innovationsschub und eine Überwindung des »sächsischen Partikularismus« erhoffte,[76] seine Umsetzung, zugleich erfolgte damit ein sichtbarer Bruch mit der »kleinstädtischen« Tradition. Der Enthusiasmus für die Schönheit des »neuen Leipzig« verband sich mit der Entwertung des historischen Stadtzentrums. Nach zeitgenössischem Urteil zeigte sich erst in den Neubauten der »Sinn für stilvolle Herstellung öffentlicher Gebäude«, während das nunmehr »alte« Leipzig als schmucklos und Ergebnis mangelnden Kunstverständnisses beurteilt wurde. Die *Allgemeine Encyclopädie der Wissenschaften und Künste* gab im Jahr 1888 der verbreiteten Überzeugung Ausdruck, der Baustil vieler Gebäude stelle »dem Kunstgeschmack der alten Leipziger ein nur dürftiges Zeugnis aus« – erst »der neuesten Zeit gebührt die Errungenschaft, durch ein würdiges Äußeres der Bauwerke deren innere Bedeutung zur Erscheinung zu bringen.«[77] Und anläßlich eines Berichts über »Leipziger Neubauten« (die auch in Form von Illustrationen dargestellt wurden) wurde in der *Illustrirten Zeitung* festgehalten, es gebe »wol kaum in Deutschland eine zweite Stadt von Leipzigs Ansehen und Bedeutung ..., die bei dem Wohlstande und der Intelligenz seiner Bewohnerschaft einen solchen Mangel an monumentalen Bauwerken und von künstlerischem Werthe getragenen Denkmälern aufweisen könnte.«[78]

Entsprechend der These von Wolfgang Hardtwig, daß sich in der »politischen Topographie« einer Stadt ihre politische Ordnung darstellt, ist auch die »Großstadt Leipzig« kein mechanisches »Abbild des inneren Wandels«, [79] sondern das Ergebnis einer »Großstadtpolitik«, die von »fortschrittsorientierten« Kreisen innerhalb der bürgerlichen Elite getragen wurde. Die Entscheidungsvorgänge in den politischen Gremien, in denen die Größenordnung, die äußere Gestalt und die Situierung der Prestigebauten festgelegt wurde, vor allem aber ihre Finanzierungsform signalisierten, daß das »neue Leipzig« weniger als Leistung des gesamten städtischen Gemeinwesens, sondern als eine Schöpfung des wohlhabenden Bürgertums *für die Stadt* aufzufassen war, sowohl in politischer als auch in ökonomischer Hinsicht: Die städtische Politik und Verwaltung war in Leipzig im besonderen Maß von dem sich »in einer exclusiven Honoratiorengesellschaft organisierenden

Großbürgertum« dominiert, wobei das Wirtschaftsbürgertum ein markantes Übergewicht hatte und nur die Spitzen des freiberuflichen und beamteten Bildungsbürgertums integriert wurden.[80] Die stadtbürgerliche Oberschicht trug aber nicht nur indirekt, durch ihre Vertreter im Rat der Stadt (dem »eigentlichen kommunalen Machtzentrum«[81]) und in der 1. Abteilung des Stadtverordnetenkollegiums zur Neugestaltung der Stadt bei, sondern auch durch die direkte Finanzierung von Kulturbauten: Das Museum der bildenden Künste, das Grassi-Museum (in dem die Sammlungen des Völkerkunde- und des Kunstgewerblichen Museums untergebracht waren) und das Stadttheater sowie das neuerbaute Konzerthaus (Neues Gewandhaus) wurden vorwiegend aus privaten Mitteln, durch Stiftungen, Legate und das Zeichnen von Anteilscheinen finanziert. Die politischen und ökonomischen Strukturen, die dem Bauprogramm des »neuen Leipzig« zugrundeliegen, sollen im folgenden am Beispiel des Augustusplatzes, bis zu den Zerstörungen des Zweiten Weltkriegs »einer der bedeutendsten deutschen Großstadtplätze«,[82] skizziert werden.

2.1. Bürgerliches Mäzenatentum: Kulturbauten am Augustusplatz

Der »Wille zur modernen Großstadt«[83] gewann erstmals in der Errichtung des Stadttheaters am Augustusplatz (1864–68) sichtbaren Ausdruck. Den Anstoß für das Bauprojekt gab eine Stiftung von 60.000 Talern, die der im August 1861 verstorbene Kramermeister und zeitweilige Bankdirektor Friedrich August Schumann der Stadt Leipzig als Grundstock für die Erbauung eines neuen Theatergebäudes hinterlassen hatte.[84] Dieser Vorschlag wurde seitens der Stadt aufgegriffen, da das bestehende Theatergebäude nach Meinung einheimischer, vor allem aber auswärtiger Kritiker in technischer Hinsicht den Anforderungen für zeitgenössische Opernaufführungen nicht mehr entsprach. Mit dem Neubauprojekt verband sich darüber hinaus die Hoffnung auf eine Verbesserung des Theaterbetriebs, der als wenig anspruchsvolle »Provinzialbühne« galt, von der sich die »eigentliche sogenannte ›gute Gesellschaft‹« fern hielt.[85] »Im Theater sieht es wie ehemals aus«, konstatierte der Theaterkritiker Eduard Devrient bei einem Besuch im Jahr 1857, »keine Eleganz bei den vielen reichen Leuten.«[86]

Auch aus diesem Grund wurde »das Wort ›Theaterneubau‹ sofort zur zündenden Parole«,[87] wobei die weitere Kapitalbeschaffung »verhältnismäßig geringe Schwierigkeiten« machte.[88] Um die restliche Bausumme von zunächst geschätzten 200.000 Talern zu finanzieren, richtete ein von Bürgermeister Otto Koch ins Leben gerufenes »Theater-Neubau-Komitee« (gebildet aus Vertretern der Stadtverordneten und des Stadtrats) Mitte Dezember 1861 einen Aufruf an die Bürgerschaft, die notwendigen Mittel durch Zeichnung aufzubringen; bereits Ende Jänner des folgenden Jahres konnte das Komitee dem Rat die Mitteilung machen, daß die erforderliche Summe um mehr als 6.000 Taler überschritten worden war.

Die »Hauptschwierigkeit« lag in den folgenden Jahren in der zentralen Frage der Standortwahl. Obwohl sich vor allem der Verwalter des Schumannschen Legats für den Augustusplatz einsetzte, faßte eine aus Ratsmitgliedern und Stadtverordneten zusammengesetzte Kommission den Entschluß, das neue Theater aus Kostengründen auf dem ebenfalls am Promenadenring gelegenen Königsplatz zu errichten. Die veranschlagten Kosten für den Augustusplatz lagen beträchtlich höher, da sich an dem für den Bau vorgesehenen Platz eine Gartenanlage im englischen Stil mit dem künstlich angelegten »Schneckenberg« befand, der abgetragen werden mußte. Erst nach der Entscheidung in der Standortfrage wurde vom Rat – auf Vorschlag Bürgermeister Kochs und unter Verzicht auf die Ausschreibung eines Wettbewerbs – der Architekt Karl Ferdinand Langhans mit der Planung beauftragt. Die Stadtverordneten erteilten ihre Zustimmung, stellten jedoch, trotz der bereits erfolgten Festlegung des Rats in der Platzfrage, die Bedingung, daß für beide Standortvarianten Entwürfe vorgelegt werden sollten. Die endgültige Entscheidung erfolgte schließlich aufgrund der Expertenmeinung des Architekten, der den weitläufigeren Augustusplatz favorisierte; der Rat und die Stadtverordneten schlossen sich seiner »fachmännischen Auffassung« an, obwohl nach der Berechnung des städtischen Bauamtes die Kosten für den Augustusplatz-Entwurf um 92.000 Taler höher lagen als für den Konkurrenzentwurf am Königsplatz und Bürgermeister Koch selbst sich für die weniger kostspielige Ausführung aussprach.[89]

Mit diesem Projekt wurde eine Platzanlage architektonisch geschlossen, die bereits in der ersten Hälfte des 19. Jahrhunderts als Symbol für die »Zunahme des Unternehmungsgeistes und des die Mittel zur Ausführung gewährenden Wohlstands«[90] betrachtet wurde. In den Bauten am Augustusplatz – der Hauptpost (1836–38), dem Hauptgebäude der Universität, dem Augusteum (1831–36) und dem Städtischen Museum (das 1858 fertiggestellte Haus wurde 1897 in Museum der bildenden

Künste umbenannt[91]) – hatte sich auch insofern »das Bestreben nach Modernität und Qualität gegenüber dem Lokalpatriotismus« durchgesetzt,[92] als die Planungsaufträge nicht mehr an einheimische, sondern an auswärtige Architekten vergeben worden waren: Der Auftrag für die Planung des Städtischen Museums war nach der Durchführung eines Wettbewerbs an den Münchner Architekten Ludwig Lange ergangen, für den Entwurf des Universitäts-Hauptgebäudes wurde der königlich-preußische Baumeister Karl Friedrich Schinkel beigezogen.[93] Auch Karl Ferdinand Langhans, der, wie erwähnt, mit dem Bau des Stadttheaters beauftragt wurde, war königlich-preußischer Oberbaurat und hatte sich durch den Umbau des Berliner Opernhauses und durch Theaterbauten in Breslau, Stettin und Dessau den Ruf eines der bedeutendsten Theaterarchitekten seiner Zeit erworben.[94]

Mit der Fertigstellung des Stadttheaters (1867), »auf das die damalige Generation naturgemäß unendlich stolz war«[95] und das auch in seiner Innengestaltung einen festlichen gesellschaftlichen Rahmen bot,[96] wurde ein neuer architektonischer Maßstab vorgegeben, durch den die umliegenden Bauten an ästhetischem Rang verloren. Dieser Umstand zog offenkundig die Umgestaltung der bereits bestehenden Bauwerke am Augustusplatz nach sich: Die in den 80er und 90er Jahren vorgenommenen Erweiterungen der Hauptpost, des Universitätshauptgebäudes (Augusteum) und des Städtischen Museums trugen zum einen dem gesteigerten Raumbedarf dieser Institutionen Rechnung, zum anderen hatten sie jedoch die architektonische Aufgabe, »dem Bau des neuen Theaters am nördlichen Ende des Augustusplatzes besser die Wage zu halten«.[97] Im Rahmen der Erweiterung der Hauptpost (1881–84) erhielt das Bauwerk eine neue Fassade mit einem säulengeschmückten Mittelbau und einer figurenbekrönten Attika (versehen mit allegorischen Darstellungen der Telegraphie, der Wissenschaft, des Gewerbes, des Handels, der Kunst und der Post), um den stilistischen »Einklang mit dem Theater« herzustellen.[98] Auch beim Universitätshauptgebäude Augusteum erfolgte im Zusammenhang mit der inneren Umgestaltung und Verbesserung der Raumstruktur (u.a. durch einen großen Hörsaalbau) eine Neugestaltung der Fassade, die »der derzeitigen Formensprache der Architektur entsprechende neue Gewänder« anlegte.[99] Der Leipziger Architekt Arwed Roßbach, der mit dem Entwurf für den Ausbau betraut wurde, ging davon aus, das Augusteum »auch äußerlich mit etwas reicherer Architektur, welche der Bedeutung desselben als künftiges Repräsentationsgebäude der Universität und des schönen Augustusplatzes, an welchem dasselbe gelegen, gleichmäßig entspricht, zu versehen.«[100]

Die größte Veränderung erfuhr das Städtische Museum: Das 1858 durch eine Stiftung finanzierte und in betont einfacher Form errichtete Gebäude (es zeige sich »zwar nicht mit dem Schmucke fürstlichen Glanzes, sondern schlicht, aber dennoch edel, wie es einer Gemeinde von Bürgern geziemt«, hatte Bürgermeister Koch in der Eröffnungsrede erklärt[101]) wurde in den Jahren 1881–86 nach den Entwürfen des Stadtbaudirektors Hugo Licht baulich vergrößert. Das Gebäude erhielt zwei Flügelanbauten, eine neubarocke Fassade sowie im Inneren ein repräsentatives Stiegenhaus, seine Grundfläche wurde nahezu verdoppelt.[102] Ein Erweiterungsbau war von seiten des Kunstvereins schon im Jahr 1874 für notwendig erachtet worden, ein entsprechendes Ansuchen an den Rat blieb jedoch wegen der offenen Finanzierungsfrage ohne Erfolg. Erst nachdem der Stadt im Jahr 1880 durch die testamentarische Verfügung des Handelsherrn Franz Dominic Grassi ein Vermögen in der Höhe von 2,3 Millionen Mark zugefallen war, wurde das Projekt erneut in Angriff genommen, wobei zwei Drittel der Bausumme von 900.000 Mark aus der Grassi-Stiftung und ein Drittel aus dem Stadtvermögen bewilligt wurden.[103] Wie beim Umbau des Augusteums wurde auch hier von einem Wettbewerb abgesehen und ein einheimischer Architekt beauftragt. Die Pläne Hugo Lichts, der in der Folgezeit zur »überragenden Architektenpersönlichkeit« Leipzigs wurde und durch seine im öffentlichen Auftrag ausgeführten Bauten das Bild der Großstadt wesentlich bestimmte,[104] wurden jedoch zwei renommierten auswärtigen Architekten – Johann Heinrich Ferstl (Wien) und Heino Schmieden (Berlin) – zur Begutachtung vorgelegt.[105]

Am selben Tag wie der Erweiterungsbau des Museums wurde der vor dem Gebäude errichtete Mende-Brunnen seiner Bestimmung übergeben, der von Adolf Gnauth und Jakob Ungerer in Anlehnung an die römischen Brunnenschöpfungen Berninis gestaltet worden war.[106] Ebenso wie das Museum verdanke die Stadt auch dieses Kunstwerk, so führte Bürgermeister Georgi in seiner Festansprache aus, »jenem opferwilligen Gemeinsinne, der die Bewohner unserer Stadt auszeichnet.«[107] Der Entstehungsprozeß des Mende-Brunnens bringt den bis in die 1890er Jahre vorherrschenden Einfluß großbürgerlichen Mäzenatentums auf die Gestaltung des öffentlichen Raums exemplarisch zum Ausdruck: Die Finanzierung erfolgte durch ein Vermächtnis der Kaufmannswitwe Marianne Pauline Mende, die in ihrem Testament der

Stadt Leipzig die Summe von 50.000 Talern für den »Bau eines dieselbe verschönernden Brunnens von monumentaler Architektur auf einem freien Platze in der Nähe der inneren Promenade, vielleicht zwischen dem Museum und dem neuen Theater« zukommen ließ. Der Rat und die Stadtverordneten stimmten diesem Vorschlag zu, auch weil sich damit die Möglichkeit eröffnete, »den Namen ›Mende‹, dem unsere Stadt und das gesammte Land Sachsen eine so große Fülle segensreicher Stiftungen verdankt, durch ein schönes sichtbares Zeichen der Erinnerung späterer Geschlechter einzuprägen.«[108]

Die Namen von bedeutenden Stiftern wie Grassi und Mende, deren Gedächtnis von der Stadt durch die Benennung von Bauwerken und Straßen bewahrt wurde, repräsentieren ein System der direkten Finanzierung kommunaler Einrichtungen, wie es im Fall von Städten wie Laibach (aber auch einer Großstadt wie der steirischen Landeshauptstadt Graz[109]) aufgrund des weitgehenden Fehlens einer großbürgerlichen Schicht nicht möglich war. Private Mittel aus Stiftungen und Schenkungen kamen nicht nur bei der Finanzierung von Bauvorhaben, sondern in einer Reihe von kommunalen Aufgabengebieten zum Tragen, in erster Linie in der sozialen Fürsorge[110] und im Kulturbereich; beispielsweise gingen die Bestände des Museums der bildenden Künste zum überwiegenden Teil auf Schenkungen zurück, zwischen 1837 und 1887 wurden 83 Prozent der Gemälde auf diese Weise erworben.[111] Als Paradebeispiel großbürgerlichen Mäzenatentums galten die privat finanzierten Orchesterkonzerte des Gewandhauses;[112] die Kosten für das in den Jahren 1880–84 nach den Entwürfen der Berliner Architekten Martin Gropius und Heino Schmieden errichtete Konzerthaus, das *Neue Gewandhaus*, wurden ebenfalls überwiegend aus privaten Mitteln bestritten.[113]

Aufgabe der politischen Gremien – Rat und Stadtverordnete – im Hinblick auf die für kommunale Zwecke erhaltenen Stiftungsgelder war es, über die Vergabe zu bestimmen oder – falls ein Stifter konkrete Bedingungen an seine Zuwendung knüpfte – über die Annahme des Legats und der damit verbundenen Bestimmungen zu entscheiden.[114] Nur in wenigen Fällen ließen die Stifter die Verwendung weitgehend offen, wie Franz Dominic Grassi, der sich in seinem Testament darauf beschränkte, mit der Verfügung für die »Annehmlichkeiten und Verschönerungen unserer Stadt ... nur im Allgemeinen die Richtung zu bezeichnen, welche meiner Zuwendung gegeben werden soll«.[115] Die Finanzierung von Großprojekten durch Stiftungsgelder trug darüber hinaus dazu bei, das Bild eines einmütig für die Interessen der Stadt wirkenden Bürgertums zu verfestigen: Da es sich nicht um Steuermittel handelte, traten die Auseinandersetzungen um die Vergabe öffentlicher Mittel, die in den kommunalen Entscheidungsprozessen und in den Verhandlungen zwischen Rat und Stadtverordneten eine wichtige Rolle spielten, in den Hintergrund. Der Entscheidungsspielraum bei der Vergabe war zudem bereits häufig dadurch beschränkt, daß Stifter testamentarisch festlegten, wer über die Verwendung der Mittel zu verfügen habe; so gab Franz Dominic Grassi folgende Anweisung: »Die Art der Verwendung wolle Herr Bürgermeister Dr. Otto Koch ... oder an dessen Stelle der Rath der Stadt Leipzig selbständig bestimmen.«[116]

Durch die Vielfalt von Stiftungen, Legaten und Schenkungen, die im seit 1884 jährlich erscheinenden Verwaltungsbericht des Rats der Stadt Leipzig aufgeführt und damit veröffentlicht wurden, setzte sich das Bürgertum selbst ein Denkmal.[117] Auch das »neue Leipzig«, meint der Autor der *Indiskretionen*, »ist in Wahrheit ... ein Monument« seiner Geldgeber und der Kommunalpolitiker, die den Fortschritt befördert haben – allen voran Oberbürgermeister Georgi.[118] Erst als sich die Überzeugung durchzusetzen begann, daß der Maßstab für die Modernität einer Großstadt u.a. im Ausmaß ihrer kommunalen Leistungen liegt, kamen auch im Kulturbereich verstärkt städtische Mittel zum Tragen, so erhöhte die Stadt im Jahr 1908 den jährlichen Ankaufsetat für das Museum der bildenden Künste von 10.000 auf 30.000 Mark – »ein außerordentlicher Schritt im Hinblick auf ihre bisherige finanzielle Zurückhaltung« – und wenige Jahre später auf 40.000 Mark.[119]

Die Baupolitik des Leipziger Großbürgertums umschreibt somit auch ein Programm der Identitätsstiftung. Die architektonische und diskursive Selbstdarstellung als Großstadt, die ihr Entstehen der Tüchtigkeit und dem Gemeinsinn ihrer Bürger verdankt, erfolgte in einer Phase, in der sich die Bevölkerungsstruktur weitgehend verändert hatte: 1880 waren zwei Drittel der Einwohner nicht in Leipzig geboren,[120] die alteingesessene Bürgerschaft bildete nur noch eine Minderheit, die Mehrheit der Bewohner »setzte sich aus verschiedensten Elementen zusammen, die durch keine Jugenderinnerung mit der Stadt verbunden waren«, die sich in Sprachen, Lebensgewohnheiten und Schulbildung stark unterschieden, wie der Sozialdemokrat Heinrich Lange berichtet, der selbst 1883 nach Leipzig gezogen war.[121] Der Augustusplatz, »auf den wir Leipziger stolz sind«, wie Oberbürgermeister Georgi bei der Enthüllung des Mende-Brunnens sagte,[122] wurde in dieser Veränderungsphase zu einem einheitsstiftenden Symbol, die Identifikation mit diesem neuen Zentralort verband die bürgerlichen Eliten mit den zugewanderten Bevölkerungsgruppen und die Kernstadt mit den eingemeindeten Vororten: »Wenn man ältere Bewohner Leipzigs fragt, was sie am äußeren Bild ihrer Stadt am meisten beeindruckt habe, so fallen fast immer zwei Namen, Hauptbahnhof und Augustusplatz.«[123]

Daß es durch die Repräsentation im öffentlichen Raum gelungen ist, die Führungsrolle des Großbürgertums auch der oppositionellen Arbeiterbewegung zu vermitteln, geht aus den oben erwähnten Erinnerungen des sozialdemokratischen Stadtverordneten Heinrich Lange an das Leipzig der 80er und 90er Jahre hervor, dessen Beschreibung wohl als ein Beispiel für die zeitgenössische Rezeption gelten kann: »Der Stolz der Leipziger Bürger war aber damals schon der Augustusplatz, und dessen Schönheit hatte im wesentlichen der Bürgersinn freiwillig geschaffen: Verdankte schon der Mittelbau des Museums seine Entstehung dem Vermächtnis Schletters, so entstanden die Flügelbauten aus dem Vermächtnis Grassis und zum Bau des Neuen Theaters hatte Schumann 60 000 Mark gespendet. Auch der Mendebrunnen wurde gestiftet... Durch den Umbau der Post, Erweiterung des Museums, später durch die neue Fassade des Augusteums wurde der Augustusplatz zu einem der schönsten Städte-Plätze überhaupt, durch Ebenmaß und Proportion seiner Umrahmung. Mag der große Marktplatz in Brüssel glänzender, luxuriöser sein, an schlichter Schönheit sucht der Augustusplatz seinesgleichen.«[124]

2.2. Politische Repräsentation: der Rathausbau

Während der Augustusplatz die Hegemonie der bürgerlichen Oberschicht in der Gestaltung der Stadt zum Ausdruck brachte, kamen beim Neubau des Rathauses (1899 bis 1905 nach den Entwürfen von Hugo Licht errichtet), neben dem Hauptbahnhof das größte Bauprojekt der Jahrhundertwende, die Strukturen der modernen Großstadt deutlicher zum Tragen. Die Entscheidungsprozesse waren bereits durch die Bauaufgabe weitaus »politischer« als bei den weitgehend privat finanzierten Kulturbauten, denn dem Rathaus als »wichtigstem Wahrzeichen einer Stadt« wurde ein hohes Maß an öffentlicher Bedeutung und politischem Rang beigemessen.[125] Die im Auftrag des Rats ausgearbeiteten Rathaus-Pläne standen naturgemäß im Mittelpunkt der politischen und öffentlichen Aufmerksamkeit, als kommunales Prestigevorhaben bot es bürgerlichen Interessengruppen wie auch der Sozialdemokratie die Möglichkeit, ihre Vorstellungen über ein der Stadt angemessenes Bauwerk (und damit über die adäquate Darstellung kollektiver Identität im öffentlichen Raum) zu formulieren bzw. durchzusetzen. Bei den Kontroversen um den Rathausneubau, die hier nur in Ansätzen nachgezeichnet werden können (die ersten Pläne datieren aus den 1870er Jahren, der formelle Beschluß zur Errichtung eines Neubaus auf dem Gelände der Pleißenburg erfolgte im November 1895[126]), stand zudem die Verwendung beträchtlicher Steuermittel zur Diskussion. Die Frage des finanziellen Aufwandes war ein zentrales Argument der Debatte: In einer ersten Phase wurde der im Jahr 1881 erfolgte Vorschlag des Rats, das bestehende, hinsichtlich der Räumlichkeiten nicht mehr ausreichende und baufällige Rathaus abzureißen, von den Stadtverordneten aus Kostengründen zurückgewiesen. Daraufhin entwarf Hugo Licht Pläne für einen Umbau des im 16. Jahrhundert erbauten Rathauses und die Errichtung eines neuen Verwaltungsgebäudes (1889).[127] In der Stadtverordnetenversammlung hatten aber mittlerweile jene Stimmen die Oberhand gewonnen, die sich von einem Neubau im historischen Stadtzentrum und der damit verbundenen architektonischen Aufwertung (breitere Straßen, die Einrichtung geräumiger Geschäftslokale) einen Anstoß für die wirtschaftliche Belebung der Innenstadt erhofften. Damit wurden die Anregungen einer Denkschrift des Vereins Leipziger Architekten aufgegriffen, in der die Forderung erhoben wurde, im Zuge einer Neuerrichtung des Rathauses »endlich einmal im Herzen der Stadt Verkehrsfreiheit, Luft und Licht zu schaffen.«[128] Der Umbauplan wurde daher mehrheitlich abgelehnt und ein Neubau vorgeschlagen, um die »innere Stadt mit neuen Lebensmomenten zu befruchten«.[129] Aber nicht nur auf kommunalpolitischer Ebene und in Architektenkreisen wurden unterschiedliche Konzepte diskutiert. Eine anonyme Streitschrift unterbreitete beispielsweise den Alternativvorschlag, auf einen Um- oder Neubau zu verzichten und stattdessen dezentrale Rathäuser in den Vorstädten einzurichten. Der Verfasser sprach sich insbesondere gegen die Errichtung eines »sogenannten ›Monumentalbaus‹« aus, dieses Projekt sei für Leipzig weitaus zu aufwendig, »man sollte von dem Groß- und Weltstadt-Schwindel absehen«, vielmehr sollte die Gemeindeverwaltung mit dem Steuergeld »sehr vorsichtig und sparsam umgehen«, denn »von dem Ansehen eines mit verschwenderischer Pracht ausgestatteten Monumentalbaues werden die Steuerzahler weder satt noch froh.«[130]

Die Debatte des Jahres 1890 veranschaulicht, wie eng der Rathausbau mit der Selbsteinschätzung einer Stadt verknüpft war. Insofern waren die um die Jahrhundertwende errichteten Rathäuser hinsichtlich ihrer Größenordnung ein aussagekräftiger Indikator in der Städtekonkurrenz. In der zweiten Hälfte des 19. Jahrhunderts wurden in den Städten der deutschen Staaten und später des Deutschen Reiches etwa 200 neue Rathäuser geplant und gebaut, ihren Höhepunkt erreichte die Rathaus-Bautätigkeit zwischen 1890 und 1912,[131] und bereits aus dem Bauvolumen, der Anzahl der Räume und den aufgewendeten (d.h. im Stadtparlament durchgesetzten) Mitteln waren die Einschätzung der Bedeutung bzw. der wirtschaftlichen Leistungskraft und die vorherrschende Auffassung über den der Stadt zustehenden Rang ablesbar.

In Leipzig setzte Oberbürgermeister Georgi schließlich das zunächst nur von einer kleinen Gruppe forcierte Projekt einer Neuerrichtung des Rathauses an Stelle der landesfürstlichen Pleißenburg am Promenadenring durch, gegen den anfänglichen Widerstand weiter Kreise wegen der Verlegung an den Rand der Innenstadt und der weitaus höheren finanziellen Aufwendungen.[132] Mit über 500 Räumen und einer Bausumme von 8,9 Millionen Mark galt es als eines der größten und modernsten Rathäuser und als eine der bedeutendsten architektonischen Leistungen im Deutschland der Jahrhundertwende, zu dessen fünf größten Städten Leipzig zählte.[133]

Als das Rathaus im Jahr 1905 eröffnet wurde, wurde es von der »bürgerlichen« Presse als Beginn einer neuen Phase der Stadtentwicklung und als Ausdruck des großstädtischen Leipzig euphorisch gefeiert. Das führende Organ, das nationalliberale *Leipziger Tageblatt*, interpretierte seine architektonische Gestaltung als Ausdruck der Einheit der Stadtgemeinschaft: »Die festgefügten, massigen Quader als Symbole unerschütterlicher Bürgertreue, die harmonisch zu einem Ganzen vereinigten vielfältigen Teile als Sinnbild derjenigen Einheit ..., die allein Großes zu schaffen imstande ist.« Das Bild Leipzigs, wie es anläßlich der Weihe des Neuen Rathauses entworfen wurde, enthält zwar noch Elemente der traditionellen Selbstdarstellung als eine durch den »bürgerlichen Opfermut« geschaffene Stadt, in den Vordergrund treten aber Motive, die den Charakter der Großstadt in politischen und ökonomischen Kategorien beschreiben: Die Errichtung des Neuen Rathauses erscheint als Folge des »ungeahnten Aufschwungs« der Stadt, hervorgerufen durch die politische Erneuerung und die wirtschaftliche Entwicklung seit der Reichsgründung; die Realisierung des Bauprojekts wird weniger dem Wohlstand und Gemeinsinn des Bürgertums als vielmehr der politischen Durchsetzung durch »unerschrockene Männer« zugeschrieben, »die sich nicht scheuten, das Millionenobjekt in Vorschlag zu bringen und vor der Menge zu verteidigen« [134] und die den Sieg über kleingeistige Kritik und »Sparsamkeit am unrechten Orte«[135] davongetragen hatten. Der Geist des Fortschritts – »mit freiem Blick, ohne kleinliches Zagen«[136] – spricht auch aus der Widmung Oberbürgermeister Tröndlins: »Möge der mutige Sinn, der unser Leipzig groß gemacht hat, im neuen Hause fortleben.« [137] Mit der Berufung auf die Idee des Fortschritts, die Betonung der sozialen Aufgaben der Großstadt (das neue Wahrzeichen sollte auch die reichen Mittel symbolisieren, die die Stadt für die Volkswohlfahrt und die Volksbildung aufwendet[138]) und der Vorstellung der Stadt als Gemeinschaft ihrer Bewohner wurde das Neue Rathaus ein architektonisches Symbol für die Integration breiterer Bevölkerungsschichten in das Selbstverständnis der Stadt, die nun nicht mehr allein durch ihr Bürgertum bestimmt war.

Die sozialdemokratische *Leipziger Volkszeitung* teilte die Feststimmung des »bürgerlichen« Leipzig zwar nicht, ließ aber durch die Würdigung der architektonischen Qualität des Rathauses doch eine gewisse Zustimmung erkennen. Die Kritik richtete sich demgegenüber auf sekundäre Aspekte: auf den »Pomp«, mit dem der feierliche Einzug in das Rathaus begangen wurde, und die Aufwendungen aus Steuermitteln für die Bewirtung der Festgäste[139] sowie auf die lateinischen Inschriften an der Fassade (»Arx nova surrexit«, eine neue Burg hat sich – anstelle der »landesfürstlichen Zwingburg«- erhoben, lautete das Motto an der Eingangsfront[140]): Obwohl als Baustil die deutsche Renaissance gewählt wurde, habe man sich »zu deutschen Inschriften ... nicht emporschwingen können.«[141]

2.3. Kulturelle Identität: Denkmalerrichtungen

Die These, daß die identitätsstiftenden Symbole einer Stadt des ausgehenden 19. Jahrhunderts einer über bürgerliches Mäzenatentum hinausgehenden Legitimation bedurften, findet auch in den Entwicklungstendenzen der Leipziger Denkmallandschaft ihre Bestärkung. Seit der Mitte des 19. Jahrhunderts hatte sich das Verständnis von der Aufgabe des Denkmals verändert: Denkmäler der ersten Jahrhunderthälfte waren vornehmlich der Erinnerung an lokale bzw. für den Personenkreis der Stifter bedeutende Persönlichkeiten gewidmet. So war der erste mit einem Denkmal gewürdigte Musiker der Thomaskantor und Begründer der Gewandhauskonzerte, Johann Adam Hiller (1832); der Gedenkstein am Promenadenring wurde jedoch nicht wegen seiner Verdienste für das Musikleben der Stadt errichtet, sondern von vier Schwestern gestiftet, deren Gesangslehrer Hiller war und die ihm ihre musikalische Ausbildung und damit die Sicherung ihres Lebensunterhaltes zu verdanken hatten. Mit den Denkmälern für Samuel Hahnemann und Albrecht Thaer entstanden um 1850 zwei weitere Denkmäler am Promenadenring, die weder hinsichtlich der gewürdigten Personen noch der Stifter in enger Beziehung zu Leipzig standen: Das Hahnemann-Denkmal für den zeitweilig in Leipzig tätigen Begründer der Homöopathie wurde 1843 von der in Dresden tagenden *Versammlung des Zentralvereins homöopathischer Ärzte Deutschlands* gestiftet, und das Denkmal für Albrecht Thaer, Begründer einer landwirtschaftlichen Lehranstalt, errichtete der in Leipzig tagende *Verein der Deutschen Land- und Forstwirte* (1850).[142] Auch das von Felix Mendelssohn Bartholdy projektierte Denkmal für Johann Sebastian Bach (1843) trägt hinsichtlich der Finanzierung und der Einflußnahme der Stifterpersönlichkeit Züge einer privaten Denkmalstiftung: Mendelssohn trug die Kosten – die veranschlagte Summe von 378 Talern wurde durch zwei Konzerte aufgebracht –, bestimmte als Standort einen Platz am Ring vor den Fenstern der einstigen Kantorenwohnung und beauftragte einen befreundeten Bildhauer, den Dresdner Akademieprofessor Eduard Bendemann, mit dem Entwurf; durch seine detaillierten Vorschläge hatte er auch einen hohen persönlichen Anteil an der Gestaltung des Denkmals.[143] Mit der Denkmalerrichtung wollte der Musikdirektor des Gewandhauses aber nicht nur seiner Wertschätzung für den Komponisten Ausdruck verleihen, sondern auch seiner Überzeugung, daß dem Andenken »an den größten Künstler, den diese Stadt je besessen« habe,[144] vor allen anderen die Ehre eines Denkmals gebühre. Insofern verweist das Bach-Denkmal, obwohl es in seiner Gestaltung nicht als repräsentatives Monument, sondern als Erinnerungszeichen konzipiert wurde, in Ansätzen auf die Motive der Denkmalstiftungen um die Jahrhundertwende.

Das erste Projekt, in dem sich die Denkmalerrichtung mit kollektiver Identitätsstiftung und nationalpolitischen Intentionen verband, ist das von der Universität und dem Rat der Stadt projektierte Leibniz-Denkmal. Im Aufruf für die Errichtung eines repräsentativen Denkmals für Gottfried Wilhelm Leibniz (1846), »einer der größten Söhne unseres Vaterlandes, unbestreitbar der größte unserer Stadt, ein Mann von weltgeschichtlicher Bedeutung«, wurden die Bürger Leipzigs aufgefordert, »ihrem Leibniz ein Denkmal zu setzen, seiner und ihrer würdig« – ebenso wie Mainz seinem Gutenberg, Nürnberg seinem Dürer, Frankfurt seinem Goethe und Bonn seinem Beethoven –, um damit unter Beweis zu stellen, daß die Handelsstadt Leipzig ebenso auf bedeutende Leistungen in Kunst und Wissenschaft verweisen könne wie andere deutsche Städte.[145] Indem Leibniz als nationaler Heros gewürdigt wurde (»... unbezweifelt der vollkommenste Repräsentant des deutschen Geistes in der Wissenschaft«), bekundete die Denkmalinitiative auch, daß die Bürger der Stadt an einem über den sächsischen Staat hinausgehenden nationalen Kommunikationsraum teilhaben wollten: »So werden wir denn in einem Denkmale Leibnizens zugleich den großen Mann, das Vaterland und uns selbst ehren.«[146] Das Projekt konnte allerdings aufgrund mangelnden Interesses der angesprochenen Kreise zunächst nicht verwirklicht werden, erst im Jahr 1883 erfolgte die Errichtung.[147]

Wenige Jahre später erschien das Fehlen von repräsentativen Denkmälern als Desiderat, wie aus einem Stadtführer aus dem Jahr 1863 hervorgeht: »Denkmale besitzt Leipzig wenig, keins derselben ist von hervorragendem künstlerischen Wert.«[148] Daß städtebauliche Überlegungen auch bei politischen Denkmalprojekten Berücksichtigung fanden, geht aus dem Aufruf des Denkmalkomitees für die Errichtung des 1888 am Markt erbauten Siegesdenkmals hervor. Das Vorhaben wurde auch damit begründet, daß Leipzig zwar »reiche Anstalten der Wissenschaft und Kunst« aufzuweisen habe und die Plätze »mit stattlichen Bauwerken geschmückt« seien, aber »noch entbehren diese Plätze des reichen künstlerischen Schmuckes, der hervorragenden Werke bildender Kunst.«[149]

Unter dem Titel einer »Ausschmückung« und Verschönerung der Stadt blieb der Einfluß bürgerlicher Mäzene auf die Gestaltung des öffentlichen Raumes durch Denkmäler weiterhin präsent. Die Verwendungsform von privaten Stiftungen wurde jedoch zunehmend von den politischen Entscheidungsgremien bestimmt, wobei vorrangig Brunnenbauten zur Errichtung gelangten, die offenkundig der Aufgabe der Stadtverschönerung am ehesten entsprachen. Der Entstehungsprozeß dieser Objekte, der Personenkreis der Stifter und ihre Motive gehen beispielhaft aus den um die Jahrhundertwende errichteten innerstädtischen Brunnenanlagen hervor: Im Jahr 1900 stiftete ein anonymer Spender anläßlich seiner Silberhochzeit dem Rat 20.000 Mark zur Ausschmückung des König-Albert-Parks, aus diesen Mitteln wurde mit Zustimmung des Geldgebers die Skulptur des Berliner Bildhauers Bernhard Freytag angekauft und der Schäferbrunnen errichtet (1908);[150] der Mägdebrunnen wurde ebenfalls seitens der Stadt aus den Mitteln einer anläßlich eines Heimatfestes von auswärtigen Leipzigern erfolgten Stiftung erbaut (1906).[151] Auch der Rathausbrunnen, der 1908, am dritten Jahrestag der Eröffnung des Neuen Rathauses, seiner Bestimmung übergeben wurde, wurde von einer ungenannt bleibenden Gruppe von Leipziger Bürgern gestiftet.[152]

Zur »Verschönerung von Promenaden und Anlagen« wurden schließlich auch Mittel des städtischen Kunstfonds eingesetzt, so für die Errichtung des Märchenbrunnens am Promenadenring (1906) und den im Jahr 1908 erfolgten Ankauf von Skulpturen (Der Wächter, Die Reifenwerferin, Der Kugelwerfer) für die Anlagen vor dem Museum der bildenden Künste.[153] Während einerseits auch für den Bereich der Stadtverschönerung kommunale Mittel aufgewendet wurden, verweist andererseits der im Jahr 1903 dem Andenken der Schwestern Villers gewidmete Brunnen darauf, daß es auch nach der Jahrhundertwende noch möglich war, private Gedächtnisformen im öffentlichen Raum aufzuführen.[154] Allerdings wurde keine der um 1900 von Mäzenen errichteten Brunnenanlagen in ähnlich raumbeherrschender Form realisiert wie der Mende-Brunnen, das »Pracht – und Renommierstück des Augustusplatzes«.[155]

Die Errichtung von gemeinschaftsstiftenden Symbolen, in denen sich die Identität der Stadt, ihre kulturellen Leitvorstellungen und ihre politische Orientierung ausdrücken sollten, wurde jedoch nicht mehr aus privaten Stiftungsgeldern finanziert. Für die Durchführung der repräsentativen Denkmalbauten im Zentralraum der Stadt[156] – zu nennen sind insbesondere das Siegesdenkmal (1888) auf dem Markt und die Denkmäler für Leibniz (1883), Goethe (1903) und Bach (1908) in der Altstadt sowie das Reformationsdenkmal vor der Johanniskirche (1883) und das Mendelssohn-Denkmal vor dem Neuen Gewandhaus (1892) – bildeten sich jeweils Denkmal-Komitees, deren personelle Zusammensetzung eine breite Unterstützung durch die politischen, kulturellen und wissenschaftlichen Institutionen signalisierte.

Das Siegesdenkmal wurde als einziges unter den genannten Denkmälern auf Initiative des Stadtparlaments errichtet. Den Anstoß gab der Vorschlag eines Stadtverordneten, des Zinngießermeisters Moritz Krause, auf dem neuen Johannisfriedhof ein Denkmal für die im Krieg gegen Frankreich gefallenen Söhne der Stadt zu errichten. Das Projekt wurde vom Rat in modifizierter Form aufgegriffen: Nicht mehr nur den Gefallenen aus Leipzig, sondern »den deutschen Kriegern« sollte »ein großes, künstlerisch geformtes Monument« errichtet werden, »das nicht nur den großen Verdiensten der wackeren Kämpfer um das Vaterland entsprechen, das auch der Stadt Leipzig zur Ehre gereichen ... sollte.«[157] An der Spitze des vom Rat gebildeten Komitees stand Bürgermeister Dr. Koch, unter den Mitgliedern waren Stadtverordnetenvorsteher Dr. Georgi und der Rektor der Universität, Prof. Dr. Biedermann. Am zweiten Jahrestag der Reichsgründung trat das Komitee mit dem Aufruf zur Unterstützung »eines den Großthaten des Jahres 1870/71, der Neugründung des deutschen Reiches und dem Gedächtniß der im Kriege gefallenen Söhne Leipzigs geweihten Denkmals« an die Öffentlichkeit.[158]

Bei der Errichtung anderer repräsentativer Denkmäler wurde in ähnlicher Form vorgegangen: Die Initiatoren des Goethe-Denkmals, der bekannte Stadtarchivar und -bibliothekar Gustav Wustmann und der Publizist und spätere Direktor des Museums der bildenden Künste, Julius Vogel, bemühten sich um eine möglichst breite Zusammensetzung des Unterstützungskomitees, dem neben Universitätsprofessoren, Stadträten, Verlegern, Juristen und dem Direktor des Stadttheaters vor allem auch Oberbürgermeister Georgi, bzw. ab 1899 Tröndlin und der Rektor der Universität angehörten.[159] Im »Comité zur Errichtung eines Mendelssohn-Denkmals« waren u.a. der Vorsteher der Gewandhausdirektion, der Gewandhaus-Kapellmeister Carl Reinecke sowie ein Stadtrat vertreten.

Während die personelle Zusammensetzung der Komitees die Unterstützung der maßgeblichen Repräsentanten aus Politik, Kultur und Wissenschaft bekunden sollte, verfolgten die Spendenaufrufe über die Kapitalbeschaffung hinaus den Zweck, eine breite Unterstützung des Vorhabens durch die von den Denkmalkomitees angesprochenen lokalen oder auch überregionalen Gruppen zu dokumentieren: Im Fall des Mendelssohn-Denkmals wurden durch Spendenaufrufe in Musikzeitschriften musikinteressierte Kreise im ganzen deutschsprachigen Raum zu Beiträgen aufgefordert; [160] die Spendenlisten für das Reformationsdenkmal ergingen nicht nur an namhafte Bürger und patriotische Vereine, sondern wurden an alle Hausbesitzer versandt, so daß »praktisch jeder Leipziger« Gelegenheit haben sollte, dazu beizutragen, »daß einem so tief im Bewußtsein des Volkes verwurzelten Ereignis wie der Reformation und einer in breitesten Kreisen verehrten Persönlichkeit wie Luther ein würdiges Denkmal gesetzt werden konnte.«[161] Das Goethe-Denkmalkomitee richtete zunächst einen Aufruf an 500 ausgewählte Vertreter der Bürgerschaft, da diese Vorgangsweise aber nur geringen Erfolg hatte, wandte man sich ein Jahr später direkt an die Öffentlichkeit.[162]

Die Aufstellung von Denkmälern, die durch die Präsentation der »großen Söhne« und der bedeutenden Ereignisse der Geschichte die kulturelle und historische Identität definierten und damit als kollektive Zeichensetzungen der gesamten Stadt intendiert waren, bedurften einer breiteren Legitimation, als es die Finanzierung durch einen Stifter oder einen nicht durch seine öffentliche Funktion ausgewiesenen Personenkreis gewährte. Erst die Repräsentativität der Errichter verlieh der Aussage des Denkmals einen allgemeingültigen Charakter, wie im Fall des von der Stadtverwaltung im Stadtzentrum errichteten Siegesdenkmals, das die politische Orientierung an nationalstaatlichen Kategorien mit dem Anspruch Leipzigs verband, nicht durch eine politische Zentralfunktion, sondern allein aufgrund seiner wirtschaftlichen und kulturellen Bedeutung zu den führenden deutschen Städten zu zählen: Die Verherrlichung »der größten Tathen und Tage deutscher Geschichte« stehe auch Leipzig zu – »nicht der Sitz der Reichsregierung, nicht die Residenzen unserer Landesfürsten haben auf diese Ehre ein ausschließendes Recht.«[163]

Ein weiterer Faktor, durch den sich die »einheitsstiftenden« Denkmäler von den privaten Stiftungen unterschieden, war die Beteiligung der Öffentlichkeit. Bereits mit den Aufrufen, zur Errichtung eines Denkmals beizutragen, wurde breites öffentliches Interesse erweckt, das sich in zahlreichen Denkmal-Debatten und öffentlichen Kontroversen – sowohl in der Presse als auch in der Stadtverordnetenversammlung – über Fragen der Gestaltung und vor allem der Plazierung niederschlugen. Unstimmigkeiten herrschten etwa über den Standort des Siegesdenkmals, wobei sich der Rat und das Denkmalkomitee für den auch vom Künstler, dem Berliner Bildhauer Rudolf Siemering, favorisierten Marktplatz vor dem Rathaus aussprachen, während sich unter den Stadtverordneten und in der Bürgerschaft Stimmen für den Platz vor dem Neuen Theater am Augustusplatz erhoben; die Frage wurde zugunsten des Marktes entschieden.[164] Das Goethe-Denkmal war ursprünglich für die Parkanlage am Schwanenteich oder im Rosental gedacht, schließlich beschlossen die Stadtverordneten, einen Platz auf dem Naschmarkt, in unmittelbarer Nähe des Rathauses, zur Verfügung zu stellen.[165] Während sich die Platzfrage beim Goethe-Denkmal nicht zu einer scharfen Grundsatzdiskussion zuspitzte, stand sie beim neuen Bach-Denkmal im Zentrum einer auch in der Presse geführten Auseinandersetzung unter den Mitgliedern des Denkmalkomitees, namentlich zwischen dem erwähnten Stadtbibliothekar Wustmann und dem Vorsitzenden des Komitees. Die Schärfe des Konflikts wurde dadurch bestimmt, daß mit der Wahl des Standortes auch über den Charakter des Denkmals entschieden wurde: Im Innenraum oder an der Mauer der Johanniskirche – wo im Zuge von Bauarbeiten die Gebeine Bachs aufgefunden worden waren – als Grabdenkmal und Pilgerstätte, oder aber vor der Thomaskirche, mit der Funktion eines repräsentativen öffentlichen Denkmals im städtischen Zentralraum.[166] Wie bei der »Zeitungsfehde« um das Bach-Denkmal,[167] so bezogen sich die öffentlichen Kontroversen zumeist nicht auf das Denkmal-Programm selbst, sondern auf die Umsetzung der Denkmal-Idee, wobei die Frage, ob der Ort und die figurale Darstellung der Bedeutung der Persönlichkeit oder des Ereignisses angemessen sind, im Mittelpunkt stand.

Durch die Mobilisierung der Öffentlichkeit sowohl auf der Ebene der – in den politischen Gremien nicht entsprechend vertretenen – akademischen und bildungsbürgerlichen Kreise,[168] die sich in den Denkmalkomitees und -debatten exponierten, als auch durch die Einbindung breiter Bevölkerungsschichten bei den Spendensammlungen zur Denkmalfinanzierung unterscheiden sich die genannten Projekte ebenfalls von Stiftungen, wie aus einem Vergleich mit dem privat finanzierten Schumann-Denkmal deutlich wird: Ein anonymer »reichbegüterter Kunstfreund und specieller Verehrer Schumann'scher Musik« überraschte die Bevölkerung im Jahr 1875 mit der Errichtung eines Schumann-Denkmals am Promenadenring, woraufhin sich »Leipzig ... dem unbekannten edlen Stifter ... zu aufrichtigem Danke verpflichtet« fühlte. Allerdings konnten, wie das *Leipziger Tageblatt* andeutete, die mit einer Denkmalerrichtung verbundenen Fragen von öffentlichem Interesse nicht diskutiert werden: »Wer will das Denkmal setzen? Wo soll es stehen? Wie soll es aussehen? Diese Fragen wird sich wohl Mancher vorgelegt haben.« Das Erinnerungszeichen für Robert Schumann gereichte somit vor allem dem Kunstverständnis des Stifters zur Ehre, denn wie alle »echte Kunst« werde, wie im *Tageblatt* bemerkt wurde, auch »Schumann der großen Menge immer ein Fremder bleiben.«[169]

Die Denkmäler des ausgehenden 19. Jahrhunderts richteten sich jedoch nicht auf die Demonstration gesellschaftlicher Exklusivität oder großbürgerlichen Reichtums, ihre Aufgabe war vielmehr die Integration auch der unteren Schichten in die Wertvorstellungen der bürgerlichen Eliten. Bereits der 1846 von Stadt und Universität verbreitete Aufruf für ein Leibniz-Denkmal sieht in der »Volksbildung« eine zentrale Aufgabe: »Kunstdenkmale veröffentlichen ... den Ruhm eines großen Mannes, sie bringen ihn zur Kunde des Volkes bis in seine untersten Schichten hinab, sie erregen das Gefühl der Achtung vor geistiger Größe, sie erhöhen das Selbstgefühl auch des schlichten Bürgers, der in den großen Männern, die er seine Landsleute nennt, sich selbst geehrt und gehoben fühlt.«[170]

Die Veränderungen der Denkmalkultur im urbanen Raum, ihr Funktionswandel von (groß)bürgerlichen Stiftungen zu integrativen Symbolen der bürgerlichen Gesellschaft eröffneten somit auch Integrationsangebote für breitere Schichten. Dennoch waren sie Zeichensetzungen »bürgerlicher« Hegemonie, in denen sich die politische Ordnung insofern abbildete, als oppositionelle Gruppen oder Kreise, die nicht durch Besitz, politische Repräsentativität oder kulturelle und wissenschaftliche Kompetenz ausgewiesen waren, in der politischen Topographie der Denkmallandschaft, zumindest was den Zentralraum der Stadt betrifft,[171] nicht Eingang finden konnten.

3. Leipzig als *moderne Großstadt*

Während der urbane Raum zum bevorzugten Feld einer »bürgerlichen Repräsentationskultur« durch Bauwerke, Denkmäler und öffentliche Feiern[172] wurde, kamen im kommunalen, aber auch im Kulturbereich Veränderungen in Gang, in denen die Meinungsführerschaft vor allem des Besitzbürgertums in Frage gestellt wurde. Um die Jahrhundertwende wird die »moderne Großstadt« zu einem neuen Leitbild, deren Modernisierungspotential nicht mehr von bürgerlicher Privatinitiative ausgeht, sondern von strukturellen Veränderungen, wie der Professionalisierung und Kommunalisierung von zuvor privat organisierten Bereichen in der Sozial-, Bildungs- und Wirtschaftspolitik. Im kulturellen Bereich sind es die Auffassungen vom Charakter einer »großstädtischen«, modernen Kultur, die zur teilweisen »Entlegitimierung« des bürgerlichen Kulturverständnisses führen. Diese Entwicklungstendenzen entsprechen in vielen Bereichen den kommunal- und kulturpolitischen Standpunkten der Sozialdemokratie, so war etwa die Bewußtseinsbildung des »modernen großstädtischen Arbeiters« ein Bildungsziel der im Rahmen des *Arbeiterbildungsinstituts* aufgebauten Arbeiterbibliotheken.[173] Sozialdemokratische Positionen gewannen nun im Kontext der Vorstellungen über die Aufgaben und den Charakter von Leipzig als einer »modernen Großstadt« an Gewicht und – vor allem in den Bereichen Theater und öffentliche Bibliotheken – auch an Einfluß auf die städtische Kulturpolitik.

Der Versuch, Leipzig den Charakter einer »modernen Großstadt« zuzuschreiben, erfolgte in paradigmatischer Form in der im Jubiläumsjahr 1913 publizierten *Festgabe der Stadt Leipzig*. In dieser bereits mehrmals erwähnten, gewissermaßen offiziellen Selbstdarstellung präsentierte sich die Stadt in ihrer Geschichte, ihren kulturellen Einrichtungen und ihrer ökonomischen Entwicklung für eine – in Anbetracht der Resonanz des Völkerschlachtjubiläums – weit über den lokalen Rahmen hinausgehende Öffentlichkeit. Der Beitrag über das gegenwärtige Leipzig wurde von Paul Weigel, dem Schriftleiter der *Festgabe* und Direktor des Statistischen Amtes der Stadt Leipzig verfaßt. Seine Absicht war es, den Beweis zu führen, daß sich die Stadt in der »überraschend kurzen Zeit«, in der sie sich »von der Mittelstadt zu einer der größten Städte Deutschlands« entwickelt hatte, nicht »nur rein äußerlich«, hinsichtlich der Einwohnerzahl und der Flächenausdehnung, sondern auch in ihrem Charakter grundlegend verändert habe: »Leipzig hat sich in dieser kurzen Zeit auch seinem gesamten Wesen nach vollständig umgewandelt« und ist »eine in jeder Beziehung moderne Großstadt (geworden). Alle die den modernen Weltstädten ... eigenen charakteristischen Merkmale, alle die großartigen Einrichtungen und Vorkehrungen, die dem modernen Großstadtleben im Laufe dieser Jahre mehr und mehr einen besonderen Stempel aufgedrückt haben, finden wir auch in Leipzig vor.«[174] Um sich vom »Charakter Leipzigs als moderne Großstadt zu überzeugen«, genüge bereits ein Blick auf das »äußere Gepräge«, meint der Autor. Neben dem »manchmal sinnbetörenden Getriebe« des Verkehrs, der öffentlichen Beleuchtung, den »Menschenmassen, die die Straßen der inneren Stadt und der Stadt überhaupt durchfluten«,[175] sind es vor allem die öffentlichen Bauprojekte, durch welche die Stadt ihren Anspruch als eine über den nationalen Bereich hinaus bedeutende europäische Großstadt bekundet habe.

Der Autor führt einen imaginären Reisenden zu den Orten, aus denen sich das Selbstbewußtsein der modernen Großstadt Leipzig speist: Nach der Ankunft am nahezu fertiggestellten neuen Hauptbahnhof, dem »größten Bahnhof Europas«, an dem Leipzig wie nirgendwo sonst zeige, »was es in den letzten Jahren als Stadt geworden ist«, führt der Weg zum Neuen Rathaus, »der Architektur und Ausdehnung nach gleich großartig«, und zum Augustusplatz, mit seinen »Monumentalbauten« und seinem »riesenhaften Verkehr ... ein Stück moderne Großstadt im allerbesten Sinne«. [176] Das auf einer künstlich angelegten Erhöhung errichtete Völkerschlachtdenkmal erhält aus dieser Perspektive eine neue Bedeutung: Es ermöglicht den Blick auf das »gewaltige Häusermeer«. Überragt vom höchsten Turm der Stadt, dem des Neuen Rathauses, zeigen sich die Kuppel des Reichsgerichts, die Türme der Kirchen, »moderne Schulbauten ..., die Gasbehälter der städtischen Gaswerke, Wassertürme, Krankenhausanlagen größten Stils, die Schlachthofsbauten, ... die neue gewaltige Luftschiffhalle und im Westen, im Hauptfabrikviertel, Schornstein an Schornstein. Es ist die echte und rechte Großstadtsilhouette, die wir auf dieser hohen Warte vor uns haben«.[177]

Das Bürgertum spielt in der Großstadt, wie sie Weigel beschreibt, keine zentrale Rolle, denn das »moderne Großstadtleben« ist nicht mehr allein durch Tüchtigkeit und Gemeinsinn der Bürger gestaltbar, sondern das sichtbare Ergebnis eines gesellschaftlichen »Umwandlungsprozesses«:[178] Die modern-großstädtische Gestalt sei »nur denkbar in einer Stadt, deren inneres Leben das Bedürfnis nach all diesen Einrichtungen hervorgebracht hat«.[179] Hinsichtlich ihres »inneren Lebens« ist die moderne Großstadt jedoch durch Schaffung kommunaler Einrichtungen zur Befriedigung der Lebensbedürfnisse definiert. Das Ausmaß an Kommunalisierung im Bereich der »sozialen Hygiene« (Lebensmittel- und Wasserversorgung, Schlachthöfe, Kanalisation, Einrichtungen der Gesundheitsfürsorge etc.) und vor allem hinsichtlich der von der Stadt betriebenen technischen Betriebe zur Wasser- und Energieversorgung ist ein »wichtiger Maßstab für den modern großstädtischen Charakter einer Stadtverwaltung«: »Eine Stadtverwaltung (ist) umso moderner, je weiter sie in dieser Beziehung geht.«[180]

Mit der Propagierung der Kategorie »Großstadt« als neues kommunalpolitisches Leitbild, wie es in der *Festgabe* exemplarisch erfolgte, wurden die Kriterien für die Aufgaben einer Stadt in einer Weise neu definiert, die mit den kommunalpolitischen Forderungen der Sozialdemokratie in vielem übereinstimmten. Insbesondere der »allgemein anerkannte« kommunalpolitische Grundsatz (Weigel), daß nicht private Initiative, sondern die Schaffung öffentlicher Einrichtungen die Versorgung der großstädtischen Lebensbedürfnisse sichern könne, korrespondierte mit der Überzeugung der sozialdemokratischen Stadtverordnetenfraktion, »nicht Knauserigkeit und teilnahmsloses Abwarten und Zusehen in den kommunalen Dingen begründet den Ruf einer *modernen* (Hervorhebung im Original, H.U.) Stadtverwaltung, sondern die ausgedehnteste Pflichterfüllung gegenüber allen Bedürfnissen der Einwohnerschaft.«[181] Als wichtiger Forschritt in diese Richtung wurde die Versorgung mit Wasser, Licht und Energie durch städtische Wasser-, Gas- und Elektrizitätswerke angesehen, daher stimmten die sozialdemokratischen Mandatare trotz der hohen Kosten »besonders freudig ... der Uebernahme derartiger Betriebe aus privatkapitalistischem Besitz in das Eigentum der Stadt und der eigenen Errichtung solcher Betriebe durch die Stadt zu«.[182]

Darüber hinaus wurde mit dem Argument des Großstädtischen vor allem im Bereich der Kultur die Kommunalisierung und Professionalisierung von bürgerlichen bzw. privat geführten Einrichtungen vorangetrieben, denn zu den wichtigen Charakteristika der modernen Großstadt zählte ihre »Fortschrittlichkeit« auch in kultureller Hinsicht: »›Produktionszentren geistiger und künstlerischer Arbeit‹, ›Herde fortgeschrittenster Kultur‹ sollen die modernen Großstädte sein, wenn sie diesen Namen zu Recht tragen wollen« (Weigel).[183] Dem Verständnis von Großstadt lag damit ein Kulturbegriff zugrunde, der sich nicht mehr vorrangig an den Bedürfnissen und am Geschmack des Bürgertums orientierte. Kulturelle Einrichtungen wie Theater und Museen wurden nicht mehr allein als repräsentativ für das Kunstverständnis des Bürgertums einer Stadt, sondern als Maßstab für den »modern großstädtischen Geist« (Weigel) einer Kommune angesehen.

Gerade im kulturellen Bereich eröffneten sich somit Übereinstimmungsfelder zwischen »fortschrittlichen« Kreisen des Leipziger Bürgertums und der sozialdemokratischen Opposition, auch im Hinblick auf die Kritik der ihr nahestehenden Intellektuellen an der vorherrschend provinziellen Kulturauffassung, namentlich was die Theatersitutation betraf. Zu einem der Verfechter des »Fortschritts« auf diesem Gebiet wurde Dr. Gustav Morgenstern, Theaterkritiker und Feuilletonredakteur des sozialdemokratischen Parteiorgans *Leipziger Volkszeitung* und in den Jahren vor dem Ersten Weltkrieg der wohl führende Theaterkritiker der Stadt.[184] Daß Morgenstern in der *Festgabe der Stadt Leipzig* den Beitrag über das Theater verfaßte, illustriert bereits die partielle Integration der Sozialdemokratie in den Kontext einer als »moderne Großstadt« definierten Identität.

An »modern-großstädtischen« Kriterien orientierten sich nicht nur intellektuelle Kreise (auch im »bürgerlichen« Lager), sondern zunehmend die kommunale Kulturpolitik, wie aus den nach 1910 erfolgten Modernisierungsschüben im Bereich des Museums der bildenden Künste und des städtischen Theaters hervorgeht.

Im Museum der bildenden Künste erfolgte im Zusammenhang mit dem Führungswechsel im Jahr 1912 – nach dem Tod des langjährigen Museumsdirektors Theodor Schreiber wurde Julius Vogel zum Leiter bestellt – eine Neuordnung der Sammlungen. Mit der »tiefgreifenden Umstrukturierung« wurde die Entwicklung vom Stiftermuseum zur modernen Kunstsammlung eingeleitet: Die Gipsabgußsammlung, die den größten Teil des Erdgeschosses eingenommen hatte, wurde aufgelöst, 114 Statuen wurden – »nicht ohne Protest ihrer noch lebenden Stifter« – an Schulen und die Kunstakademie vergeben.[185] Ebenso wie die umfangreiche Kartonsammlung mußte auch die seit 1887 eingerichtete »Gedächtnishalle von Wohltätern Leipzigs« weichen.[186] Wenngleich die großen Schenkungen weiterhin entsprechend den Bestimmungen ihrer Stifter geschlossen aufgestellt blieben (beispielsweise waren drei Säle der Schletterschen Sammlung gewidmet), da einflußreiche Stimmen in der Öffentlichkeit der Meinung waren, »daß das Museum in erster Linie dem Andenken der Förderer dienen sollte«,[187] so hatte diese Auffassung doch weitgehend an Gewicht verloren; bürgerliche Interessen wurden vielmehr als Hindernis für eine zeitgemäße Sammlungstätigkeit des Museums angesehen. Zu den schärfsten Gegnern des Stiftermuseums zählte der Kunstkritiker des »bürgerlichen« Presseorgans, des *Leipziger Tageblatts*, Dr. Wolfgang Balzer. Balzer sah in den Sammlungen des Museums der bildenden Künste ein »Sammelsurium von Mittelmäßigkeiten und Kuriositäten«,[188] das nicht zuletzt aufgrund des mangelnden Kunstverständnisses der Leipziger Bürger und der Besetzung der für die Erweiterung der Sammlungen zuständigen Gremien mit »Laien«[189] zustandegekommen sei. Die Aufgabe des Museums sei es, der Kunst zu dienen und nicht dem Gedächtnis der Geldgeber, wie ein nicht unmaßgeblicher Teil der Öffentlichkeit noch immer meine:

»Man trennt sich nicht gern von Bildern, die einem von Großvaters Zeiten her lieb sind«. In dieser Hinsicht bildeten die Stiftungen – »diese antiquierten Reichtümer« – jedoch »einen sehr unangenehmen Ballast. Sie stören und ermüden den künstlerisch Genießenden, sie verwirren den, der sich ästhetisch bilden will, in seinen Urteilen.« Für eine Galerieleitung, die ihre Aufgabe in der Pflege der Kunst und der Förderung des allgemeinen Kunstsinns sieht, sei es keine Frage, auf welche Seite sie in diesem »Konflikt zwischen künstlerischen und historischen Interessen« zu treten und nach welchen Kriterien sie ihre Sammlungen zu gestalten habe: »Sie darf getrost einen Teil ihres Überflusses dem Stadtmuseum überweisen, als der gegebenen Pflegestätte lokaler Traditionen, einen anderen Teil magazinieren«, sie müsse sich aber entschließen, »die breitspurigen Landschaften und Historien und törichten Genreszenen, die jetzt so viel gute Wand wegnehmen, von der Bildfläche verschwinden zu lassen.«[190] Insbesondere im Hinblick auf die Förderung zeitgenössischer Kunst sei »private Fürsorge ... nicht genug«, es bedarf »intensiver Beteiligung der öffentlichen Kunstpflege«. Reformen auf diesem Gebiet seien umso notwendiger, als die Funktion eines städtischen Museums auch darin liege, »die künstlerische Kultur der Stadt nach außen hin zu repräsentieren«.[191]

Diese Überlegung hat offenkundig auch der Neugestaltung der Ausstellungsräumlichkeiten des Museums im Jahr 1912 zur Durchsetzung verholfen: In einem Bericht der *Illustrierten Zeitung* wird die Neuordnung der Sammlungen vor allem im Hinblick auf das kommende »Jubiläumsjahr« begrüßt: »Das Jahr 1913, das Leipzig für kurze Zeit zum Zentrum für ganz Europa machen wird, findet ... das Museum in einem Zustand vor, daß es unter den gleichen Instituten des In- und Auslandes, die nur von der Kommune begründet und erhalten werden und nicht mit Staatsmitteln arbeiten, einen ehrenvollen Rang behaupten kann.«[192]

Auch im Bereich des Theaters wurde das Argument, Kultur als Gradmesser der Modernität einer Stadt müsse sich an der Großstadt-Konkurrenz orientieren und nicht an den Interessen des Publikums, zum Motor der Veränderung. Anders als im Museumsbereich wurde hier der Einfluß des sozialdemokratisch orientierten intellektuellen Milieus zum Wegbereiter der Modernisierung: Die Reformimpulse gingen von einer Gruppe von Intellektuellen aus, die im Jahre 1895 nach dem Vorbild der Berliner Freien Bühne, die 1889 als »Theater der Modernen« eröffnet worden war, die *Litterarische Gesellschaft in Leipzig* gründeten, um die vom Pächter der städtischen Bühnen, Max Staegemann, ignorierten modernen Dramatiker (Hauptmann, Ibsen, Strindberg, Wedekind, Schnitzler etc.) auf die Bühne zu bringen.[193] Zu den Gründungsmitgliedern der »Litterarischen Gesellschaft« zählte Hans Merian, der sich im öffentlich geführten Kampf gegen die Theaterdirektion Staegemann (1882–1905), die für die Verweigerung gegenüber dem modernen Drama und für das Herabsinken des Leipziger Stadttheaters auf das »Niveau einer Provinzbühne«[194] verantwortlich gemacht wurde, exponierte. Die mittels »Kampfbroschüren« und Flugschriften geführte Auseinandersetzung konnte immerhin den Erfolg verbuchen, daß aufgrund eines Beschlusses der Stadtverordneten das Monopol des Theaterpächters auf die Nutzung von drei Bühnen (Altes Theater, Neues Theater, Carolatheater) beendet wurde. Von der Einrichtung einer Konkurrenz-Bühne im Carolatheater – im Jahr 1902 nahm das privat geführte »Schauspielhaus« seinen Betrieb auf – wurde allgemein eine »anspornende Konkurrenz« erwartet.[195]

Dem »Kreis junger Stürmer und Dränger«, aus dem die *Litterarische Gesellschaft* hervorgegangen war und in dem der bereits mehrmals erwähnte sozialdemokratische Arbeiter und spätere Stadtverordnete Heinrich Lange verkehrte,[196] hatte auch Dr. Gustav Morgenstern, Theaterkritiker der *Leipziger Volkszeitung*, angehört. Für Morgenstern war die erwähnte Errichtung des Konkurrenz-Theaters ein wichtiger, erster Schritt zur Reform der Theaterverhältnisse: Leipzig brauche ein Konkurrenztheater, damit »das deutsche Theaterleben sich so vielseitig spiegeln kann, wie es der Bedeutung einer großen Stadt entspricht. Wir haben gesehen, wie das Kunstleben verfallen kann, sobald die ... städtischen Bühnen keine Konkurrenz zu fürchten haben: der Geist gemächlich daher trottender Indolenz zieht ein, das städtische Theater wird zur Provinzbühne.«[197]

Der zentrale Vorwurf von gegenüber den Theaterverhältnissen kritisch eingestellten Kreisen betraf die Vergabe der städtischen Bühnen an einen Pächter, der das Haus nach privatwirtschaftlichen Grundsätzen führen und daher vor allem dem Geschmack des breiten Publikums entgegenkommen mußte. Daß »reine Amüsierstücke« die höchsten Aufführungszahlen erzielten und dementsprechend bei der Spielplangestaltung dominierten, lag nach Meinung Morgensterns vor allem daran, daß die vom Geschäftssinn diktierte Spielplanpolitik den »Geschmack des Theaterpublikums« verdorben habe: Die Besucherzahlen bei »ernstzunehmenden« Aufführungen »sind erschreckend niedrig ... für eine Großstadt mit geistiger regsamer Bevölkerung«.[198] Angesichts dieser Erscheinungen sei es »Pflicht der Stadt, ... den städtischen Theaterbetrieb der privatkapitalistischen Ausbeutung zu entziehen.«[199] Morgenstern vertrat darüber hinaus den Standpunkt, daß das Pachtsystem grundsätzlich im Widerspruch zu der veränderten »Auffassung vom Verhältnis der Allgemeinheit, des Staats und der Gemeinde zur Kunst stand, ... die auf die künstlerischen Anforderungen zurückwirken mußte, die man jetzt an die städtischen Theater im Namen der städtischen Kultur stellte. ... Man vergaß im Eifer, daß die verpachteten städtischen Bühnen ja eigentlich gar nicht städtische waren, sondern nur ein Theatergeschäft, das in städtischen Theaterhäusern betrieben wurde von einem mehr oder weniger finanzkräftigen Pächter.«[200]

Mit dem Ausscheiden des Theaterpächters Robert Volkner im Jahr 1910 wurde die Theaterfrage neu gestellt, und nun »verlangte die öffentliche Meinung zwar nicht allgemein, aber doch stärker denn je zuvor ..., daß die Organisation des städtischen Theaterbetriebs den veränderten Verhältnissen angepaßt werde.«[201] Durch die »in weiten Kreisen« erhobenen »Stimmen zugunsten der Einführung der Intendanz« und nach Einholung von Auskünften über die entsprechenden Erfahrungen anderer Städte entschlossen sich Rat und Stadtverordnete schließlich zur Kommunalisierung des Theaters, obwohl von der Übernahme in städtische Verwaltung beträchtlich höhere Kosten zu erwarten waren; demgegenüber war aber eine »bessere Wahrung der künstlerischen Interessen« zu erhoffen.[202] Als Intendant wurde Max Martersteig berufen, zuvor Intendant in Köln, der durch seine bisherige Arbeit bewiesen hatte, »daß er in der Förderung der dramatischen Gegenwartsliteratur über einen Spürsinn und Wagemut verfügt wie kaum ein andrer Theaterleiter unserer Zeit« (Morgenstern).[203] Martersteigs Reformprogramm enthielt u.a. die Forderung nach dem Neubau eines Theatergebäudes für das Schauspiel; damit griff er eine Anregung von Gustav Morgenstern auf, die dieser in der Broschüre *Leipziger Theaternot* (1910) vertreten hatte: Nur durch den Neubau eines ausschließlich dem Sprechtheater gewidmeten Hauses könne ein Neuanfang im Hinblick auf die Situation des Schauspiels in Leipzig erfolgen.[204] Auch dieses Vorhaben wurde in den politischen Gremien durchgesetzt, im Jahr 1912 faßten Rat und Stadtverordnete den Beschluß zum Bau eines »modernen Schauspielhauses«.[205]

Auch in anderen Gebieten wurden mit der Kommunalisierung bislang privat bzw. durch Vereine geführter Einrichtungen kulturpolitische Forderungen der Sozialdemokratie aufgegriffen, z.B. bei der Einrichtung von öffentlichen »Bücherhallen« (1914). Gustav Hennig, der Ausschußvorsitzende und spätere Leiter (1912–1919) des 1907 gegründeten *Allgemeinen Arbeiterbildungsinstituts* (ABI),[206] hatte im Jahr 1911 in einem Beitrag im *Leipziger Kalender* kritisiert, die Stadt habe bislang von der Einrichtung einer »freien öffentlichen Bibliothek modernen Stils« abgesehen und nur die Volksbibliotheken des Vereins *Volkswohl* finanziell unterstützt. Gegenüber den insgesamt sieben veralteten und ungenügend finanzierten Volksbibliotheken könne das sozialdemokratische *Arbeiterbildungsinstitut* auf ein Netz von nunmehr 64 Arbeiterbibliotheken verweisen, deren Benutzung sich in den letzten vier Jahren versiebenfacht hatte, und deren aktuelle Entlehnzahlen bewiesen, daß im Bibliotheksbereich »der Vorsprung dem Bürgertum gegenüber immer größer wird.« Die Arbeiterbibliotheken, die im Zentrum der Tätigkeit des *Arbeiterbildungsinstituts* standen (wobei seit 1909 auch eine Fachzeitschrift, *Der Bibliothekar*, herausgegeben wurde), maßen ihren Erfolg aber nicht nur am lokalen Wettstreit mit den bürgerlichen Einrichtungen, sondern betrachteten ihre Leistung auch als Beitrag zur Positionierung Leipzigs in der Städtekonkurrenz: »Damit ist Leipzig an die erste Stelle in bezug auf das Bibliothekswesen der Arbeiterorganisationen gerückt. Selbst die Berliner Organisationen haben in ihrer Gesamtheit keine so hohe Frequenz aufzuweisen.«[207]

Mit weitgehend ähnlichen Argumenten wurde der Beschluß von Rat und Stadtverordneten zur Einrichtung von städtischen »Bücherhallen« begründet. Bislang sei es »in der Hauptsache gemeinnützigen Vereinen usw. überlassen gewesen, für die Bedürfnisse der Bevölkerung nach Volksbibliotheken usw. zu sorgen. Es brach sich aber mehr und mehr die Überzeugung Bahn, daß damit nicht genug getan sei auf diesem überaus wichtigen Gebiete kultureller Betätigung, und deshalb beschloß die Stadt, die Sache selbst in die Hand zu nehmen nach dem Muster anderer Städte.«[208] Zudem sollte mit dem Engagement in der »Bücherhallenbewegung« Leipzigs führende Stellung im Buchhandel betont werden; in Berlin wurde erst im darauffolgenden Jahr ein ähnliche Institution eingerichtet.[209]

Das (nicht realisierte) Schauspielhaus und die städtischen »Bücherhallen« dokumentieren beispielhaft, welches Gewicht die Sozialdemokratie in der Durchsetzung von Kommunalisierung und Professionalisierung bereits erlangt hatte. Maßgeblich dafür war die Kompentenz im kulturellen Bereich, die sich die Sozialdemokratie in Leipzig auf mehreren Ebenen – durch ihr nahestehende Intellektuelle, durch die Bildungsarbeit des *Arbeiterbildungsinstituts* und namentlich durch die Kulturberichterstattung der *Leipziger Volkszeitung* – erworben hatte. Durch den damit verbundenen Einfluß auf die öffentliche Meinung fanden auch von seiten der Sozialdemokratie vertretene Anliegen in der kommunalpolitischen Praxis Berücksichtigung und gewannen – etwa in Form der »Bücherhallen« – Präsenz im öffentlichen Raum. Während somit auf kommunalpolitischer Ebene im Kontext des Leitbildes einer modernen Großstadt inhaltliche Annäherungen von »sozialdemokratischen« und »bürgerlichen« Positionen erfolgten, bestanden im Bereich der politischen Selbstdarstellung die Bruchlinien zwischen den beiden Lagern weiter – wie aus der Konfrontation bei der Weihe des Völkerschlachtdenkmals hervorgeht.

Anmerkungen

1 Vgl. Jürgen Reulecke: Geschichte der Urbanisierung in Deutschland. Frankfurt/Main 1985. (= Neue Historische Bibliothek); Hans-Ulrich Wehler: Deutsche Gesellschaftsgeschichte. 3.Bd.: Von der »Deutschen Doppelrevolution« bis zum Beginn des Ersten Weltkrieges. 1849–1914. München 1995, insbes. S.510ff.; Wolfgang Hardtwig: Großstadt und Bürgerlichkeit in der politischen Ordnung des Kaiserreichs. In: Lothar Gall (Hg.): Stadt und Bürgertum im 19. Jahrhundert. München 1990. (= Historische Zeitschrift. Beiheft 12), S.19–63.

2 Lothar Gall: Stadt und Bürgertum im 19. Jahrhundert. Ein Problemaufriß. In: ebda, S.12.

3 Vgl. Karl-Ludwig Ay: Max Weber über die Stadt. In: Fritz Mayrhofer: Stadtgeschichtsforschung. Aspekte, Tendenzen, Perspektiven. Linz 1993. (= Beiträge zur Geschichte der Städte Mitteleuropas. 12), S.69–80.

4 Vgl. Lothar Müller: Die Großstadt als Ort der Moderne. Über Georg Simmel. In: Klaus R. Scherpe (Hg.): Die Unwirklichkeit der Städte. Großstadtdarstellungen zwischen Moderne und Postmoderne. Reinbek bei Hamburg 1988, S.14–36.

5 Wolfgang Hardtwig: Politische Topographie und Nationalismus. Städtegeist, Landespatriotismus und Reichsbewußtsein in München 1871–1914. In: ders.: Nationalismus und Bürgerkultur in Deutschland 1500 – 1914. Ausgewählte Aufsätze. Göttingen 1994. (= Sammlung Vandenhoeck), S.219.

6 Ebda, S.220.
7 W. Neumann: Indiskretionen über Leipzig und die Leipziger. Kritisch-pikante Plaudereien. Dresden (um 1896), S. 8.
8 Reulecke, a.a.O., S.90.
9 Vgl. ebda. – Auf die Städtekonkurrenz als Modernisierungsfaktor verweist z.B. Heinrich von Treitschke in seiner Rede zur 50-Jahr-Feier der Völkerschlacht im Jahr 1863, an der auch Vertreter von deutschen Städten teilnahmen. Die Veränderungen der letzten Jahrzehnte ließen sich mit einem Blick auf die Städte erkennen, »auf die reichen Wohnstätten unseres Bürgertums, auf jenen Kranz von Städten, dessen wir uns rühmen vor allen Völkern: ... wie eine jede mit der anderen ringt im edlen Wettstreite, welche das Meiste schaffe für Handel und Wandel, für Bildung und gute Menschensitte. Überall geebnete Wälle, gebrochene Mauern, öde Felder verwandelt in reiche Straßen, alle Schleusen geöffnet für die hochgehenden Wogen des modernen Verkehrs.« Heinrich von Treitschke: Rede zur Erinnerung an die Leipziger Völkerschlacht, gehalten am letzten Tage des dritten deutschen Turnfestes. In: Leipziger Kalender, 8. Jg., 1911, S.35.
10 Hardtwig, Politische Topographie und Nationalismus, S.220f. – Unter »politischer Topographie« versteht Hardtwig »die Ordnung der Straßen und Plätze im anschaulichen und gedanklichen Zusammenhang mit den öffentlichen Bauten und Monumenten auf dem Boden der Stadt und die Gesamtheit der politischen Aussagen, die im Rahmen dieser Ordnung anschaulich symbolisiert werden.« Ebda, S.221.
11 Carl E. Schorske: Wien. Geist und Gesellschaft im Fin de Siècle. München, Zürich 1994, S.23–25.
12 Reulecke, a.a.O., S.131, 136.
13 Christoph Conrad, Martina Kessel: Geschichte ohne Zentrum. In: dies (Hg.).: Geschichte schreiben in der Postmoderne. Beiträge zur aktuellen Diskussion. Stuttgart 1994, S.16, 23.
14 Vgl. Philip. J. Ethington: The Public City: The Political Construction of Urban Life in San Francisco 1850 – 1900. Cambridge 1994.
15 Vgl. Ursula Oehme, Fritz Staude: Leipzigs Aufstieg zur Großstadt (1871–1918). In: Klaus Sohl (Hg.): Neues Leipzigisches Geschicht-Buch. Hrsg. im Auftrag des Rates der Stadt Leipzig anläßlich des 825jährigen Bestehens der Messestadt Leipzig vom Stadtgeschichtlichen Museum Leipzig. Leipzig 1990, S.180ff.; Andreas Wolf: Arbeiterkulturelle Aspekte in der Weimarer Republik. Teilkulturelle und solidargemeinschaftliche Ansätze in Frankfurt am Main, unter Einbeziehung eines städtetypologischen Vergleichs mit Leipzig. Phil.Diss, Frankfurt/Main 1992, S.126ff.
16 Vgl. Jasna Fischer: Die Arbeiterbewegung in Laibach/Ljubljana von den Anfängen bis 1896. In: Österreichische Osthefte, 23. Jg., 1981, S.5ff.; Tatjana Čepič: Opojnost Tobaka. Razstava Mestnega muzeja Ljubljana ob 120–letnici Tobačne Ljubljana. Ljubljana 1991, S.78f.

17 Vgl. Ervin Dolenc: Culture and slovene identity. (Manuskript, erscheint in: Independant Slovenia, St.Martin Press, USA.)

18 Julius Heiland: Leipzig als Groß-Stadt. Seine gemeindepolitische und wirtschaftliche Entwicklung in den letzten drei Jahrzehnten. Leipzig 1921, S.54.

19 Alfred Spitzner: Deutschlands Denkmal der Völkerschlacht, das Ehrenmal seiner Befreiung und nationalen Wiedergeburt. Weiheschrift des Deutschen Patriotenbundes. Leipzig 1913, S.7.

20 Das an den Umriß einer Pyramide erinnernde Bauwerk von 91 Metern Höhe wurde in dreizehnjähriger Bauzeit nach den Plänen des Charlottenburger Architekten Bruno Schmitz errichtet. Die »gewaltige Massenwirkung« des Denkmals wurde durch das langgestreckte Vorgelände zusätzlich verstärkt. Vgl. Peter Hutter: Zur Baugeschichte des Völkerschlachtdenkmals in Leipzig. In: Katrin Keller, Hans-Dieter Schmid (Hg.): Vom Kult zur Kulisse. Das Völkerschlachtdenkmal als Gegenstand der Geschichtskultur. Leipzig 1995, S.55ff.; Reinhold Bachmann: Das Völkerschlachtdenkmal in Leipzig. Der »Deutsche Patriotenbund«, das Denkmal, seine Entstehung und seine Eigenart. Leipzig 1924, S.12f.

21 Die Baukosten beliefen sich schließlich auf die »gewaltige Summe« von rund 6 Millionen Mark. – Um seinem Anspruch, ein »Volksdenkmal« zu errichten, nicht nur in künstlerischer Hinsicht zu entsprechen, legte der Patriotenbund in seiner Propaganda »›den Schwerpunkt auf kleine Beiträge großer Kreise‹«. Aufgrund von breitangelegten Spendensammlungen, vor allem durch die Turn-, Gesangs- und Schützenvereine sowie von Pfennigsammlungen unter der Schuljugend wurde ein Viertel der Baukosten aufgebracht, die restliche Bausumme wurde großteils durch Lotterien finanziert. Vgl. Peter Hutter: Die feinste Barbarei. Das Völkerschlachtdenkmal bei Leipzig. Mainz 1990, S.110f.

22 Zit. n. Steffen Poser: Die Jahrhundertfeier der Völkerschlacht und die Einweihung des Völkerschlachtdenkmals zu Leipzig 1913. In: Katrin Keller (Hg.): Feste und Feiern. Zum Wandel städtischer Festkultur in Leipzig. Leipzig 1994, S.206.

23 Zit. n. ebda, S. 212.

24 Ebda, S.197.

25 Ebda, S.199.

26 Ernst Kroker: Leipzig in der Geschichte. In: Leipzig. Ein Blick in das Wesen und Werden einer deutschen Stadt. Festgabe der Stadt Leipig. Leipzig 1913, S.18.

27 Heiland, a.a.O., S.50.

28 Paul Weigel: Die Großstadt Leipzig. In: Leipzig. Ein Blick in das Wesen und Werden einer deutschen Stadt, S.20f.

29 Das in nur sechsjähriger Bauzeit errichtete Bahnhofsgebäude (mit der Umgestaltung der gesamten Bahnhofsanlage, der neuen Linienführung und der Errichtung von Rangierbahnhöfen war bereits im Jahr 1902 begonnen

worden) sollte »die Messestadt und die wirtschaftliche Stärke des Deutschen Reiches repräsentieren.« Manfred Berger: Hauptbahnhof Leipzig. Berlin 1990, S.7, S.50ff.

30 Vgl. Alfred Langer: Deutsche Bücherei Leipzig. Leipzig 1991. (= Baudenkmale. 78), S.1ff.

31 Vgl. Alfred Langer: Künstlerische Schönheit und vollendete Zweckmäßigkeit: Architektur und künstlerischer Schmuck der Deutschen Bücherei. Leipzig 1986, S.11.

32 Heiland, a.a.O., S.7

33 Historische Wahrheiten von 1813. In: Leipziger Volkszeitung, 6.10.1913.

34 Vgl. Der liberale Musterstreich des Leipziger Stadtrats. In: Leipziger Volkszeitung, 13.10.1913.

35 Auf, zur Massenkundgebung! In: Leipziger Volkszeitung, 13.10.1913.

36 Der Tag der Fürsten und der Hurrapatrioten. In: Leipziger Volkszeitung, 18.10.1913.

37 Auf, zur Massenkundgebung! In: Leipziger Volkszeitung, 13.10.1913.

38 Gegen Geschichtslügen, Byzantinismus und Völkerschlachtrummel! In: Leipziger Volkszeitung, 15.10.1913.

39 Der liberale Musterstreich des Leipziger Stadtrats. In: Leipziger Volkszeitung, 13.10.1913.

40 Franz Adam Beyerlein: Leipzigs geistiges Gesicht. In: Das neue Leipzig, 1.Jg., 1929/30, S.36.

41 Heinrich Lange: Erinnerungen aus dem Leipzig der 80er und 90er Jahre. o.J., o.S. (masch. Vortragsmanuskript). Stadtgeschichtliches Museum Leipzig. – Lange zitiert aus einem Feuilleton der »Dresdner Nachrichten« über die »Psyche Leipzigs«, wonach Leipzig »das Produkt jahrhundertlanger Bürgerarbeit« sei, geprägt durch »rein kaufmännisches Schaffen und geschäftliches Leben. Dessen Signum ist der beständige Wechsel, die Eile, die Hast, der Mangel an vornehmer Ruhe, des gelassenen Lebenstempos, das die Eigenart aristokratischer Kulturen ausmacht. Hier kann sich keine Vergangenheit lange lebendig erhalten – alles wird Gegenwart. Ewig im Wechsel, ewig in Hast, ganz kaufmännisch, ganz unkonservativ, ganz unaristokratisch: das ist Leipzig.«

42 Kroker, a.a.O., S.7.

43 Michael Schäfer: Großstädtisches Bürgertum und lokalpolitische Gruppenbildung in Deutschland und Großbritannien vor und nach dem Ersten Weltkrieg: Leipzig und Edinburgh im Vergleich. 1994, S.30. (Unveröffentlichtes Manuskript).

44 Vgl. Die Erweiterung des Stadtgebietes. In: Verwaltungsbericht des Rathes der Stadt Leipzig für das Jahr 1888. Leipzig 1890, S.10ff.

45 Heiland, a.a.O., S.7–11.

46 Neumann, a.a.O., S.56.

47 Vgl. Schäfer, a.a.O., S.5ff.

48 Karl Rothe: 50 Jahre im Dienste einer Großstadt. Hg. v. Edith Rothe. Heidelberg (1979), S.18. – Dr. Karl Rothe wurde 1899 zum Stadtverordneten gewählt und bekleidete von 1918 bis 1930 das Amt des Oberbürgermeisters.

49 Vgl. Carmen Georgi: Das Wirken der Leipziger Sozialdemokraten unter den Bedingungen der relativ friedlichen Entwicklungsphase des deutschen Imperialismus in den Jahren 1900–07. Phil. Diss., Leipzig 1985, S.105ff.

50 Vgl. Neumann, a.a.O., S.18.

51 Schäfer, a.a.O., S.6.

52 Vgl. Johann Jakob Vogel: Kurze Leipziger Jahres-Chronik. In: Leipziger Kalender, 5.Jg., 1908, S.261f.; Heiland, a.a.O., S.84.

53 Rothe, a.a.O., S.18.

54 Neumann, a.a.O., S.19f. – Die Hochschätzung Schönlanks wird vom Autor, der offenkundig den »fortschrittlichen« bürgerlichen Kreisen um Oberbürgermeister Georgi nahestand, auch in seiner kritischen Auseinandersetzung mit der Kommunalpolitik bekräftigt: Die Sozialdemokratie sei zwar organisatorisch in Leipzig »wie in allen Großstädten das ganze Jahr über auf dem qui vive«, die Agitation habe aber seit geraumer Zeit an geistiger Qualität eingebüßt: »Mit Ausnahme des neuen Leiters des sozialdemokratischen Organs in Leipzig sind alle anderen Redner der Partei in Leipzig geistige Nullen. Die Zeit, in denen ein Bebel und ein Liebknecht die Massen entflammten, sind unwiederbringlich dahin.« Ebda, S.54f.

55 Ein Beispiel ist die Diskussion um den Ankauf der Pleißenburg: Im April 1895, kurz nach dem Einzug von sozialdemokratischen Mandataren in das Stadtparlament, wurde der Ankauf des Pleißenburg-Areals für den bereits seit längerem geplanten Neubau des Rathauses beraten. Die Pleißenburg war im Besitz des sächsischen Staates und beherbergte die Leipziger Garnison; neben dem Kaufpreis wurde von der Stadt auch der Neubau von Kasernen gefordert. Während bei den Verhandlungen zwischen Rat und Stadtverordneten unter den »bürgerlichen« Stadtverordneten die Frage der finanziellen Aufwendungen im Mittelpunkt der Diskussion stand, erklärte der sozialdemokratische Abgeordnete Pinkau, seine Genossen würden die Ratsvorlage betreffend den Abriß der Pleißenburg und den Kasernenneubau »wegen ihrer prinzipiellen Haltung gegen den Militarismus ... ablehnen«. Karl Czok, Wolfgang Müller, Horst Thieme: Das Neue Rathaus in Leipzig. Leipzig 1982, S.7–9.

56 Der Tag der Fürsten und der Hurrapatrioten. In: Leipziger Volkszeitung, 18.10.1913.

57 Schäfer, a.a.O., S.12.

58 Zit. n. ebda.

59 Leipziger Kommunal-Politik. Zur Stadtverordnetenwahl 1908. Hg. v. d. Sozialdemokratischen Stadtverordnetenfraktion. Leipzig 1908, S.4.

60 Schäfer, a.a.O., S.12.

61 Heiland, a.a.O., S.21.
62 Schäfer, a.a.O., S.9.
63 Rede des Herrn Oberbürgermeister Justizrath Dr. Tröndlin in der Sitzung der Stadtverordneten vom 2. Januar 1901. In: Verwaltungsbericht des Rathes der Stadt Leipzig für das Jahr 1900. Leipzig 1902, S.12.
64 Rede von Bürgermeister Otto Georgi anläßlich der Eröffnung des Erweiterungsbaus des Städtischen Museums am 1. September 1886. Zit. n. Verwaltungsbericht des Rathes der Stadt Leipzig für das Jahr 1886. Leipzig 1888, S.302.
65 Wilhelm Wundt: Erlebtes und Erkanntes. 1920, zit. n. Marianne Bernhard: Leipzig. Eine Stadt vor 100 Jahren. Bilder und Berichte. Leipzig 1993, S.70. – Wilhelm Wundt (1832–1920), Begründer der experimentellen Psychologie, wurde 1875 als ordentlicher Professor für Philosophie nach Leipzig berufen und gründete 1878 an der Universität Leipzig das erste psychologische Institut der Welt. Vgl. Gerald Wiemers: Alma mater Lipsiensis. Universität. In: Axel Frey, Bernd Weinkauf: Leipzig als ein Pleißathen. Eine geistesgeschichtliche Ortsbestimmung. Leipzig 1995, S.34f.
66 Vgl. Weigel, a.a.O., S.22.
67 Vgl. Hanns Haas, Hannes Stekl: Einleitung. In: dies. (Hg.): Bürgerliche Selbstdarstellung. Städtebau, Architektur, Denkmäler. Wien, Köln, Weimar 1995. (= Bürgertum in der Habsburgermonarchie. 4), S.10f.
68 Vgl. Wolfgang Hocquél: Leipzig. Baumeister und Bauten. Von der Romanik bis zur Gegenwart, Berlin, Leipzig 1990, S. 27ff.
69 Ebda, S.27.
70 Neumann, a.a.O., S.10.
71 Der Augustusplatz war der Ausgangspunkt für die ersten drei Linien der 1872 gegründeten Pferdebahn, auch beim Aufbau des Streckennetzes der seit 1896 elektrifizierten Straßenbahnen führten die Hauptstrecken über den Ring und den Augustusplatz. Vgl. Walter Lange: Vom Klein-Paris zur Groß-Stadt. Ein Stück mitteldeutscher Verkehrsgeschichte anläßlich des sechzigjährigen Bestehens der Großen Leipziger Straßenbahn 1872–1932. Leipzig 1932.
72 Neumann, a.a.O., S.10. – Dr. Otto Robert Georgi bekleidete in der Phase des Übergangs zur Großstadt das Amt des Oberbürgermeisters (1877–1899), die Durchsetzung von bedeutenden kommunalen Vorhaben, vor allem im Zusammenhang mit der Errichtung des Neuen Rathauses, wurde auf seine Initiative zurückgeführt. Vgl. Walter Fellmann: »... der Stadt zu Nutz' und Frommen ...« Stadtväter. In: Frey, Weinkauf (Hg,), a.a.O., S.273.
73 Felix Becker: Kunst und Künstler in Leipzig. In: Leipzig. Ein Blick in das Wesen und Werden einer deutschen Stadt, a.a.O., S.160.
74 Vgl. etwa Ernst Kroker: Leipzig in der Geschichte. In: ebda, S.17; weiters den Abschnitt über das »neue Leipzig« in Neumann, Indiskretionen über Leipzig und die Leipziger, S.10–13; die Darstellung Leipzigs als »moderne

Großstadt« in der Festgabe der Stadt Leipzig 1913 (Weigel, a.a.O., S.20–40, insbes. S. 25); Heiland, a.a.O., S.77f.

75 Neumann, a.a.O., S.11.

76 Kroker, a.a.O., S.16.

77 Zit. n. Bernhard, a.a.O., S.7.

78 Otto Moser: Leipziger Neubauten. In: Illustrirte Zeitung, 26.4.1884, S.351.

79 Ebda.

80 Schäfer, a.a.O., S.29.

81 Ebda, S.11.

82 Thomas Topfstedt, Pit Lehmann: Vorwort. In: dies. (Hg.): Der Leipziger Augustusplatz. Funktionen und Gestaltwandel eines Großstadtplatzes. Leipzig 1994, S.7.

83 Friedrich Schulze: Sechzig Jahre Neues Theater Leipzig 1868–1928. Leipzig (1928), S.4.

84 Friedrich Schulze: Hundert Jahre Leipziger Stadttheater. Ein geschichtlicher Rückblick. Leipzig 1917, S.159f.; Matthis Nitzsche: Das Neue Theater. In: Topfstedt, Lehmann (Hg.), a.a.O., S.51.

85 Schulze, Hundert Jahre Leipziger Stadttheater, S.161.

86 Zit. n. ebda.

87 Ebda, S.162.

88 Schulze, Sechzig Jahre Neues Theater, S.8.

89 Schulze, Hundert Jahre Leipziger Stadttheater, S.162ff.

90 Emil Kneschke: Leipzig seit 100 Jahren. Säkularchronik einer werdenden Großstadt. Leipzig 1867, S.454.

91 Der Name »Städtisches Museum« erschien nach der Gründung des ebenfalls städtischen Kunstgewerbemuseums als zu unbestimmt. Vgl. Johannes Jahn: Museum der bildenden Künste Leipzig. Leipzig 1961, S.22.

92 Waltraud Volk: Leipzig. Historische Straßen und Plätze heute. Berlin 1979, S.34.

93 Vgl. ebda. – Auffallend an der Vergabe von größeren Bauaufträgen ist, wie Waltraud Volk bemerkt, daß »keine bekannten Dresdner Architekten und Professoren von der dortigen Kunstakademie hinzugezogen wurden, was näher gelegen hätte als sich nach Berlin oder München zu wenden.«

94 Vgl. Nitzsche, a.a.O., S.52.

95 Schulze, Sechzig Jahre Neues Theater, S.8.

96 Schulze, Hundert Jahre Leipziger Stadttheater, S.165.

97 H. Heyne: Das Museum der bildenden Künste zu Leipzig. In: Leipzig als Kunststadt. Leipzig (um 1913). (= Original und Reproduktion. Bd.2, H.3/4), S.20.

98 Ulrike Kalteich: Die Baugeschichte der Leipziger Hauptpost am Augustusplatz. In: Topfstedt, Lehmann (Hg.), a.a.O., S.30ff.

99 Zit. n. Renate Drucker: Das Augusteum und der Ausbau des Universitätsgebäudes am Ende des 19. Jahrhunderts. In: ebda, S.27. – Arwed Roßbach

wunderte sich in diesem Zusammenhang, daß sich keine Stimme des Bedauerns erhob angesichts der Zerstörung von Werken anerkannter Meister.

100 Zit. n. ebda, S.25.

101 Leipziger Tageblatt und Anzeiger, 20.12.1858, S.6263, zit. n. Michael Stuhr: »...daß der Augustusplatz an sich der geeignetste für ein Museum sei...« In: Topfstedt, Lehmann (Hg.), a.a.O., S.48.

102 Vgl. Herwig Guratzsch: Das Museum der bildenden Künste 1837 bis 1994. In: Museum der bildenden Künste in Leipzig. o.O. 1994. (= Museen, Schlösser und Denkmäler in Deutschland), S.13.

103 Vgl. Julius Vogel: Das Städtische Museum zu Leipzig von seinen Anfängen bis zur Gegenwart. Leipzig 1892, S.79ff.

104 Hocquél, a.a.O., S.231.

105 Vogel, a.a.O., S.80f.

106 Guratzsch, a.a.O., S.13.

107 Zit. n. Verwaltungsbericht 1886, a.a.O., S.307.

108 Rede von Bürgermeister Otto Georgi anläßlich der Enthüllung des Mendebrunnens am 1. September 1886. Zit. n. ebda, S.308. – Die von Georgi erwähnten Stiftungen wurden vom Manufakturwarenhändler Ferdinand Wilhelm Mende getätigt, der der Stadt 150.000 Mark für die Errichtung eines neuen Waisenhauses stiftete und mit einem großen Legat die Mende-Stiftung für Blinde gegründet hatte. Da er durch Freitod aus dem Leben geschieden war, lehnte die Stadt Ehrungen wie z.B. eine Straßenbenennung ab. Das Anliegen der Stifterin war es daher, ihrem Mann ein bleibendes Gedächtnis zu sichern. Vgl. Gerlinde Kämmerer, Annett Pilz (Hg.): Leipziger Frauengeschichten. Ein historischer Stadtrundgang. Leipzig 1995, S.39f.

109 Vgl. Josef Schiffer, Antje Senarclens de Grancy, Monika Stromberger, Heidemarie Uhl, Peter Wilding: Urbanität und Moderne. Technik, Architektur, Kultur und Wissenschaft als Symbole städtischer Identität um die Jahrhundertwende. In: Zeitgeschichte, 23. Jg., 1996, H.7/8, S.223ff.

110 Die bedeutendste Stiftung für »wohltätige Zwecke«, die bestimmungsgemäß vor allem zur Unterstützung des städtischen Krankenhauses, des Siechenhauses und des Waisenhauses verwendet werden sollte, stammte vom Buchdrucker und Verleger Carl Christian Philipp Tauchnitz, der der Stadt Leipzig im Jahr 1884 ein Vermögen von mehr als 4 Millionen Mark zukommen ließ. Da Tauchnitz ausdrücklich die Nennung seines Namens untersagte, erhielt die Stiftung die Bezeichnung »Stiftung eines Menschenfreundes«, die insofern an die Person des Wohltäters erinnern sollte, als »damit auch in späterer Zeit die Frage nach dem Stifter immer aufs Neue angeregt werden« wird. Verwaltungsbericht des Rathes der Stadt Leipzig für das Jahr 1884. Leipzig 1886, S.365ff.

111 Vgl. Brunhilde Rothbauer: Vom Stiftermuseum zur modernen Kunstsammlung – Bausteine zur Sozialgeschichte der Kunststiftungen in Leipzig. In:

150 Jahre Museum der bildenden Künste Leipzig 1837–1987. Hg. v. Museum der bildenden Künste. Leipzig 1987, S.25. – In der Folgezeit begannen die Ankäufe zu überwiegen, zwischen 1887 und 1920 betrug der Anteil der Geschenke nur noch 38 Prozent.

112 Vgl. Margaret Menninger: Musikstadt Leipzig: Private and Public Patronage 1877–1922. 1995 (Unveröff. Manuskipt).

113 Vgl. Rudolf Skoda: Neues Gewandhaus Leipzig. Baugeschichte und Gegenwart eines Konzertgebäudes. Berlin 1985, S.20ff.

114 Beispielsweise stellte der Seidenhändler und Kunstsammler Heinrich Schletter in seiner testamentarischen Verfügung der Stadt das Ultimatum, binnen fünf Jahren aus den Mitteln seines Legats ein Museumsgebäude zu errichten. Vgl. Gerhard Winkler: Museum der bildenden Künste Leipzig. Leipzig 1979, S.14.

115 Zit. n. Verwaltungsbericht 1884, a.a.O., S.361. – Grassi bestimmte sein Vermögen ausdrücklich »nicht auf Gegenstände des Bedarfs, zu welchem die Commune die Mittel aufzubringen hat.«

116 Ebda. – Im Fall der umfangreichen Grassi-Stiftung richtete der Rat eine Deputation ein, die entsprechende Vorschläge ausarbeitete. Neben Beiträgen zum Erweiterungsbau des Städtischen Museums, zum Neubau des Gewandhauses und zur Finanzierung des Stadtorchesters floß der Hauptteil der Stiftung in die Errichtung eines Museumsbaus für das Völkerkunde- und Kunstgewerbe-Museum am Königsplatz (Grassi-Museum).

117 Ernst Kroker bezeichnet in den Schlußbemerkungen seiner Stadt-Monographie das Stiftungsbuch der Stadt Leipzig, »das sämtliche Stiftungen verzeichnet, die von unseren Bürgern in alter und neuer Zeit für die Verschönerung der Stadt oder für wohltätige Zwecke errichtet worden sind,« als das »glänzendste Denkmal dieses Leipziger Gemeinsinnes, ... ein Denkmal, wie es keine andre deutsche Großstadt ihrer Bürgerschaft gesetzt hat.« Ernst Kroker: Leipzig. Leipzig (1908). (= Stätten der Kultur. 5), S.143f.

118 Neumann, a.a.O., S.10. – Für Neumann war der Aufschwung der Stadt vor allem Georgi zu verdanken, während der Autor der Publikation »Leipzig als Groß-Stadt« demgegenüber auf Strukturveränderungen verweist: »Trotz der Bedeutung Georgis wäre es verfehlt, wollte man den großen Aufschwung, den Leipzig in den 70er und 80er Jahren nahm, ihm allein zuschreiben. Im Wesen einer werdenden Großstadt liegt es, daß ein Rad ins andere greift. Der Maschinist hat dafür zu sorgen, daß das Getriebe gut im Gange bleibt.« Heiland, a.a.O., S.14.

119 Jahn, a.a.O., S.22.

120 Vgl. Aus der Leipziger Bevölkerungsstatistik. In: Rathaus-Gedenkblatt der Leipziger Neuesten Nachrichten, 7.10.1905, S.36.

121 Heinrich Lange, a.a.O., o.S. (S.6).

122 Zit. n. Verwaltungsbericht 1886, a.a.O., S.309.

123 Heinz Maegerlein: Leipzig so wie es war. 3. Aufl. Düsseldorf 1984, o.S. – Beim Augustusplatz beeindruckten vor allem die »imponierende Größe« und die »geschlossene Bebauung durch monumentale öffentliche Gebäude«.

124 Heinrich Lange, a.a.O., o.S. (S.6).

125 Jürgen Paul: Das »Neue Rathaus« – eine Bauaufgabe des 19. Jahrhunderts. Programm und Funktionswandel. In: Ekkehard Mai, Jürgen Paul, Stephan Waetzoldt (Hg.): Das Rathaus im Kaiserreich. Kunstpolitische Aspekte einer Bauaufgabe des 19. Jahrhunderts. Berlin 1982. (= Kunst, Kultur und Politik im Deutschen Kaiserreich. 4), S.29.

126 Vgl. Peter Beyer, Wolfgang Müller, Manfred Unger: Zur Baugeschichte des Neuen Rathauses. In: Arbeitsberichte zur Geschichte der Stadt Leipzig, Nr.18, 8.Jg., 1970, S.9f.

127 Hugo Licht: Der Umbau des Leipziger Rathhauses. In: Leipziger Tageblatt, 17.12.1889.

128 Die Rathhausbaufrage zu Leipzig im Jahre 1890. Denkschrift des Vereins Leiziger Architekten. Leipzig 1890, S.6.

129 Sitzung der Stadtverordneten. In: Leipziger Tageblatt, 5.6.1890.

130 Der Leipziger Rathhausbau. o.O. (um 1890). (= Lose Blätter. 1), S.6f., 15.

131 Paul, a.a.O., S.30. – Zwischen 1880 und 1910 entstanden rund 50 neue Rathäuser in größeren und kleinen deutschen Städten. Vgl. Czok, Müller, Thieme, a.a.O., S.1.

132 Neben den Baukosten mußten beträchtliche zusätzliche Mittel für den Ankauf der Pleißenburg – die vom sächsischen Staat für 4 150 000 Mark erworben wurde – und die damit eingegangene Verpflichtung zur Erwerbung eines Exerzierplatzes und zur Errichtung von Kasernen aufgewendet werden. Außerdem hatte die Stadt im Zuge der Neubaupläne im Zentrum alle dafür notwendigen Grundstücke zu zum Teil außerordentlich hohen Preisen angekauft. Vgl. Czok, Müller, Thieme, a.a.O., S.7ff.; Wolfgang Knape: Neues Rathaus zu Leipzig. Geschichte und Geschichten eines Traditionsbaus. o.O. 1995, S.17f.; Heiland, a.a.O., S.28.

133 Vgl. Beyer, Müller, Unger, a.a.O., S.17. – Das Neue Rathaus reichte bereits bei seinem Bezug nicht mehr für die kommunalen Amtsgeschäfte aus, ebenfalls nach den Plänen von Hugo Licht wurde daher in den Jahren 1908 bis 1912 im unmittelbaren Anschluß an den Neubau (die beiden Gebäude wurden durch einen zweigeschossigen brückenartigen Bau verbunden) das sogenannte Stadthaus errichtet, das weitere 300 Räume zur Verfügung stellte.

134 Zur Weihe des neuen Rathauses. In: Leipziger Tageblatt, 7.10. 1905.

135 Gustav Wustmann: Das neue Rathaus. In: Rathaus-Gedenkblatt der Leipziger Neuesten Nachrichten, 7.10.1905, S.2.

136 Rathaus-Gedenkblatt der Leipziger Neuesten Nachrichten, 7.10.1905, S.2.

137 Zit. n. Zur Weihe des neuen Rathauses. In: Leipziger Tageblatt, 7.10. 1905.

138 Ebda.
139 Leipziger Angelegenheiten. In: Leipziger Volkszeitung, 7.10.1905.
140 Wolfgang Hocquél: Arx nova surrexit. In: Dieter Gleisberg (Hg.): Merkur & die Musen. Schätze der Weltkultur aus Leipzig. Wien 1989, S.77.
141 Die Inschriften am Neuen Rathause. In: Leipziger Volkszeitung, 10.10.1905.
142 Max Eschner: Leipzigs Denkmäler, Denksteine und Gedenktafeln. Leipzig 1910, S.132–134, 178.
143 Vgl. Hans-Joachim Rothe: Die Bachdenkmäler in Leipzig. In: Johann Sebastian Bach. Lebendiges Erbe. 2.Aufl., Leipzig 1982. (= Beiträge zur Bachpflege der DDR. 6), S.18–25.
144 Einladungszirkular für das Orgelkonzert in der Thomaskirche am 6. August 1840. Zit. n. ebda, S.20.
145 Aufruf zu freiwilligen Beiträgen zur Errichtung eines Denkmals für Leibniz in Leipzig. Leipzig 1846. (Stadtgeschichtliches Museum Leipzig).
146 Ebda.
147 Vgl. Verwaltungsbericht 1884, a.a.O., S.154f. – Die überlebensgroße Bronzefigur wurde vom Dresdner Bildhauer Ernst Hähnel modelliert. Vgl. Eschner, a.a.O., S.136.
148 Zit. n. Fanny Volkmann: Leipziger Denkmäler. In: Der Leipziger, Jg. 1919, S.945.
149 Zit. n. Verwaltungsbericht 1888, a.a.O., S.228.
150 Johann Jakob Vogel: Leipziger Jahreschronik. In: Leipziger Kalender, 6. Jg., 1909, S.280.
151 Eschner, a.a.O., S.72f.
152 Heinrich Wolf: Leipziger Brunnen. In: Der Leipziger, Jg. 1919, S.921.
153 Eschner, a.a.O., S.63ff.
154 Ebda, S.70f. – Der Villers-Brunnen wurde von den Verlagsbuchhändlern Stadtrat Dürr und Dr. Carl Geibel zur Erinnerung an die Schwestern von Villers errichtet, von denen die ältere die Schwiegermutter Dr. Geibels, die jüngere die erste Gattin Dürrs war.
155 Laßt Steine reden! Kleiner Denkmälerbummel rund um die Promenade. In: Leipziger Tageszeitung, 16.7.1935.
156 Die vielfältige Denkmallandschaft Leipzigs – die Beschreibung der Leipziger Denkmäler, Gedenksteine und Gedenktafeln von Max Eschner aus dem Jahr 1910 umfaßt 202 Seiten – kann nur exemplarisch behandelt werden.
157 Zit. n. Verwaltungsbericht 1888, a.a.O., S.227.
158 Claus Uhlrich: Verschwunden. Schicksale Leipziger Denkmale, Gedenksteine und Plastiken. Leipzig 1994, S.36.
159 Vgl. Stefan Voerkel: Goethe im Denkmal. Das Leipziger Standbild des jungen Goethe von Carl Ludwig Seffner. Phil. Diss., Leipzig 1990, S.87ff.; Stefan Voerkel: Sächsischer Barock-Kantor und fabulierender Rokoko-Student – Zur Entstehungsgeschichte der Denkmäler für Bach und Goethe

von Carl Seffner. In: Ernst Ullmann (Hg.): »... die ganze Welt im kleinen...« Kunst und Kunstgeschichte in Leipzig. Leipzig 1989, S.242.

160 Uhlrich, a.a.O., S.43f. – Mit der Anfertigung des Denkmals wurde der »noch relativ unbekannte« Leipziger Bildhauer Werner Stein betraut.

161 Ebda, S.32.

162 Voerkel, Sächsischer Barock-Kantor, S. 242.

163 Aufruf des Denkmal-Comités, zit. n. Verwaltungsbericht des Rathes der Stadt Leipzig für das Jahr 1888. Leipzig 1890, S.228.

164 Vgl. ebda, S.231.

165 Vgl. Voerkel, Sächsischer Barock-Kantor, S. 242.

166 Vgl. Ludwig Weber: Das Bachdenkmal. In: Leipziger Tageblatt, 10.5.1908.

167 Vgl. Carl Seffner und das Grabdenkmal für Johann Sebastian Bach. In: Leipziger Tageblatt, 22.7.1899.

168 Vgl. Schäfer, a.a.O., S.6f.

169 Das Schumann-Denkmal. In: Leipziger Tageblatt, 18.4.1875.

170 Aufruf zur Errichtung eines Denkmals für Leibniz, a.a.O.

171 Ein Beispiel dafür ist die Vorgangsweise seitens der Stadt bei der Standortbestimmung des Friedrich List-Denkmals: Als im Jahr 1912 die Vereine der sächsischen Eisenbahn-Beamten und -Bediensteten an den Rat mit dem Projekt herantraten, vor dem in Bau befindlichen Hauptbahnhof ein Denkmal zur Erinnerung an den Initiator der ersten Eisenbahnlinie Deutschlands von Leipzig nach Dresden zu errichten, erteilte der Rat zwar seine prinzipielle Zustimmung, stellte jedoch weitreichende gestalterische Bedingungen. Abgelehnt wurde vor allem der geplante Standort vor einem der repräsentativsten Bauwerke der Stadt; aus »ästhetischen wie aus historischen Gründen« sollte dieses »Unternehmen der sächsischen Eisenbahner« (der Spendenaufruf war durch ein Flugblatt an »Deutschlands Eisenbahner« ergangen, an der Spendensammlung beteiligten sich auch »deutschösterreichische« Eisenbahner) vor dem Dresdner Bahnhof errichtet werden. Vgl. Siegfried Moltke, Franz Weyland: Zur Geschichte des Friedrich List-Denkmals in Leipzig. Eine Festgabe des Arbeits-Ausschusses. Leipzig 1927, S.5ff.; Aufstellung einer Denkmalsgruppe. In: Leipziger Neueste Nachrichten, 15.12.1912.

172 Vgl. Pit Lehmann: Der Augustusplatz als Ort öffentlicher Feste und Feiern. In: Topfstedt, Lehmann (Hg.), a.a.O., S.113–131. – Seit 1918 wurde der Augustusplatz auch zum Festort für die Maifeiern und Kundgebungen der Sozialdemokraten und Kommunisten. Vgl. ebda, S.115f.

173 Gustav Hennig: Die Entwicklung des Arbeiterbibliothekenwesens in Leipzig in den letzten zehn Jahren. In: Leipziger Kalender, 8.Jg., 1911, S.103.

174 Weigel, a.a.O., S.21f.

175 Ebda, S.26.

176 Ebda, S.22–27.

177 Ebda, S.30f. – In Kontrast zum großstädtischen Leipzig könne man im historischen Stadtzentrum noch Teile des alten Leipzig sehen, allerdings drückt der Autor die Hoffnung aus, es werde bald nur noch wenige Häuser geben, die älter als 30 bis 40 Jahre sind.

178 Ebda, S.25.

179 Ebda, S.31.

180 Ebda, S.38.

181 Leipziger Kommunal-Politik, a.a.O., S.7f.

182 Ebda, S.14f. – Im Jahr 1905 erwarb die Stadt um rund 5 Millionen Mark das Elektrizitätswerk und im Jahr 1908, zusätzlich zu den beiden bestehenden städtischen Gasanstalten, die drei imVersorgungsgebiet der Stadt betriebenen Anlagen der Thüringer Gasgesellschaft um die Kaufsumme von über 10 Millionen Mark. – Vgl. Ulrich Krüger: Leipzigs Stadtwirtschaft. Eine Skizze ihrer Entwicklung. In: Werner Bramke, Ulrich Heß (Hg.): Sachsen und Mitteldeutschland. Politische, wirtschaftliche und soziale Wandlungen im 20. Jahrhundert. Weimar, Köln, Wien 1995, S.215–240.

183 Weigel, a.a.O., S.40.

184 Vgl. den Nachruf auf Dr. Gustav Morgenstern in der Leipziger Volkszeitung, 1947, Nr. 59, S.2. – Morgenstern war weiters Autor der jährlichen Berichte über die Schauspielsaison für den seit 1904 publizierten »Leipziger Kalender,« in dem ansonsten nur sehr wenige Beiträge von Autoren aus dem sozialdemokratischen Kultur- und Bildungsbereich veröffentlicht wurden.

185 Rothbauer, a.a.O., S.30.

186 Nach der Fertigstellung des Erweiterungsbaus im Jahr 1886 war die der Stadtgemeinde gehörende Sammlung von Porträts, Büsten und Gemälden verdienter Persönlichkeiten im Museum der bildenden Künste aufgestellt worden. Nach der Umstrukturierung wurde die Sammlung an das Stadtgeschichtliche Museum übergeben. Vgl. Verwaltungsbericht des Rathes der Stadt Leipzig für das Jahr 1887. Leipzig 1889, S.169; Verwaltungsbericht des Rates der Stadt Leipzig 1909–1913. Leipzig 1920, S.291f.

187 Rothbauer, a.a.O., S.30.

188 Wolfgang Balzer im Leipziger Tageblatt vom 23.9.1919, zit. n. ebda, S.30.

189 Wolfgang Balzer: Kunst in Leipzig. In: Leipziger Kalender, 11. Jg., 1914, S.210, 218.

190 Ebda, S.215f.

191 Ebda, S.209.

192 H(ildegard) Heyne: Die Neuordnungen im Städtischen Museum der bildenden Künste zu Leipzig. In: Illustrirte Zeitung, 10.7.1913, S.50.

193 Die »Litterarische Gesellschaft in Leipzig« wurde mit dem Zweck gegründet, »›dramatische Kunstwerke modernen Geistes‹« zur szenischen Darstellung zu bringen. Als erstes Stück gelangte Gerhard Hauptmanns »Das Friedensfest« (13.10.1895) zur Darbietung, mit der Aufführung von Frank Wedekinds

»Erdgeist« wurde die Tätigkeit der »Litterarischen Gesellschaft« im Februar 1898 beendet. Vgl. Franz Adam Beyerlein: Die Literarische Gesellschaft in Leipzig. Leipzig 1923. (= Beiträge zur Leipziger Stadtgeschichte), S.58ff. – Als die »Litterarische Gesellschaft« am 1. September 1895 mit einem in den Leipziger Zeitungen veröffentlichten Aufruf um Unterstützung warb, langten zunächst nur rund hundert Beitrittserklärungen ein, »einen großen Teil davon bildeten israelitische Namen. Die Erfahrung, daß der Israelit am ehesten geneigt ist, sich auf etwas Neues und Unerprobtes einzulassen und ihm seine tatkräftige Unterstützung zu leihen, bewahrheitete sich auch in Leipzig.« Ebda, S.69f.

194 Gustav Morgenstern: Leipziger Schauspielfragen. In: Leipziger Kalender, 1.Jg., 1904, S.177.

195 Vgl. Schulze, Hundert Jahre Leipziger Stadttheater, S.251ff.

196 Heinrich Lange, a.a.O., o.S. (S.17f.)

197 Gustav Morgenstern: Theaterfragen IV. In: Leipziger Volkszeitung, 26.6.1907.

198 Morgenstern, Leipziger Schauspielfragen, S.174f.

199 Gustav Morgenstern: Zum Schauspieljahr 1910/11. In: Leipziger Kalender, 9.Jg., 1912, S.256.

200 Gustav Morgenstern: Leipziger Theater. In: Leipzig. Ein Blick in das Wesen und Werden einer deutschen Stadt, S.108, 110.

201 Morgenstern, Schauspieljahr 1910/11, S.256.

202 Verwaltungsbericht 1909–1913, a.a.O., S.283f.

203 Morgenstern, Schauspieljahr 1910/11, S.260.

204 Vgl. Gustav Morgenstern: Zum Schauspieljahr 1909/10. In: Leipziger Kalender, 8.Jg., 1911, S.219f.

205 Vgl. Schulze, Hundert Jahre Leipziger Stadttheater, S.256f. – Als Kosten für das Theatergebäude wurden 2 Millionen Mark veranschlagt, das Bauprojekt verzögerte sich jedoch und wurde letztlich nicht ausgeführt.

206 Vgl. Frank Heidenreich: Arbeiterbildung und Kulturpolitik. Kontroversen in der sozialdemokratischen Zeitschrift »Kulturwille« 1924 – 1933. Berlin 1983. (= Argument Studienhefte. 58), S.11ff. – Das ABI wurde als Dachorganisation der bereits bestehenden sozialdemokratischen Kultur- und Bildungsvereine gegründet, sein Schwerpunkt lag in den folgenden Jahren im Aufbau der Arbeiterbüchereien, dem »Glanzstück der ABI-Tätigkeit«. Vgl. weiters: Frank Heidenreich: Arbeiterkulturbewegung und Sozialdemokratie in Sachsen vor 1933. Weimar, Köln, Wien 1995. (= Demokratische Bewegungen in Mitteldeutschland. 3), S.56ff.; Hans-Joachim Schäfers: Zur sozialistischen Arbeiterbildung in Leipzig 1890 bis 1914. Leipzig 1961, S.155ff.

207 Hennig, a.a.O., S.100–102.

208 Johann Jakob Vogel: Leipziger Jahreschronik. In: Leipziger Kalender, 11.Jg., 1914, S.313.

209 Vgl. Rothe, a.a.O., S.65f.

Egon Pelikan (unter der Mitarbeit von Heidemarie Uhl)

Laibach/Ljubljana: Nationale und politische Selbstdarstellung im öffentlichen Raum um die Jahrhundertwende

Ein über die sozialen und politischen Gegensätze hinausgreifendes, gemeinschaftsstiftendes Selbstbild – wie es etwa in Leipzig mit dem Verständnis als Großstadt bestand – war im gemischtsprachigen Laibach/Ljubljana nicht gegeben, vielmehr war durch die nationalen Gegensätze bereits der grundlegende Charakter der Stadt umstritten. In den Auseinandersetzungen zwischen der Minderheit der »deutschen« Laibacher, die eher die bürgerliche Oberschicht repräsentierten, und den mehrheitlich »slowenischen« Stadtbewohnern[1] wurden kulturelle Ausdrucksformen – wie die verschiedenen Bereiche der Stadtkultur und Formen der politischen Repräsentation durch Kulturbauten und Denkmäler – zu zentralen Konkurrenz- und Konfliktfeldern, galt es doch, durch die äußere Erscheinung den nationalen Charakter der Stadt zum Ausdruck zu bringen.

Die engen Verbindungen zwischen Kultur und Politik prägten bereits die Phase der Ausformung der slowenischen Nationalbewegung. Das politische Leben verlagerte sich in die vorwiegend nach tschechischem und kroatischem Muster begründeten slowenischen Kulturvereine, wo sich die nationalbewußte Intelligenz traf.[2] Vor allem das sich als slowenisch definierende Bildungsbürgertum war Träger der Emanzipationsbestrebungen, die sich zunächst auf die Schaffung einer slowenischen urbanen Kultur bzw. der entsprechenden Institutionen konzentrierten, die organisatorisch nach dem Vorbild der bestehenden »deutschen« Kultureinrichtungen gestaltet wurden. Mit der Gründung der *Glasbena matica* (Musikverein), des *Dramatično društvo* (Dramatischer Verein), der *Slovenska matica* (zuständig für die Herausgabe slowenischer Druckwerke) und anderer Vereine entwickelte sich ab etwa 1860 eine slowenische Parallel- bzw. Konkurrenzkultur zu dem vom »deutschen« Bürgertum getragenen Theater-, Opern- und Konzertbetrieb.[3]

Zu tiefgreifenden Veränderungen auf politischer Ebene kam es durch die Gemeinderatswahlen im Jahr 1882, bei denen die slowenischen

Gruppierungen in allen drei Klassen die Mehrheit erzielten und die fünfzehnjährige »deutsche« Vorherrschaft (1867–1882) beendeten.[4] Nach dem Wechsel der Mehrheitsverhältnisse im Gemeinderat begann der Wandel der kulturellen Identität der Stadt: Mit den kommunalen Förderungsmöglichkeiten für slowenische Kulturvereine, die allerdings auch auf Unterstützung seitens des Landes angewiesen waren, und der Einführung des Slowenischen als Amtssprache am 1. Jänner 1883 wurden die ersten Maßnahmen zur programmatischen Umgestaltung Laibachs/Ljubljanas von einer deutschsprachigen habsburgischen Provinzstadt zum nationalen Zentrum der Slowenen getroffen. Die ökonomische Macht blieb allerdings weiterhin in »deutschen« Händen: Ein sichtbares Zeichen dieser wirtschaftlichen Hegemonie im städtischen Raum war das aus den Mitteln der »deutsch« dominierten Krainischen Sparkasse errichtete Konzerthaus der *Philharmonischen Gesellschaft.* Im Unterschied zum Bau des Landestheaters und des Landesmuseums war der Kulturbau des deutschen Bürgertums nicht auf öffentliche Finanzmittel angewiesen.[5]

Seit den 1890er Jahren entwickelte sich jedoch neben den nationalen Gegensätzen (wobei der slowenisch-deutsche Konflikt um die Jahrhundertwende durch gesteigerte deutschnationale Aktivitäten zusätzlich akzentuiert wurde[6]) eine Konfliktsituation auf slowenischer Ebene, zwischen Liberalen und Klerikalen. Im Zentrum dieses »Kulturkampfes« stand die Frage, wie denn eigentlich slowenische Kultur zu definieren sei – bäuerlich-katholisch oder entsprechend den Vorstellungen und der kulturellen Praxis des städtischen Bürgertums.[7]

Als die klerikale Partei im Jahr 1908 die Mehrheit im Landtag erreichte, hatte deren antibürgerliches Kulturverständnis unmittelbare Auswirkungen auf das kulturelle System von Ljubljana: Subventionen für die den Liberalen nahestehenden Kulturvereine wie dem *Dramatično društvo* und der *Glasbena matica* wurden gekürzt oder aber klerikale Konkurrenzvereine gegründet, wie der Gesangsverein *Ljubljana* und die Volksbühne (*Ljudski oder*).[8]

Die klerikale Kritik richtete sich insbesondere gegen das kostenaufwendige und »dekadente« Theater; mit Argumenten wie »das Volk aber pflügt und sät, mäht und erntet, und braucht überhaupt kein Theater« (Izidor Cankar)[9] wurde die Unterstützung des Laibacher Landestheaters schließlich gänzlich eingestellt. Die Schließung des Theaters im Jahr 1914 führte auch zur Auflösung der erst 1908 gegründeten slowenischen Philharmonie, die ohne die Einnahmen aus dem Orchesterdienst in den

Opern- und Operettenaufführungen des Landestheaters nicht bestehen konnte.[10]

Das Jahr 1908 kennzeichnet aber auch eine Bruchlinie in den deutsch-slowenischen Beziehungen. Nachdem ein Militäreinsatz bei Straßenunruhen in Ljubljana zwei Todesopfer gefordert hatte, verschärfte sich die deutschfeindliche Stimmung. Davon war auch der deutsche Theaterverein betroffen, der angesichts der Verschlechterung der Nutzungsbestimmungen schließlich das Landestheater verließ und ein eigenes Theatergebäude (ebenso wie die »Tonhalle« der *Philharmonischen Gesellschaft* von der Krainischen Sparkasse finanziert) errichtete.[11]

Insbesondere im Bereich des Theaters, aber auch auf anderen kulturellen Gebieten – wie z.B. Konzertaufführungen, Kunstausstellungen etc. – wird deutlich, daß die »bürgerliche« Stadtkultur in Laibach/Ljubljana ein zentrales Feld nationaler und politisch-ideologischer Auseinandersetzungen bzw. Konkurrenzverhältnisse war und wie stark diese Gegensätze das kulturelle System der Stadt strukturierten. Aus diesem Grund konnten unumstrittene Symbole einer gemeinsamen Identität kaum entstehen; die kulturellen Prestigeprojekte wurden vielmehr als Zeichensetzungen der konkurrierenden nationalen und politischen Gruppen aufgefaßt. In diesem Kontext stehen auch die Denkmalerrichtungen, mit denen seit den 1880er Jahren versucht wurde, die kulturelle – und damit die nationale – Identität der Stadt festzulegen.

Denkmalpolitik um die Jahrhundertwende

Die Errichtung der bedeutendsten Denkmäler im Laibach der Jahrhundertwende spiegelt die allgemeine Charakteristik der politischen Situation wider, die, wie erwähnt, zunächst stärker durch die nationalen Gegensätze und nach 1890 zunehmend durch die liberal-klerikalen Auseinandersetzungen innerhalb der slowenischen Bevölkerungsgruppe geprägt war. Um 1900 wurden die zentralen Plätze der Stadt mit den Symbolfiguren einer – in dieser Phase erst zu definierenden – slowenischen Kulturgeschichte ausgestattet: dem Dichter France Prešeren, dem Schriftsteller Valentin Vodnik, dem politischen Publizisten Janez Bleiweis, dem Geschichtsschreiber Janez Vajkard Valvasor und Primož Trubar, Verfasser des ersten Buches in slowenischer Sprache. Auch das patriotische Denkmal für Kaiser Franz Joseph (1908) verfolgte nationale Intentionen als Zeichen der Treue des slowenischen Volkes – und nicht des Landes Krain. Das »deutsche« Laibach konnte hingegen nur ein – hinsichtlich seiner Monumentalität und Plazierung im öffentlichen Raum – marginales Denkmal, eine Gedenktafel für den Dichter und Politiker Anastasius Grün/Graf Auersperg, errichten.

Die Enthüllung der Gedenktafel für Anton Alexander Graf Auersperg (1806–1876), einem Vertreter der »deutschen« Liberalen im Krainischen Landtag und Exponenten einer antislowenischen Politik, konnte am 3. Juni 1886 nur unter Polizeischutz stattfinden. Es kam zu heftigen Demonstrationen gegen das vom deutschen Turnverein anläßlich des 10. Todestages errichtete Denkmal, das auch später polizeilich bewacht werden mußte. Bei der Enthüllungsfeier waren nach Berichten in der Zeitung *Slovenski narod* alle Wege zum Platz gesperrt, und ein großes Polizeiaufgebot war zur Stelle, unterstützt von Polizeieinheiten aus anderen Orten und Militär. Wegen der angespannten Lage in der Stadt konnte man am Festakt nur mit besonderer Einladung teilnehmen.

Nach der feierlichen Enthüllung, bei der die deutschen Turnvereine aus Laibach, Cilli, Pettau, Marburg usw. anwesend waren, begaben sich die Teilnehmer in die Festräume des Kasinos, wo die Gedenkfeier stattfand. Für die musikalische Begleitung sorgte die Blasmusik des in Laibach stationierten Infanterieregiments, Festredner war der Vorsitzende des Laibacher deutschen Turnvereins, Arthur Mahr. Währenddessen versammelte sich vor dem Kasino eine große Menschenmenge, die mit Pfiffen und Zwischenrufen die Feier störte. Größere Ausschreitungen wurden von den Sicherheitskräften verhindert, viele Demonstranten wurden verhaftet.[12]

Slovenski narod, das liberale Presseorgan, widmete diesen Ereignissen die Titelseite und berichtete, daß in einigen deutschen Blättern wie der Grazer *Tagespost* und der *Deutschen Wacht* (Cilli) geschrieben wurde, diese Feier sei ein Beweis für die deutsche Gesinnung Laibachs.[13] Nach der Beschreibung der Vorfälle bei der Denkmalenthüllung bemerkte der Autor des Beitrags resümierend, daß die Feier vielmehr gezeigt habe, »auf welch wackeligen Beinen das Deutschtum in Laibach steht«.[14]

Das erste repräsentative Denkmal in Ljubljana wurde für den Priester, Aufklärer und Dichter Valentin Vodnik (1758–1819) im Jahr 1889 errichtet. Wegen seiner Bemühungen um den Slowenischunterricht in den Schulen in der Zeit der Zugehörigkeit Krains zu den Illyrischen

Provinzen (1809–13) wurde Vodnik zu den Vorläufern der Nationalbewegung gezählt. Die Enthüllungsfeierlichkeiten hatten den Charakter eines nationalen Ereignisses, sie dauerten ganze drei Tage und umfaßten neben dem eigentlichen Festakt auch ein umfangreiches Kulturprogramm.[15]

Der Anstoß zur Errichtung des Denkmals war schon anläßlich der Feier des 100jährigen Jubiläums des Geburtstages des Dichters von dem liberalen Politiker Lovro Toman gegeben worden; im Jahr 1869 wurde ein Aufruf an »alle Slowenen« gerichtet, Beiträge zu spenden. Aber erst 1887 wurde vom *Pisateljsko podporno društvo* (Schriftsteller-Unterstützungsverein) in Zusammenarbeit mit der *Slovenska matica* und dem Gemeinderat von Ljubljana ein neues Komitee gegründet, von dem das Denkmalprojekt innerhalb von zwei Jahren realisiert wurde. Die Aufstellung erfolgte vor dem Lyzeum am Valvasorplatz, wo Vodnik als Lehrer und später als Direktor tätig war.[16] Nicht nur bei den Feierlichkeiten, auch bei der Wahl des Bildhauers, Alojz Gangl, spielten nationale Intentionen eine Rolle: »Und so wird das slowenische Volk ein großes Volksfest feiern, wenn es das erste größere nationale Denkmal enthüllt, (das) dem ersten slowenischen Dichter und Patrioten geweiht und ... auch vom ersten gegenwärtigen slowenischen Künstler – Bildhauer geschaffen (worden ist).«[17]

Besonders die Klerikalen sahen in Vodnik einen der Ihren: Vodnik war schließlich ein Priester, Sohn einer Bauernfamilie. In der katholischen politischen Presse begannen die Ehrenbezeugungen für Vodnik schon einige Wochen vor der Enthüllung des Denkmals. Der Dichter war wegen der bereits erwähnten Charakteristika eine ideale Figur zur Bestätigung der These über den »katholischen Slowenen als einzig richtigen Slowenen...«.[18] Die Enthüllungsfeier wurde im katholischen *Slovenec* (1.7.1889) u.a. folgendermaßen kommentiert: »Wir sind alle Freunde der Freiheit und des Fortschritts, aber der wahren Freiheit, die die ewigen Gotteswahrheiten und Gesetze nicht überschreitet, des wahren Fortschritts, ohne fremde Einflüsse... Dies, liebe Freunde, ist das Vermächtnis Vodniks!«[19]

Während mit Valentin Vodnik eine integrative Symbolfigur der nationalen Geschichte, auf die sich Liberale und Klerikale gleichermaßen einigen konnten, gewürdigt wurde, traten bei der Errichtung der Gedenktafel für Janez Bleiweis (1808–1881) die politischen Spannungen im slowenischen Lager bereits deutlich zutage. Bleiweis, der sogenannte »Vater des slowenischen Volkes« und Redakteur der Zeitung

Novice, die ab dem Jahr 1843 erschien, war als ein gemäßigter slowenischer Politiker bekannt. Am 12.7.1891 wurde die vom Laibacher Schriftstellerverein gewidmete Gedenktafel enthüllt; Festredner war der Schriftsteller Luka Svetec. Auch dieser Festakt hatte betont nationalen Charakter und verlief in feierlicher Stimmung.[20] »Der außergewöhnliche musikalische Genuß, die vielfältige und ausgezeichnete nationale Gesellschaft, die sich an diesem Abend versammelte, in diesem schön geschmückten und erleuchteten Garten, sowie das lebhafte Vergnügen, das war ein würdiger Abschluß der gestrigen Feier«, berichtete *Slovenski narod.* [21] Daß es Dr. Bleiweis wirklich verstand, die »Jung-» und »Altslowenen« zu vereinen und in dieser Hinsicht den Titel »Vater des Volkes« zu Recht erwarb, zeigt der Bericht in der katholischen Zeitung *Slovenec*, wobei der Autor aber hinzufügte, wie »traurig der Verstorbene wäre, müßte er die heutige Zeit miterleben«.[22] Die Berichterstattung des *Slovenec* bezog sich vor allem auf jenen Teil der Rede von Luka Svetec, in der betont wurde, daß »in jener Zeit (»doba slogaštva« – die Zeit der »politischen Einigkeit«, Anm. E.P.) alle ›klerikal‹ waren, denn dies bedeutete, daß jeder richtige Patriot gläubig war und gläubig war auch unser Volk, daß man den Priesterstand achtete und diese schöne Tradition bewahrte. In jener Zeit waren aber auch alle ›liberal‹, weil ›wir alle die Gleichberechtigung für unser Volk verlangt hatten, gemeinsam mit den anderen österreichischen Völkern‹«. Als der Redner (so der Bericht) zur Einigkeit aufrief, gab es verschiedene Reaktionen unter den Gästen: »Einige waren dafür, andere dagegen, die Mehrheit aber murrte verärgert...«[23] Aus den Berichten über die Feier aber kann man entnehmen, daß die radikale ideologische und politische Spaltung in der slowenischen Nation unüberbrückbar geworden war.

Zwölf Jahre später wurde auf dem Museumsplatz vor dem Krainischen Landesmuseum Rudolfinum ein Denkmal für Janez Vajkard Valvasor (1641–1693), Geschichtsforscher und Verfasser der historisch-topographischen Landesbeschreibung *Die Ehre des Herzogthums Crain* (1689), seiner Bestimmung übergeben, das wohl als Versuch, einen Anknüpfungspunkt für eine gemeinsame kulturelle Identität von slowenischen und deutschsprachigen Landesbewohnern zu schaffen, gesehen werden kann. Das Denkmal, ein Werk des Bildhauers Alojz Gangl, wurde von keiner der politischen und nationalen Konfliktparteien getragen, sondern im Auftrag der Wiener Regierung angefertigt und als Geschenk des Wissenschaftsministeriums an die Stadt Ljubljana übergeben; die Enthüllung fand im Jahr 1903 ohne besondere Feierlichkeiten statt.[24]

Zur wichtigsten Zeichensetzung des liberalen Ljubljana und zu einem neuen »Symbol der Stadt«[25] wurde hingegen das stadtbildprägende Denkmal für den als größter Dichter der Slowenen verehrten, aber nicht unumstrittenen France Prešeren (1800–1849). Es wurde am 10. September 1905 auf dem damaligen Marienplatz (heute Prešerenplatz) vor der Franziskanerkirche, auf einem der zentralen Plätze der Stadt, enthüllt. Gestaltet wurde das Denkmal vom Bildhauer Ivan Zajec und dem Architekten Maks Fabiani, der auch den Standort bestimmte. Die Enthüllung war eine nationale Manifestation ersten Ranges und ein Festakt (nicht nur, aber in erster Linie) des liberalen Ljubljana.[26]

Die liberale Presseorgan *Slovenski Narod* widmete dem Anlaß mehrere Seiten. Der Autor des Beitrags, der Literaturhistoriker und Slawist Dr. Ivan Prijatelj, betonte die Rolle Prešerens für die nationale Entwicklung und Emanzipation der Slowenen. Im Text fehlte es nicht an Aufrufen zur panslawischen und südslawischen Zusammenarbeit, auch bei der Enthüllungsfeier waren viele Vertreter anderer slawischer Völker – aus Belgrad, Prag, Agram etc. – anwesend.

Demgegenüber standen heftige Polemiken, vor allem des katholischen Lagers, die bis zur Forderung nach der Beseitigung des Denkmals gingen, wobei vor allem die nackte Muse als Bekrönung des unmittelbar vor der Franziskanerkirche situierten Monuments Anstoß erregte. Die katholische Tageszeitung *Slovenec*, die die Enthüllung ebenfalls mit einer Beilage würdigte, begrüßte das Denkmal zwar, äußerte aber auch eine Reihe von Kritikpunkten. Dabei wurde die Auseinandersetzung hinsichtlich der Motive der beiden Reliefs am Denkmal – ein seit Jahren von den »Liberalen« und »Klerikalen« geführter Streit[27] – fortgesetzt. Der Autor des Beitrags, Frančišek Lampe, kritisierte die »unmoralischen« Motive der Denkmalreliefs, da sie anstatt »höherer (d. h. religiöser, Anm. E.P.) Motive ... Umarmungen und Küssereien (darstellen) und mit den nackten Frauen nur das erotische Motiv der Lüsternheit ausdrücken«. Deswegen, schrieb er, ist das Denkmal nicht vollkommen gelungen.[28]

Lampe kritisierte jedoch nicht nur das Denkmal, sondern auch den Dichter. Obwohl er zunächst versichert, von Angriffen auf die Person Prešerens Abstand zu nehmen, fügt er sogleich hinzu, daß die »Poesie« des Dichters doch in einem »übermäßigen Alkoholgenuß und einer unbeherrschten sexuellen Lust« ende, was das Werk des Dichters und sein Leben ruiniert habe.[29]

Angesichts der allgemeinen Begeisterung seitens der Liberalen bei den Enthüllungsfeierlichkeiten machten die Klerikalen jedoch darauf aufmerksam, daß der Dichter aufgrund der nationalen Bedeutung seines Werkes nicht nur den Liberalen »zustehe« und daß es darüber hinaus auch Elemente in der Poesie Prešerens gebe, die eine katholische Überzeugung zum Ausdruck brächten. Deswegen konzentrierte sich die katholische Presse stärker auf die Betonung von »katholischen Elementen« in der Dichtung Prešerens, z.B. wurde besonders die Bekehrung des Heiden Črtomir in der Dichtung *Krst pri Savici* (»Die Taufe an der Savica«) hervorgehoben.

Die Kritik in der klerikalen Presse hielt sich jedoch im Vergleich zu früheren Angriffen aus dem katholischen Lager in Grenzen. Prešeren war zur Zeit der Enthüllung des Denkmals schon zu einem der bedeutendsten Nationalsymbole geworden, und die nationale Frage war bereits eine der wichtigsten Prämissen der Ideologie des slowenischen politischen Katholizismus. Die Debatte erweckt sogar den Anschein, daß zwischen den politischen Gegnern ein Streit um die Vereinnahmung des Dichters entbrannt war, was gewissermaßen als eine Paraphrase auf den Streit um das »nationale Monopol« zwischen den beiden Lagern betrachtet werden kann.

Ebenfalls als liberale, gegen die Klerikalen gerichtete Manifestation wurde das Denkmal für den Protestanten Primož Trubar aufgefaßt – erbrachte es doch den Beweis, daß nicht nur ein katholischer Slowene ein richtiger Slowene sei und daß Trubar – als Protestant – sogar die größten Verdienste für die nationale Entwicklung hatte: Der Verfasser des ersten slowenischen Buches, eines Katechismus (1550), galt als Begründer einer einheitlichen slowenischen Schriftsprache. Das Interesse an der Errichtung eines Denkmals erwachte im Jahr 1908, als die Vorbereitungen für die Feier der 400. Wiederkehr des Geburtstages von Trubar (1508–1586) begannen. Ein Komitee unter der Leitung des liberalen Schriftstellers Ivan Tavčar beauftragte den Bildhauer Franc Berneker, der das Denkmal jedoch erst im Jahr 1910 fertigstellte; die Enthüllung erfolgte ohne besondere Feierlichkeiten.[30]

Während die bisher erwähnten »slowenischen« Denkmalsetzungen vor dem Hintergrund der ideologischen Gegensätze zu betrachten sind, steht bei der Errichtung des Denkmals für Kaiser Franz Joseph wieder die nationale Intention, die der Denkmalpolitik in Ljubljana insgesamt zugrundelag, im Vordergrund – Denkmalstiftungen des »deutschen« Bürgertums waren nach 1886 im Zentralraum der Stadt offenkundig nicht mehr durchsetzbar.

Am 2. Dezember 1908, anläßlich des 60jährigen Regierungsjubiläums, wurde auf dem Platz vor dem Justizpalast ein Denkmal für Kaiser Franz Joseph enthüllt. Seine Errichtung ging auf eine Initiative des Gemeinderates von Ljubljana zurück, der anläßlich des 50jährigen Regierungsjubiläums den Entschluß gefaßt hatte, ein Denkmal als »Zeichen der Dankbarkeit« zur Erinnerung an den Besuch des Kaisers wenige Tage nach dem Erdbeben im Jahr 1895 und an die Unterstützung beim Wiederaufbau der Stadt aufzustellen. Die Bedeutung eines nationalen Projekts erhielt das Denkmal durch die Finanzierung – neben der Stadt Ljubljana leisteten »slowenische Gemeinden« aus Krain, der Steiermark und aus dem Küstenland Beiträge –[31] und durch den im Jahr 1903 nur für slowenische Künstler ausgeschriebenen Wettbewerb, der von Svetoslav Peruzzi gewonnen wurde.[32] Das Denkmal sollte ursprünglich am 4. Oktober seiner Bestimmung übergeben werden, aber die Zusammenstöße in Laibach im September 1908 machten eine Verschiebung erforderlich. [33]

In seiner Rede anläßlich der Enthüllung würdigte Bürgermeister Ivan Hribar die Verdienste des Kaisers um das Slowenentum seit dem Jahr 1848, besonders aber seine Hilfe in der Zeit nach dem Erdbeben. Hribar betonte auch, daß gerade deshalb nur Künstler slowenischer Nationalität zur Teilnahme am Wettbewerb für die Gestaltung des Denkmals berechtigt gewesen waren, »damit so der slowenische Geist und die slowenische Hand ein Kunstwerk schaffen, das die Gefühle (der Dankbarkeit dem Kaiser gegenüber, Anm. E.P.) der slowenischen Herzen ausdrücken soll.« Auf dem Relief an der Rückseite des Denkmals waren Bilder vom Erdbeben in Ljubljana und die »tröstende Gestalt des Kaisers« dargestellt.

Bemerkenswert an der Rede von Bürgermeister Hribar war vor allem, daß er die patriotische Denkmalstiftung in den Kontext der slowenischen Nationalbestrebungen stellte: »Ein solches Denkmal sei also der Beweis der Dankbarkeit und der Ergebenheit des slowenischen Volkes. Es ist auch ein sichtbarer Beweis für die zarten Bande, die das in kindlicher Liebe ergebene und die volle Erfüllung seiner Rechte erwartende Volk (sic!) verbindet mit dem ritterlichen Herrscher, der ihm diese Rechte gewährleistet hat.«[34] In der Berichterstattung wurde weiters betont, daß Landespräsident Freiherr von Schwarz in seiner

Rede nur ein paar Sätze auf deutsch sprach, diese sollten zur Versöhnung aufrufen,[35] während die Rede selbst in Slowenisch gehalten wurde.[36]

Daß die Denkmalenthüllung ein nationalpolitischer Festakt war, geht u.a. aus der Teilnahme von Mitgliedern des Gemeinderats und des Landtags, an der Spitze der Bürgermeister, der Landespräsident sowie der Landeshauptmann, und aus der musikalischen Begleitung durch die wenige Monate zuvor gegründete Slowenische Philharmonie hervor. Das Laibacher Militärorchester war nach dem Militäreinsatz gegen Demonstranten bei den Unruhen im September im Rahmen von slowenischen Feierlichkeiten nicht mehr erwünscht und wurde auch nicht mehr als Theaterorchester auf der slowenischen Bühne eingesetzt. [37]

Die Slowenische Philharmonie besorgte auch die musikalische Umrahmung des Volksfestes, das am Abend des 2. Dezember aus Anlaß des Regierungsjubiläums stattfand. Die Feierlichkeiten in der festlich beleuchteten Stadt demonstrierten unzweifelhaft, daß Ljubljana als »slowenische Stadt« zu betrachten sei: »Eine große Menschenmenge durchwogte die Straßen der Stadt, ... namentlich auf dem Rathausplatze, wo das Orchester den Nationalmarsch ›Naprej zastava Slavo‹ (›Vorwärts, slawische Fahne‹, Anm. E.P.) vortrug, entstand eine geradezu beängstigende Stauung. Der Musikkapelle gab eine schier endlose Menschenmenge das Geleite, die, in geschlossenen Reihen marschierend, nationale Lieder anstimmte.« Auch die Illumination stand im Zeichen einer nationalen Demonstration: »Das Rathaus erglühte an seiner Front in elektrischen Lichtern, die sich zu einem ›Slava‹ zusammensetzten, worunter sich die Kaiserkrone sowie die Initialen F.J. I. nebst den Jahreszahlen 1848 und 1908 befanden.«[38]

Während das slowenische Volksfest die Straßen der Stadt beherrschte, feierte das »deutsche« Laibach im Rahmen einer Festvorstellung im Theater, deren Stimmung der Berichterstatter folgendermaßen wiedergibt: »Festvorstellung. Ein vollbesetztes Haus. Damen in Soireetoiletten. Herren in schwarzem Frack und in Uniform, mit Orden und Jubiläumskreuzen. Überall das Summen festlicher Stimmung. Die Volkshymne, gespielt vom Militärorchester, wird stehend angehört«, darauf folgten der »Kaisermarsch« von Richard Wagner und ein patriotisches Festspiel; den Schlußpunkt bildete ein »Huldigungsbild«: »Das ganze Reich ... und die Landeskinder feiern die Herrschertaten des alten Kaisers, kniend singen sie die Volkshymne.«[39]

Die Zusammenhänge von politischer Herrschaft und Präsenz im öffentlichen Raum werden am Beispiel der Denkmallandschaft Ljubljanas, aber auch am Beispiel der unterschiedlichen patriotischen Jubiläumsfeierlichkeiten besonders deutlich. Die Denkmäler für France Prešeren u. a. sollten auch »symbolisch den Besitz eines öffentlichen Raumes bezeugen«[40] und dokumentierten so zugleich die politische Hegemonie des liberalen slowenischen Bürgertums, nicht nur gegenüber den deutschsprachigen Bewohnern, sondern auch gegenüber klerikalen Konkurrenz-Gruppierungen.

Anmerkungen

1 Die Mehrheitsverhältnisse im Hinblick auf die nationale Zusammensetzung wurden erstmals im Jahr 1880 erhoben, als bei der Volkszählung auch die Frage nach der Umgangssprache gestellt wurde. Dabei gaben in Ljubljana von 26284 Einwohnern 5658 Personen die deutsche Umgangssprache (22%) an. Im Jahr 1900 lag der Anteil der deutschsprachigen Bewohner (5423 von 36547 Bewohnern) bei 16 Prozent, 1910 bei 14 Prozent (5950 von 41727 Einwohnern). Vgl. Sergij Vilfan: Die ethnische Struktur der Krainer Hauptstadt in der zweiten Hälfte des 19. Jahrhunderts. In: Bericht über den 17. österreichischen Historikertag in Eisenstadt 1987, hrsg. vom Verband Österreichischer Geschichtsvereine. Wien 1989, S.77.

2 Vgl. Taja Čepič: Die politische Entwicklung in Ljubljana von 1848 bis 1918. In: Gerhard Dienes (Hg.): Translokal. 9 Städte im Netz (1848–1918). Bratislava/Preßburg, Brno/Brünn, Graz, Kraków/Krakau, Ljubljana/Laibach, München, Pécs/Fünfkirchen, Trieste/Triest, Zagreb/Agram. Graz 1996, S.176f.

3 Vgl. Dolenc, a.a.O.

4 Vasilij Melik: Nekatere strani razvoja Ljubljane 1884–1941. In: Zgodovina Ljubljane. Prispevki za monografijo. Ljubljana 1984, S.201.

5 Vgl. Gedenkfeier der philharmonischen Gesellschaft. In: Laibacher Zeitung, 28.10.1892, S.2143.

6 Vgl. Josef Dornik: Gedenkschrift aus Anlaß der Feier des fünfzigjährigen Bestandes des Laibacher deutschen Turnvereins. Laibach 1913, S.32.

7 Vgl. Egon Pelikan: Laibach/Ljubljana: Kultur – Ideologie – Politik. Die »liberal-klerikale« Spaltung in Slowenien am Ende des 19. Jahrhunderts und ihre Folgen. In: Reinhard Kannonier, Helmut Konrad (Hg.): Urbane Leitkulturen 1890 – 1914. Leipzig – Ljubljana – Linz – Bologna. Wien 1995. (= Studien zur Gesellschafts- und Kulturgeschichte. 6), S.169ff.

8 Vgl. Marjan Drnovšek: Oris odnosa občinskega sveta do mestnega razvoja 1850 – 1914, s posebnim poudarkom na Hribarjevi dobi. In: Zgodovina Ljubljane. Ljubljana 1984, S.212–237.

9 Zit. n. Dušan Moravec: Slovensko gledališče Cankarjeve dobe 1892–1918. Ljubljana 1974, S.253.

10 Vgl. ebda, S.257.

11 Vgl. Julius Ohm-Januschowsky: Das Kaiser Franz Joseph-Jubiläums-Theater in Laibach. Denkschrift aus Anlaß seiner Eröffnung am 4. Oktober 1911. Laibach 1911, S.18f. – Im Jahr 1911 bestanden somit drei Bühnen in Laibach/Ljubljana: Das »deutsche« Kaiser Franz Josef-Jubiläumstheater, das nunmehr »slowenische« Landestheater (das schließlich, wie erwähnt, 1914 den Betrieb einstellen mußte) und die ebenfalls 1911 gegründete »klerikale« Volksbühne (Ljudski oder).

12 Laibacher Zeitung, 4.6.1886. – Wenige Tage vor der Enthüllung, am 1. Juni 1886, war in der Sitzung des Laibacher Stadtausschusses von Mitgliedern des deutschen Turnvereins vorgeschlagen worden, daß die Stadt die Gedenktafel in ihre Obhut übernehmen sollte, was aber seitens der slowenischen Mehrheit abgelehnt wurde. Wie der Berichterstatter mitteilte, gab es über diese Angelegenheit aufschlußreiche Wortmeldungen, »die man aber nicht veröffentlichen kann, weil die Leser die Zeitung sonst nicht in die Hände bekommen würden«. Vgl. Slovenski Narod, 2.6.1886.

13 Slovenski narod, 4.6.1886.

14 Ebda. – Im Jahr 1919 wurde das Porträtmedaillon entfernt, an dieser Stelle wurde im Jahr 1924 zu Erinnerung an den ersten Marianischen Kongreß ein Relief mit dem Motiv der Jungfrau mit dem Kind angebracht. Vgl. Špelca Čopič, Damjan Prelovšek, Sonja Žitko: Outdoor Sculpture in Ljubljana. Ljubljana 1991, S.28.

15 Siehe das Programm in Slovenec, 19.6.1889.

16 Vgl. Čopič, Prelovšek, Žitko, a.a.O., S.106; Ivan Stopar: Spaziergänge durch das alte Ljubljana. Kulturhistorischer Stadtführer. o.O. 1992, S.96. – Das Lyzeumsgebäude wurde durch das Erdbeben zerstört und später abgetragen.

17 Vgl. Josip Gustin: Glanglov Vodnik. In: Ljubljanski Zvon, 1889, IX, S.59.

18 Dabei blieb Vodniks Mitgliedschaft in einer Freimaurerloge ebenso unberücksichtigt wie seine übertriebene Begeisterung für die Franzosen in der Zeit der Illyrischen Provinzen – was im Widerspruch zum Legitimismus der katholischen Ideologie und Partei stand. Vgl. Peter Vodopivec: Prostožidarska loža »Prijateljev rimskega kralja in Napoleona« v Ljubljani v luči francoskega gradiva. In: Kronika 1989, S.19.

19 Slovenec, 1.7.1889.

20 Laibacher Zeitung, 13.7.1891.

21 Slovenski Narod, 13.7.1891.

22 Slovenec, 15.7.1891.

23 Ebda.
24 Dom in Svet, 1904, S.373.
25 Čopič, Prelovšek, Žitko, a.a.O., S.92.
26 Slovenec, 20.6.1903. – Die Enthüllung war u.a. begleitet von einem Kanonenschießen auf dem Schloßberg und einer Reihe von Platzkonzerten. Vgl. Slovenec, 9.9.1905.
27 Siehe z.B. Slovenec, 4.4.1903.
28 Slovenec, 9.9.1905. – Wie ablehnend die katholischen Kreise dem Denkmal auch weiterhin gegenüberstanden, geht aus einem Beitrag des »Slovenec« aus dem Jahr 1911 hervor, wo es hieß: »Das Denkmal Prešerens ist so eine Mißgestalt, wie es auf der ganzen Welt kein ähnliches gibt. Es wäre gut, wenn der nächste Gemeinderat (eine Anspielung auf die nächste Wahl, Anm. E.P.) bedenken wird, wie man das Denkmal vom Marienplatz in irgendein Dickicht verlegen soll.« Slovenec, 30.8.1911.
29 Slovenec, 9.9.1905.
30 Vgl. Čopič, Prelovšek, Žitko, a.a.O., S.60.
31 Laibacher Zeitung, 3.12.1908. S.2601f.
32 Vgl. Čopič, Prelovšek, Žitko, a.a.O., S.84.
33 Vgl. Slovenski narod, 7.10.1908.
34 Slovenski narod, 3.12.1908.
35 Der deutsche Teil der Rede hatte den Wortlaut: »So wird denn dieses Denkmal auch eine Erinnerung und Mahnung sein zur Eintracht und zu gemeinsamem Wirken, getreu dem Allerhöchsten Wahlspruche seiner Majestät.« Laibacher Zeitung, 3.12.1908, S.2602.
36 Slovenec, 3.12.1908. – Nach dem Ende der Habsburgermonarchie wurde die Büste des Kaisers vom Denkmalsockel entfernt und durch eine Porträtbüste des Slawisten Fran Miklošič ersetzt. Vgl. Čopič, Prelovšek, Žitko, a.a.O., S.84.
37 Vgl. Primož Kuret: Glasbena Ljubljana v letih 1899–1919. Ljubljana 1985, S.230.
38 Laibacher Zeitung, 3.12.1908, S.2602.
39 Laibacher Zeitung, 4.12.1908, S.2615.
40 Zdeněk Hojda, Jiří Pokorny: Denkmalkonflikte zwischen Tschechen und Deutschböhmen in: Haas, Stekl (Hg.), a.a.O., 242.

Christian Gerbel

Provinzieller Patriotismus: Ein deutschnationaler Wahrnehmungshorizont in Linz zur Jahrhundertwende

In den Jahren vor der Jahrhundertwende läßt sich im ethnisch relativ homogenen Milieu der Landeshauptstadt Linz eine ständig steigende Bereitschaft zur symbolischen Denunziation von tschechischen und jüdischen Bevölkerungsteilen konstatieren. Zur Jahrhundertwende lebten in Linz 587 Juden und zum selben Zeitpunkt gaben von den insgesamt 58.791 Einwohnern 823 »böhmisch-mährisch-slovakisch« als Umgangssprache an.[1] Die Ängste vor einer »fortschreitenden Slavisierung«[2] und vor einem »auf vielen Gebieten des öffentlichen Lebens vorherrschenden Einflusse des Judenthums«[3] wurden besonders deutlich von den »völkisch« gestimmten Repräsentanten des deutschnationalen Bildungsbürgertums formuliert.[4]

Zur Rekonstruktion dieses zur Jahrhundertwende innerhalb des kommunalen Raumes dominanten deutschnationalen Wahrnehmungshorizontes habe ich vor allem die *Linzer Montagspost,* die 1893 von Carl Beurle gegründet und bis 1901 herausgegeben wurde, herangezogen. 1897 erschien die *Montagspost*, zu deren Redakteuren und freiwilligen MitarbeiterInnen etwa die Advokaten Ruckensteiner, Katzer, Crippa, aber auch LiteratInnen wie Hugo Greinz, Susi Wallner und Edward Samhaber[5] zählten, in einer Auflage von 1.600 Stück. Die wöchentlich erscheinende Zeitung war »Kampfblatt« der deutschnationalen Bewegung. Vor allem auch wegen ihrer Verbindung zu den verschiedenen an der Berichterstattung beteiligten KünstlerInnen war sie ein entscheidendes Medium zur Selbstverständigung der bildungsbürgerlichen Elite in ihrem Kampf um die kulturelle Hegemonie.

Im ersten Heft der in Linz 1899 herausgegebenen Monatszeitschrift *Kyffhäuser* machte sich Carl Beurle[6] – die unumstrittene Führungsfigur der Deutschnationalen in Oberösterreich – zum Sprecher der acht Millionen »Ostmarkdeutschen« und thematisierte deren ungewisse Zukunft:

> »(...) Unter ›uns‹ verstehe ich jenen Theil der acht Millionen Ostmarkdeutschen, welcher mit gefurchter Stirne und treuem Herzen in jene ungewisse

> Zukunft blickt, in der sich entscheiden soll, ob alle Culturarbeit, welche unsere Vorfahren in diesen Landen seit einem Jahrtausend geleistet haben, blos Vorarbeit für slavisches Wohlbefinden, oder dankenswerte Mühe für das eigene Volk gewesen ist. Wer dies Letztere von der Zukunft begehrt, ist national.«[7]

Für viele Angehörige dieser Fraktion des Bürgertums gilt, daß sie prägende Sozialisationserfahrungen in den radikalen antisemitischen Studentenverbindungen in Wien oder Graz gemacht hatten, bevor sie wiederum, meist als Advokaten oder Lehrer, in die provinziellen Lebensräume zurückkehrten.[8]

Vor allem die auf gesamtstaatlicher Ebene vom österreichischen Ministerpräsident Graf Badeni 1897 erlassenen »Sprachenverordnungen für Böhmen und Mähren«[9] wurden aus Sicht dieser deutschnationalen Elite als Angriff auf die »Vorherrschaft des deutschen Volksstammes« innerhalb der kulturell=sprachlich inhomogenen Habsburgermonarchie interpretiert.[10] Im Zuge dieser Auseinandersetzungen wird deutlich, daß die Deutschnationalen die Hierarchie zwischen den verschiedenen »Volksstämmen« in kulturellen Kategorien evaluieren; das »mächtige alte Culturvolk« der Deutschen stand solcherart dem »kleinen und noch keineswegs hoch civilisierten« Volk der Tschechen gegenüber.[11] Aus deutschnationaler Sicht erschien es als Zumutung, daß der »deutsche Volksstamm« Tschechisch – »eine der Welt fast unbekannte Sprache«[12] – lernen sollte. Die Tschechen wurden vielmehr dazu aufgefordert, ihre Zeit weniger auf die Erringung eines eigenen Staates, als vielmehr dem Studium der deutschen Sprache zu widmen. Das auf völlige Gleichberechtigung gerichtete tschechische Programm sei also wegen einer geschichtlich bedingten kulturellen Rückständigkeit unerfüllbar. Auf Dauer gesehen »müsse der Kampf der Tschechen wider eine so große, im Herzen Europas und in allen Welttheilen so einflußreiche und gebietende Volksfamilie ihr eigenes Verhängnis werden.«[13]

Bei dem Versuch, den eigenen Führungsanspruch aufrechtzuerhalten, konnte sich diese Fraktion des Bürgertums aber noch nicht auf die demokratische Willensbildung stützen. Zumal die Ausgestaltung der StaatsbürgerInnenrolle erst in den Anfängen stand. Die Zustimmung der bürgerlichen Elite zu einer auf dem allgemeinen, freien, gleichen und geheimen Wahlrecht beruhenden gesamtstaatlichen, als auch urbanen demokratischen Kultur war äußerst umstritten.[14] Der politischen Partizipation soll gewissermaßen erst eine Phase der Kultivierung, d. h. Disziplinierung und Erziehung der dem »deutschen Volksstamm« zurechenbaren Massen, vorausgehen.

So gesehen erlaubt der deutschnationale Rekurs auf das »kulturelle Erbe« eine mehrdimensionale Antwort. Zum einen gestattet es den bildungsbürgerlichen Eliten den »geistigen Anschluß« an ein intaktes, d.h. vor allem kulturell=sprachlich homogen imaginiertes deutsches Reich – dessen Antithese die kulturell zerrissene, sprachlich inkonsistente Habsburgermonarchie ist – zu vollziehen. Zum anderen führt die Stilisierung der deutschen Kultur- und Sprachgemeinschaft, die sich gegen Wien als multiethnisches Zentrum richtet, zur Ausbildung eines provinziellen Patriotismus.

Die Deutschnationalen nützen die geringe Autonomie der im provinziellen Kontext etablierten kulturellen Felder[15]; ihr Programm zielt darauf, die Künste (wie Literatur, Malerei, Musik usw.) in ein »politisch-völkisches« Konzept einzubetten.[16] Aus deutschnationaler Sicht stellen die kulturellen Produkte somit ein wichtiges Instrument zur »national-ethischen Erweckung« des »deutschen Volksstammes« dar.[17]

Zur Jahrhundertwende geht es den Linzer Deutschnationalen also nicht mehr vorrangig um den Import jener »fremdländischen«, in den großen Metropolen gespielten und dort anerkannten LiteratInnen, bildenden KünstlerInnen und »Tondichter«.[18] Die deutschnationale Elite zielt vor allem darauf, die »eigenen«, im heimatlichen Kontext produzierten Kunstwerke dem »Diktat der Metropole« zu entreißen; sie sollen den gefeierten »nicht-deutschen Produkten« ebenbürtig sein.[19] Der politische Wille zur Förderung der aus dem »heimatlichen Kontext« stammenden KünstlerInnen ist somit gesehen eine »Erfindung« der Provinz um die Jahrhundertwende. Der provinzielle Patriotismus umfaßt aber auch die symbolische Denunziation von tschechischen und jüdischen Bevölkerungsgruppen des städtischen Raumes.

Darüberhinaus zielt der provinzielle Patriotismus auf die Inszenierung großer kultureller Feste, die, wie die Veranstaltungen des *Turnvereines,* des *Sängerbundes*, der *Liedertafel Frohsinn* usw., ihre Legitimation durch die Beteiligung – der von politischer Partizipation nach wie vor ausgeschlossenen Angehörigen – des »Stammes der Deutschen« beziehen.

Die von der Moderne zerrissenen Beziehungen zwischen Kunst und Leben, zwischen Politik und Kultur, zwischen Ökonomie und lebensweltlichen Sinnhorizonten[20] sollen also gleichsam über den im Dienst der deutschnationalen Bewegung stehenden provinziellen Patriotismus

– im Rahmen einer »national-völkischen« Kraftanstrengung – zumindest innerhalb des städtischen Raumes wieder miteinander versöhnt werden. Als negativer Referenzpunkt firmieren die großen Laboratorien der Moderne, die großen Metropolen, insbesondere Wien,[21] in denen die künstlerischen Subsysteme (und bestimmte Teile der symbolischen Bedeutungsproduzenten) ein hohes Maß an Autonomie besitzen.

Hinzu kommt, daß die politischen Verhältnisse der Landeshauptstadt Linz um die Jahrhundertwende klar definiert sind. Die Deutschnationalen dominieren den Gemeinderat, um die Jahrhundertwende stellen sie mit dem Apotheker Gustav Eder erstmals den Bürgermeister, während die katholisch-konservativen Kräfte seit 1884 den Landtag bestimmen. Im Schatten dieser politischen Konstellationen konstituiert sich die Sozialdemokratie, die auf kommunaler Ebene vor allem auch eine Erweiterung des Gemeindewahlrechtes durchzusetzen versucht und im Rahmen ihrer politischen Kämpfe gewissermaßen in den Sog der deutschnationalen »Erweckungsphantasien« gerät. Ein Erbe, das das Verhältnis der Sozialdemokratie – und ihrer führenden Trägerschichten – zur politischen Kultur der Landeshauptstadt weit über die Jahrhundertwende hinaus bestimmen wird.[22]

Darüber hinaus verweisen die Umstrukturierungsprozesse der oberösterreichischen Deutschnationalen vom *Deutschen Volksverein* zum *Deutschen Bund* deutlich auf die strukturellen Schwächen der in Österreich bestehenden bürgerlichen Öffentlichkeit. Beim Parteitag der *Deutschen Volkspartei*, der im März 1901 im *Kaufmännischen Vereinshaus* stattfand, machte Parteisekretär Schögl (er war vorher Sekretär des Lehrerhausvereines in Wien gewesen) auf den Ausbau der weiteren Parteiorganisation aufmerksam. Dabei strich er vor allem heraus, »daß als Vorarbeit für ein reges politisches Leben erst eine gründliche Volksbildungsarbeit geleistet werden müsse.«[23] Zu diesem Zweck schlug er vor, eine im Sinne des Vereinsgesetzes unpolitische Organisation namens *Deutscher Bund in Oberösterreich* zu schaffen, um solcherart die sich anbahnenden »deutschfeindlichen« Zusammenschlüsse durch eine gesteigerte »national-erziehliche Thätigkeit im Volke« wirksam zu bekämpfen.[24]

Der Parteitagsbeschluß führte allerdings zu zahlreichen Anfragen »warum neben dem Deutschen Volksverein durch den Deutschen Bund wieder eine *neue* Organisation geschaffen«[25] werden sollte.

In der *Montagpost* wurden daraufhin, die dem Gründungsbeschluß zugrundeliegenden Überlegungen, nochmals prägnant zusammengefaßt. Erklärend wurde zuerst darauf hingewiesen, daß der *Deutsche Volksverein* ein politischer Verein sei.

> »Nach dem Vereinsgesetze dürfen einem politischen Vereine nur *Männer* angehören, und zwar nur *großjährige* Männer, die also bereits 24 Jahre zählen. Damit ist gesagt, daß dem Deutschen Volksverein weder die Frauenwelt noch die männliche *Jugend* angehören kann. Nun ist aber gewiß, daß, wenn die nationale und freiheitliche Bewegung feste Wurzeln fassen und deren Zukunft gesichert werden soll, die thätige Antheilnahme der *Jugend*, und namentlich auch der *Frauen*, unbedingt nöthig ist. Das ist also der *erste* wichtigste Grund, der wohl für sich allein schon die Schaffung des Deutschen Bundes rechtfertigen würde.«[26]

Als zweites Argument für die Schaffung der neuen Organisationsstruktur wurden dann die schlechten Verkehrsverhältnisse in einzelnen oberösterreichischen Landesteilen genannt. Angesichts dieser juristischen und infrastrukturellen Hindernisse kam den selbständigen Bezirksvereinen in den größeren Orten eine besondere Bedeutung zu; allerdings hatte die deutschnationale Elite die politische Erfahrung gemacht, »daß die selbständigen Bezirksvereine in der Regel nach kurzer Frist einschlafen, wenn sie nicht von einer ›centralen‹ Stelle aus fortwährende Anregung, Aufmunterung und Unterstützung«[27] erhalten. Folglich stellte die organisatorische Umstrukturierung das Ergebnis einer veränderten politischen Taktik dar. Der nun über das ganze Land ausgebreitete *Deutsche Bund* sollte die politische Schlagkraft erhöhen. Hinzu kam, daß der Bund seine Zentrale zu professionalisieren begann. Politische Ziele sollten fortan in enger Zusammenarbeit mit den einzelnen Ortsgruppen, d.h. abgestimmt auf die jeweiligen lokalen Verhältnisse und Problemlagen, vermittelt werden. Durch die Schaffung des *Deutschen Bundes* sollten die restriktiven Bestimmungen des österreichischen Vereinsgesetzes, die politischen Vereinen die Gründung von Ortsgruppen als auch jegliche Verbindung zwischen ihnen verbot – gemeinsame Aktionen der *Deutschen Volksvereine* in Linz, Wels, Steyr, Ried usw. waren angesichts der bestehenden Gesetzeslage unmöglich – umgangen werden.[28] Die neu geschaffene Organisationsstruktur war darauf abgestimmt, die gesamte »deutschfühlende« Bevölkerung Oberösterreichs zur Mitarbeit heranzuziehen. Einerseits gewährleistete sie den »Gesinnungsgenossen« in den einzelnen Bezirken volle Selbständigkeit, andererseits stand die professionalisierte Zentrale als ständiger Ansprechpartner zur Verfügung.[29] Das neue Organisationsforum war daher als ein Sammelbecken für »alle deutsch und freiheitlich gesinnten

Volksgenossen ohne Unterschied des Geschlechtes und Standes«[30] gedacht.

Die nationale Komponente schließlich, die überdies gleichgesetzt wurde mit dem »ehrlichen Streben« nach Fortschritt und Freiheit, sollte die Antagonismen zwischen den verschiedenen sozialen Klassen – »(...) der Bauer hat andere Interessen als der Arbeiter, der Gewerbetreibende sieht in dem Industriellen oft seinen Gegner«[31] – ideologisch überformen.[32] Als gelungenes Beispiel einer verschiedene politische Standpunkte übergreifenden Organisation wurden etwa die *Südmark* Vereine angesehen, in denen ›Radicale‹ neben ›Volksparteilern‹ und ›Liberale‹ neben ›Bauernbündlern‹ vereint wirkten.

> Die Südmark Vereine hatten sich zusammengefunden um den »bedrohten Stammesgenossen« im Süden der Monarchie nach Kräften Unterstützung zu gewähren, »um ihnen die erbgesessene Scholle erhalten zu helfen«.[33] Offiziell handelte es sich um »unpolitische, nationale Schutzvereine«. Die Linzer Ortsgruppe rief die »deutschfühlenden Bewohner« der Landeshauptstadt etwa im Jänner 1899 dazu auf, den Verein durch ihren Beitritt nach Kräften zu unterstützen.[34]

»Deutsch-völkische« Stellenvermittlung

Daneben gab es aber auch andere »völkische« Initiativen, über die die Deutschnationalen ihren kommunalen politischen Einfluß weiter auszubauen suchten. So berichtete die *Montagspost* etwa über eine in Wien gegründete »deutschvölkische Stellenvermittlung«, die es sich zur Aufgabe gemacht hatte, »(...) unserer Vaterstadt Deutschthum zu schützen und deutsche Stammesgenossen allerwärts zu unterstützen, nicht durch Worte bloß und Redensarten oder klingende Münze, sondern durch das allein wirklich Hilfe bringende Mittel: Verschaffung von Arbeit und Verdienst.«[35]

Die Stellenvermittlung richtete sich – und hier kommt der klassenübergreifende Anspruch der deutschnationalen Bewegung wiederum sehr deutlich zum Ausdruck – an alle »Berufsstände«. Einziges Kriterium war, daß die Arbeitssuchenden »dem deutschen Stamme« angehörten: Geistig Arbeitende, aber auch Personen aus dem Gewerbe- und Handelsstand, FabriksarbeiterInnen usw. sollten umschlossen werden.

Im Oktober 1900 wurde diese Wiener Initiative dann vom Linzer Verband *Agilolf* aufgegriffen. Die neu gegründete »deutschvölkische«

Stellenvermittlung, wurde als wesentlicher Teil einer »völkischen Pflichtarbeit« verstanden. Die Stellenvermittlung war ein sozialpolitisches Instrument, das »das schöne Ergebnis der letzten Volkszählung, nach welchem Linz mit Recht eine rein deutsche Stadt genannt werden muß«[36], weiter ausbauen sollte. Um also das Land und vor allem dessen Hauptstadt »deutsch« zu erhalten, wurde auf die Lehrlingsunterbringung besonderes Gewicht gelegt. »Deutsche Arbeitgeber« wurden daher ebenso wie alle jene »deutschen Eltern«[37], die die Absicht hatten, ihre Söhne ein Gewerbe oder Handwerk erlernen zu lassen, dazu aufgefordert, sich vermehrt an die Stellenvermittlung zu wenden, um dadurch dem »Zuzug tschechischer Lehrlinge«[38] Einhalt zu gebieten.

Kurz vor der Errichtung dieser Stellenvermittlung waren in der *Montagspost* aber auch Angriffe auf jene »deutschen Arbeitgeber« erschienen, die tschechische Arbeitnehmer beschäftigten. So wurde der in Urfahr ansässige Apotheker Opitz heftig attackiert, weil er einen polnischen und einen tschechischen Apothekergehilfen angestellt hatte. Zusätzlich monierten die Deutschnationalen, daß der tschechische Gehilfe »täglich in einem Gasthofe in Urfahr, mit der ›Tschamara‹ angethan, sitzt, und durch seine Anwesenheit die anderen Gäste provociert (...). Es wäre noch zu wünschen, daß diesem Tschechen seitens der deutschen Gäste dieses Gasthofes bald einmal die freche Provocation, die in seinem Aufzuge und Benehmen liegt, klargemacht würde und er durch eine kräftige ›Abfuhr‹ daran erinnert würde, daß er sich noch nicht ganz unter ›Gesinnungsgenossen‹ befindet.«[39]

Innerhalb dieses deutschnationalen Wahrnehmungshorizontes geriet selbst die Versetzung einer aus Mähren stammenden Lehrerin an die Welser Bürgerschule für Mädchen zur symbolischen Provokation, zumal ihr vorgeworfen wurde, die deutschen Kinder in der Schule zu beschimpfen, die Kinder der Tschechen dagegen als Musterkinder »voll des Fleißes« und von »hoher geistiger Veranlagung« hinzustellen.[40]

Im Jänner 1899 hatte die *Montagpost* über eine durch die Straßen der Stadt Wels ziehende tschechische Musikkapelle, die ihre Nationalweisen darbot, berichtet. Solchen »tschechischen Abschnorrern« wollten die Deutschnationalen einen Riegel vorschieben; verlangt wurde, die Bewohnerschaft der »altehrwürdigen Stadt« Wels künftig vor Belästigungen solcher Art zu schützen; empfohlen wurde ein »Spielverbot« für solche »Banden«.[41]

Diese Tendenz zur Ausgrenzung der tschechischen Minderheit verstärkte sich noch in den Jahren nach der Jahrhundertwende. So erging an die Linzer Unternehmer seitens des nun deutschnational dominierten Gemeinderates mehrfach die Aufforderung, »nur deutsche Gehilfen und Lehrlinge« aufzunehmen und nur in Ausnahmefällen auf Angehörige anderer Nationalitäten zurückzugreifen.[42]

»Volkstümliche Unterhaltungsabende«

Rassistische Werte und Vorstellungen wurden aber nicht nur über den politischen Verein und bestimmte sozialpolitische Maßnahmen, sondern auch über die sogenannten ›Unterhaltungsabende‹, an denen sich die deutschnational gesinnten Vereine wie der *Bund der Deutschen in Böhmen*, die *Feuerwehr*, der *Gutenbergbund*, der *Verband des Bundes der Germanen Hohenstaufen*, der *Ruderverein Ister*, die *Liedertafel Frohsinn*, der *Sängerbund*, die *Ortsgruppe Linz des Vereines Südmark*, der *Touristen-Club*, der *Turnverein Linz* und der *Turnverein Urfahr* beteiligten, durchgesetzt. In diesen Festveranstaltungen bündelte sich das soziale Kapital der deutschnationalen Elite; das Fest fungierte gewissermaßen als integrative Klammer zwischen den verschiedenen VereinsaktivistInnen; es konnte helfen, soziale Ängste zu bändigen[43] und bot zudem die Möglichkeit, neue Kreise der städtischen Bevölkerung für die deutschnationale Sache zu gewinnen. Die Unterhaltungsabende zielten auf »die Pflege des Zusammengehörigkeitsbewußtseins der Deutschen aller Stände.«[44] Der erste dieser Veranstaltungsabende wurde im März 1898 durchgeführt. An zentraler Stelle war ein Vortrag von Prof. v. Lychdorff plaziert.

Der 1853 in Mureck als Sohn eines hohen Staatsbeamten geborene Lychdorff erhielt seine schulische Ausbildung in der Theresianischen Akademie zu Wiener Neustadt. Er besuchte zuerst die technische Hochschule in Graz und anschließend die Akademie der bildenden Künste in Wien; schließlich wurde er Professor an der Staatsgewerbeschule in Innsbruck. 1897 trat er in den Ruhestand. Lychdorff verfaßte Novellen und Romane ebenso wie wissenschaftliche Abhandlungen, war Ehrenmitglied zahlreicher Vereine (etwa des *militär-wissenschaftlichen Vereines*) und gab als Kunst-Experte der Linzer Bevölkerung die notwendigen »ethisch-nationalen« Impulse.[45]

Lychdorffs Vortrag trug den Titel *Das deutsche Handwerk einst und jetzt*. Er skizzierte die geschichtliche Entwicklung des »deutschen Handwerkes« und wies darauf hin, wie wenig das Sprichwort vom »goldenen Boden des Handwerkes« den derzeitigen Verhältnissen in der Landeshauptstadt entsprechen würde. Seine zentrale Aussage war, daß das »heimische Gewerbe« nur dann erfolgreich der »fremdländischen Concurrenz« standhalten könne, »wenn es national wird, das heißt, wenn es der Erhaltung deutschen Stils und deutscher Art sein Hauptaugenmerk«[46] zuwenden würde.

An Lychdorffs Vortrag schlossen sich die Darbietungen des »Männerchores« des Gesangsvereines *Gutenbergbund* an. Im Anschluß daran zeigten die Mitglieder des Athletenclubs *Goliath*, deren Übungen unter dem Motto »Kraft Heil« standen, »zu welcher Vollkommenheit der menschliche Körper durch zielbewußte Uebung gebracht werden kann.«[47]

Wesentliche Bestandteile des Volksunterhaltungsabends waren darüberhinaus »mundartliche Dichtungen« heimischer Literaten und Darbietungen des Theaterorchesters. Reichsratsabgeordneter Gustav Peßler[48] beschloß den Abend und wies in seiner Dankesrede nochmals auf »die Nothwendigkeit des Zusammenstehens aller Deutschen«[49] hin.

Zusammenfassend berichtete die *Montagspost*, »daß das Anschlagen nationaler Accorde bereits mächtigen Wiederhall in der Linzer Bevölkerung findet, daß somit alle Aussicht vorhanden ist, daß diese Vortragsabende das Ziel, das ihnen gesteckt ist, auch erreichen werden.«[50]

Der zweite »Volksunterhaltungsabend« war dann als Gartenfest in der Poschacher Bierhalle konzipiert. Für diesen Abend hatten die Mitglieder der *Liedertafel Frohsinn*, des *Linzer Turnvereines* als auch des *Turnvereines Urfahr* sowie die des Athletenclubs *Goliath* ihre Mitwirkung zugesagt. Während der Festveranstaltung verkauften »junge Damen der Linzer Gesellschaft« Blumen und Ansichtskarten; der dadurch erzielte Reinerlös sollte der Gründung eines »deutschen Kinderheimes« zugute kommen.[51] 700 bis 800 Menschen beteiligten sich im Juni 1898 an diesem »echt deutschen Gartenfest«. Der Saal »war mit den nationalen Farben geschmückt, Kornblumen gab's in Hülle und Fülle, Turner, Sänger, ein reicher Kranz von Frauen und Mädchen, fröhliche Stimmung, Ungezwungenheit und Sangeslust, alles wirkte zusammen, um der ganzen Veranstaltung ein frisches nationales Gepräge zu geben (...).«[52]

Das Fest stand diesmal aber nicht allein im Zeichen der »Wohltätigkeit«, sondern sollte dazu führen, daß »die deutsche Bewohnerschaft von Linz auf nationalem Boden sich immer fester aneinanderschließe, daß das Gefühl der Gemeinsamkeit der deutschen Gesinnung sich mehr verbreite und die kühn-trutzigen Lieder bei frohem Feste auch in der Zeit des Ernstes nicht vergessen werden.«[53]

Kampflieder »deutscher Einheit« (›Bismarcklied‹, ›Schönererlied‹, ›O Deutschland hoch in Ehren‹, ›Deutschland über alles‹) wurden ebenso wie ›deutsche Volkslieder‹ (›Am Brunnen vor dem Thore‹) intoniert; sie markierten den Ausschluß des »artfremden« kulturellen Einflusses, jenes »fremdländischen Singsanges« also, der aus deutschnationaler Sicht auf »unnatürliche, verkünstelte Effecthascherei« gründete.

Dagegen wurde der »silberklare Born des deutschen Volksliedes, das vom Herzen kommt und zu Herzen geht« beschworen. Reichsratsabgeordneter Böheim, der Funktionen im Gewerbeverein, in der Uhrmachergenossenschaft und in der Handelskammer innehatte,[54] erinnerte in seiner Rede an die politischen Erfolge der deutschnationalen Bewegung in den Linzer und Grazer Gemeindevertretungen und machte deutlich, daß »Linz sich eins fühlt mit der strammdeutschen Stadt Graz.«[55] Kapellmeister Pöschl ließ der Rede Böheims einen eigens für den *Bund der Deutschen in Böhmen* komponierten Marsch (›Hie Deutsch‹) folgen. Am Ende der Feierlichkeit stand dann wiederum die ›Wacht am Rhein‹ auf dem Programm. Die Veranstalter waren erfreut, daß das »nationale Empfinden« aller Schichten der Bevölkerung durch diesen Abend ein Stück weiter gefestigt worden sei und die *Linzer Montagspost* gab die politische Parole für die bevorstehenden ernsten Kampfeszeiten aus: »Wir wollen sein ein einig Volk von Brüdern, in keiner Noth uns trennen und Gefahr!«[56]

Der dritte »deutsche Volksunterhaltungsabend« fand schließlich Anfang Dezember 1898 im städtischen Volksgartensaale ebenfalls wieder unter Beteiligung der *Liedertafel Frohsinn*, des *Sängerbundes*, aber auch des Theaterorchesters statt. Die »Julfeier« wies zwar eine geringere Beteiligung auf – die *Montagspost* berichtet von 300 TeilnehmerInnen – dies tat der nationalen Begeisterung allerdings keinen Abbruch. Fritz Ruckensteiner übernahm es in seiner Festrede, den Kern der deutschnationalen Sache herauszustreichen; unter »Heilrufen« mahnte er, »in dieser weihevollen Stunde aufs neue zu geloben, unserem Volke und dessen Sitten und Gebräuchen die Treue zu wahren«.[57]

Auch andere deutschnationale Verbände waren für die Veranstaltung ihrer »Julfeiern«, die einen Gegenpol zu den »spießbürgerlichen Durchschnitts-Weihnachtsfeiern«[58] bildeten, bekannt. Ein »deutsches Lied« (›Sind wir vereint zur guten Stunde‹) eröffnete etwa die Festveranstaltung des Verbandes *Agilolf* im Dezember 1899. Die »Julrede« hielt Sepp Steuerer, der den ZuhörerInnen den »germanischen Character« der Veranstaltung zu vermitteln suchte. Er rückte daher »den Kampf der Finsternis mit dem Licht« in den Mittelpunkt seiner Ausführungen.

Im Rahmen dieses politischen Wahrnehmungshorizontes markierte das »Julfest« einen zentralen Bestandteil »völkischer Arbeit«. Es repräsentierte eine Vertiefung »in altvorderliches Brauchthum«, aus dem die »sittliche Kraft zur Fortsetzung des Kampfes um das Volksthum«[59] herauswachsen sollte. Volksfeste hingegen waren aus deutschnationaler Perspektive jenseits der »völkischen Arbeit« angesiedelte, bloße Vergnügungen (ein »Lärm der Menge«), denen Disziplinierung und erzieherische Kraft (»germanischer Zauber«) fehlte. Die gelungene deutschnationale Festveranstaltung war demgegenüber die illusionäre Inszenierung einer jenseits der gesellschaftlichen Klassen – der realen gesellschaftlichen Antagonismen – angesiedelten »Volksgemeinschaft«.

> »Arbeiter und Bürger und Beamte, Frauen und Mädchen, von diesen solche, die im harten Ringen das tägliche Brot verdienen, daneben Jene, die mit Gnädige angesprochen werden, grauköpfige Männer, der junge feurige Nachwuchs, darunter die academische Jugend, die Bürgschaft unserer Zukunft, geschmückt mit Band und Mütze – alle eins im Fühlen, eins im Denken, kurzweg: nationalbewußte Töchter und Söhne der Allmutter Germania.«[60]

Hugo Greinz[61] trat im Dezember 1899 als Festredner eines »Julfestes« in Wels in Erscheinung. Die Welser Festhalle war anläßlich des Ereignisses mit den Bildnissen von Schönerer und Bismarck dekoriert. Die städtischen Honoratioren waren ebenso wie ein Vertreter des Germanenbundes *Agilolf* anwesend. Greinz machte in seiner Festrede deutlich, wie gerade dieses Fest »in deutschfremden Landen« die Menschen »enger aneinanderschmiede, den Mannesstolz wachrufe und deutlich erkennen lasse, wie urdeutsch das Julfest sei.«[62]

Nach der Rede von Greinz marschierte der deutsch-völkische Athletenclub *Germania* auf. Die Schlußworte sprach dann der Obmann des *deutschvölkischen Gehülfenvereines.* Er schlug eine Brücke zur Arbeiterschaft und wies darauf hin, »wie tief gewurzelt der nationale Gedanke in den deutschbewußten Arbeiterkreisen ist und mit welchem Ernste und mit welcher Entschlossenheit im völkischen Sinne gearbeitet wird.«[63]

Unter ähnlichem Gesichtspunkt verliefen die Veranstaltungen des *Linzer Turnvereines.* Im März 1899 wurde unter »massenhafter Betheiligung der Linzer Bürgerschaft«[64] in der Volksfesthalle ein Schauturnen durchgeführt. Streng nach Geschlechtern getrennt, boten die TurnerInnen ihre Übungen dar: den Ordnungs- und Eisenstabübungen der Knaben folgte ein Blumenreigen der Mädchenabteilung. »Es war ein reizender Anblick, diese süßen, lieben Mädchen in so strammen Reihen ihre Uebungen vollziehen zu sehen.«[65] Die Damenabteilung übte sich anschließend im Keulenschwingen, die Männerabteilung bot Stabübungen, die vor allem wegen ihrer exakten Durchführung die Zustimmung des Publikums hervorriefen. Am Schluß des Schauturnens stand die Huldigung Jahns.[66] Der für die Disziplinierung der Körper zuständige Turnlehrer Max Hirt wurde zum Abschluß der Veranstaltung auf den Schultern der Turner in den Saal getragen.

Der 1869 in Meißen geborene Max Hirt kam 1894 zum Turnverein nach Linz. Er machte sich für die Einrichtung der Kinder- und Frauenabteilungen im Turnverein stark und etablierte vor allem die »Kampf- und Rasenspiele«.[67]

Der Sprecher des Turnvereines, Josef Helletzgruber, eröffnete nach dem Ende des Schauturnens den Kommers. Die Pausen zwischen den einzelnen Darbietungen füllten »nationale Chorlieder« und Vorträge der Sängerriege. Für die musikalische Begleitung des Festes war die Kapelle des *Ersten Militär-Veteranen- und Kriegervereines* zuständig. Das erst gegen Mitternacht zu Ende gegangene Fest wurde von Helletzgruber dann unter nochmaligem Verweis auf die »nationale« und »volkserzieherische« Bedeutung des Turnens geschlossen. Worauf der »nationale Geist« der Veranstaltung durch das Absingen des ›Bismarckliedes‹ und der ›Wacht am Rhein‹ bekräftigt wurde.

Deutschnationale Festkultur zwischen »völkischer Arbeit« und »Vergnügen«

Welche Vorstellungen sind es, die insbesondere die deutschnational domininierten Vereine wie *Sängerbund* oder *Liedertafel Frohsinn*[68] über ihre großangelegten Faschingsfeste, deren Wiederentdeckung sie um die Jahrhundertwende feierten, verbreiteten?

In diesem Teil ihrer Festkultur entwarfen die Deutschnationalen den geschichtlichen Prozeß als beständige, immerwährende Auseinandersetzung. So wurde die Linzer Bevölkerung etwa im Rahmen des am 1. Februar 1901 vom *Sängerbund* veranstalteten Faschingsfestes, das den Titel »Das XIX. Jahrhundert« trug, dazu angehalten, sich soziale Kollektive und große »Einzelpersönlichkeiten« der deutschen Geschichte als Vorbilder für den Faschingsumzug zu wählen. Als Tiroler Bauern, Andreas Hofer, Deutsche Burschenschafter, Turnvater Jahn, Handwerksburschen, Bürgergarden usw. verkleidete LinzerInnen sollten sich am Festzug zum *Kaufmännischen Vereinshaus* beteiligen. Die Festdramaturgie sah vor, die als geschichtsmächtige Gestalten kostümierten TeilnehmerInnen innerhalb des Festzuges durch eine, das deutsche Volkslied (»eine lichte Mädchengestalt«) symbolisierende Linzer Bürgerin miteinander zu verbinden. Sie sollte sie, in der Mitte der Festgruppen stehend, auf ihrem Weg (»Der Strom der Geschichte«) zum *Kaufmännischen Vereinshaus* begleiten.

Über die symbolischen Formen der Kunst und der Kultur wurden also soziale Kollektive und herausragende Persönlichkeiten miteinander vereint. Die Anordnung des Festzuges symbolisierte gleichsam eine Attacke auf den jenseits einer gemeinsamen Kultur und Sprache errichten multiethnischen Habsburgerstaat, dessen Repräsentanten, eben weil sie sich nicht um die Aufrechterhaltung, Bewahrung und Erinnerung des gemeinsamen deutsch-kulturellen Erbes kümmerten, der Boden politischer Legitimation entzogen werden sollte. Wiewohl das Volkslied, im Rahmen des Festzuges, erst am Anfang des gewaltigen »Siegeszug der deutschen Kunst« stand. »Gretchen und Melitta, Sappho und Maria Stuart treten in den Saal (...) Lohengrin, Tannhäuser, Siegfried und Hagen, und, im blauen Mantel, den blanken Speer in der Hand, Wodan der Wanderer.«[69]

Die Bedrohung der kulturellen Identität war zentrales Thema der deutschnationalen Faschingsumzüge:

»Und nun wieder ein Zug Bewaffneter: Preußen sind es und Bayern, und in ihrer Mitte gefangene Zuaven und Turkos. Und hinter ihnen, umjubelt von allen, einen frischen Eichenkranz in der erhobenen Rechten, Schild und Schwert in der Linken, Germania, das einige Deutschland, erwacht aus langem, allzulangem Schlummer.«[70]

Und erst nachdem die auf deutsche Einheit zielenden Gruppierungen des Festzuges den Saal des *Kaufmännischen Vereinshauses* betreten hatten, strömte eine »bunte Menge« von Festteilnehmern nach. Im Gegensatz zu den zuerst genannten – die deutsche Geschichte und ihre heroischen Kämpfe symbolisierenden – Gruppierungen drückten die nachströmenden FestteilnehmerInnen über ihre Masken allerdings keinen explizit erkennbaren politischen Willen mehr aus. Es sollten als »Radfahrer und Touristen beiderlei Geschlechtes, Photographen, Automobilisten, Luftschiffer, Nordpolfahrer und Afrikareisende«[71] verkleidete LinzerInnen sein, also politisch nicht klar definierbare soziale Gestalten der modernen Gesellschaft.

Die Dramaturgie sah vor, den Festzug durch eine Gruppierung abzuschließen, die die Bedeutung des alten für das 19. Jahrhundert geltenden »völkischen« Rekrutierungsmodelles betonte. Über sie wurde gewissermaßen nochmals prägnant die politische Parole des deutschnationalen Tageskampfes, der Kampf um einen kulturell und sprachlich homogenen Staat, verdeutlicht: »(...) ein Zug von Männern: trotzige Bauerngesichter unter breiten Hüten, das Gewehr über der Schulter: die Buren.«[72]

Unter diesem Gesichtspunkt verwundert es nicht, daß die südafrikanischen Buren um die Jahrhundertwende ein starkes Identifikationsobjekt der deutschnationalen Führungsschicht bildeten. Sie ließen sich bruchlos in die deutsche Geschichte einordnen und waren darüberhinaus »wirkliche« – das heißt nicht nur auf symbolischer Ebene agierende – Vorbilder der deutschen Kampfesgeschichte. Im Rahmen des schon erwähnten, im Dezember 1899 in Wels veranstalteten Julfestes, »das den Athem der zweitausendjährigen Geschichte des deutschen Volksthumes (...) ausströmte« und bei dem Welser Honoratioren (Bürgermeister, Gemeinde-Ausschußmitglieder) anwesend waren, wurden den FestteilnehmerInnen die letzten Nachrichten »über die gewaltigen Siege der Buren« zur Kenntnis gebracht. Daraufhin brach eine »stürmische alldeutsche Kundgebung« los, in deren Verlauf die Kapelle zweimal den Burenmarsch spielte.[73]

Der *Deutsche Volksverein in Oberösterreich* veranstaltete im Dezember 1899 im städtischen Volksgartensaal eine Versammlung, die sich ausschließlich mit der »Erörterung des Freiheitskampfes der stammverwandten Buren Südafrikas«[74] beschäftigte. Die politische Lage Südafrikas wurde von einem Berliner Referenten (F. Nebel) und dem Linzer Hof- und Gerichtsadvokaten Fritz Ruckensteiner erläutert. Ruckensteiner forderte darüberhinaus eine baldige Sympathiekundgebung für die »niederdeutschen Freistaaten Südafrikas«. Die Eintrittsgelder des deutschnationalen Abends kamen einer Stiftung zugute, die sich um die »im Kriege verwundeten Deutschen«[75] kümmerte. Zur Verbreitung des »heroischen Burenbildes« trugen aber auch zahlreiche Vorträge bei. Ende Jänner 1900 hielt Ruckensteiner im *Kaufmännischen Vereinshaus* einen Vortrag mit dem Titel »Der Krieg in Südafrika«.[76] Die *Montagspost* machte auf Neuerscheinungen den »Burenkrieg« betreffend aufmerksam. So wurde etwa das im Verlag der »völkischen Buchhandlung Friedrich Schack« erschienene Buch des Südafrika-Kenners Fritz Blei heftig beworben.[77] Aber auch ein in die südafrikanischen Kampfhandlungen involvierter Wiener Arzt, der anschließend in englische Gefangenschaft geraten war, berichtete in Linz über seine Kriegserfahrungen.[78] Der am 12. November 1901 im städtischen Volksgartensalon abgehaltene »Familienabend« der *Liedertafel Frohsinn* wurde schließlich durch den ›Helden-Buren-Marsch‹ eingeleitet.[79] Darüberhinaus wurden bestimmte Aspekte des burischen »Freiheitskampfes« in der Landeshauptstadt unter reger Beteiligung der Bevölkerung nachgestellt. So veranstaltete etwa die Mannschaft der *Freiwilligen Feuerwehr* in Linz am 3. Februar 1900 unter dem Titel ›Ein Abend in Pretoria‹ einen vielbeachteten Festzug.

> »Schon der das Fest einleitende, durch die Straßen geleitete Burenzug war eine höchst interessante Gruppierung aller in dem südafrikanischen Krieg betheiligten Nationen. Da waren es vorerst Buren, Fußvolk und schneidige Reiter, gefangene, auf einem mit Fackeln beleuchteten Wagen transportierte Engländer, Ohm Krüger in seinem Gefährte, eine prächtige Burenmusik, eine Felddruckerei wahrscheinlich um sofort die lügenhaften Siegesnachrichten der Engländer zu berichtigen, ein mit Verwundeten belegter, origineller Sanitätswagen, dem sich dann Neger, Afrikander, deutsche Freiwillige, Goldsucher anschlossen. (...) Aufmärsche und Exercitien der Buren, Spiele und Tänze wechselten mit Vorträgen der wackeren Burenmusik, während im prächtig ausgestatteten Natal-Museum die Landeserzeugnisse in Kunst und Natur, die bewundernden Besucher zum gerechten Erstaunen zwangen.«[80]

Mit lauten »Heilrufen« wurde der Zug, der in das *Kaufmännische Vereinshaus* wanderte, von den Umstehenden begrüßt. In der Lustenauerstraße, vor dem Portal des *Vereinshauses*, begann »eine vielköpfige Menge« just beim »Aufmarsch der Buren« die ›Wacht am Rhein‹ zu intonieren und bewegte sich anschließend, das ›Bismarcklied‹ singend, über die Landstraße dem Stadtzentrum zu.[81]

Auch der ein Jahr später in Wels veranstaltete »Burenfestzug« erregte großes Aufsehen. Feldschmiede, Lazarettwägen, Proviant- und Transportwägen, als kriegsgefangene Engländer verkleidete Welser zogen zum Bahnhof. Begleitet wurde der Zug von »200 ganz burisch ausgestatteten Personen«, die aus der Sicht der deutschnationalen Beobachter auch »den nothwendigen Ernst zur Schau trugen«[82]. Der Präsident Paul Krüger (den ein Welser Gastwirt darstellte) wurde mit der Transvaalhymne, die die Welser Stadtkapelle einstudiert hatte, begrüßt. Der Zug bewegte sich dann nach Lichtenegg. Abschließend konstatierte die *Montagspost*:

> »Wels hat schon seit Jahren keinen so großartig arrangierten Festzug gesehen, der in allen seinen Theilen so sorgfältig durchdacht und vorbereitet war. Alle Theilnehmer beobachteten würdevollen Ernst. Die Commandanten, die sich einzelne Burenführer in der Maske zum Vorbilde nahmen, machten gute Figuren. Die Veranstalter haben alle Ursache, auf den Erfolg stolz zu sein.«[83]

Neben den genannten Vereinen waren aber auch die Studentenverbindungen ein wichtiges überregionales Kommunikationsforum der deutschnationalen Elite.[84] Viele der deutschnationalen Politiker hatten prägende Erfahrungen während ihres Studiums in Graz oder Wien in den Studentenverbindungen gemacht.[85] Im September 1897 veranstaltete etwa der akademische Verein *Germania* in Linz sein Stiftungsfest.

> »Alle Germanen, Alt und Jung, folgten mit Freuden dem Rufe der Activen zur Begehung des Stiftungsfestes, um neuerdings zu beweisen, daß die ›Germania‹ einig im Inneren, angesehen nach Außen, kräftiger denn je dastehe. Die vielen Männer, welche in dem Vereine Freundschaften für das ganze Leben geknüpft, die in ihm gemeinsam eine tüchtige, nationale Erziehung genossen hatten, feierten nach oft jahrelanger Trennung ein freudiges Wiedersehen.«[86]

Mathias Pöchmüller hielt die Festrede und ging in seinen Vortrag auf die Geschichte des Vereines ein. Er beleuchtete die Verhältnisse innerhalb der Wiener Studentenschaft und definierte die beiden hauptsächlichen Kontrahenten der national gesinnten Hochschüler: »die clericalen Muckervereine« und die »gänzlich verjudete socialistische Studentenschaft.«[87]

Heimat – literarischer Ausdruck des provinziellen Patriotismus

Kurz vor der Jahrhundertwende hatte Peter Rosegger in der von Hermann Bahr[88] gegründeten Wochenschrift *Die Zeit Die Entdeckung der Provinz* proklamiert und damit eine »scharfe Kriegserklärung« gegen die führenden Wiener Literatenkreise eingeleitet. In einer Reihe von Nachfolgeartikeln wurde das literarische Leben der Provinz thematisiert, d.h. es ging vor allem auch darum, die Provinzliteratur als würdigen Gegenstand innerhalb des literarischen Feldes durchzusetzen. Von deutschnationaler Seite wurde diese Umorientierung als vielversprechender Beginn einer »literarischen Renaissance« gefeiert, die im Frühjahr 1899 »(...) einsetzte und die literarischen Kräfte der Provinz plötzlich wie aus einem dämmernden Dasein erweckte.«[89]

Parallel dazu begannen sich die oberösterreichischen und salzburgischen Anhänger dieser Bewegung in literarischen Vereinen zu organisieren. Die Literatur und Kunstgesellschaften, die *Pan* Vereinigungen waren hier wegweisend. Die 1897 in Linz gegründete Literatur- und Kunstgesellschaft *Pan*[90], wurde zu einem wichtigen Sammelpunkt des Linzer deutschnationalen Bildungsbürgertums, dessen führende VertreterInnen das kulturelle Klima der Stadt durch ihre vielfältige Vortragstätigkeit wesentlich bestimmten. Am Ende des ersten Vereinsjahres wies der *Pan* 90 Mitglieder auf. Nach dem Vorbild und im Anschluß an die in Linz und Salzburg gegründeten Vereinigungen wurde auch in Innsbruck[91] eine *Pan* Vereinigung konstituiert. Ihrem Selbstverständnis nach betrachteten sich die Anhänger der neuen literarischen Bewegung als »modern«. Sie konzentrierten sich, aus der Sicht der ZeitgenossInnen, auf das Drama, den Roman, die Novelle und die Skizze.

Als besonders »bescheidene« und »sichere« Talente[92] galten den Linzer Deutschnationalen etwa Hans Seebach, Susi Wallner, August Streicher und als erfolgreichster Vertreter Hugo Greinz.[93]

Dieser war Schriftführer der Linzer *Pan* Vereinigung. Als Obmannstellvertreter agierte Karl Görner, der die Leitung der *Tages-Post* innehatte und dort auch für die Einführung einer »Illustrierten Unterhaltungsbeilage mit heimatkundlicher Richtung«[94] verantwortlich zeichnete. In seiner Rede anläßlich des ersten Jahresberichtes im Dezember 1898 machte Greinz nachdrücklich auf die Ziele des *Pan* aufmerksam: Die Vereinigung zielt erstens auf die künstlerische Organisation der »deutschen Alpenländer«, zweitens sollten seine ProponentInnen in Wort und Schrift für die künstlerische Selbständigkeit der Provinz eintreten. Drittens ging es darum, das »Verständnis« und »Interesse« der »breiten Masse« an literarischen und künstlerischen Fragen zu bilden, um somit viertens auch in den Provinzstädten kleine, »von Wien und dessen despotischem Einfluß unabhängige Kunstcentren zu schaffen.«[95] Den Schluß des Abends gestalteten Hugo Greinz – er brachte Dichtungen von Liliencron zur Vorlesung – und Professor v. Lychdorff, der einen seiner »beliebten humoristischen Vorträge« hielt.[96] Ab Ende des Jahres 1899 begann der *Pan* dann wöchentliche Vereinsabende abzuhalten. In seinen Veranstaltungen gedachte der Verein aber auch des »großen« gemeinsamen »kulturellen Erbes«. So wurde Anfang November 1899 im Festsaal des *Kaufmännischen Vereinshauses* eine ›Goethe Feier‹ veranstaltet.

> »Professor Dr. Thalmayr hielt die Festrede, declamatorische Darbietungen wechselten mit musikalischen, und der Besuch war ein massenhafter, – es mochten gegen 900, wirklich allen Gesellschaftsclassen Angehörige der Feier beigewohnt haben.«[97]

Im Dezember 1899 fand abermals im *Kaufmännischen Vereinshaus* die satzungsmäßige Generalversammlung des *Pan* statt, bei der Edward Samhaber und Adolf Hölzel (der im Frühjahr 1899 in Linz einen Vortrag über moderne Malerei und die ›Dachauer Schule‹ gehalten hatte) zu Ehrenmitgliedern ernannt wurden. Den Abend beendete eine »stimmungsvolle Novelle« von Susi Wallner.[98]

Susi Wallner las etwa auch im Jänner 1900 im Rahmen eines vom *Volksbildungsverein* veranstalteten Abends, bei der sie einleitend auf die Unabhängigkeit der Provinzliteratur zu sprechen kam.[99]

Die literarische Bewegung gründete darüberhinaus ihre eigenen Verlagsanstalten. Die in Linz gegründete *Oesterreichische Verlagsanstalt* war professionell organisiert. An Interessenten wurden unentgeltlich Mitteilungen verschickt, die unter anderem Biographien der betreuten AutorInnen, Rezensions-Auszüge sowie eine Vorschau auf die im Verlag demnächst erscheinenden Bücher enthielten.[100]

Die neue ›Verlagsgesellschaft‹ sollte ein »Sammelpunkt für das junge literarische Oesterreich«[101] werden; sie strebte eine eigenständige, gegenüber der maßgebenden Wiener Literatur unabhängige Linie an. Programmatisch hatte diese Wende der Schriftsteller Josef Hafner angekündigt. Sein Vortrag, den er im Rahmen eines von der Literatur und Kunstgesellschaft *Pan* im kleinen Kursaal in Salzburg veranstalteten Autorenabends hielt, lautete: »Von der Decadence zum Positivismus in der Literatur«.[102]

Es sieht so aus, als ob die Dekadenz die Methapher für die Großstadt, die schnell wechselnden literarischen Moden, die Substanzlosigkeit einer künstlichen, weil vom ›wirklichen Leben‹ getrennten Literatur ist. Neben der in Linz gegründeten *Oesterreichischen Verlagsgesellschaft* war es aber auch noch die in Leipzig verankerte *literarische Anstalt*

Schultze, die den oberösterreichischen ProvinzliteratInnen Publikationsmöglichkeiten bot. Dort wurde etwa auch die Novelle *Die alte Stiege* der oberösterreichischen Autorin Susi Wallner veröffentlicht. Die Schriftstellerin kann ebenfalls dem deutschnationalen Lager zugeordnet werden; auch sie war eine Mitarbeiterin der *Linzer Montagspost.*[103] Über eine von ihr Ende Jänner 1899 veranstaltete Lesung heißt es enthusiastisch:

> »Susi Wallner versteht es ausgezeichnet, die von Kleinlichen und Lächerlichen haftenden Einzelerscheinungen des menschlichen Alltagslebens aus dem Besonderen in das Allgemeine zu heben und ihnen auf solche Weise den Schimmer der Poesie zu verleihen. Ihre scharf und durchdringende Beobachtungsgabe erstreckt sich auf das Aeußere ebenso wie auf die letzten Gründe und Triebe des menschlichen Lebens, die ja auch im kleinsten erkennbar sind. Der Vortrag des Fräulein Wallner war lebhaft und stimmungsvoll, und das Publicum folgte demselben mit Spannung und Freude, die sich am Schlusse durch rauschenden Beifall äußerte.«[104]

Neben der *literarischen Anstalt Schultze* war außerdem noch der Leipziger *Verlag Georg Heinrich Meyer* bedeutsam. Hugo Greinz veröffentlichte dort Mitte des Jahres 1898 eine kleine Broschüre mit dem Titel *Ein Gruß nach Tirol*, worin er die literarischen Werke des Tiroler Dichters Adolf Richter würdigte.[105]

Darüberhinaus wurde im *Kaufmännischen Vereinshaushaus* am 10. März 1900 aber auch ein »Oberösterreichischer Autorenabend« veranstaltet. Im Rückblick auf eine unter gleichem Titel vor vier Jahren durchgeführte Veranstaltung, wurde die Veränderung des bislang dominanten Wahrnehmungsparadigmas konstatiert.

> »Man ist in Wien, das bisher die Centrale aller literarischen und künstlerischen Bestrebungen war zur Erkenntnis gelangt, daß dort nicht allein das Heil sei; das Wort von der ›Provinzliteratur‹, das vor Jahresfrist eine seit langem schon im Stillen lebhafte und rührige Bewegung auf einmal in den Vordergrund rückte, geht langsam aber zielsicher seiner Erfüllung entgegen.«[106]

An dem Abend waren neben Hugo Greinz und Susi Wallner auch Adolf Schwayer und Oskar Weilhart[107] in Erscheinung getreten. Nach einer programmatischen Einleitung von Hugo Greinz hatten sie zum Teil aus ihren noch unveröffentlichten Arbeiten vorgetragen. Arnold Hagenauer, der eine Rezension dieses Abends verfaßte, ging darüberhinaus auf die grundsätzliche soziale Problematik der ProvinzliteratInnen ein, denen es, weil sie eben »ferne den künstlerischen und literarischen

Centren« existierten, lange Zeit an der notwendigen sozialen Anerkennung gefehlt habe. Seine Klage erscheint solcherart als Übersetzung einer strukturellen Schwäche der Provinz: In ihr reflektiert sich sowohl der geringe Grad an kultureller Ausdifferenzierung als auch die geringe Möglichkeit, ein Publikum zu finden.

> »Wer ferne den künstlerischen und literarischen Centren lebte, ohne Verbindungen, ohne persönliche Bekanntschaften blieb, zählte nicht nur in der Großstadt selbst, sondern gerade in der Provinz zu den völlig Unbekannten. Es ist ja der alte Fehler der Kleinstadt, daß sie in ihren Mauern kein Talent dulden will, daß sie sich dasselbe immer hundertmal lieber von außenher verschreibt, daß sie nie an das glauben will, auf das sie ein Recht hätte stolz zu sein. Daher mußten die Provinzliteraten, wollten sie zur Geltung gelangen, nicht nur der alles beherrschenden Clique der Residenz gegenüber geschlossen auftreten, sondern vor allem daheim den Krieg führen gegen Mißtrauen und Theilnahmslosigkeit, gegen die Spottsucht und die Zöpfigkeit derer, auf die sie naturgemäß sich eigentlich stützen zu müssen glaubten. Also Kampf auf allen Seiten.«[108]

Die ProvinzliteratInnen waren daher in vielen Fällen auf ihren bürgerlichen Beruf angewiesen, der ihnen ihre Existenz sicherte. Als ein extremes Beispiel kann der Linzer Amts- und Stadttierarzt, Josef Deutl, gelten, der vor allem durch Stelzhamers Schriften zur Mundartdichtung angeregt wurde. Seine künstlerischen Energien verwandte er unter anderem darauf, die »germanische Mythologie« in die Mundart »der heimatlichen Gaue« zu übersetzen.[109] Eines seiner Gedichte ließ die Staatsanwaltschaft im September 1898 wegen Majestätsbeleidigung beschlagnahmen; in dem folgenden Prozeß wurde Deutl von Carl Beurle vertreten.[110]

Um die Jahrhundertwende gelingt es den Deutschnationalen also, die Kunst des eigenen Lebenskreises (auch des ländlichen Umfeldes) im urbanen Raum durchzusetzen. Es ist das Produkt eines Kampfes um kulturelle Hegemonie und stellt eine »wahre Erfindung« der Jahrhundertwende dar. Die Förderung der Heimatkunst, die Ressentiments gegen die Metropole, gegen die Autonomie der Kunst, gegen die dort weit vorangeschrittene Entkoppelung von den praktischen Vollzügen des Alltags, bilden unter diesem Gesichtspunkt wesentliche Elemente eines paranazistischen Substrates von breiten Teilen der urbanen bildungsbürgerlichen Elite.

In seiner – zuerst schon genannten – Besprechung des Vortragsabends machte Hagenauer darüberhinaus darauf aufmerksam, daß es lange gedauert hätte, bis sich die führende Provinzpresse dazu entschlossen hätte, Worte der Unterstützung für die »schaffenden Landsleute« zu finden.[111] Außerdem konstatiert er, daß die Besinnung auf die Provinzliteratur dann doch erst ihren wesentlichen Impuls aus der Metropole Wien und anderen reichsdeutschen Städten erhalten habe. Erst als Hermann Bahr für die Provinzliteratur vehement »Propaganda« zu machen begann und man insbesondere in den reichsdeutschen Hauptstädten auf die österreichische Provinzliteratur aufmerksam wurde, sie dort gewissermaßen unter dem Etikett der »Heimatskunst« zu subsumieren begann, »erinnerte man sich daran, daß man zu Hause auch so etwas finden könne, wie Kunst und Literatur, wenn man sich entschlöße, ein wenig darnach zu suchen.«[112]

Hermann Bahr hielt tatsächlich Anfang Dezember 1899 in Linz im *Kaufmännischen Vereinshaus* einen Vortrag über »Wiener Literatur«.[113] Es war die angeblich bestbesuchte Veranstaltung der Saison, und Bahr wurde zur dominanten literarischen Erscheinung stilisiert.

> »Früher war er ein Einzelner, der im Widerspruch mit allen war, heute hat er es so weit gebracht, daß ihm eine Schar von Literaten jedes Wort nachbetet, jede Wendung nachzumachen sucht. Als solcher sprach er gestern im ›*Kaufmännischen Verein*‹ zu uns, als ein Ausgeglichener, als ein Reifer. In diesen zehn Jahren des Kampfes ist er zu unserem ersten österreichischen Literaten geworden, auf den die literarische Jugend allerorten hört.«[114]

In seinem Vortrag erläuterte Bahr, daß die Wiener Literaten in eine Sackgasse geraten seien; auf einen Standpunkt also, der »die Manieriertheit bedingt«, und aus der heraus ihnen nur die Provinz helfen könne. Mit Genugtuung wurde in der Rezension des Abends auch festgehalten, daß Bahr in einer dem Vortrag folgenden Kontroverse vehement für die Unterstützung der jungen oberösterreichischen LiteratInnen eintrat und dezitiert die Rückbesinnung auf die eigenen Leute und ein Ende des nach Wien gerichteten Blickes verlangte. Bahr gab der literarischen Bewegung durch seinen Vortrag somit entscheidende Impulse.

Gleichwohl blieb die Aufnahme Bahrs in Linz durchaus ambivalent; einerseits ließ sich die von ihm auf literaturtheoretischer Ebene postulierte »Gleichwertigkeit« der Provinz mit der »Metropole« im Rahmen deutschnationaler »Erweckungsphantasien« gut instrumentalisieren. Andererseits provozierten seine literarischen Arbeiten, insbesondere seine im Linzer Landestheater gezeigten Bühnenstücke, heftige Kontroversen. Besonders sein Stelzhamer-Stück (*Der Franzl. Fünf Bilder eines guten Mannes*) war dann doch zu sehr gegen den provinziellen Patriotismus gerichtet. Bahr wurde vorgeworfen, eine zu große »dichterische Freiheit« (eine zu große Autonomie) in der Aneignung des Stoffes bewiesen zu haben, sich über historische Wahrheiten hinweggesetzt und »notorische Unrichtigkeiten« in die Welt gesetzt zu haben. Die deutschnationale Kritik reduzierte Bahrs literarische Intention auf einen bloßen »Effect«: Sein Werk sei ausschließlich für den Theatermarkt geschrieben, es diene dazu, »den Namen Hermann Bahr zu verherrlichen«.[115]

Programmatisch zielte die literarische Bewegung auf die Schaffung einer »Heimatskunst«; sie sollte von neuen ästhetischen Grundlagen ausgehen. Alles »Rückständige und Schablonenhafte« sollte zum Verschwinden gebracht werden.[116]

> »Gewiß, Kunst ist Kunst, ob sie ihre Stoffe dem Leben der Großstadt oder dem Boden der Provinz entnimmt, aber die einzelnen Strömungen innerhalb des großen Beckens werden doch von zu verschiedenen Quellen gespeist, um sich zu einem harmonischen Kreislauf vereinigen zu können.«[117]

Im Mai 1900 kam es in Linz dann zu einem überregionalen Treffen der jungen literarischen Bewegung. Im Rahmen dieser Literaturtagung entwickelten die SchriftstellerInnen aber auch den Plan, zukünftig jährlich einen Schriftstellerkongreß zu veranstalten, der jeweils in einer österreichischen Provinzhauptstadt stattfinden sollte. Der Schriftstellertag trieb die Einigung jener nationalgesinnten DichterInnen voran, die für die »Renaissance unserer heimatlichen Dichtung«[118] eintraten. In der Bauernstube des Linzer Landesmuseums verbündeten sich dann »die Alten« mit »den Jungen« über die Literatur in der »Liebe zur Heimat«.[119]

»Heimat« und »Heimatkunst« sind somit die die aufeinanderfolgenden Generationen übergreifenden Topoi. Über das symbolische Konstrukt »Heimat« konnte die Dynamik des gesellschaftlichen Wandels, die ökonomische und kulturelle Modernisierung, die aus deutschnationaler Sicht mit ethnischer »Vermischung« und dem Verlust der politischen Vorherrschaft verbunden war, kalmiert werden. »Heimat« war somit ein literarischer Ausdruck für den die deutschnationalen Führungseliten treibenden provinziellen Patriotismus. Die kulturellen Produkte, insbesondere im Bereich der Literatur, zielten also auf jene Gegenstände, die eine große Statik implizierten. Das heißt, sie konzentrierten sich auf die Schilderung der kleinstädtischen Verhältnisse aber auch auf die »Natur«: Paradigmatisch für letzteres war wohl der ›Böhmerwald‹.[120]

In der Heimatkunstbewegung gewinnt der Dialekt und über ihn die »spezifische Eigenheit«, die »Unverwechselbarkeit«, das distinktive Moment der provinziellen Lebensräume besondere Bedeutung.[121] Der Dialekt ist das unmittelbar mit dem praktischen Leben verflochtene Ausdrucksmedium. Durch den Dialekt tarnt sich die Kunst als nicht vom Leben getrennter Praxisvollzug. Es sieht so aus, als ob insbesondere die aus der Provinz stammenden DialektautorInnen der Jahrhundertwende damit die Trennung zwischen der für die autonome künstlerische Produktion der Metropole konstitutive Kluft zwischen »Kunst und Leben« (die eine eigene nur für die »Eingeweihten« als solche erkennbare literarische Sprache konstituiert) aufheben wollten. Der Dialekt signalisiert darüberhinaus Verbundenheit mit der Region, dem »Boden«, der »Scholle«, dem »tätigen Volk«.

Die Kunstausstellung

Aber nicht nur im Bereich der Literatur findet sich dieser provinzielle Patriotismus; auch im Bereich der Bildenden Kunst war diese Strömung tonangebend. So wurde die 45. Jahresausstellung des *Oberösterreichischen Kunstvereines*, die im Juli 1897 in den Sälen am Pfarrplatz eröffnet wurde, seitens der Deutschnationalen einer heftigen Kritik unterzogen. »Ziemlich unberührt von den neuzeitlichen Kunstströmungen,« hieß es da, »in idyllischer Ruhe, nur hie und da durch die neugierigen Blicke der spärlichen Besucher gestört, und im Conservatismus der guten alten gemüthlichen Maler stille stehend, waltet der Geist der bildenden Kunst in den paar Sälen am Pfarrplatz. Blumen, Blumen, nichts als Blumen (...).«[122] Aber auch die Stilleben, »in ihrer harmlosen, keine Seele beleidigenden Unschuld« werden attackiert: »Bild Nr. 8: Ein Krug, ein Fächer, drei Limoni, Nr. 7: Ein Krug, vier Aepfel (...).«[123]

Weniger die Art der Darstellung, der Versuch einer getreuen Abbildung der Natur, war es, die die deutschnationale Kritik herausforderte, als vielmehr das zu wenig auf »ethisch-nationale« Erweckung zielende Ausstellungskonzept.

Ansätze zu diesem Konzept skizzierte Lychdorff dann im April 1898 bei einem vom *Oberösterreichischen Kunstverein* im landschaftlichen Redoutensaal veranstalteten Vortragsabend. Sein Vortragstitel lautete *Die bildende Kunst im 19. Jahrhundert.* In der Ankündigung dieses Vortrages bezeichnete die *Montagspost* die Bildende Kunst als vom Staat vernachlässigtes »Stiefkind unserer Pädagogik«. Aus deutschnationaler Sicht wurde die Bildende Kunst »wie etwas Unnützes, wie eine unangenehme Last, die man zu schleppen hat«[124] behandelt. Verlangt wurde, daß insbesondere die Malerei und die Plastik »kein Privilegium einer modemäßigen Unterhaltungsgesellschaft«[125] bleiben dürften, wenn ein »ethisch nationales Ziel« durch die Kunstpflege realisiert werden solle.

Eines der wenigen Bilder, das bereits im Rahmen der vorjährigen Ausstellung positiv bewertet worden war, stammte von der einheimischen Künstlerin Michaela Pfaffinger.[126] Über ihr Werk heißt es: »Ihre Porträts, besonders das des Musicdirectors August Göllerich, zeigen einen feinen, das Charakteristische glücklich treffenden Künstlersinn.«[127] Daneben wurde aber auch ein Gemälde von Ludwig Dettman hervorgehoben:

> »(...) dem Schöpfer des unsagbar poetischen ›Deutschen Volksliedes‹ und so vieler anderer, stets von hellem, freien Licht überflossener Gemälde, die Dettmann den Rang eines der hervorragenderen unserer modernen Maler verliehen. Dieses eine Bild weckt ganz münchnerisch-secessionistische Gefühle in uns und wir danken es dem Kunstverein, daß er uns diese Freilicht-Phantasie nach Linz gebracht hat.«[128]

1898 wurde die Kunstausstellung dann erstmals im *Steineren Saal* des Landhauses veranstaltet. Im Gegensatz zur vorjährigen Ausstellung fanden die Deutschnationalen aber diesmal äußerst lobende Worte für die ausgestellten Exponate:

> »Die Werke von Delug, Kallmorgen, Deffreger, Dettmann (...), Thiele, Gentz, Döring fesseln in erster Linie die Blicke der Beschauer. 253 Nummern enthält der Katalog, es genügt daher der einmalige Besuch nicht um all das Schöne zu finden, was hier in überreicher Zahl vorhanden ist.«[129]

Eine Debatte um die Zusammensetzung des Wiener Kunstrates

Ganz heftig bewegte die politischen Eliten zu Beginn des Jahres 1899 dann auch die Einrichtung eines Kunstrates beim »Ministerium für Cultus und Unterricht«. Grundsätzlich wurde die Verbindung zwischen der staatlichen Macht und den kulturellen Experten (aus verschiedenen Sparten) begrüßt, polemisiert wurde allerdings gegen die projektierte ethnische Zusammensetzung des *Kunstrates*.[130] Gerade aus deutschnationaler Sicht – unter dem Gesichtspunkt der durch Kunst möglichen Nationalisierung und Erziehung der Massen – wurde die Schaffung dieses Gremiums begrüßt. Nun endlich hätte der österreichische Staat die nationale Bedeutung der Kunst erkannt. Als Beispiel einer offensiven Kunstpolitik galt Frankreich, das auf dem Gebiet der Kunst und der Kunstindustrie eine lang andauernde Hegemonie errichtet hätte. Schließlich wurde auch die ökonomische Bedeutung der Kunst am Beispiel Frankreichs skizziert: »Paris dictierte dem Weltmarkt die Gesetze, ungezählte Millionen flossen dem Lande zu.«[131]

Erst durch die Deutsche Einigung sei es schließlich gelungen, die herrschende Stellung Frankreichs auf dem Gebiet der Kunst und Kultur zu brechen. Aus deutschnationaler Sicht endete damit nicht nur die politische, sondern auch die kulturelle Hegemonie Frankreichs. Düsseldorf, Berlin und vor allem München hätten so in den Rang bedeutender Kunststädte aufrücken können. Ganz anders hingegen sei die Entwicklung in der multiethnischen Habsburgermonarchie verlaufen. Hier hätte der »Kampf gegen das Deutschthum« das Voranschreiten der Kultur und der Kunstindustrie entscheidend geschwächt.

> »Die Zeiten, wo ganz Europa voll Bewunderung auf Wien blickte, wo Hans Makart seine rauschenden Farbensymphonien schuf, (...) diese Zeiten sind für immer vorüber.(...) Fremde Einflüsse zersetzten langsam aber sicher unsere nationale Kunst, eine Stütze nach der anderen fiel.«[132]

Ende Jänner 1899 hatte die *Wiener Zeitung* die Nachricht verlautbart, daß der Kaiser das Statut eines *Kunstrates* beim ›Ministerium für Cultus und Unterricht‹ genehmigt hätte. Die personelle Zusammensetzung des neugeschaffenen Gremiums trieb allerdings die Debatte voran. Der Minister hatte 44 Personen für eine 5jährige Funktionsperiode ernannt. 26 Mitglieder kamen aus Wien, 9 aus Böhmen, 5 aus Galizien, 2 aus der Steiermark und schließlich 2 aus Tirol. Die übrigen Länder – darunter Oberösterreich und Salzburg – waren somit durch keine einzige Persönlichkeit im *Kunstrat* vertreten. Die Aufgaben des *Kunstrates* bestanden in der Ausschreibung staatlicher Kunstaufträge und Konkurrenzen, der Durchführung von Kunstankäufen bzw. ihrer Zuweisung. Darüberhinaus konnten Kredite für Kunstsachen, aber ebenso Stipendien an bildende KünstlerInnen und KunstforscherInnen vergeben werden; im *Kunstrat* wurden schließlich auch allgemeine Fragen des Musealwesens behandelt. Die Deutschnationalen machten nun die Abwesenheit eines oberösterreichischen Vertreters – jenem Oberösterreich, das sie als »eines der bestcultiviertesten Länder der Monarchie« und »eine der steuerkräftigsten Provinzen« betrachteten – zum entscheidenden Punkt ihrer Agitation, zumal in ihrem Wahrnehmungshorizont die Landeshauptstadt bisher ohnehin am Rand der staatlichen Unterstützungen für Kunst und Wissenschaft angesiedelt war. »Wir haben trotz der hohen Bevölkerungsziffer von Linz keine Hochschule, ja wir sind nicht einmal imstande eine Gewerbeschule zu erreichen.«[133]

Befürchtet wurde also, daß der *Kunstrat* – angesichts seiner ethnischen Zusammensetzung – kaum zur finanziellen Unterstützung der oberösterreichischen Kultur beitragen würde. Und so entwickelten die Deutschnationalen das »Schreckensszenario«, daß die staatlichen Dotationen und Aufträge nach Böhmen und Galizien wandern würden, »den Weg« – so heißt es polemisch – , »den alles Geld bei uns mit Vorliebe nimmt.«[134] Hinzu kam, daß kurz vor der Jahrhundertwende in Oberösterreich mehrere künstlerische Projekte diskutiert wurden, die nur durch die finanzielle Förderung des Staates eine Realisierungschance hatten. Zu diesen künstlerischen Großvorhaben zählten vor allem die in Planung befindlichen – und durch freiwillige Spenden teilweise bereits fundierten – Denkmäler für den Literaten und »Schulmann« Adalbert Stifter[135], den »Tondichter« Anton Bruckner und den oberösterreichischen »Heimatdichter« Franz Stelzhamer[136]. Aber auch konkrete Pläne zur baulichen Umgestaltung des Linzer Landestheaters lagen vor.[137] Die Diskussion erfolgte schließlich vor dem Hintergrund der Einschätzung, daß keine andere österreichische Landeshauptstadt mit Denkmälern der Kunst oder Architektur durch den Staat bisher so »stiefmütterlich« bedacht worden sei, wie Linz. Welche Beispiele boten die Deutschnationalen nun für den »Kunstsinn« Oberösterreichs und seiner Landeshauptstadt auf?

Zunächst wurde auf die kulturelle Bedeutung des Linzer Landestheaters unter der aufgeklärten Führung des neuen Direktors, Alfred Cavar, verwiesen, der, im Gegensatz zum rein ökonomischen Interesse seines Vorgängers, wiederum die Pflege der deutschen Klassiker forcierte und sich darüberhinaus auch an die künstlerisch schwierige Aufführung der Wagnerschen Opern wagte.[138] Zugleich wurde auf die mit der künstlerischen Umorientierung des Direktors verbundenen strukturellen Schwierigkeiten hingewiesen: »Wenn Cavar eine Wagner'sche Oper oder ein Hauptmann'sches Drama aufführt, so ist das Theater zum Brechen voll – der Director aber kann nicht einmal auf seine Selbstkosten kommen, weil der Fassungsraum des Theaters zu klein ist.«[139]

Als zweites Beispiel wurde die Gemäldeausstellung des *Oberösterreichischen Kunstvereines* angeführt:

»Wir haben heuer eine Gemälde-Ausstellung gehabt, welche uns die besten Werke der zeitgenössischen Künstler vorführte, im Steinernen Saal gab es oft ein Gedränge, daß man sich kaum durchwinden konnte. Unsere Mädchen und Frauen stehen an allgemeiner und ganz speciell an gründlicher Schul- und Herzensbildung thurmhoch über den Damen der polnischen Schlachta.[140]

Drittens wurde schließlich auf den kulturellen Impuls verwiesen, der nicht nur Linz, sondern ganz Oberösterreich aus den Veranstaltungen des *Musikvereines* erwachsen sei: »An den Concerten des Musikvereines, welche Meister Göllerich leitet, betheiligt sich das ganze Land – Kunstsinn ist daher in Oberösterreich genügend vorhanden.«[141] Der Artikel schloß dann in einem Aufruf an alle politischen Verantwortlichen, ein gemeinsames Vorgehen zu entwickeln, um eine Veränderung hinsichtlich der Zusammensetzung des *Kunstrates* zu erreichen. Pathetisch heißt es am Schluß:

»Wir ringen um eine heillge Sache, die Kunst ist die edelste Blüte der menschlichen Cultur, sie zu unterstützen und zu pflegen ist der besten Anstrengung wert.«[142]

Antisemitismus: Gegen die Trennung der Ökonomie vom »Volkstum«

»Das Linzer Straßenbild war in den letzten Tagen in unerfreulicher Weise durch den Anblick zweier unverfälschter polnischer Originaljuden bereichert. Mit schmutzigem Kaftan und schön gelockten Beikes zog das seltsame Paar durch die Straßen – ein lebendiger Aufruf zum Antisemitismus. Hoffentlich haben die erstaunten Blicke, denen die unbehaglichen Gäste begegneten, ihnen die Ueberzeugung beigebracht, daß die Linzer nicht das mindeste Bedürfnis nach einer Vermehrung der hiesigen Judencolonie haben.«[143]

Aus deutschnationaler Sicht gehörten die Juden zwar einem »Volk« an, sie verfügten jedoch über kein eigenes Territorium und bildeten daher die extremste Antithese zum provinziellen Patriotismus. Die »Ostjuden«[144] waren für die Deutschnationalen bedrohlich, gewissermaßen »vormodern«, weil sie noch jenseits einer auf gemeinsamer Kultur, Sprache und Staat gegründeten Nation, in frühen Formen der sozialen Integration, wie Verwandtschaft und Religion, »gefangen« seien. Sie waren ausgeschlossen von politischer Macht, hatten keinen privilegierten Zugang zur Bildung, und sie verfügten über keinen eigenen Staat. Diese abstrakten Kategorien des deutschnationalen Tageskampfes erlangten im äußeren Habitus der beiden – im Sommer 1897 über die Linzer Landstraße spazierenden »Ostjuden« – ihre »lebendige« Anschaulichkeit. Ihre Erscheinung verkörperte somit aber auch eine mögliche Zukunft; eine Zukunft, die dann Realität werden konnte, wenn dem deutschnationalen Projekt und seiner anvisierten Einheit, kein politischer Erfolg beschieden war. Das »Ostjudentum« wirkte innerhalb des deutschnationalen Lagers folglich als extrem negativ besetzter Referenzpunkt der anvisierten »völkischen« Einheit.[145] In der Konstruktion des sozialen Ausschlusses kehrten, in umgekehrter Evaluierung, die das deutschnationale Denken strukturierenden Kategorien wieder. Im September 1898 berichtete die *Montagspost* unter der Überschrift »eine nette Gesellschaft«:

> »Während des Abendbummels so zwischen 5 und 7 Uhr macht sich auf der Landstraße eine recht nette Gesellschaft in aufdringlichster Weise bemerkbar. Eine Vollblutjüdin, erkennbar an den äußerlichen Merkmalen dieser edlen Rasse, wandelt in Begleitung zweier Kindswägen schiebenden Dienstboten auf der zu dieser Zeit sehr belebten Landstraße auf und nieder und belästigt die Passanten dadurch, daß sie mit ihren Dienstboten fortwährend in der aufdringlichsten und frechsten Weise Tschechisch spricht. Wir rathen dieser Person, ihre tschechischen Wanderfahrten auf der Landstraße bald einzustellen, sonst wird man dieser tschechisch-jüdischen Provokateurin bald unsanft in Erinnerung bringen, daß sie sich in einer deutschen Stadt befindet, in der sie ohnehin nur ungern gewährtes Gastrecht besitzt.«[146]

Die Vorstellung, in einem Staat so wenig politische Macht und kulturellen Einfluß zu besitzen, daß man in den Status eines vorübergehenden »Gastrechtes« gedrängt wird, traf einen Grundpfeiler deutschnationaler Angstprojektionen. Noch provokanter war allerdings die Tatsache, daß die hier beschriebene Jüdin mit ihren DienstbotInnen tschechisch sprach und somit öffentlich bekundete, sich keineswegs dem »Diktat der rein deutschen Stadt« zu beugen. Während die Konstruktionen des provinziellen Patriotismus also einerseits das »Bild« der »keuschen Frau« bemühten, um die eigenen »tugendhaften« Ziele zu demonstrieren (vgl. etwa die Rede von der »Allmutter Germania«), wurde die Denunziation von Frauen »fremder Nationalität« immer auch dazu benutzt, die Grenzen der eigenen »völkischen Gemeinschaft« zu definieren.[147]

Hinzu kam, daß die in der ökonomischen Sphäre tätigen jüdischen HändlerInnen für die Deutschnationalen aber auch ein Symbol für eine fortgeschrittene, von »deutsch-völkischen Sinnhorizonten« weitgehend abgespaltene berufliche Tätigkeit, repräsentierten. Angesichts einer Debatte um die Zusammensetzung der ›Linzer Tramway‹ hieß es, in einer gegen das *Linzer Volksblatt* gerichteten Stellungnahme:

> »(...) Oder würde es das ›Linzer Volksblatt‹ lieber sehen, wenn die Aufsicht über ein so wichtiges locales Unternehmen, wie es die Linzer Tramway ist, statt den Händen der Herren Dr. Beurle, Huster, Vicebürgermeister König u.s.w., den Händen auswärtiger jüdischer Capitalisten anvertraut wäre, welchen an den Bedürfnissen der Bevölkerung nichts gelegen ist?«[148]

Juden wurde »geschäftliche Gesinnungslosigkeit« unterstellt, weil sich ihre wirtschaftlichen Praktiken ausschließlich – jenseits der »Bedürfnisse« der »völkischen Gemeinschaft« – an ökonomischer Maximierung orientierten.

> »Ebenso wie die Juden mit katholischen Kirchengeräthen schachern, wenn dabei ein Profit herausschaut, so beginnen sie jetzt auch die deutschnationale Bewegung im Volke für ihren Geldbeutel auszunützen. Schon längst werden ›deutschnationale‹ Cigarettenspitzen, Abzeichen von jüdischen Firmen in Handel gebracht.«[149]

Darüberhinaus wurden insbesondere den »Handelsjuden« »Schwindelpraktiken« zugeschrieben. Ein »deutscher« Gemischtwarenhändler aus Münzkirchen, den ein jüdischer Vertreter bei der Unterfertigung eines Bestellscheines angeblich betrogen hatte, wurde als mahnendes Beispiel zitiert:

> »Und so geht's jedem Gemischtwarenhändler, der von Al. Berger & Co. etwas bestellt und dabei einen Bestellschein unterfertigt. Beweise für auf solche Weise verübte Schwindlereien könnte man in Oberösterreich mehr als genug erbringen.«[150]

Diese spezifische Form der Denunziation wurde übrigens auch von Carl Beurle im oberösterreichischen Landtag – im Zusammenhang mit der Diskussion um die Besetzung des Landesschulrates – eingesetzt.[151] Den mangelnden Integrationswillen der jüdischen MitbürgerInnen brachte er mit der unveränderlichen Dominanz der Juden im Bereich des Handels in Zusammenhang. Die »Mehrzahl des Judenthums« sei auch zur Jahrhundertwende nach wie vor dem »Schacher« verhaftet; der Zusammenbruch des volkswirtschaftlichen Aufschwunges in den 70er Jahren des

19. Jahrhunderts sei dem »Gründungsschwindel« geschuldet, in dessen Verlauf »jüdische Spekulanten« dem »Volk« wertlose Aktien verkauft und es somit um »seine Ersparnisse« betrogen hätten. Innerhalb des wirtschaftlichen Verwertungsprozesses schrieb Beurle der Figur des Juden eine »überflüssige« Zwischenposition zu; jüdische Familien hätten sich gewaltsam zwischen die »deutschen Produzenten« und die »deutschen Konsumenten« geschoben und dominierten insbesondere in vielen Orten Niederösterreichs die lokalen ökonomischen Netzwerke.[152] Auch in Oberösterreich ortete Beurle nun solche Tendenzen.

> »Auch bei uns kommt die Mödlinger Schuhfabrik herein, auch bei uns kommt der jüdische Reisende immer häufiger in das Land, der israelitische Händler, der zu Schleuderpreisen arbeitet, weil ihm das Material der Ausverkäufe und von Concursmassen zugebote steht. Der überschwemmt das Land und schädigt die ansässigen Concurrenten.«[153]

Die in der *Montagspost* vorgetragenen Angriffe richteten sich aber auch gegen eine jüdische Firma, die einen »patentierten ›deutschnationalen‹ Sonnenschirm mit eingestickten Kornblumen«[154] auf den Markt gebracht hatte. Die den Juden in diesem Zusammenhang unterstellte »Gesinnungslosigkeit« erscheint somit als Übersetzung einer die moderne Wirtschaftsweise kennzeichnenden instrumentellen Rationalität. Demgegenüber arbeiteten die Deutschnationalen daran, die wirtschaftliche Sphäre wieder in eine »völkische Ganzheit« – unter die »Bedürfnisse des deutschen Volksstammes« – zu integrieren. Dies wird auch an jenen in der *Montagspost* veröffentlichten Aufrufen deutlich, die sich explizit an »deutsche Frauen« und »deutsche Männer« richteten und diese dazu aufforderten, nur »deutschen Gewerbefleiß« und »deutsches Handwerk« zu unterstützen.[155] Gefordert wurde die praktische Realisierung des Grundsatzes: »Deutsche zu Deutschen«. Im Dezember 1898 etwa heißt es:

> »Volksgenossen! Aus Anlaß der bevorstehenden Weihnachtsfeiertage richten wir an Euch die Bitte, alle Einkäufe nur bei Deutschen zu besorgen. *Kauft Christgeschenke nicht bei Juden!* Berücksichtigt bei Euren Einkäufen, wenn möglich die in unserem Blatte angekündigten Geschäfte.«[156]

Die deutschnationalen Agitationen zielten darüberhinaus auch auf die »Besiegung« der vermeintlich bestehenden »unsoliden jüdischen Schmutzconcurrenz«.[157] Der jüdische Möbelhändler Spira wurde symbolisch denunziert. Ihm wurde unterstellt, mehrmals täglich Möbelstücke die Landstraße auf und ab ziehen zu lassen, um so einen zusätzlichen Werbeeffekt für seine Produkte zu erzielen.[158] Das »clericale« *Volksblatt* wurde angesichts seines »inkonsequenten Antisemitismus« angegriffen; es hatte einem »Möbel-Juden« die Gelegenheit zu einem Inserat geboten.

»Die Aufnahme eines Möbel-Judeninserates im ›Linzer Volksblatt‹ muß umso mehr verurtheilt werden, als ja gerade die Linzer Möbel-Tischlerei auf einer solchen Stufe der Vollkommenheit steht, daß das Linzer Publicum diesen Schützling des hiesigen clericalen Blattes sehr gut entbehren könnte.«[159]

Aber auch jede Ansiedlung eines jüdischen Betriebes wurde genauestens registriert, denn auch dies bedrohte das deutschnationale Streben nach Homogenität und Einheitlichkeit. So erzürnte die Deutschnationalen besonders, daß in dem »prächtigen« Haus neben dem *Kaufmännischen Vereinshaus* nunmehr auch noch das letzte freie Gewölbe an einen Juden vermietet worden sei.

»Es befinden sich dasselbst nun: Die Mödlinger Schuhfabrik (Juden), die Galanteriewarenhandlung Treichlinger (Jude) und die Möbelwarenhandlung Spira (Juden). Nachdem sich auch auf der gegenüberliegenden Seite der Landstraße eine Reihe von Judengeschäften befinden, so ist durch diese geschmacklose Besetzung des neuen Hauses jedenfalls der Einheitlichkeit der Gegend Rechnung getragen. Ob auch die übrigen Bewohner des Hauses zur unartenlose Race gehören, und ob noch weitere Räumlichkeiten als Unterschlupf für ›faine Leute‹ zur Verfügung stehen, möge bei der Hausbesitzerin erhoben werden.«[160]

Zielscheibe des deutschnationalen Antisemitismus waren darüberhinaus die jüdischen Kleinhändler in der Linzer Altstadt, die das »Eldorado der Tändler«[161] genannt wurde. So heißt es:

»(...) Wie kommen aber Passanten dazu, welche die, man muß leider schon sagen, Judengasse, Altstadt betreten, von Tändlern und Kleiderhändlern belästigt zu werden? Kaufleute, welche ihr Geschäft durch ein Portal zeitgemäß verschönern wollen, müssen Pläne anfertigen lassen und damit belegte Gesuche einreichen, um oft gegen bedeutenden Platzzins die Bewilligung zur Aufstellung desselben zu erhalten. Die Kleiderhändler und Tändler, frech wie nur Juden sein können, fragen nicht lange, hängen große Tafeln aus, die die ohnehin magere Straßenbeleuchtung noch verdecken, verstellen oft das ganze Trottoir, so daß Passanten vom Trottoir auf die Fahrbahn müssen, um ungehindert fort zu kommen. Viele Leute machen lieber einen Umweg, um solchen Belästigungen zu entgehen, wodurch mancher Geschäftsmann geschädigt wird. Es wäre deshalb angezeigt, wenn gegen diesen widerlichen Straßenhandel energisch Stellung genommen würde.«[162]

Die in der Altstadt ansässigen Juden bedrohen aus deutschnationaler Sicht also durch ihre jenseits der »deutschen Ordnung« stehenden wirtschaftlichen Praktiken die Vision einer wiederum in die »völkische Gemeinschaft« integrierbaren ökonomischen Sphäre. Paradoxerweise kreisen die deutschnationalen Versuche auch darum, im wirtschaftlichen Leben einen jenseits des individuellen Profitmaßstabes geltenden Kanon an verbindlichen »völkischen Werten« zu etablieren. Die deutschnationale Agitation war also gegen jene ProduzentInnen gerichtet, die sich in hohem Maße nach den internen Kriterien des ökonomischen Feldes (die »zersetzende Begleiterscheinung« der herannahenden modernen Zeiten) bewegten. Nicht der Konkurrenz schlechthin, wohl aber der »fremdländischen, unlauteren« Konkurrenz« galt aus deutschnationaler Perspektive der politische Kampf. Die fortschreitende Kapitalisierung sollte gewissermaßen durch eine »national-völkische« Kraftanstrengung wieder in geregelte Bahnen zurückgebracht werden; solchermaßen national (über Kultur=Sprache und Staat) überformt[163], sollten sich vor allem die kleingewerblichen »deutschen« Warenproduzenten angemessen reproduzieren können. Dieses rassistische Programm einer »völkischen Erweckung« implizierte somit notwendigerweise die »Erziehung« der Massen; es zielte auf die Beförderung der körperlichen und geistigen »Volksgesundheit«. Sprachen die Deutschnationalen einerseits sogar davon, daß das »katholische Landvolk« von jüdischen Händlern bedroht werde, so wurde andererseits den Linzer Juden vorgeworfen, ihre »faine«, »gute« und »billige« Ware den Ankömmlingen bereits am Linzer Bahnhof »mittels unlauterer Werbemethoden« aufzudrängen.

»(...) Da aber das Aufstellen von jüdischen Krambuden auf dem Bahnhofperron merkwürdigerweise nicht erlaubt ist und also die *Waren selbst* dort nicht an den Mann gebracht werden können, so gibt man den Zügen Entstiegenen, die natürlich kein anderes Bedürfnis haben, als beim Betreten der Stadt Linz gleich mit Judenerzeugnissen überschüttet zu werden, zur vorläufigen Stillung ihrer Ungeduld gleich nach dem Verlassen des Bahnhofes und weiterhin bei jedem dritten Kastanienbaum einen echten jüdischen Reclamezettel. Jene Fremden, die aus den Zeitungen gelesen haben, daß Linz eine *deutsche* Stadt, werden mitunter verwunderte Augen machen, wenn sie dann durchwegs Geschäfte anempfehlen sehen, wie Isidor Kurtz, Rosalia Rosenblum usw. An Sonn- und Feiertagen nachmittags gleicht die ganze, sonst so nette Bahnhofallee einem Jahrmarktplatze, auf dem die vielfarbigen Fetzen dieser Reclamezettel zu vielen Hunderten herumliegen. Wenn diese Art Reclame auch andere als jüdische Geschäfte beliebten, könnte man bisweilen bis auf die Knie durch ein Papierfetzenmeer waten. Aber auch so haben die Straßenkehrer an den folgenden Tagen eine Heidenarbeit und die anständigen Gewerbetreibenden tragen also auch noch die *Kosten* dieser waschechten Judenreclame. Wie schofel diese Geschäftsmache ist, ist übrigens auch dadurch gekennzeichnet, daß die Druckerei, die diese noblen Reclamezettel herstellt, nicht einmal die übliche Firmabezeichnung angebracht hat, offenbar – *schämt* sie sich.«[164]

Diese ökonomischen Tätigkeiten verletzten also aus deutschnationaler Perspektive immer auch den, mit Anspruch auf allgemeine Verbindlichkeit aufgestellten »völkischen Konsens«. Der symbolische Antisemitismus war allerdings nicht nur auf Linz begrenzt. Auch aus Wels veröffentlichte die *Montagspost* des öfteren solche antisemitischen Stellungnahmen. In einer davon heißt es:

»Unsere gottlob noch kleine israelitische Cultusgemeinde, hat eine Bereicherung erfahren. Um nicht weniger als vier Juden hat sich unser Hebräerkrätzl vermehrt. (...) sind überhaupts keine Handelsjuden, sondern Beamte, aber ebenso aufdringlich wie die Handelsjuden. Der Obergerichtspräsident, überreich an Huld, bedachte unser Bezirksgericht gleich mit vier Juden. Vier Juden auf einmal, ist zu viel – entschieden zu viel. Welch ein erquickendes Gemauschel in den Referentenzimmern und Gängen! (...) Ihr Auftreten und Benehmen bringt die Rechte in zuckende Bewegung. Daß sie überall außerordentlich kühl behandelt oder gleich entschieden abgelehnt werden, geniert die vier Semiten nicht.(...)«[165]

In diesem Fall richtete sich die Attacke gegen die Juden als Träger der staatlichen Macht. Aber auch die Entscheidung des *Steyrer Turnvereines* kurz vor Jahrhundertwende, künftig – gemäß des Braunauer Beschlußes – nur mehr Deutsche aufzunehmen, wurde begeistert begrüßt.[166] Darüberhinaus stellte die Verbindung zwischen Journalismus, »Judentum« und Liberalismus um die Jahrhundertwende einen bevorzugten Angriffspunkt des deutschnationalen Diskurses dar. Der intellektuelle, gleichsam freischwebende jüdische Journalist galt den VertreterInnen des »reinen Deutschtums« als paradigmatischer Repräsentant der Moderne, weil er sich über die »heimlichen Einverständnisse«, die impliziten Gewißheiten der provinziellen Lebenswelten, scheinbar ohne Hemmungen hinwegsetzte.

»Zur Zeit, als der Judenliberalismus in der Blüte stand und über die Presse fast ausschließlich dominierte, zog er sich den Haß der Bevölkerung hauptsächlich durch die maßlose Verlogenheit dieser Presse zu. ›Gelogen wie gedruckt‹ bewies sich damals als wahr, der Tintenjude wurde die bestgehaßte und bestverachtete Person und mit Recht: denn alle Gebiete des öffentlichen und privaten Lebens verunreinigte damals die jüdischliberale Journalistenclique mit ihrem Geifer und ihrer Verlogenheit, sie log und verleumdete (...)«.[167]

Doch um die Jahrhundertwende wurde nur mehr wenigen Medien dieser »altliberale Geist« unterstellt. Zu den Trägern dieser Gesinnung gehörte – nach deutschnationaler Auffassung – etwa der in Steyr erscheinende *Alpenbote.* Anlaß des vehementen Angriffes gegen diese Steyrer Zeitung war, daß sie sozialdemokratische Arbeiter dazu aufgerufen hatte, eine Wanderversammlung des *Deutschnationalen Vereines,* bei der unter anderem Carl Beurle auftrat, zu sprengen. Aber solchen »altliberalen« Gesinnungen räumten die Deutschnationalen innerhalb der politischen Arena kaum mehr Durchsetzungschancen ein.

»Und mag sich auch der ›Alpenbote‹ einem nationalen Vereine gegenüber noch so als wütendes Mastodon gebärden – es ist kein Mark mehr in den Knochen, und keine Gefahr mehr für die Bedrohten! Zu sehr verlangt alles, was wirklich für deutsche Gemeinbürgschaft fühlt, nach deren praktischer Bethätigung (...)!«[168]

Der Antisemitismus hinterließ aber auch in der Kunstkritik der *Montagspost* deutliche Spuren. Insbesondere dem Wiener Burg- und auch dem Deutschen Volkstheater wurde vorgeworfen, sich in der Darbietung »undeutscher und unmoralischer« Theaterstücke einen regelrechten kulturellen Wettkampf zu liefern. Anläßlich der Aufführung von Arthur Schnitzlers *Liebelei* im Linzer Landestheater heißt es:

»Arthur Schnitzler, der Dichter von Judäens Gnaden hat sich seine Sache recht leicht gemacht. (...) Die wenigen Witze dürfte er in Nachtkaffeehäusern aufgefangen haben, und mit dem Dialog, hat er sich wenig angestrengt.(...) der Zuschauer, falls er nicht zu den geistigen Sclaven der Judenpresse gehört, ist erfreut, nicht länger von dem unangenehmen, ungesunden Zug, der durch das ganze Stück in verunglückter Nachahmung des gesunden Realismus geht, belästigt zu werden.«[169]

Demgegenüber wurden auch in den Feldern der Leitkultur – neben den einheimischen KünstlerInnen – noch jene LiteratInnen und ›Tondichter‹ verehrt, die angesichts einer »von fremder Art und Bildung völlig überwucherten Epoche, (...) noch die Physiognomie des eigenen nationalen Daseins erkennen«[170] ließen. Mozarts *Don Giovanni* etwa galt den Deutschnationalen als »Oper aller Opern«.[171] Auch Heinrich August Marschners *Hans Heiling* wurde als »Kind deutschen Geistes und Humors, als Spiegelbild deutscher Deutungsart und wahren Gefühlslebens« gefeiert. Als Lieblingsoper der deutschen Nation wurde schließlich *Der Freischütz* bewertet.[172] Über Humperdincks *Königskinder* hieß es, daß die ihr zugrundeliegende Dichtung »erhebend für jedes empfängliche deutsche Gemüth«[173] wirke. Außerdem stellten die Aufführung der deutschen Klassiker einen wesentlichen Aspekt des ›völkischen Erziehungsprogrammes‹ dar.

> »Die verflossene Woche brachte uns die erste Classikervorstellung. Schillers ›Don Carlos‹ ward dazu auserwählt, und die zahlreich anwesende studentische Jugend konnte ihrer Begeisterung für die wahren Ideale ihres Lieblingspoeten stürmischen Ausdruck geben.«[174]

Den Produkten der englischen Gegenwartsliteratur wurde demgegenüber ein »Krämergeist« und »eine für ein deutsches Gemüth ungenießbare Sucht nach Exceptionellem und Ueberraschendem«[175] unterstellt. Die französische Literatur wurde als »Halbwelt-Literatur« bezeichnet; an ihr sollte »der ehrliche Deutsche (...) überhaupt keinen Geschmack«[176] finden. Grundlegend für das deutschnationale Kunstverständnis war jedoch auch der Glaube, daß sich Menschen in ihren »Tugenden und Lastern«, in ihren »Schwächen und ihren Idealen« selbst noch nach Jahrtausenden gleichen würden.[177] Angriffsfläche boten demgemäß die modernen Bühnennovitäten, die diese – aus deutschnationaler Sicht – unveränderlichen kulturellen Grunddispositionen auf vielfältige Weise unterminierten. Die Deutschnationalen setzten den »nervösen Zuständen«, den gebrochenen sozialen und personalen Identitäten der großstädtischen Literatur[178] – die unter anderem eine Transformation gesamtgesellschaftlicher Ausdifferenzierungsvorgänge darstellten –, vor allem die unversehrte Beschreibung der kleinen, überschaubaren Lebensräume, die von der Modernisierung weniger stark betroffen waren, entgegen. Das moderne literarische Szenario konnte folglich unter dem Topos des »Heimatverlustes«, der einerseits mit der Auflösung grundlegender sozialer Beziehungen und andererseits mit einem Verlust »ewig, gleichbleibender Werte« verbunden war, gefaßt werden.

»Arbeit, Pflicht, Liebe, Ehre und Familie sind leere Begriffe, für die der moderne Mensch keinen Platz hat. Der Altar des eigenen Ichs steht höher, auf ihm wird all dieser rückständige Kram geopfert. (...)«[179]

Die wenig ausdifferenzierte Provinz war nun der rechte Ort an dem diese Werte, gewissermaßen noch nicht in historische Relativität zersetzt, sondern vielmehr – »nach all den verkehrten und unverständlichen Satzbildungen der Modernen«[180] – unter Bezug auf eine »völkische Ganzheit«, in ihrem konkreten Gehalt »lebendig« gehalten wurden.

Der provinzielle Patriotismus als Variante des Nationalismus

Der im relativ homogenen urbanen Kontext ausgebildete »provinzielle Patriotismus« ist so gesehen eine spezifische Variante des Nationalismus, unter den Bedingungen des multiethnischen Habsburgerstaates. In ihrer Programmatik zielt das in seiner politischen Vorherrschaft bedrohte junge deutschnationale Bildungsbürgertum, auf eine weitgehende Kongruenz zwischen der deutschen Kultur=Sprachgemeinschaft und der übergeordneten staatlichen Macht. Folgerichtig ist die Stoßrichtung dieses provinziellen Patriotismus gegen die übergeordnete staatliche Metropole (gegen Wien als multiethnisches Zentrum) gerichtet, die aus deutschnationaler Perspektive gewissermaßen die extreme Abweichung des projektierten politischen Zieles darstellt. Die Deutschnationalen wollen also nicht nur eine durch die Organisation des Staates, durch die Zentralisierung staatlicher Gewalt bedingte ökonomische, kulturelle, juristische Überformung der Provinz und ihres urbanen Subzentrums brechen. Zumindest um die Jahrhundertwende haben sie nämlich noch die Hoffnung, daß bei absoluter Entsprechung von Kultur, Sprache und Staat auch diese Überformung allmählich weichen würde. Erst die gelungene staatliche Einheit – als idealisiertes Bild fungiert das ›Deutsche Reich‹ – stellt aus ihrer Perspektive eine weitgehende Egalität der verschiedenen Landesteile her; erst in ihr können die realen gesellschaftlichen Antagonismen, die verschiedenen sozialen Klassen durch eine offensive kulturelle Politik bzw. politische Kultur – die eben »kein Privilegium einer modemäßigen Unterhaltungsgesellschaft«[181] –, sondern den Kern der »völkischen Arbeit« darstellt, »endgültig« zum Verschwinden gebracht werden.[182] Bis dahin hat sich die »völkische Arbeit« auf die »Heimat«- im engeren Sinne – zu beschränken. Die in den verschiedenen Vereinen engagierten BildungsbürgerInnen treten folglich als »ErzieherInnen« der Massen in Erscheinung; einerseits tragen sie dazu bei, daß die heimatlichen LiteratInnen, Tondichter, KünstlerInnen überhaupt »ihr« Publikum finden, andererseits verstehen sie sich vielfach selbst als KunstproduzentInnen. So gesehen stehen die ProponentInnen des in den kommunalen Raum gewendeten Nationalismus an einer spezifischen Schnittstelle von Politik und Kultur. Ihre politische Praktiken implizieren folglich immer eine kulturelle »Erweckung«; ihre kulturellen Feste zielen auf eine politische Mobilisierung. Parallel zu dieser politischen und kulturellen Mobilisierung des »deutschen Volksstammes«, die den Kern der »völkischen Arbeit« bildet, verschärft sich die symbolische Gewalt gegen die geringe Zahl der im ethnisch und kulturell homogenen Milieu der Landeshauptstadt lebenden Minderheiten. Antisemitismus und Tschechenfeindlichkeit sind so um die Jahrhundertwende integrale Bestandteile des provinziellen Patriotismus. Insbesondere die symbolische Denunziation der jüdischen Bevölkerung gibt Anhaltspunkte dafür, daß es dem deutschnationalen Bildungsbürgertum mindestens ebenso sehr um die Rückholung der – sich verselbständigenden, unkontrollierbar werdenden – wirtschaftlichen Prozesse in die angestrebte »völkische« Ganzheit geht. Darüberhinaus läßt sich am Beispiel Linz zeigen, daß die relativ klare Arbeitsteilung im Rahmen der politischen Öffentlichkeit, allerdings nicht nur die Ausbildung eines starken – im engeren Sinne definierten – politischen Vereinswesens voraussetzt, sondern vielmehr nur im Zusammenspiel, in der wechselseitigen Verstärkung der politischen und der in das Alltagsleben wirkenden Vereine zu erreichen ist. Es sieht so aus, als ob die Schwäche der politischen Öffentlichkeit auch einen wesentlichen Faktor darstellt, der die deutschnationalen Eliten permanent dazu verleitet, die Mobilisierung des urbanen Raumes – die »völkische Erweckung« – über das Medium der symbolisch-kulturellen Formen weiter anzutreiben. Gerade den zwischen »völkischer Arbeit« und Vergnügen angesiedelten Festen des *Sängerbundes* oder der *Liedertafel Frohsinn* – kommt in diesen symbolischen Kämpfen um den herrschenden Standpunkt innerhalb des städtischen Raumes eine besondere Bedeutung zu. Diese Veranstaltungen sind allerdings nur im Zusammenhang mit anderen, den Gesichtspunkt der »völkischen Arbeit« stärker betonenden Festen, wie etwa den Aktivitäten des ›*Linzer Turnvereines*‹ oder den Volkskonzerten des *Musikvereines,* zu begreifen. Über diese Festakte präsentiert

»das Volk« – an dessen Spitze die bildungsbürgerliche deutsche Elite steht – in »vergnügter, ausgelassener Atmosphäre« unter anderem die deutsche Geschichte. Durch kulturelle ExpertInnen wie etwa Lychdorff (bildnerische Erziehung), Greinz, Wallner (Literatur), Hirt (körperliche Ertüchtigung), Göllerich (Musik) usw. sollte der »deutsche Volksstamm« mobilisiert, diszipliniert und erzogen werden.

Anmerkungen

1 Siehe dazu vor allem Michael John, Zur Migration ethnischer und religiöser Minderheiten nach Linz, unveröffentlichtes Manuskript, Linz 1996, S.99ff.; sowie ders., Land in Veränderung: Oberösterreich zur Zeit der Industrialisierung. Zu Aspekten der Wirtschaftsentwicklung, Migration und Urbanisierung im 19. Jahrhundert, in: Mitteilungen des Oberösterreichischen Landesarchivs, 16, 1990, S.313–347.

2 Programm der Deutschen Volkspartei, in: Rechenschaftsbericht über die Thätigkeit des Dr. Karl Beurle, Hof-und Gerichtsadvokaten in Linz, als Vertreters der Stadt Linz im oberösterreichischen Landtage 1890–1896, Linz 1896, S.12.

3 Ebd.

4 Vgl. Helga Embacher, Von liberal zu national: Das Linzer Vereinswesen 1848–1938, in: HistJbL (1991), Linz 1992, S.41–110.

5 Vgl. Helga Embacher, Von liberal zu national, wie Anm.4., bes. S.76; Harry Slapnicka, Oberösterreich. Oberösterreich unter Kaiser Franz Joseph 1861–1918, Linz 1982, S.259; Dr. Carl Beurle 1860–1919. Ein Lebensbild gewidmet zum 100. Geburtstag am 24. April 1960 von seiner Familie, verfaßt von Dr. Else Beurle, Linz 1960, S.23.

6 Zur Person von Carl Beurle siehe Kurt Tweraser, Carl Beurle and the Triumph of German Nationalism in Austria, in: German Studies Review IV (3) 1981, S.403–426; sowie ders., Dr. Carl Beurle – Schönerers Apostel in Linz, in: HistJbL (1989), Linz 1990, S.67–83.

7 Carl Beurle, Der Kyffhäuser (Ein Brief an den Herausgeber), in: Der Kyffhäuser. Deutsche Monatshefte für Kunst und Leben, 1. Jahrgang, 1. Heft, Linz 1899, S.2–3, hier S.2.

8 Exemplarisch dafür kann etwa die soziale Laufbahn des Linzer Hof- und Gerichtsadvokaten Fritz Ruckensteiner gelten. Fritz Ruckensteiner, Zur Familiengeschichte des alten Linzer Geschlechtes der Ruckensteiner mit Lebenserinnerungen des Dr. Fritz Ruckensteiner d. Ä., Rechtsanwalt in Linz. Allen Sippen zur Ergänzung und Fortsetzung gewidmet, Linz 1938.

9 Vgl. dazu Berthold Sutter, Die Badenischen Sprachenverordnungen von 1897 ihre Genesis und ihre Auswirkungen vornehmlich auf die innerösterreichischen Alpenländer, I.Band, Graz u. Köln 1960, S.128ff.

10 Vgl. Michael John, Migration und Multikulturalität in Österreich. Kontinuitäten und Brüche im 19. und 20. Jahrhundert, in: Ingrid Böhler u. Rolf Steininger, Hg., Österreichischer Zeitgeschichtetag 1993, 24. bis 27. Mai 1993 in Innsbruck, Innsbruck u. Wien 1995, S.197–208.

11 Zur Begriffsgeschichte der in diesem Fall zur Evaluierung der verschiedenen »Volksstämme« eingesetzten Kategorien Kultur und Zivilisation siehe Institut für Sozialforschung, Kultur und Zivilisation, in: Ralf Konersmann, Hg., Kulturphilosophie, Leipzig 1996, S.153–167.

12 Vermischtes, in: Linzer Montagpost, 24.4.1899, S.5

13 Ebd.

14 Zu dem vorerst aus drei Wahlkörpern bestehenden Linzer Kurienwahlsystem, das erst 1904 durch die Errichtung eines IV. Wahlkörpers eine Erweiterung erfuhr, siehe vor allem Kurt Tweraser, Der Linzer Gemeinderat 1880–1914. Glanz und Elend bürgerlicher Herrschaft, in: HistJbL (1979), Linz 1980, S.293–341, bes. S.295. Carl Beurles in diesem Zusammenhang im oberösterreichischen Landtag abgegebene Stellungnahme gegen ein »mechanisches, gleiches, lediglich auf der Bevölkerungsziffer aufgebautes Wahlrecht« findet sich in Dr. Carl Beurle 1860–1919. Ein Lebensbild, wie Anm.5, S.59.

15 Zum Begriff des kulturellen Feldes siehe Pierre Bourdieu, Le champ fin de siècle, in: ders., Raisons Pratiques. Sur la théorie de l'action, Paris 1994, bes. S.73ff.

16 Exemplarisch für diese Position etwa die Ausführungen des Liszt Schülers und Linzer Musikdirektors August Göllerich, Ueber musikalische Erziehung, in: Tages-Post, 25.10.1896, S.7.

17 Zur Instrumentalisierung des *Linzer Musikvereines* durch die Deutschnationalen vgl. Christian Gerbel, Linz: Politische Herrschaft und kultureller Wandel. Am Beispiel musikalischer Leitlinien 1890 und 1914, in: Reinhard Kannonier u. Helmut Konrad, Hg., Urbane Leitkulturen. 1890–1914. Leipzig-Ljubljana-Linz-Bologna, Wien 1995, S.73–121, bes. S.85.

18 Dies wird etwa an den Auseinandersetzungen um den in Linz 1904 im *Kaufmännischen Vereinshaus* auftretenden tschechischen Geiger Jan Kubelik deutlich. Siehe dazu Michael John, Die Ausschreitungen um den Geiger Jan Kubelik, unveröffentlichtes Manuskript, Linz 1996.

19 Im Bereich der Literatur findet sich diese Position am stringentesten formuliert bei: Hugo Greinz, Provinzliteratur, in: Der Kyffhäuser. Deutsche Monatshefte für Kunst und Leben, 1. Jahrgang, 1. Heft, Linz 1899, S.16–17.

20 Vgl. Reinhard Kannonier, Gesellschaftliche Moderne und künstlerische Avantgarde, in: Wolfgang Lipp, Hg., Gesellschaft und Musik. Wege zur Musiksoziologie, Berlin 1992, S.115–130; Charles Taylor, Das Unbehagen an

der Moderne, Frankfurt am Main 1995, bes. S.122ff; sowie Helmut Konrad, Zeitgeschichte und Moderne, unveröffentlichtes Manuskript, Graz 1996.

21 In seinen kurz nach der nationalsozialistischen Machtergreifung veröffentlichten Erinnerungen bringt der Linzer Hof- und Gerichtsadvokat Fritz Ruckensteiner – führendes Mitglied des *Deutschen Volksvereines* und seit 1898 Vorstand der *Liedertafel Frohsinn* – diese Orientierung folgendermaßen zum Ausdruck: » Was wäre Wien ohne die bodenfrischen Quellen, die ihm aus den Provinzen zuströmen. Um wieviel ruhiger, sachlicher und ursprünglicher ist doch die Auffassung des Landes in politischen, wirtschaftlichen und anderen Dingen, als die der jüdisch verseuchten, aufgeregten, sensationslüsternen Hauptstadt.« Ruckensteiner, Zur Familiengeschichte, wie Anm. 8, hier S.51.

22 Vgl. Brigitte Kepplinger u. Josef Weidenholzer, Die Rekonstruktion der Sozialdemokratie in Linz 1945–1950, unveröffentlichtes Manuskript, Linz 1996.

23 Der Parteitag, in: Linzer Montagspost, 18.3.1901, S.5–6, hier S.6.

24 Ebd.

25 Mittheilungen des Vereines Deutscher Bund in Oberösterreich, in: Linzer Montagspost, 21.10.1901, S.5; Kursivierung im Original gesperrt.

26 Ebd.

27 Ebd.

28 Diese Schwäche der bürgerlichen Öffentlichkeit hat Rudolf G. Ardelt in ihren Auswirkungen auf die sozialdemokratische Bewegung mehrfach beleuchtet. Rudolf G. Ardelt, Sozialdemokratie und bürgerliche Öffentlichkeit – Überlegungen zum Hainfelder Parteitag, in: ders., Vom Kampf um Bürgerrechte zum Burgfrieden. Studien zur Geschichte der österreichischen Sozialdemokratie 1888–1917, Wien 1994, S.9–36, bes. S.17ff.

29 Mittheilungen des Vereines Deutscher Bund in Oberösterreich, wie Anm. 25.

30 Ebd.

31 Ebd.

32 »Getreu ihrem obersten nationalen Grundsatze, wird die Deutsche Volkspartei in dem politischen Gegensatze, der zwischen den Deutschen verschiedener Richtungen besteht, stets das Trennende dem, was alle Deutschen in Oesterreich einigen soll, unterordnen, sie bietet Raum für jeden Deutschen, der seine Pflicht gegen die Nation ehrlich erfüllen will.« Programm der Deutschen Volkspartei, in: Beurle, Rechenschaftsbericht, wie Anm. 2., S.12.

33 ›Südmark‹, in: Linzer Montagpost, 16.1.1899, S.4.

34 Ebd.

35 Stimmen aus dem Leserkreise. Die Deutschvölkische Stellenvermittlung, Wien IV., Kettenbrückengasse 20 versendet folgenden Aufruf, in: Linzer Montagspost, 30.1.1899, S.6.

36 Die unentgeltliche deutschvölkische Stellenvermittlung, in: Linzer Montagspost, 4.3.1901, S.4.
37 Ebd.
38 Vgl. Unentgeltliche deutschvölk. Stellenvermittlung in Linz (Graben Nr.16, 1.Stock), in: Linzer Montagspost 1.10.1900, S.5.
39 Provokace! in: Linzer Montagpost, wie Anm. 35, S.4.
40 Eine tschechische Lehrerin in Wels, in: Linzer Montagspost, 15.1.1900, S.6.
41 Tschechische Musik, in: Linzer Montagspost, wie Anm. 35, S.4.
42 Vgl. Michael John, Zur Migration ethnischer und religiöser Minderheiten, wie Anm.1.
43 Vgl. Manfred Hettling u. Paul Nolte, Bürgerliche Feste als symbolische Politik im 19. Jahrhundert, in: dies., Hg., Bürgerliche Feste. Symbolische Formen politischen Handelns im 19. Jahrhundert, Göttingen 1993, S.7–36, bes. S.17.
44 Volksunterhaltungsabende, in: Linzer Montagspost, 14.3.1898, S.4.
45 Vortrag des Professor Lychdorff, in: Linzer Montagspost, 25.4.1898, S.5.
46 Volksunterhaltungsabend, in: Linzer Montagspost, 28.3.1898, S.5.
47 Ebd.
48 Gustav Peßler hatte in Wien und Graz Rechtswissenschaften studiert und war 1893 von Schärding nach Linz übersiedelt, wo er als Hof- und Gerichtsadvokat in Erscheinung trat. Er war frühzeitiges Mitglied der Deutschnationalen Partei. Bei den Reichsratswahlen 1897 hatte er sich im Wahlbezirk Linz gegen den liberalen Kandidaten Oberst Bancalari durchgesetzt. Vgl. dazu Harry Slapnicka, Oberösterreich. Die politische Führungsschicht 1861–1918, Linz 1983, S.166.
49 Volksunterhaltungsabend, wie Anm. 46.
50 Ebd.
51 Volksunterhaltungsabend, in: Linzer Montagspost, 23.5.1898, S.3.
52 Volksunterhaltungsabend, in: Linzer Montagspost, 6.6.1898, S.3–4, hier S.3.
53 Ebd.
54 Vgl. dazu Slapnicka, Oberösterreich, wie Anm. 48, S.43.
55 Volksunterhaltungsabend, wie Anm. 52, S.4.
56 Ebd.
57 Dritter Deutscher Volksunterhaltungsabend, in: Linzer Montagspost, 12.12.1898, S.3.
58 Julfeier, in: Linzer Montagspost, 27.12.1899, S.5.
59 Ebd.
60 Julfest in Wels, in: Linzer Montagspost, 18.12.1899, S.4.
61 Hugo Greinz war trotz seines kurzen Linzer Aufenthaltes (1898–1901) eine dominante Figur innerhalb der deutschnationalen »Kulturkreises«. Er fungierte als Herausgeber der Monatsschrift *Kyffhäuser*, die Carl Beurle gewissermaßen als die kulturelle Avantgarde der deutschnationalen Bewegung betrachtete. Daneben war er auch Mitarbeiter der *Linzer Montagspost*. In

seinem ›Brief aus Ottensheim‹ thematisierte Greinz – der unter anderem als »Post-Conceptspraktikant« in Triest beschäftigt war –, sein Ausscheiden aus dem Staatsdienst folgendermaßen: »Im April bekamen wir den schönen Sprachenerlaß, der die Amtshandlung in den vier Landessprachen – deutsch, italienisch, slovenisch, croatisch – verordnete. Das verdroß, mein deutsches Gemüth und meine deutsche Zunge, die sich wohl an das Italienische gewöhnen konnte, nie und nimmer aber an die complicierten Laute der südslavischen ›Culturspracheń‹.« Vgl. Hugo Greinz, Ein Brief aus Ottensheim, in: Der Kyffhäuser. Deutsche Monatshefte für Kunst und Leben, 1. Jahrgang, 3. Heft, Linz 1899, S.84–86, hier S.85.

62 Julfest, wie Anm. 60.

63 Ebd.

64 Schauturnen, in: Linzer Montagspost, 27.3.1899, S.4.

65 Ebd.

66 Die Anfang Oktober 1905 im Linzer Volksgarten enthüllte Büste für den »Turnvater Friedrich Ludwig Jahn« ging auf eine Initiative des Turnvereines zurück.

67 Vgl. 125 Jahre Turnverein Linz, Linz 1987, S.28.

68 »Eine bedeutende Rolle im gesellschaftlichen und musikalischen Leben von *Linz* spielten die beiden Gesangsvereine ›Sängerbund‹ und ›Liedertafel Frohsinn‹, die sich später vereinigten. (...) Während meiner Vorstandschaft ließ ich die alte Überlieferung der großen Faschingfeste wieder aufleben und gestaltete sie zu einem jährlichen Ereignis für die Stadt. Monatelang dauerte die Vorbereitung, Kostümierung und Einübung der einzelnen Gruppen, an welchen sich alle Gesellschaftsschichten beteiligten. Schauplätze waren: die Volksfesthalle, dann die Säle des Kaufmännischen Vereinshauses und auch der Volksgartensaal.« Fritz Ruckensteiner, Zur Familiengeschichte, wie Anm. 8, hier S.54; Kursivierung im Original gesperrt.

69 Beim Kinematographen, in: Linzer Montagpost, 21.1.1901, S.6.

70 Ebd.

71 Ebd.

72 Ebd.

73 Julfest in Wels, in: Linzer Montagspost, wie Anm. 60, S.4.

74 Burenabend, in: Linzer Montagspost, wie Anm. 60.

75 Ebd.

76 Kaufmännischer Verein, in: Linzer Montagspost, 22.1.1900, S.6.

77 Der Burenkrieg im Dienste der Menschheit, in: Linzer Montagspost, 5.3.1900, S.7.

78 Kaufmännischer Verein, in: Linzer Montagspost, wie Anm. 23, S.5.

79 Familienabend der ›Liedertafel Frohsinn‹, in: Linzer Montagspost, 18.11.1901, S.5.

80 Ein Abend in Pretoria, in: Linzer Montagspost, 5.2.1900, S.6.

81 Vgl. Straßenbilder, in: Linzer Montagspost, wie Anm. 80.

82 Wels 17. Februar, in: Linzer Montagspost 18.2.1901, S.6.

83 Ebd.

84 »Die schönste Frucht, welche mir die Universitätszeit reifen ließ, bestand vielleicht weniger in den juridischen Kenntnissen, die, wie üblich, meist aus den Skripten der Professoren geschöpft wurden, sondern in der treuen Lebensfreundschaft, der politischen Erziehung und Richtunggebung, die ich in der Burschenschaft der Oberösterreicher Germanen (damals noch landsmannschaftlicher Verein ›Germania‹ genannt) gewann.« Ruckensteiner, Zur Familiengeschichte, wie Anm. 8, hier S.39.

85 Vgl. in diesem Zusammenhang Carl Beurle, Beiträge zur Geschichte der deutschen Studentenschaft Wiens, Wien 1892.

86 Stiftungsfest des oberösterreichischen academ. Vereines Germania, in: Linzer Montagpost, 13.9.1897, S.6.

87 Ebd.

88 Zu Hermann Bahrs Position innerhalb der Wiener Moderne siehe etwa Michael Pollak, Vienne 1900. Une identité blessée, Paris 1992, bes. S.112ff., sowie Jacques Le Rider, Das Ende der Illusion, Die Wiener Moderne und die Krisen der Identität, Wien 1990, S.34ff.

89 Ein neuer Verlag, in: Linzer Montagspost, wie Anm. 60, S.5.

90 Vgl. Rechenschaftsbericht des Gemeinderathes der Landeshauptstadt Linz über seine Thätigkeit im Jahre 1897 nebst anderen statistischen Daten, Linz 1898, S.307.

91 Vgl. Pan, in: Linzer Montagspost, 26.9.1898, S.4.

92 Neues vom Verein Pan, in: Linzer Montagspost, 2.5.1898, S.5.

93 Vgl. dazu Helga Ebner, Vom Wiener Kongress bis zum Ersten Weltkrieg (1815–1918), in: Helga Ebner, Jakob Ebner u. Rainer Weißengruber, Hg., Literatur in Linz, Linz 1991, S.177–357, bes. S.328ff.

94 Vgl. Sabina Susanne Dirnberger, Das Stifter-Denkmal in Linz. Dichterverehrung und/oder bürgerlich-nationale Selbstdarstellung?, Dipl.Arb., Wien 1994, S.43.

95 Literatur- und Kunstgesellschaft Pan, in: Linzer Montagspost, 19.12.1898, S.4.

96 Ebd.

97 Kunst und Leben, in: Der Kyffhäuser. Deutsche Blätter für Politik, Kunst und Leben, 2. Jahrgang, 6. Heft, Linz 1900, S.141–142, hier S.141.

98 Literatur- und Kunstgesellschaft Pan, in: Linzer Montagspost, wie Anm.60, S.4.

99 Linzer Skizzen, in: Linzer Montagspost, 29.1.1900, S.6.

100 Vgl. Mittheilungen der Oesterreichischen Verlagsanstalt, in: Linzer Montagspost, 21.1.1901, S.5.

101 Ein neuer Verlag, in: Linzer Montagspost, wie Anm.60, S.4.

102 Autorenabend, in: Linzer Montagspost, 16.8.1897, S.5.

103 Vgl. Franz Langoth, Kampf um Österreich. Erinnerungen eines Politikers, Wels 1951, S.25.
104 Linzer Skizzen, wie Anm. 99, S.6.
105 Literarisches, in: Linzer Montagspost, 16.8.1898, S.3.
106 Oberösterreichischer Autorenabend, in: Linzer Montagspost, 5.3.1900, S.4.
107 Zu den genannten AutorInnen siehe vor allem Helga Ebner, Vom Wiener Kongress, wie Anm. 93, bes. S.330, 284, 341 u. 303.
108 Arnold Hagenauer, Oberösterreichischer Autorenabend, in: Linzer Montagspost, 12.3.1900, S.4.
109 Vgl. Helga Ebner, wie Anm. 93, hier S.311f.
110 Einspruchsverhandlung, in: Linzer Montagspost, wie Anm. 91, S.4.
111 Arnold Hagenauer, wie Anm. 108, S.4.
112 Ebd. S.4.
113 Hermann Bahr in Linz, in: Linzer Montagspost, 4.12.1899, S.4.
114 Ebd.
115 Theater und Kunst, in: Linzer Montagspost, 24.12.1900, S.4–5, hier S.4.
116 Arnold Hagenauer, wie Anm. 108.
117 Ebd.
118 Literarische Pfingstage, in: Linzer Montagspost, 5.6.1900, S.5.
119 Vgl. dazu Kunst und Leben, Der Kyffhäuser. Deutsche Blätter für Politik, Kunst und Leben, 2. Jahrgang, 6. Heft, Linz 1900, S.141–142.
120 Darüberhinaus war der ›Böhmerwald‹ aber auch eine deutsch-nationale Monatsschrift, deren Ziel es war, »das schöne Schriftthum« des Böhmerwaldes, d. h. »die Liebe zur Heimat und zum Volksthum«, zu pflegen. Vgl. Der Böhmerwald, in: Linzer Montagspost, 29.1.1900, S.7.
121 Exemplarisch dazu etwa die 1902 erschienene Würdigungsschrift von Alexander Nicoladoni für Franz Stelzhamer: »Die Dialektdichtung muß wirklich volkstümlich sein, der Dichter muß seine Vorwürfe aus dem Volksleben wählen und sie volkstümlich behandeln, sowie es die oberösterreichische Liederpoesie seit jeher getan hat. Die Dialektdichtung darf aber anderseits, wenn sie auf den Namen Poesie Anspruch machen will, auch nicht zur bloßen Spaßmacherei (...) mehr oder minder gelungener Anekdoten heruntersinken. Stelzhamer hat beides vermieden. Er ist volkstümlich wie kein anderer. Er hat mit Gefühlen, im Sinne und in der Art des Volkes gedichtet, dessen Sprache er so meisterhaft handhabte, und zwar weil er selbst ein urwüchsiger Sohn dieses Volkes war, *ja geradezu die Inkarnation dieses Volksgeistes darstellt*, weil in ihm der Poet und der Innviertler Bauer zu einem harmonischen Ganzen von höchst individueller Färbung zusammengeflossen sind.« Dr. A. Nicoladoni, Franz Stelzhamer. Zu dessen 100 jährigem Geburtstage am 29. November 1902. Vortrag gehalten bei der Stelzhamerfeier im landschaftlichen Theater, Linz 1902, hier S.9; Kursivierung im Original gesperrt.
122 Aus der Kunstausstellung, in: Linzer Montagspost, 12.7.1897, S.5–6, hier S.5.

123 Ebd. S.6.
124 Vortrag des Professor Lychdorff, wie Anm. 45.
125 Ebd.
126 Zu Michaela Pfaffinger, der der *Kunstverein* übrigens kurze Zeit später eine eigene Ausstellung widmete, siehe Harry Slapnicka, Oberösterreich – unter Kaiser Franz Joseph (1861 bis 1918), Linz 1982, S.344.
127 Aus der Kunstaustellung, wie Anm. 122, hier S.6.
128 Ebd.
129 Eröffnung der Gemälde-Ausstellung des Kunst-Vereines, in: Linzer Montagspost, wie Anm. 105.
130 Der Kunstrath, in: Linzer Montagspost, 6.2.1899, S.3–4, hier S.3.
131 Ebd.
132 Ebd.
133 Ebd.
134 Ebd.
135 Die Initiative zur Errichtung des 1902 »feierlich enthüllten« Stifter-Denkmales ging von der Ortsgruppe Linz des *Deutschen Böhmerwaldbundes* (einer Sektion des in Budweis ansässigen *Deutschen Böhmerwaldbundes*) aus. Zentrales Anliegen des Vereines war die Stärkung des »deutschen Elementes« in den südböhmischen Gebietsteilen. An der Spitze des deutschnational orientierten Vereines, der ein eigenes Stifter Denkmal-Komitee gründete, stand zur Jahrhundertwende Dr. Carl Beurle. Vgl. dazu Sabina Susanne Dirnberger, Das Stifter-Denkmal in Linz, wie Anm. 94, bes. S.37f.; sowie Harry Slapnicka, Stifter Denkmäler in Österreich und Böhmen, in: Johann Lachinger, Hg., Adalbert Stifter. Studien zu seiner Rezeption und Wirkung I: 1868–1930, Linz 1995, S.97–111, bes. S.102.
136 Franz Stelzhamer wurde schließlich 1908 durch die Initiative des *Stelzhamerbundes Linz* ein monumentales Standbild errichtet.
137 Der Kunstrath, wie Anm. 130, S.3.
138 Vgl. Ernst Hanisch, Ein Wagnerianer namens Adolf Hitler, in: Ursula Müller, Hg., Richard Wagner 1883–1983. Die Rezeption im 19. und 20. Jahrhundert. Gesammelte Beiträge des Salzburger Symposions, Stuttgart 1984, S.65–75.
139 Der Kunstrath, wie Anm. 130, S.3.
140 Ebd.
141 Ebd.
142 Ebd. S.4.
143 Pionniere des Ostens, in: Linzer Montagspost, 28.6.1897, S.6.
144 Zur Wahrnehmung und Bewertung des »Ostjudentums« Ende des 19. Jahrhunderts siehe Massimo Ferrari Zumbini, Große Migration und Antislawismus: negative Ostjudenbilder im Kaiserreich, in: Wolfgang Benz, Hg., Jahrbuch für Antisemitismusforschung 3, Frankfurt am Main u. New York, 1994, S.194–226.

145 Zur historischen Genese des in diesem Zusammenhang oftmals verwendeten Konstrukts der »jüdischen Entwurzelung« siehe George L. Mosse, Die völkische Revolution. Über die geistigen Wurzeln des Nationalsozialismus, Frankfurt am Main 1991, 24ff.
146 Eine nette Gesellschaft, in: Linzer Montagspost, wie Anm. 91.
147 Vgl. Ingrid Bauer, Die ›Ami-Braut‹ – Platzhalterin für das Abgespaltene? Zur (De-)konstruktion eines Stereotyps der österreichischen Nachkriegsgeschichte 1945–1955, in: L'Homme. Zeitschrift für Feministische Geschichtswissenschaft 7 (1) 1996, S.107–121, bes. S.112.
148 Polemisches, in: Linzer Montagspost, wie Anm. 44.
149 Echt jüdisch, in: Linzer Montagspost, 10.1.1898, S.4.
150 Jüdische Geschäftsmacher, in: Linzer Montagspost, 15.4.1901, S.4.
151 Vgl. Rechenschaftsbericht, wie Anm. 2, S.9.
152 Ebd.
153 Ebd.
154 Echt jüdisch, wie Anm. 149.
155 Vgl. etwa Deutsche! Achtung!, in: Linzer Montagpost, 5.12.1898, S.5.
156 Volksgenossen! in: Linzer Montagpost, wie Anm. 57.
157 Verjudung im Schneidergewerbe, in: Linzer Montagspost, 28.11.1898, S.4.
158 Geschäftskniff, in: Linzer Montagpost, 14.2.1898, S.3.
159 Das Möbeljuden-Inserat, in: Linzer Montagspost, 20.12.1897, S.4.
160 Eine Judenburg, in: Linzer Montagspost, 22.11.1897, S.6.
161 Die Altstadt, in: Linzer Montagspost, 17.10.1898, S.4.
162 Eine schlagfertige Jüdin, in: Linzer Montagspost, 13.2.1899, S.4.
163 Vgl. in diesem Zusammenhang das von Ernest Gellner über die drei Faktoren, Macht, Ausbildung und gemeinsame Kultur entwickelte Modell zur Erklärung des Nationalismus. Ernest Gellner, Nationalismus und Moderne, Hamburg 1995, S.142ff.
164 Jüdische Geschäftsmache, in: Linzer Montagspost, 28.10.1901, S.5; Kursivierung im Original gesperrt.
165 Vierblätteriger Judenklee, in: Linzer Montagspost, 15.5.1899, S.3.
166 Der Steyrer Turnverein judenrein, in: Linzer Montagspost, 20.2.1899, S.4.
167 Ein Unverbesserlicher, in: Linzer Montagspost, 12.12.1898, S.4.
168 Ebd.
169 Theater, in: Linzer Montagspost, 11.1.1897, S.5.
170 Ebd.
171 Ebd.
172 Vgl. Theater, in: Linzer Montagspost, 13.12.1897, S.5.
173 Theater, in: Linzer Montagspost, 28.3.1898, S.7.
174 Theater, in: Linzer Montagspost, 3.10.1898, S.5.
175 Vgl. Theater, in: Linzer Montagspost, 11.10.1897, S.4.
176 Theater, in: Linzer Montagspost, 25.10.1897, S.4.
177 Vgl. Theater, in: Linzer Montagspost, 18.10. 1897, S.4.

178 Vgl. Le Rider, Das Ende der Illusion, wie Anm. 88, bes. S.50ff.

179 Theater und Kunst, Die Jugend von heute, in: Linzer Montagspost, 24.9.1900, S.6.

180 Theater, in: Linzer Montagspost, 14.3.1898, S.6.

181 Vortrag des Professor Lychdorff, wie Anm. 45, S.5.

182 Gellner macht darauf aufmerksam, daß der Nationalismus die Errichtung einer anonymen, unpersönlichen Gesellschaft von austauschbaren atomisierten Individuen befördere, die eben nicht mehr durch die komplexen Strukturen lokaler Gruppen zusammengehalten werde: »Das ist, was tatsächlich im nationalistischen Zeitalter geschieht. Aber es ist das genaue Gegenteil dessen, was der Nationalismus behauptet und was die Nationalisten mit aller Überzeugung glauben.« Ernest Gellner, Nationalismus und Moderne, wie. Anm. 163, hier. S.89.

Die Autor/inn/en

Christian Gerbel

geboren 1962 in Steyr, Studium der Geschichte und Fächerkombination an der Universität Wien. Seit 1989 in Forschungsprojekten tätig; seit 1992 als Vertragsassistent am Institut für Neuere Geschichte und Zeitgeschichte der Johannes Kepler Universität Linz beschäftigt.

Reinhard Kannonier

geboren 1947, Studium aus Germanistik, Philosophie bzw. Politologie und Publizistik/Kommunikationstheorie, Habilitation mit Venia Neuere Geschichte und Zeitgeschichte 1985. 1978–1990 Musikdirektor im Brucknerhaus Linz, 1992/93 Jean Monnet Fellow am Europäischen Hochschulinstitut in Florenz; seit 1933 Ass.-Prof. am Institut für Neuere Geschichte und Zeitgeschichte an der Kepler-Universität Linz.

Helmut Konrad

geboren 1948 in Wolfsberg, Kärnten, Studium der Geschichte und Germanistik in Wien, 1972–1984 an der Universität Linz, seit 1984 an der Karl-Franzens-Universität Graz (als Ordinarius für Allgemeine Zeitgeschichte). Derzeit Rektor der Universität Graz.

Axel Körner

geboren 1967, Studium der Geschichte und Musikwissenschaft in Bonn, Berlin und Lyon. Seit 1991 Doktorand am Europäischen Hochschulinstitut in Florenz mit einer Dissertation zu alternativen Kulturbewegungen des 19. Jahrhunderts im französischen Republikanismus und der deutschen Sozialdemokratie.

Egon Pelikan

geboren 1963 in Ljubljana, Studium der Geschichte an der Universität Ljubljana. Als Forschungsassistent am Institut für Geschichte der Universität Ljubljana tätig.

Heidemarie Uhl

geboren 1956 in Feldbach, Studium der Geschichte und Germanistik an der Universität Graz. Seit 1988 in verschiedenen Forschungsprojekten der Abteilung Zeitgeschichte tätig, seit 1992 Vertragsassistentin. Mitarbeiterin des Spezialforschungsbereichs »Moderne« der Universität Graz.

Studien zur Gesellschafts- und Kulturgeschichte

Band 1

Rudolf G. Ardelt

Vom Kampf um Bürgerrechte zum Burgfrieden

Studien zur Geschichte der österreichischen Sozialdemokratie (1888–1917)

207 Seiten, öS öS 228,-/DM 33,-/sFr 34,20

3-85115-201-8

Band 2

Otfried Dankelmann (Hg.)

Lebensbilder europäischer Sozialdemokraten des 20. Jahrhunderts

600 Seiten, 300 Abb., öS 448,-/DM 64,-/sFr 65,70

3-85115-202-6

Band 3

Mathias Marschik

»Wir spielen nicht zum Vergnügen«

Arbeiterfußball in der Ersten Republik

270 Seiten, 86 Abbildungen, öS 298,-/DM 43,-/sFr 44,30

3-85115-203-4

Band 4

Walter Peissl

Das »bessere« Proletariat

Angestellte im 20. Jahrhundert

328 Seiten, öS 398,-/DM 57,-/sFr 58,60

3-85115-204-2

Studien zur Gesellschafts- und Kulturgeschichte

Band 5

Stefan Riesenfellner/Josef Seiter

Der Kuckuck

Die moderne Bild-Illustrierte des Roten Wien

352 Seiten, 500 Abb., öS 598,-/DM 85,50-/sFr 87,50

3-85115-213-1

Band 6

R.Kannonier/H. Konrad (Hg.)

Urbane Leitkulturen 1890–1914

Leipzig – Ljubljana – Linz – Bologna

184 Seiten, öS 198,-/DM 29,-/sFr 30,20

3-85115-214-X

Band 7

Gabriella Hauch

Vom Frauenstandpunkt aus

Frauen im Parlament 1919-1933

432 Seiten, 50 Abb., öS 348,-/DM 49,-/sFr 49,-

3-85115-216-6

»Das Resultat dieser Spurensuche ist ein interessantes Stück österreichischer Gesellschaftsgeschichte.« (Die Presse)

Band 8

Stefan Riesenfellner/Ingrid Spörk (Hg.)

Minna Kautsky

Beiträge zum literarischen Werk

348 Seiten, 20 Abbildungen, öS 378,-/DM/sFr 54,-

3-85115-205-0

MAX-PLANCK-GESELLSCHAFT

Jahrbuch 2005

Mit CD-ROM „Max-Planck-Gesellschaft 2005: Tätigkeitsberichte, Zahlen, Fakten“
inklusive Bibliografie der Veröffentlichungen 2004

HERAUSGEGEBEN VON DER GENERALVERWALTUNG
DER MAX-PLANCK-GESELLSCHAFT • MÜNCHEN

Das Titelbild zeigt die Simulation zweier kollidierender Schwarzer Löcher. Bei diesem „Crash im Universum“ wird Energie in Form von Gravitationswellen abgestrahlt. Einstein sagte die Existenz von Gravitationswellen bereits 1916 voraus, bislang konnten sie jedoch noch nicht direkt gemessen werden.

Aufwändige Simulationen, die Aufschluss über die entstehenden Gravitationswellen geben können, sollen die Suche nach den Signalen erleichtern. Das MPI für Gravitationsphysik betreibt in Ruthe bei Hannover den deutsch-britischen Gravitationswellen-Detektor GEO 600 und durchsucht dessen Daten nach Signalen aus dem Weltall.

Bildnachweis: Numerische Simulation: Max-Planck-Institut für Gravitationsphysik (Albert-Einstein-Institut). Visualisierung: Werner Benger (Konrad-Zuse-Institut Berlin/Max-Planck-Institut für Gravitationsphysik)

Bibliografische Information der Deutschen Bibliothek
Die Deutsche Bibliothek verzeichnet diese Publikation in der Deutschen Nationalbibliografie; detaillierte bibliografische Daten sind im Internet über http://dnb.ddb.de abrufbar.

Redaktion Druckband; Texte Neuvorstellungen:
Gottfried Plehn

Redaktion CD-ROM:
Carin Gröner

Fachredaktion der Tätigkeitsberichte:
Biologisch-Medizinische Sektion:
Carola Neubert, Dr. Jan Kellmann
Chemisch-Physikalisch-Technische Sektion:
Prof. Dr. Eberhard Gmelin, Dr. Wolfgang Huisl
Geistes-, Sozial- und Humanwissenschaftliche Sektion:
Christl Schommertz

Layout, Satz und Gesamtherstellung: bookwise, München

ISBN 3-927579-21-1

Inhalt

Ansprache des Präsidenten

Die Zukunft des Alterns

Ansprache des Präsidenten Prof. Peter Gruss auf der Festversammlung der Max-Planck-Gesellschaft in Rostock am 24. Juni 2005

Sehr verehrte Festgäste,

vor kurzem antwortete der bekannte Zukunftsforscher Ray Kurzweil auf die Frage, wie alt er denn zu werden gedenke, „Let's say, I am not planning on dying!".

Ich nehme an, für Sie gilt das Gleiche – und ich kann Sie in Ihrem Optimismus bestätigen: Viele von Ihnen werden Ihr neuntes Lebensjahrzehnt erreichen, und Ihre Kinder und Enkelkinder werden, sofern der Trend zur Langlebigkeit anhält, voraussichtlich ihren 100. Geburtstag erleben. Ein langes Leben ist nicht das Privileg kommender Generationen, sondern bereits jetzt das vorhersehbare Schicksal der meisten lebenden Deutschen. Nach Untersuchungen von James Vaupel, Direktor am Max-Planck-Institut für demografische Forschung hier in Rostock, wird die Lebenserwartung in den Industriestaaten weiterhin um etwa zwei bis drei Jahre pro Dekade steigen. Eine spannende wissenschaftliche Frage ist, wie lange dieser Trend anhalten wird!

Sollten Sie jetzt auf die übliche programmatische Rede des Präsidenten warten, so muss ich Sie enttäuschen – oder vielleicht auch nicht! Ich habe mir dieses Mal vorgenommen, an einem konkreten Beispiel die Bedeutung der Grundlagenforschung darzustellen. Es geht nicht nur um ein Thema von höchster gesellschaftspolitischer Brisanz, sondern auch um ein Thema, das mir persönlich besonders am Herzen liegt: die Alternsforschung.

Es ist eines von vielen Themen, die die Max-Planck-Gesellschaft bearbeitet. Ich kann sie nicht alle vorstellen, aber Sie können sie in unserer Broschüre „Forschungsperspektiven der Max-Planck-Gesellschaft" nachlesen.

Die demografische Entwicklung in unserem Land stellt uns schon heute vor enorme Probleme und greift in nahezu alle Bereiche des gesellschaftlichen Lebens ein. Es geht zum Beispiel um die Zukunft unserer sozialen Sicherungssysteme wie Kranken-, Renten- oder Pflegeversicherung. Es geht unter anderem auch um die Wettbewerbsfähigkeit unserer Wirtschaft, die künftig um ihren Nachwuchs ringen und ihr Innovationspotenzial trotz eines höheren Anteils älterer Erwerbstätiger erhalten muss. In 20 Jahren wird bis zu einem Drittel der Bevölkerung in den OECD-Ländern über 65 Jahre alt sein. Dabei sehen die Zahlen für Deutschland noch einmal schlechter aus als beispielsweise für die USA oder Frankreich.

Ein langes Leben ist nicht das Privileg kommender Generationen, sondern bereits jetzt das vorhersehbare Schicksal der meisten lebenden Deutschen.

Wir sollten uns allerdings bewusst machen, dass die Probleme, von denen ich spreche, die reicher Industrienationen sind! Eine vollkommen andere

Foto: Norbert Michalke

Der Ministerpräsident des Landes Mecklenburg-Vorpommern, Dr. Harald Ringstorff, der Bundeskanzler Gerhard Schröder, Prof. Peter Gruss, der Präsident der Max-Planck-Gesellschaft, mit Gattin Dr. Barbara Meyer (v.l.n.r.).

Situation haben wir in den meisten Entwicklungsländern. In vielen afrikanischen Staaten ist über die Hälfte der Bevölkerung jünger als 18 Jahre. Ich kann an dieser Stelle nicht im Einzelnen auf die Gründe eingehen. Armut und Aids spielen eine wesentliche Rolle, dass die Lebenserwartung in diesen Ländern so niedrig ist wie bei uns vor 100 Jahren.

Dabei ist auch die Kindersterblichkeit ein nach wie vor drängendes Problem, während wir uns hier darüber Sorgen machen, dass viel zu wenig Kinder geboren werden: Deutschland hat die Lust auf Kinder verloren – die Fertilitätsrate liegt bei nur noch 1,3 Kindern pro Frau. Ihr Vorgänger im Amt, sehr verehrter Herr Bundeskanzler, hat das seinerzeit so bewertet: „Das deutsche Volk hat nun einmal beschlossen, weniger Kinder zu zeugen. Das ist eine Sache, die mir nicht einmal die Sozialdemokraten anhängen können."

Dass es weniger Kinder als früher gibt, hat sicherlich mehr als einen Grund: Neben wirtschaftlichen Überlegungen und gesellschaftlich-strukturellen Hindernissen sind es vor allem die individuellen Planungen. Es gibt beispielsweise einen sogenannten „Lebensstau" im frühen Erwachsenenalter, der daher kommt, dass die Ausbildungszeiten wesentlich länger geworden sind und die jungen Leute später in den Beruf einsteigen – Familienplanung und Berufseinstieg kollidieren zwangsläufig. Eine Rolle spielen auch veränderte Werte, etwa bei der Frage, ob die Selbstverwirklichung des Einzelnen eher individuell oder in der Familie zu erreichen ist. Mehr Kinder werden nur geboren, wenn wir die Rahmenbedingungen korrigieren, damit Ausbildung, Arbeit und Elternschaft besser zu vereinbaren sind – und außerdem die ökonomischen Anreize stimmen. Und selbstverständlich gehören Optimismus und Vertrauen in die Zukunft dazu!

Gute Berufschancen von Frauen mit Kindern sind dabei von hochrangiger Bedeutung, auch weil das Potenzial jüngerer Arbeitnehmer gerade im weiblichen Teil unserer Bevölkerung liegt. Durchaus mit Selbstkritik muss ich sagen, dass wir in der Max-Planck-Gesellschaft leider selbst Nachholbedarf haben, was Frauen in Leitungspositionen angeht. Während unsere Institute viele hervorragende Nachwuchswissenschaftlerinnen gewinnen konnten, steigt der Anteil der Direktorinnen nur langsam.

Obwohl die Auswirkungen des demografischen Wandels alarmierend sind und obwohl es notwendig ist, den Mangel an Nachwuchs mit der Zunahme der Lebenserwartung im Kontext zu betrachten, wende ich mich heute im Wesentlichen einem Thema zu: dem Altern als einem körperlichen, psychischen, geistigen, sozialen und gesellschaftlichen Phänomen.

Die Überwindung des Todes ist ein Menschheitstraum, dennoch blieb seit Anbeginn die Unsterblichkeit den Göttern vorbehalten. Auch heute wünschen sich die meisten von uns zwar ein langes Leben – wollen dabei nach Möglichkeit aber nicht alt werden. Tatsächlich gelingt es uns, die aktive und gesunde Lebenszeit zu verlängern. Die jungen Alten, also die 60- bis 80-Jährigen, sind heute im Durchschnitt deutlich fitter, als es die Generation vor ihnen war. Und die Vitalisierung des Alters hat, laut Alternsforschern wie Paul Baltes vom Max-Planck-Institut für Bildungsforschung, ihren Abschluss noch nicht gefunden. Die Vitalität dieser sogenannten jungen Alten stellt das Rentenalter in Deutschland in Frage. Gerade jene, die ihren Beruf mit Leidenschaft und im geistigen Bereich ausführen, wie zum Beispiel viele Wissenschaftler, bemühen sich, das Ende ihrer aktiven Zeit hinauszuschieben. Die zahlreichen Rufe von amerikanischen Eliteuniversitäten an Max-Planck-Direktoren, die ihren 60. oder 65. Geburtstag bereits hinter sich haben, zeigen, dass man anderswo ohnehin nicht an ein amtlich verordnetes Ende der Leistungsfähigkeit glaubt.

Die zahlreichen Rufe von amerikanischen Eliteuniversitäten an Max-Planck-Direktoren, die ihren 60. oder 65. Geburtstag bereits hinter sich haben, zeigen, dass man anderswo nicht an ein amtlich verordnetes Ende der Leistungsfähigkeit glaubt.

Es steht außer Frage, dass das sogenannte junge Alter große Reserven enthält. Experimentelle Studien belegen, dass selbst im hohen Alter die individuelle geistige Leistungs- und Lernfähigkeit noch beträchtlich ist. Wissenschaftlich ist lediglich unsicher, ob diese Aussage über die geistigen Reserven des Alters auch generell auf das hohe Alter zutrifft, also für die Jahre ab 90 oder 100. Es obliegt vor allem der Forschung, nach neuen Methoden für die Stärkung und Aktivierung dieses Leistungspotenzials zu suchen.

Auf Dauer werden wir uns Rentenzeiten von 30, 40 oder noch mehr Jahren auch nicht leisten können. Nachdem wir immer älter werden und die meisten der heute Neugeborenen sogar gute Chancen haben, später einmal ihren 100sten Geburtstag zu feiern, ist der Eintritt in den Ruhestand mit 65 Jahren absurd – auch wenn der individuelle geistige und körperliche Zustand im Alter stark variiert. Dem lebenslangen Lernen wird eine neue Bedeutung zukommen müssen. Und wir werden die Fähigkeiten, die Weisheit und die Energie der Älteren ganz anders nutzen müssen. Es ist eine der entscheidenden Herausforderungen für die Zukunft, unterschiedliche Generationen in den Arbeitsprozess und in die Repräsentanz des öffentlichen Lebens einzubeziehen. Hier sind Politik und Gesellschaft gleichermaßen gefordert. Sprüche wie „Alte gebt den Löffel ab" vom zurückgetretenen Vorsitzenden der Jungliberalen kann man zwar entschuldigen, wenn man unterstellt, dass sich die Intelligenz mit zunehmendem Alter noch entwickeln kann. Trotzdem lassen sich Zeichen eines Generationenkonflikts am Horizont ausmachen. Darauf müssen wir vorbereitet sein, und um so wichtiger ist es, die komplexen Zusammenhänge des Alterns zu verstehen.

Wir müssen das Alter differenziert betrachten. Bisher zumindest scheint es, dass Menschen nicht zuletzt wegen des großen medizinischen Fortschritts länger leben. Dieses Leben zeichnet sich aber nicht notwendigerweise durch gleichbleibende Lebensqualität aus. Die vielfach positiven Alternsprozesse des dritten Alters schreiben sich nicht einfach fort. Unter gegenwärtigen Bedingungen ändern sie sich mit dem vierten Alter, womit Wissenschaftler heute den Lebensabschnitt ab 85 Jahren bezeichnen. Gerade dieses hohe Alter ist vielfach belastend für das Individuum wie für die Gesellschaft. Es nimmt nicht nur das Wohlbefinden ab und chronische körperliche Beschwerden nehmen zu, wie Paul Baltes auf der Basis der Berliner Altersstudie schreibt. Besonders drastisch steigt die Zahl der Demenzerkrankungen: Liegt der Anteil hier bei den 70-Jährigen noch bei fünf Prozent und bei den 80-Jährigen zwischen 10 und 15 Prozent, so leidet unter den 90-Jährigen bereits jeder Zweite an einer Demenzerkrankung.

Die Entwicklung des Menschen ist eine kontinuierliche Folge von Wandlungen und Umgestaltungen, die ein ganzes Leben lang andauern – vom befruchteten Ei bis zum Tod des Individuums.

Und selbst wenn Sie mit 90 Jahren noch nicht erkrankt sind, werden Sie einen zunehmend größeren Teil Ihrer geistigen Leistungen auf die Steuerung alltäglicher Bewegungen verwenden müssen. Der alternde Körper stellt eine große Hypothek für den Geist dar, so Baltes und Lindenberger. Achten Sie einmal darauf, dass alte Menschen eine Unterhaltung unterbrechen, wenn sie eine Straße überqueren oder sich auch nur eine Tasse Kaffee einschenken. Mit zunehmendem Alter muss man also nicht nur mehr geistige Ressourcen für den körperlichen Alltag aufwenden, diese Ressourcen nehmen altersbedingt gleichzeitig auch noch ab. Der Negativeffekt des hohen Alters ist um ein Vielfaches größer als der historische Fortschritt in der Vitalität des Alters. Anders ausgedrückt, ein Heer von 60- und 70-Jährigen, die sich in ihrer grundlegenden Leistungsfähigkeit nur wenig von 50-Jährigen unterscheiden, vermitteln zwar ein neues, hoffnungsvolles Bild des Alterns. Ihnen steht aber eine wachsende Gruppe von Hochbetagten gegenüber, die die Widrigkeiten, wenn nicht sogar Grausamkeiten des Alterns erleiden. Wer selbst Angehörige zu versorgen hat, wird wissen, dass ich nicht übertreibe.

Angesichts dieser Entwicklung erstaunt es, wie wenig wir über die Ursachen des Alterns wissen. Warum altern Zellen? Wie erneuert sich unser Gewebe? Warum altert ein Körper? Warum treten bestimmte Krankheiten mit dem Alter häufiger auf? Und wir können auch nur eingeschränkt die Frage beantworten, wie man präventiv für das gute Altwerden vorsorgt. Denn Altern beginnt genau genommen schon bei der Befruchtung.

Hier tut sich ein großes Forschungsfeld für die Wissenschaft auf. Sollten die ethischen Argumente nicht ausreichen, überzeugen spätestens die steigenden Kosten im Gesundheits- und Pflegesektor den kühlen Rechner, dass es besser ist, in die Forschung zu investieren, als die negativen Folgen des Alterns dauerhaft hinzunehmen.

Die Wissenschaft vom Altern und vom Alter ist multidisziplinär zusammengesetzt und kann letztlich nur transdisziplinär erforscht werden. Sie steht nicht nur am Anfang, sie hat sich auch ihren Forschungsgegenstand noch nicht in einer übergreifenden Weise zurechtgelegt. Es herrscht eine verwirrende Vielfalt von Spezialisierungen: Anthropologen, Philosophen, Psychologen, Soziologen, Wirtschafts- und Rechtswissenschaftler, Mediziner und Biologen beackern das Feld. Die Max-Planck-Gesellschaft hat deshalb zwei Initiativen gestartet, um diese diversen Disziplinen zusammenzuführen.

An diesen beiden Beispielen möchte ich Ihnen den Beitrag veranschaulichen, den die Grundlagenforschung zur Lösung unserer Probleme leisten kann: Wir haben einerseits den sozialwissenschaftlich-kognitiven Aspekt der Alternsforschung, der im Forschungsnetzwerk MAXNET Aging bearbeitet wird. Hier kooperieren unter anderem die bereits genannten Max-Planck-Institute für demografische Forschung und Bildungsforschung mit ausländischen Partnern wie der University of Virginia und dem Karolinska Institut in Stockholm. Die Wissenschaftler versuchen, die Entwicklungsräume des Alterns abzustecken, die mit dem Begriff der Plastizität erfasst werden. Dazu gehören nicht nur die gesellschaftliche, sondern auch die neuronale und biologische Plastizität. Und das führt mich zu den biologischen Aspekten des Alterns und damit zu unserer Absicht, ein Max-Planck-Institut für die Biologie des Alterns zu gründen. Bislang tendieren die biologischen Wissenschaften dazu, sich auf die Alternsforschung als Mortalitätsforschung zu konzentrieren, also in erster Linie den körperlichen Verfall und die Sterblichkeit zu untersuchen. Ein falscher Ansatz, denn tatsächlich beginnt das Altern, wie ich schon sagte, bereits mit der Befruchtung. Wir müssen also den gesamten Lebenslauf in den Blick nehmen. Denn die Entwicklung des Menschen ist eine kontinuierliche Folge von Wandlungen und Umgestaltungen, die ein ganzes Leben lang andauern – vom befruchteten Ei bis zum Tod des Individuums.

Eine befruchtete Eizelle teilt sich, wird zu zwei Zellen, aus zwei Zellen werden vier usw. Nach nur 47 Verdopplungen sind Billiarden von Körperzellen entstanden. Jede Zelle trägt ein vollständiges Exemplar des genetischen Programms in sich und weiß exakt, welche Aufgabe sie im Organismus zu erfüllen hat. „Unsere Zellen bilden einen Staat mit 10 Billiarden Bürgern, von denen jeder auf ganz gezielte Weise zu unserem Wohlbefinden beiträgt", schreibt der Journalist Bill Bryson.

Wollen wir das Altern des Organismus als Ganzes verstehen, so müssen wir zunächst Einblick in die Alterungsprozesse auf zellulärer Ebene nehmen: Ausgehend vom befruchteten Ei wird das Entwicklungspotenzial der Körperzellen Zug um Zug reduziert – die Zellen erlangen sukzessive einen höheren

Foto: Norbert Michalke

Die Festversammlung in Rostock wurde vom Orchester der Hochschule für Musik und Theater Rostock musikalisch begleitet, das Werke von Rossini und Schostakowitsch vortrug. Die musikalische Leitung hatte Johannes Fritzsch.

Spezialisierungsgrad. Ihre Vermehrung schließlich ist begrenzt – und dies ist ein essenzieller Teil der Entwicklung. Nach einer bestimmten Anzahl von Zellteilungen tritt der Zelltod ein. Nur Keimzellen, Krebszellen und Stammzellen besitzen die Fähigkeit, sich praktisch unbegrenzt zu vermehren.

Das dürfte auch eine Grundvoraussetzung sein, die adulte Stammzellen mit sich bringen. Sie müssen ja auf vielfache Weise in der Lage sein, während unseres gesamten Lebens Körperstrukturen und -funktionen zu bewahren bzw. zu erneuern: So werden innerhalb von sieben Jahren beim Menschen etwa 90 Prozent der Körpersubstanz neu erstellt. Über die Stammzellen der Haut werden wir quasi runderneuert, die Stammzellen des Blutes liefern täglich eine Vielzahl neuer Blutzellen, die Stammzellen der Leber gar sind bekannt seit dem griechischen Mythos, in dem ein Adler sich täglich von Prometheus' Leber ernährte. Altersbedingter Verfall ist daher – grundsätzlich betrachtet – nicht unumgänglich; biologische Systeme besitzen viele Mechanismen, um Schäden zu reparieren bzw. defekte Zellen zu ersetzen. Ein genaues Verständnis dieser Prozesse könnte einen Ausgangspunkt darstellen, um regenerative Therapien zu entwickeln. Die Forschungsergebnisse vor allem der molekularen Biologie der letzten zehn Jahre eröffnen ungeahnte Möglichkeiten.

Was bedeutet Altern? Beim Blick in den Spiegel fallen uns von Jahr zu Jahr die äußeren Veränderungen mehr ins Auge: Falten im Gesicht, eine stärkere

Pigmentierung der Haut, Veränderungen der Augen, des Mundes und der Hände, eine Zunahme der Körperbreite und eine Abnahme der Länge. Die Veränderungen im Hormonhaushalt werden spürbar – die altersbedingten Veränderungen des Gehirns hoffentlich noch nicht.

Gibt es eine Möglichkeit, dem Altern wenn nicht zu entkommen, so es doch wenigstens hinauszuzögern? „Warum Faule länger leben", titelte Raymond Pearl von der Johns-Hopkins-Universität in Baltimore 1927 seine Theorie des Energiestoffwechsels. Er erwartete für Menschen, die weniger physische Arbeit verrichteten, eine längere Lebenserwartung. Aber ich muss Sie enttäuschen, auch ein Leben im Liegestuhl währt nicht unbedingt länger: Pearls Theorie, wie auch die meisten anderen der insgesamt 300 Theorien, die über Alterungsprozesse entwickelt wurden, treffen in dieser Form nicht zu.

Aus evolutionsbiologischer Sicht ist Alterung ein notwendiger Prozess, aber er wurde nicht optimiert, denn Organismen investieren in Fortpflanzung und nicht in Lebensverlängerung. In der wissenschaftlichen Debatte über „Aging" geht es darum, ob Alterung von schädlichen Mutationen abhängt, die im höheren Alter wirksam werden bzw. ob und welche Gennetzwerke und Stoffwechselwege dies verhindern oder wenigstens verzögern können. Wenn Zellen Nahrungsstoffe in Energie umwandeln, entstehen als Nebenprodukt freie Radikale. Sie können fast alle zellulären Substanzen schädigen, so auch die Erbsubstanz, und damit Mutationen auslösen. Die Erzeugung von freien Radikalen ist unvermeidlich, solange wir auf die Zellatmung zur Energiegewinnung angewiesen sind. Zum Schutz gegen freie Radikale haben Zellen eine Vielzahl von Abwehrsystemen entwickelt. Dazu gehören Enzyme, die Schäden an der DNA reparieren. Trotzdem häufen sich im Laufe eines Lebens diese Defekte. Die Genomintegrität zu erhalten, könnte ein Mittel gegen das Altern sein.

Rotwein ist es mit Sicherheit, das konnten jetzt Kollegen von der Harvard University zeigen. Sie haben eine Wirksubstanz im Rotwein, das Resveratrol, entdeckt. Endlich eine wirkungsvolle Substanz für die „Anti-Aging-Medizin": Der Wunderstoff, der in vielen Pflanzen vorkommt, beeinflusst die Aktivität bestimmter Gene und verlängert dadurch die Lebensspanne von Modellorganismen auf eine uns bisher unbekannte Weise. Nicht ohne Grund leiden vergleichsweise wenige unserer französischen Nachbarn trotz eines hohen Fett- und Nikotinkonsums an Herz-Kreislauf-Erkrankungen.

Generell beobachten wir sehr unterschiedliche Lebensspannen bei den unterschiedlichen Spezies: Der Fadenwurm hat eine durchschnittliche Lebenszeit von wenigen Tagen, Mäuse leben etwa drei Jahre, Vögel einige Dekaden, Elefanten werden 60 bis 70 Jahre, Riesenschildkröten dagegen mehr als 150 Jahre alt. Gleichzeitig sehen wir, dass Interventionen unterschiedlicher Art die Lebensspannen verschiedener Spezies erheblich ändern können. Allein beim Menschen ist die Lebenserwartung innerhalb der letzten 150 Jahren um 40 Jahre gestiegen. Der bislang älteste Mensch – eine Frau – starb mit 122 Jahren.

Diese Beobachtungen zeigen uns, dass Lebensspannen eine genetische Komponente haben, die im Zusammenspiel mit den äußeren Lebensbedingungen den Alterungsprozess formt. Tatsächlich konnten Forscher in den vergangenen fünf Jahren zeigen, dass die Veränderung einzelner Gene den Effekt haben kann, die

Lebensspanne zum Teil auf das Doppelte auszudehnen. Obgleich beim Fadenwurm, der Fruchtfliege, der Maus und der Hefe dabei eine Vielzahl unterschiedlicher Gene eine Rolle spielen, gibt es doch eine Gemeinsamkeit: Alle diese Gene tragen die Bauanleitung für Komponenten, die die Folgen von oxidativem Stress und damit Alterungsprozesse der Zellen reduzieren. Es gibt demnach keinen „magic bullet“, kein Gelée royale, keine Impfung gegen das Altwerden, sondern ein komplexes Netzwerk von Genaktivitäten, das im gesamten Lebensverlauf dazu beiträgt, freie Radikale zu reduzieren oder Schäden im Erbmaterial zu reparieren. Trotz dieser Komplexität gibt es die Hoffnung – zumindest auf lange Sicht –, über ein Verständnis dieser Prozesse bei Schäden regulierend eingreifen zu können. Ziel ist es, die Voraussetzung für das langfristig intakte Zusammenleben des Zellstaates zum Wohle des gesamten Körpers zu schaffen.

Mit diesen Erkenntnissen lassen sich nun auch klassische Daten erklären, die zeigen, dass eine kalorienreduzierte Diät die Lebensspanne der genannten Organismen und möglicherweise auch die von Primaten verlängert, denn Gene des vorher erwähnten Netzwerks werden aktiviert. Dinner Cancelling könnte also unter Umständen auch beim Menschen eine Verzögerung des Alterungsprozesses bewirken. Bevor Sie sich jetzt angewöhnen, ohne Abendessen ins Bett zu gehen, ein Hinweis: Sie müssten Ihre tägliche Kalorienaufnahme um ein Drittel senken. Meine Damen und Herren, hier fragt man sich natürlich, ob Leben in den Jahren sein soll oder nur Jahre im Leben!

Wie gesagt, auch ein Glas Rotwein hat einen solchen Verjüngungseffekt, und – noch dazu ließe sich damit das Fasten leichter ertragen!

Gene sind natürlich nicht alles: Aus Zwillingsstudien unter Leitung von James Vaupel wissen wir, dass sich Unterschiede in der Lebensdauer nur zu etwa 25 Prozent auf genetische Unterschiede zurückführen lassen. Auch Umweltfaktoren beeinflussen die Genaktivitäten maßgeblich. Erst wenn wir diese Wechselwirkungen durchschauen, können wir rationale Therapien für ein gesundes Altern entwickeln.

Neben dem MPI für demografische Forschung soll vor allem ein neues Max-Planck-Institut für die Biologie des Alterns die nötige wissenschaftliche Basis liefern. Seit gestern wissen wir, dass wir bei seiner Finanzierung einen großen Schritt vorangekommen sind: Denn die Ministerpräsidenten haben gemeinsam mit der Bundesregierung endlich beschlossen, den Pakt für Forschung und Innovation umzusetzen. Die Politik sichert damit zu, dass unser Haushalt bis 2010 jährlich um mindestens 3 Prozent steigen wird. Außerdem werden die Universitäten im Rahmen der Exzellenzinitiative endlich gestärkt! Dafür danke ich Ihnen, Herr Bundeskanzler, ganz besonders, dass Sie mit Ihrer Initiative des Jahres der Innovation dies angestoßen und auch umgesetzt haben. Für das finanzielle Engagement und die Unterstützung der Länder danke ich Ihnen, Herr Ministerpräsident!

Dass wir jetzt zügig auf die Herausforderungen der Zeit reagieren und zum Beispiel ein neues Institut für die Biologie des Alterns aufbauen können, verdanken wir vor allem der einzigartigen Stellung der Max-Planck-Gesellschaft. Frei von curricularen Vorgaben können wir Fragestellungen aufnehmen, die bislang nicht oder noch nicht ausreichend behandelt werden. Wir haben die Flexibilität, dass Forschung in optimalen Strukturen stattfinden kann. So können wir dank unserer Autonomie flexible und effiziente Strukturen schaffen, wie das oben beschriebene MAXNET Aging. Das Vertrauen, das die Politik in uns setzt, indem sie uns so viel Freiheit zugesteht, rechtfertigen wir mit unseren Leistungen. Und unsere Leistungsbilanz lässt Vergleiche mit den besten Einrichtungen aus aller Welt zu.

Die Max-Planck-Gesellschaft versteht sich als ein wesentlicher Teil des deutschen Forschungssystems, das vor allem von den Hochschulen getragen und von unterschiedlich ausdifferenzierten außeruniversitären Einrichtungen ergänzt wird. Gerade die Vielgestaltigkeit der deutschen Forschungslandschaft macht sie in ihrer Gesamtheit zu weit mehr als der Summe ihrer Teile. Eine enge Kooperation der einzelnen Elemente ist, wo sinnvoll, höchst erwünscht. Die Max-Planck-Gesellschaft bildet bereits heute an vielen Stellen mit anderen Forschungseinrichtungen und Universitäten Knotenpunkte der Exzellenz. Wie beispielsweise auch hier in Rostock, wo Universität und MPI im vergangenen Jahr gemeinsam das Zentrum für die Ursachen und Konsequenzen des demografischen Wandels gegründet haben. Schwerpunkt dieses Zentrums ist die interdisziplinäre Analyse sowie Politikberatung. Hinzu kommen die gemeinsame Ausbildung und Förderung des wissenschaftlichen Nachwuchses durch MPI und Universität in einer International Max Planck Research School for Demography.

Das Vertrauen, das die Politik in uns setzt, indem sie uns so viel Freiheit zugesteht, rechtfertigen wir mit unseren Leistungen. Und unsere Leistungsbilanz lässt Vergleiche mit den besten Einrichtungen aus aller Welt zu.

Mit der Innovationsoffensive hat Ihre Regierung, sehr geehrter Herr Bundeskanzler, die Bedeutung von Wissenschaft und Forschung für den Wohlstand unseres Landes bekräftigt. Sie haben einen wichtigen Beitrag dazu geleistet, dass heute weitgehend Konsens besteht, dass wir weg von den Vergangenheitssubventionen und hin zu Zukunftsinvestitionen kommen müssen. Und Konsens ist auch, dass Ausgaben für Bildung und Forschung die besten Investitionen in die Zukunft sind. Der europäische Forschungskommissar Janez Potoćnik ging kürzlich sogar so weit, sich in einem Interview öffentlich um den Geisteszustand der Europäischen Union zu sorgen, wenn sie sich sehenden Auges von der Zukunft abwenden und das Geld wieder in Vergangenheitssektoren stecken würde.

Trotz dieser politischen Unterstützung bleibt es für mich und meine Kollegen Präsidenten an den Universitäten und Forschungsorganisationen eine schwierige Aufgabe, die Belange der Wissenschaft und Forschung so zu übermitteln, dass sie tatsächlich Gehör finden. Wir haben in den vergangenen Monaten erlebt, wie es schon schier unmöglich schien, den längst verhandelten Pakt für Forschung und Innovation sowie die im Prinzip auch unstrittige Exzellenzinitiative zur Stärkung der Universitäten zu realisieren.

Wir wissen, dass wir in Zeiten vergangener und anstehender Wahlkämpfe der Politik viel abverlangt haben, als wir in den letzten Wochen auf die zügige Umsetzung der beiden Programme drängten. Zumal man Themen, die kurzfristig Aufmerksamkeit wecken, viel leichter transportieren kann als Investitionen, die sich erst längerfristig auswirken. Aber können wir wirklich den Glauben aufgeben, dass Politik und Wissenschaft gemeinsam an der Sache interessiert vorgehen und überzeugen können? Zeichnet sich weise Politik nicht gerade auch in Wahlkampfzeiten dadurch aus, wie sie mit den wichtigen Themen umgeht, die über Legislaturperioden hinausreichen?

Und die angemessene Finanzierung von Forschung und Wissenschaft ist genau ein solches Thema. Unsere Mitkonkurrenten haben uns längst vorgemacht, wie man damit umgehen kann: Im März hat der britische Außenminister Jack Straw in seiner vielbeachteten Rede vor der Royal Society darauf hingewiesen, dass sich die staatlichen Forschungsausgaben Großbritanniens bis 2008 im Vergleich zu 1997 verdoppelt haben werden. Die USA, Japan und eine Reihe weiterer Staaten investieren im Vergleich zu Deutschland ohnehin einen höheren Anteil ihres Bruttoinlandsprodukts in die Wissensbasis ihrer Gesellschaften. Als größte Wirtschaftsnation in Europa muss Deutschland eine führende Rolle bei der Umsetzung der Lissabon-Beschlüsse einnehmen, wonach die Forschungs- und Entwicklungsausgaben in den Ländern der Europäischen Union bis zum Jahr 2010 auf drei Prozent des Bruttoinlandsprodukts steigen sollen.

Mit Erleichterung habe ich zur Kenntnis genommen, dass die Bundesregierung an der Kernfusionsforschung festhalten wird. Wenn wir hier erfolgreich sind, könnten wir vom Erdöl unabhängiger werden und hätten damit einige Umweltprobleme weniger.

Wir müssen in einem internationalen Wettbewerb der Wissensgesellschaften bestehen. Forschung ist immer global, denn Erkenntnisse können nur einmal gewonnen werden. Gleichzeitig ist Forschung national verortet. Neben der Finanzierung der nationalen Forschung ist mindestens ebenso wichtig, welche Rahmenbedingungen die Politik für die Forschung setzt. Denn diese Bedingungen vor Ort sind für die internationale Wettbewerbsfähigkeit der deutschen Wissenschaft wesentlich.

Manche rechtlichen Bedingungen in Deutschland können uns dauerhaft von der internationalen Entwicklung abschneiden. Zum Beispiel wenn es um die Forschung im Bereich der Life Sciences geht, zu denen auch ein MPI für die Biologie des Alterns zu rechnen wäre. Ich spreche von der Stichtagsregelung im Stammzellgesetz. Deutsche Forscher können derzeit nur mit Stammzelllinien arbeiten, die für einen therapeutischen Einsatz beim Menschen ungeeignet sind. Herr Bundeskanzler, Sie haben mir letzte Woche aus dem Herzen gesprochen, als Sie sich so mutig und deutlich für eine Lockerung der derzeit geltenden gesetzlichen Regelungen ausgesprochen haben. Aus dem Ausland wird uns schon länger unterstellt, dass das Gesetz trotz bester Absichten langfristig heuchlerisch ist, denn die Frage ist ja: Was werden wir tun, wenn die Stammzellforschung aus anderen Ländern Krankheiten wie Parkinson oder Alzheimer zu heilen hilft? Südkoreanischen Wissenschaftlern ist es mithilfe des Klonverfahrens schon gelungen, Körperzellen kranker Menschen in einen embryonalen Zustand zurückzuversetzen. Das sind die ersten Schritte zum besseren Verständnis und möglicherweise auch zur Heilung schwerer Leiden. Wir müssen uns auch die Frage stellen, ob wir gegebenenfalls noch in der Lage sind, diese

Art der Forschung dann wieder aufzunehmen. Noch sind wir in Deutschland auf diesem Gebiet exzellent!

Wie eingangs schon angekündigt, habe ich mit den Auswirkungen einer immer älter werdenden Gesellschaft und der Rolle der Life Sciences bei der Erforschung des Alterns nur eines von vielen wichtigen Zukunftsthemen angesprochen, mit denen sich unsere Gesellschaft befassen muss. Jedem von uns wird beispielsweise bewusst sein, dass wir auf Dauer unsere Energieversorgung nicht über fossile Brennstoffe aufrechterhalten können. Gerade hier in Mecklenburg-Vorpommern, wo Greifswald – gemeinsam mit Garching – Standort des Max-Planck-Instituts für Plasmaphysik ist, möchte ich auf die Bedeutung der Fusionsforschung hinweisen. Ich danke Ihnen, Herr Ministerpräsident, dass Ihr Land zusätzliche Kosten in Höhe von über 60 Millionen Euro übernimmt, um dieses wichtige Institut in Mecklenburg-Vorpommern aufzubauen. Dies ist ein Bekenntnis zur Fusionsforschung, das nicht an anderer Stelle aus ideologischen Gründen wieder in Frage gestellt werden sollte. Mit Erleichterung habe ich zur Kenntnis genommen, dass die Bundesregierung das 5. Energieforschungsprogramm beschlossen hat und damit nun doch an dieser Forschung festhalten wird. Wenn die Fusionsforschung Erfolg hat, könnten wir vom Erdöl unabhängiger werden und hätten damit einige Umweltprobleme weniger. Für die Sicherung der Zukunftsfähigkeit Deutschlands müssen alle Potenziale der Forschung genutzt werden!

Um Missverständnisse auszuschließen: Ich spreche mich keineswegs für eine Entgrenzung von Forschung aus. Ganz im Gegenteil! Eine Gesellschaft muss entscheiden, welche Werteordnung sie für verbindlich erklärt und welche Grenzen sie ziehen möchte. Das heißt aber auch, dass Politik und Gesellschaft über sehr komplexe Zusammenhänge entscheiden müssen. Der dafür notwendige Meinungsbildungsprozess darf nicht entlang von Reizwörtern geführt werden. Es ist schon bedauerlich, dass gerade das Wochenmagazin DER SPIEGEL vor einigen Wochen mit einer unsachgemäßen Berichterstattung ein ganzes Institut in Misskredit zu bringen drohte – und das aus journalistischer Nachlässigkeit, weil der Autor den Begriff Chimäre völlig falsch einsetzte. Solche Vorfälle bringen völlig zu Unrecht die Forschung in Misskredit und schaden letztlich der Wissenschaft in Deutschland. Was wir brauchen, sind fundierte Informationen für ein breites Publikum und vor allem für die Entscheidungsträger in unserem Land. Die Medien stehen in der Verantwortung! Sie müssen wissenschaftlichen Themen Zeit und Raum geben, das geht nicht mit bunten Bildern und provokativen Schlagzeilen. Wenn man komplexe Inhalte auf Zwei-Minuten-Statements reduziert, ist das zwangsläufig das Ende jeder Informations- und Diskussionskultur!

Aber es liegt auch an uns, zu informieren und aufzuklären. Wir Wissenschaftler müssen unser Wissen über die Chancen und Risiken neuer Erkenntnisse und Methoden vermitteln. Nach einer Umfrage haben die meisten Deutschen großes Interesse an wissenschaftlichen Themen. Die Vielzahl neuer Wissensmagazine – nicht immer Wissenschaftsmagazine – belegt diesen Trend. Nach wie vor herrscht großes Misstrauen, zum Beispiel gegenüber der Grünen Gentechnik, was nach jetzigem Stand der Gesetzeslage die Forschung in Deutschland beeinträchtigen wird. Mehr Sicherheit im Umgang mit neuen Technologien können wir aber nur durch ein Mehr an Forschung erreichen, eine realistische Einschätzung der möglichen Gefahren nur durch bessere Information.

Der Max-Planck-Gesellschaft ist die Information der Öffentlichkeit ein großes Anliegen: Begleitend zu unserer Hauptversammlung halten Max-Planck-Wissenschaftler mehr als 60 Vorträge an 24 Schulen im Großraum Rostock. Experten stellen sich im Rahmen unseres Max-Planck-Forums der Diskussion mit Politik und Öffentlichkeit. Hinzu kommt eine Vielzahl von Publikationen: Die Max-Planck-Forschung, unser Wissenschaftsmagazin, hat mittlerweile eine Auflage von 40.000 Exemplaren erreicht. Der Bio-Max, eine Broschüre, in der biologisches Wissen speziell für Schüler aufbereitet wird, feiert in diesem Jahr seinen zehnten Geburtstag; mittlerweile verstärkt durch Geo- und Tech-Max. Im vergangenen Jahr sind alleine 50.000 dieser Hefte von Lehrern für den Unterricht geordert worden. Und es freut mich, dass wir ab nächsten Monat mit Unterstützung des Stifterverbands parallel dazu ein Schülerportal im Internet anbieten können.

Gerade in diesen Tagen schauen sich pro Tag durchschnittlich 950 Besucher die Einsteinausstellung der Max-Planck-Gesellschaft im Berliner Kronprinzenpalais an. Andere lassen sich in Ludwigshafen von unserem Science Tunnel für Wissenschaft begeistern.

Mit all diesen Aktivitäten hoffen wir, einen breiten gesellschaftlichen Dialog über die Freiräume und Grenzen der Forschung zu stimulieren. Nur so werden wir ein forschungsfreundliches Klima in Deutschland erzeugen. Ein Klima, das die Bedeutung von Forschung und Wissenschaft für unser Land erkennt und anerkennt!

Meine Damen und Herren, die Max-Planck-Gesellschaft lässt sich gerne in die Pflicht nehmen! Auch deshalb haben wir einen „Forschungspolitischen Appell" formuliert, worin wir unsere Überzeugung begründen: Bildung, Wissenschaft und Forschung müssen eine starke Rolle spielen – nur so können wir die Zukunft unseres Landes sichern! „Wer Schulen gründet und die Wissenschaften pflegt, der macht sich um sein Volk und die ganze Nachwelt besser verdient, als wenn er neue Silber- und Goldadern fände" – das hat Philipp Melanchthon bereits im 16. Jahrhundert festgestellt. Eine Erkenntnis, die trotz des hohen Alters von 500 Jahren jung geblieben ist.

Vorträge auf der Jahresversammlung 2005

Das Gehirn – ein Orchester ohne Dirigent

Wolf Singer*

Max-Planck-Institut für Hirnforschung, Frankfurt/Main

Wie kann es sein, dass sich unsere Intuition irrt, wenn sie sich auf das Organ richtet, dem sie sich verdankt, wenn sie zu ergründen sucht, wie unsere Gehirne organisiert sind und nach welchen Prinzipien sie ihre erstaunlichen Leistungen erbringen? Wie kann es sein, dass die Selbstauskunft, die ein kognitives System über sich gibt, nicht übereinstimmt mit den Ergebnissen, die es erzielt, wenn es sich mit naturwissenschaftlichen Methoden daran macht, seine Bedingungen zu erforschen? Warum haben wir kein rechtes Gefühl für die Funktionsabläufe in unserem Gehirn, die dieses Gefühl hervorbringen?

Wenn wir den Blick nach innen wenden, scheint es uns, als gäbe es in unserem Kopf eine zentrale Instanz, die wir mit unserem bewussten Ich gleichsetzen und die über all die wunderbaren Fähigkeiten verfügt, die uns Menschen ausmachen. Offenbar vermag es diese Instanz, sich der Signale unserer Sinnesorgane zu bedienen, um ein kohärentes Bild der Welt zu entwerfen und sich als autonom agierendes Wesen in einer als lückenlos wahrgenommenen Welt zu erleben. Sie vermag die Objekte der Welt zu benennen und in Kategorien zu ordnen, Wissen über die Welt zu erlangen und zu speichern, die Gesetzmäßigkeiten von Wechselwirkungen zu erfassen, daraus Schlüsse zu ziehen, Voraussagen zu formulieren, Entscheidungen zu treffen, Handlungen zu planen und auszuführen, diese Prozesse mit wertenden emotionalen Konnotationen zu versehen und sich all dieser Vorgänge zudem bewusst zu sein, sie sich vor dem inneren Auge zu vergegenwärtigen.

Weil diese Intuition so evident ist, nimmt es nicht Wunder, dass im Laufe der Kulturgeschichte immer wieder Spekulationen darüber angestellt wurden, wo im Gehirn diese allmächtige und alles kontrollierende Instanz sich konstituieren könnte. Es müsse dies, so die plausible Annahme, ein singulärer Ort sein, an dem alle Informationen über die inneren und äußeren Bedingungen verfügbar sind, an dem Entscheidungen getroffen werden und von wo aus alle Handlungen initiiert werden. Selbst Descartes, der die mentalen Prozesse als nicht an die materiellen Vorgänge im Gehirn gebunden, sondern diesen vorgängig sah, der also für die frei schwebende „res cogitans" eigentlich keiner Verortung bedurft hätte, selbst Descartes glaubte, nicht ohne eine singuläre lokalisierbare Instanz auskommen zu können. Zumindest die an ein neuronales Substrat gebundenen materiellen Prozesse im Gehirn bedürften einer zentralistischen Organisation, eines Zentrums, in dem alle sensorischen und exekutiven Funktionen miteinander verbunden werden können.

Der Gegensatz zwischen dieser, aus der Intuition gespeisten Vorstellung über die Organisation unseres Gehirns und den heute verfügbaren wissenschaftlichen Erkenntnissen könnte kaum drastischer sein. Untersuchungen der

* Text des Festvortrags auf der Jahresversammlung 2005 der Max-Planck-Gesellschaft in Rostock.

Prof. Wolf Singer bei seinem Vortrag auf der Festversammlung 2005.

strukturellen und funktionellen Organisation unseres Gehirns belegen, dass es sich hierbei um ein Organ handelt, das in hohem Maße dezentral und distributiv organisiert ist, dass in ihm eine Vielzahl von unterschiedlichen Prozessen parallel in sensorischen und motorischen Subsystemen ablaufen und dass es kein singuläres Zentrum gibt, welches diese verteilten Prozesse verwaltet.

An der funktionellen Organisation der Großhirnrinde lässt sich dies besonders gut veranschaulichen. Die Hirnrinde ist die letzte große Erfindung in der Evolution von Gehirnen, denn seit ihrem ersten Auftreten bei niederen Wirbeltieren gab es keine wesentlichen strukturellen Neuerungen. Im Laufe der Evolution nimmt das Volumen der Hirnrinde kontinuierlich zu, wodurch sich die Komplexität der Vernetzungsmöglichkeiten dramatisch erhöht, aber die interne Verschaltung der neuen Areale bleibt unverändert. Es bestätigt dies aufs Neue, wie konservativ die Evolution ist. Nicht nur dass die molekularen Bausteine von Nervenzellen und die Mechanismen der Signalübertragung seit dem Auftreten einfacher Nervennetze bei Mollusken nahezu unverändert erhalten geblieben sind, auch die Regeln, nach denen Nervennetze Information verarbeiten und speichern, haben sich seither nur wenig verändert.

Die bestimmenden Entwicklungsschritte beruhten im Wesentlichen auf einer ungeheuren Zunahme der Komplexität der Vernetzung von Nervenzellen, die in der Großhirnrinde des Menschen ihren vielleicht nur vorläufigen, vielleicht aber auch endgültigen Höhepunkt erreicht hat. Die Großhirnrinde ist modular aufgebaut, wobei ein Modul einem Gewebezylinder mit einem Radius von einem halben Millimeter und einer Länge von etwa 2 Millimetern – also der Dicke der Großhirnrinde – entspricht. In einer solchen Gewebesäule, in der Fachsprache nennen wir sie Kolumne, drängen sich, in sechs Schichten angeordnet, etwa 100.000 Nervenzellen, von denen jede mit durchschnittlich 20.000 anderen kommuniziert. Die Gesprächspartner können dabei in unmittelbar benachbarten Kolumnen, aber auch in weit entfernten Hirnstrukturen liegen. Bemerkenswert ist bei dieser astronomisch anmutenden Komplexität, die in ihrer Dimensionalität der des Universums nicht nachsteht, die globale Gleichförmigkeit.

Die Verschaltung der Nervenzellen innerhalb solcher Kolumnen ist naturgemäß von außerordentlicher Komplexität und nur im Groben aufgeklärt, aber sie folgt festen Regeln und diese sind für alle Kolumnen gleich. Da die Verarbeitungsprozesse in Nervennetzen anders als in Computern nicht von getrennten Programmen gesteuert werden, sondern ausschließlich durch die Verschaltung der Nervenzellen determiniert werden, folgt, dass die von diesen Modulen erbrachten Rechenoperationen für alle Hirnrindenareale dieselben sind, ob sie sich mit der Verarbeitung von visuellen, akustischen oder taktilen Signalen befassen, der Analyse von Sprache oder der Programmierung von Bewegungen.

Untersuchungen der Organisation unseres Gehirns belegen, dass das Gehirn in hohem Maße dezentral und distributiv organisiert ist, dass in ihm eine Vielzahl von unterschiedlichen Prozessen parallel in sensorischen und motorischen Subsystemen ablaufen und dass es kein singuläres Zentrum gibt, welches diese verteilten Prozesse verwaltet.

Der Evolution ist hier offensichtlich die Realisierung eines informationsverarbeitenden Prinzips gelungen, das sich zur Bewältigung unterschiedlichster Aufgaben gleichermaßen eignet. Dies stellt uns vor zwei noch nicht befriedigend beantwortbare Fragen: Erstens, welches mächtige und universelle Prinzip ist hier verwirklicht? Hätten wir die Antwort, wir könnten wesentlich leistungsfähigere Computer bauen. Und zweitens, wie kann es sein, dass durch die Vermehrung solcher universeller Module all die neuen Phänomene in die Welt kamen, die wir mit mentalen Prozessen verbinden und die uns so nachhaltig von Tieren, einschließlich der anderen Primaten, unterscheiden? Diese Qualitäten erlaubten es uns Menschen, der biologischen Evolution die kulturelle hinzuzufügen. Dass komplexe Systeme fähig sind, durch quantitative Vermehrung ihrer Komponenten Phasenübergänge zu neuen Aggregatzuständen zu durchlaufen und dabei Eigenschaften hervorzubringen, die sich qualitativ nicht nur von den Komponenten, sondern auch von bisherigen Zuständen unterscheiden, ist uns geläufig. Aber wie ist vorstellbar, dass allein die Vermehrung von Großhirnrinde und der dazugehörigen Servicestrukturen zur Emergenz von Leistungen führte, die es uns erlaubten, der materiellen Welt eine geistige Dimension hinzuzufügen, uns unserer Wahrnehmungen und Gefühle gewahr zu werden, eine Innensicht unserer psychischen Verfasstheit zu gewinnen und diese Fähigkeit auch unserem Gegenüber zuzuschreiben?

Wir erfahren diese mentalen Phänomene als ebenso real wie die greifbaren Phänomene der dinglichen Welt, wir können sie benennen, sprachlich fassen und uns in diesen Konstrukten der materiellen Welt als autonome Wesen gegenüberstellen, die über eine geistige Dimension verfügen. In dieser Dimension existieren benennbare Phänomene, die in der materiellen Welt keine Entsprechung haben und die traditionell Forschungsgegenstand der Geisteswissenschaften sind: Empfindungen, Wertungen, Moral, Intentionalität, Schuld, ästhetische Kategorien, kurzum, all das, was erst durch den Menschen in die Welt kam. Was also ist geschehen?

Die Evolution hat die Module der Hirnrinde erfunden und einen genialen Weg entdeckt, diese so miteinander zu verschalten, dass durch deren Vermehrung immer differenziertere kognitive Leistungen realisiert werden konnten. In Gehirnen mit vergleichsweise niedriger Komplexität finden sich diese Module zu einigen wenigen sensorischen und motorischen Rindenarealen zusammengefasst. Diesen Arealen obliegt es, die Signale aus den verschiedenen Sinnesorganen zu verarbeiten, sie mit der in ihnen gespeicherten Information zu vergleichen und so aufzubereiten, dass die motorischen Areale daraus angepasste Verhaltensreaktionen ableiten können. Dabei kommunizieren die verschiedenen Sinnessysteme mit den exekutiven Strukturen über kurze Wege und vermitteln ihre Botschaften parallel und weitestgehend unabhängig voneinander. Dies ist der Grund, warum niedere Tiere nicht gut generalisieren, nicht gut vom einen aufs andere schließen können. In komplexeren Gehirnen kommen immer mehr Areale hinzu, die sich nicht mehr direkt mit der Verarbeitung sensorischer Signale befassen, sondern vorwiegend mit der Weiterverarbeitung und Rekombination der Ergebnisse, die in den vorgelagerten evolutionär älteren Arealen erarbeitet wurden. Bei Primaten widmen sich allein etwa 30 verschiedene, vorwiegend parallel arbeitende und eng miteinander vernetzte Areale den verschiedenen Aspekten der von den Augen erfassten und in der primären Sehrinde aufbereiteten visuellen Signale. Ein ventraler Teil analysiert Aspekte, die der Identifikation und Klassifikation von Objekten dienen, Konturlinien, Formmerkmale, Texturen, Farbwerte und viele mehr. Ein dorsaler Teil befasst sich mit Merkmalen, die erfasst werden müssen, um Objekte zielsicher greifen und manipulieren zu können, also deren äußere Form, Position und Bewegung. Verletzungen der ventralen Areale führen entsprechend zu Ausfällen der Formwahrnehmung: Objekte verlieren ihre Farbe oder Gesichter können nicht mehr erkannt werden, und in extremen Fällen wird es unmöglich, Objekte überhaupt zu identifizieren und zu benennen. Man spricht dann von visueller Agnosie. Erhalten bleibt dabei die Fähigkeit, Bewegungen wahrzunehmen oder Objekte zu greifen und ihrer Funktion entsprechend zu manipulieren. Umgekehrt verlieren Patienten mit Läsionen im dorsalen Verarbeitungspfad die Fähigkeit, Objekte zu ergreifen und zu manipulieren, haben jedoch kein Problem, sie zu erkennen und zu benennen. Man spricht dann von visueller Ataxie.

Parallel zur Vermehrung dieser höheren sensorischen Areale, die sich in allen Sinnesmodalitäten vollzieht, treten Areale hinzu, die sich mit der Vermittlung zwischen den Modalitäten befassen, die Assoziationsareale. Ihnen obliegt es, Gleiches im Verschiedenen zu finden und modalitätsunabhängige, abstraktere Repräsentationen von Wahrnehmungsobjekten zu erstellen. In den Spracharealen des Menschen erreicht diese symbolhafte Erfassung des Wahrgenommenen seine höchste Abstraktion. Hinzu kommen Areale im Frontalhirn, die sich mit der Abspeicherung und Bearbeitung vorverarbeiteter, hoch abstrahierter Inhalte befassen wie sozialen Wertesystemen und Verhaltenscodices. Benachbarten Arealen obliegt es, die Ergebnisse der vielen gleichzeitig ablaufenden Prozesse gegeneinander abzuwägen, ausgewählte mit Aufmerksamkeit zu belegen und so lange in Kurzzeitspeichern abzulegen, bis sie entweder nicht mehr gebraucht oder in die Langzeitspeicher verschoben werden. Und schließlich hat sich in den Stirn- und Schläfenlappen ein Netzwerk von Arealen herausgebildet, das uns befähigt, uns als mit uns identisch zu begreifen. Dieses Netzwerk reift auch in der Individualentwicklung spät aus, weshalb kleine Kinder noch keine Vorstellung von ihrer Identität entfalten können.

Die gegenwärtig plausibelste Annahme ist, dass sich die hohen, spezifisch menschlichen kognitiven Leistungen dem Auftreten von Hirnrindenarealen verdanken, deren Aufgabe es ist, die Verarbeitungsergebnisse aus bereits vorhandenen Arealen in vielfältigen Rekombinationen erneut zu bearbeiten – und zwar nach den gleichen Algorithmen, die von sensorischen Arealen bei der Bearbeitung von Sinnessignalen angewandt werden. Diese Iteration von kognitiven Operationen eines immer gleichen Grundmusters befähigt uns offenbar, über hirninterne Vorgänge Protokoll zu führen, uns unserer eigenen sensorischen Prozesse gewahr zu werden, sie zu benennen und uns der Entscheidungen und Handlungsentwürfe, die sich im System konstituieren, zumindest zum Teil bewusst zu werden.

Faszinierend ist dabei die Geschlossenheit der hoch entwickelten Gehirne. Nervenzellen in evolutionsgeschichtlich jungen Arealen kommunizieren ausschließlich mit ihresgleichen. Im Vergleich zu den Myriaden von Verbindungen zwischen den zig Milliarden von Hirnrindenneuronen spielen die Verbindungen mit den Sinnesorganen und den Effektoren nur mehr eine marginale Rolle. So machen die Verbindungen zwischen den Augen und den Neuronen in der primären Sehrinde gerade einmal ein Prozent der Synapsen, der Kontakte zwischen Nervenzellen aus. Hoch entwickelte Gehirne beschäftigen sich also vorwiegend mit sich selbst und verhandeln die ungeheure Menge von Informationen über die Welt, die in ihrer Architektur gespeichert ist. So kommt es, dass sich die Aktivitätsmuster, die auftreten, wenn sich Menschen etwas vorstellen oder das Vorgestellte tatsächlich vor Augen haben, kaum unterscheiden. Im Traum und bei Halluzinationen verschwinden diese Unterschiede gänzlich, weshalb dann Imagination und Realität eins werden.

Wenn es im Gehirn keine zentrale, allen Subprozessen übergeordnete Instanz gibt, wie wird dann die Zusammenarbeit der Milliarden von Zellen in den mit verschiedenen Aufgaben betrauten Arealen der Großhirnrinde koordiniert, wie kann das Gehirn als Ganzes stabile Aktivitätsmuster ausbilden, wie können sich die verteilten Verarbeitungsprozesse zur Grundlage kohärenter Wahrnehmungen formieren, wie findet ein so distributiv organisiertes System zu Entscheidungen, woher weiß es, wann die verteilten Verarbeitungsprozesse ein Ergebnis erzielt haben, wie beurteilt es die Verlässlichkeit des jeweiligen Ergebnisses, und wie vermag es fein aufeinander abgestimmte Bewegungen zu steuern? Auf irgendeine Weise müssen die Ergebnisse der verteilten sensorischen Prozesse zusammengebunden werden, weil unsere Wahrnehmungen kohärent und nicht fragmentiert sind; und auch für die Steuerung des Gesamtsystems und die Koordination von Handlungen scheint eine zentrale Instanz unerlässlich. Wie bereits angedeutet, gibt es aber weder einen singulären Ort, zu dem alle sensorischen Systeme ihre Ergebnisse senden könnten, noch gibt es eine zentrale Lenkungs- und Entscheidungsinstanz. Offensichtlich hat die Evolution das Gehirn mit Mechanismen zur Selbstorganisation ausgestattet, die in der Lage sind, auch ohne eine zentrale koordinierende Instanz Subprozesse zu binden und globale Ordnungszustände herzustellen. Der Vergleich mit Superorganismen liegt nahe. Auch Ameisenstaaten kommen ohne Zentralregierung aus. Die Mitglieder des Staates kommunizieren über ein eng gewebtes Netzwerk von Signalsystemen und passen ihr individuelles Verhalten entsprechend der lokal verfügbaren Information an. Auch hier hat die Evolution eine geniale Interaktionsarchitektur entwickelt, die sicherstellt, dass sich die Myriaden der lokalen Wechselwirkungen zu global geordneten Systemzuständen fügen.

Wir sind vermutlich noch weit davon entfernt, die Prinzipien zu verstehen, nach denen sich die verteilten Prozesse im Gehirn zu kohärenten Zuständen verbinden, die dann als Substrat von Wahrnehmungen, Vorstellungen, Entscheidungen und Handlungssequenzen dienen könnten. Wir verfügen jedoch über eine experimentell überprüfbare Hypothese, die sich am Beispiel von Bindungsproblemen verdeutlichen lässt, die bei der Verarbeitung sensorischer Signale auftreten. Aufgrund ihrer spezifischen Verschaltung reagieren die Nervenzellen in der Sehrinde selektiv auf elementare Merkmale visueller Objekte: auf Konturen, Texturen, Farbkontraste und Bewegungen. Da sich auf höheren Verarbeitungsstufen Neuronen finden, die auf relativ komplexe Kombination solcher elementaren Merkmale ansprechen, wurde vermutet, dass die Bindung elementarer Merkmale zu Repräsentationen ganzer Objekte dadurch erfolgen könnte, dass die Antworten der elementaren Merkmalsdetektoren in Zellen höherer Ordnung so integriert werden, dass diese Zellen selektiv auf die Merkmalskonstellation einzelner Objekte reagieren. Es müsste dann für jedes wahrgenommene Objekt eine spezialisierte Nervenzelle geben, deren Antwort das Vorhandensein eben dieses Objektes signalisiert. Diese Erwartung ließ sich experimentell nicht bestätigen, und es gibt gute Gründe, warum die Natur diese Option zur Bindung verteilter neuronaler Signale nur für die Repräsentation sehr häufig vorkommender oder sehr bedeutsamer Objekte gewählt hat. Es würde diese Strategie eine astronomisch große Zahl hoch spezialisierter Zellen erfordern, um alle wahrnehmbaren Objekte in all ihren unterschiedlichen Erscheinungsformen zu repräsentieren. Zudem wäre es unmöglich, neue, noch nie gesehene Objekte zu repräsentieren und wahrzunehmen, da schwer vorstellbar ist, dass die Evolution für alle möglichen Objekte vorausschauend entsprechend spezialisierte Zellen vorgesehen hat. Hoch entwickelte Gehirne wenden deshalb eine komplementäre, wesentlich flexiblere Strategie an. Objekte der Wahrnehmung, gleich ob es sich um visuell, akustisch oder taktil erfasste handelt, werden durch eine Vielzahl von gleichzeitig aktiven Neuronen repräsentiert, wobei jedes einzelne nur einen Teilaspekt des gesamten Objektes kodiert.

Die nicht weiter reduzierbare neuronale Entsprechung eines kognitiven Objektes wäre demnach ein raumzeitlich strukturiertes Erregungsmuster in der Großhirnrinde, an dessen Erzeugung sich jeweils eine große Zahl von Zellen beteiligt. Ähnlich wie mit einer begrenzten Zahl von Buchstaben durch Rekombination nahezu unendlich viele Worte und Sätze gebildet werden können, lassen sich durch Rekombination von Neuronen, die lediglich elementare Merkmale kodieren, nahezu unendlich viele Objekte der Wahrnehmung repräsentieren, selbst solche, die noch nie zuvor gesehen wurden. An der Repräsentation eines freudig bellenden, mit dem Schwanz wedelnden, gerade getätschelten Hundes müssen sich Neuronen aus weit entfernten Hirnrindenarealen zu einem kohärenten Ensemble zusammenschließen: Zellen des Sehsystems, die visuelle Attribute des Hundes kodieren, müssen mit Zellen des auditorischen Systems kooperieren, welche sich an der Kodierung des Gebells beteiligen, Zellen des taktilen Systems müssen Informationen über die Beschaffenheit des Fells beisteuern und Zellen des limbischen Systems werden benötigt, um emotionale Bewertungen hinzuzufügen, um anzugeben, ob das Gebell freudig oder bedrohlich ist.

All diese verteilten Informationen müssen zu einem kohärenten Gesamteindruck zusammengebunden werden, ohne sich an einem bestimmten Ort zu vereinen. Ferner muss dafür gesorgt werden, dass nur die Signale miteinander gebunden werden, die vom gleichen Objekt herrühren, dass die Signale vom Hund getrennt bleiben von Signalen, die von anderen, gleichzeitig wahrgenommenen Objekten herrühren, von Kindern etwa, die sich an der Streichelaktion beteiligen und einer miauenden Katze, die ebenfalls Zuwendung sucht.

> Hoch entwickelte Gehirne beschäftigen sich also vorwiegend mit sich selbst und verhandeln die ungeheure Menge von Informationen über die Welt, die in ihrer Architektur gespeichert ist.

Bei dieser Kodierungsstrategie müssen die Erregungsmuster der Neuronen demnach zwei Botschaften gleichzeitig vermitteln. Zusätzlich zu der Botschaft, dass das Merkmal, für welches sie kodieren, vorhanden ist, müssen sie angeben, mit welchen anderen Neuronen sie gerade gemeinsame Sache machen. Einigkeit besteht, dass die Amplitude der Erregung eines Neurons Auskunft darüber gibt, mit welcher Wahrscheinlichkeit ein bestimmtes Merkmal vorhanden ist. Heftig diskutiert wird jedoch die Frage, worin die Signatur bestehen könnte, die angibt, welche Neuronen jeweils gerade miteinander verbunden sind und ein kohärentes Ensemble bilden.

Wir haben vor mehr als einer Dekade beobachtet, dass Neuronen in der Sehrinde ihre Aktivitäten mit einer Präzision von einigen tausendstel Sekunden synchronisieren können, wobei sie meist eine rhythmisch oszillierende Aktivität in einem Frequenzbereich um 40 Hz annehmen. Wichtig war dabei die Beobachtung, dass Zellen vor allem dann ihre Aktivität synchronisieren, wenn sie sich an der Kodierung des gleichen Objektes beteiligen. Wir leiteten daraus die Hypothese ab, dass die präzise Synchronisierung von neuronalen Aktivitäten die Signatur dafür sein könnte, welche Zellen sich temporär zu funktionell kohärenten Ensembles gebunden haben. Inzwischen befassen sich zahlreiche Laboratorien weltweit mit der experimentellen Überprüfung dieser Hypothese. Wie so oft erweist es sich, dass die ursprüngliche Beobachtung nur die Spitze des Eisbergs war und dass die funktionellen Bedeutungen der beobachteten Synchronisationsphänomene weit über die zunächst vermuteten hinausgehen. Die vielleicht spannendsten Implikationen könnten die jüngsten Untersuchungen an schizophrenen Patienten haben. Sie verweisen darauf, dass in den Gehirnen dieser Patienten die Synchronisation neuronaler Aktivitäten gestört und unpräzise ist. Wenn zutrifft, dass Synchronisation der Koordination von parallel erfolgenden, räumlich verteilten neuronalen Operationen dient, könnte dies manche der dissoziativen Phänomene erklären, welche diese geheimnisvolle Krankheit charakterisieren. Die Befunde könnten dann tatsächlich Hinweise für eine gezielte Suche nach den pathophysiologischen Mechanismen liefern, die zu dieser Erkrankung führen.

Vieles spricht also dafür, dass wir uns als neuronales Korrelat von Wahrnehmungen komplexe, raumzeitliche Erregungsmuster vorstellen müssen, an denen sich jeweils eine große Zahl von Nervenzellen in wechselnden Konstellationen beteiligen. Je nach der Struktur des Wahrgenommenen können solche koordinierten Zustände weite Bereiche der Großhirnrinde umfassen. Da wir in der Regel mehrere Objekte gleichzeitig wahrnehmen, zwischen ihnen Bezüge herstellen und diese im Kontext der einbettenden Umgebung erfahren, müssen sich zudem in den Nervennetzen der Großhirnrinde mehrere unterschiedliche Ensembles ausbilden können, die zwar voneinander getrennt sein, aber doch in Wechselwirkung stehen müssen. Noch wissen wir nicht, wie dies bewerkstelligt wird. Eine Möglichkeit wäre, dass Ensembles, die unterschiedliche Objekte repräsentieren, in unterschiedlichen Frequenzbereichen synchron schwingen. Wie immer auch die Lösungen für die vielfältigen Koordinationsprobleme in unseren dezentral organisierten Gehirnen aussehen werden, fest steht schon jetzt, dass die dynamischen Zustände der vielen Milliarden miteinander wechselwirkenden Neuronen der Großhirnrinde ein Maß an Komplexität aufweisen, das unser Vorstellungsvermögen übersteigt. Dies bedeutet nicht, dass es uns nicht gelingen kann, analytische Verfahren zu entwickeln, mit denen sich diese Systemzustände erfassen und in ihrer zeitlichen Entwicklung verfolgen lassen. Aber die Beschreibungen dieser Zustände werden abstrakt und unanschaulich sein. Sie werden keine Ähnlichkeit aufweisen mit den Wahrnehmungen und Vorstellungen, die auf diesen neuronalen Zuständen beruhen.

Aus diesem Grund benötigen wir neue Forschungsstrukturen, die eine enge Verschränkung von experimentellen und theoretischen Ansätzen erlauben. Wir hoffen, dass wir mit der Gründung des Frankfurt Institute for Advanced Studies, dem FIAS, einen guten Schritt in diese Richtung getan haben.

Intuitiv nachvollziehbar ist uns vielleicht noch, dass die Wahrnehmung komplexer dynamischer Strukturen wie Sprache oder Musik auf einer Abfolge ebenfalls komplexer, sich ständig wandelnder Erregungsmuster beruhen muss. Doch selbst hier kann es sich keinesfalls um isomorphe Abbildungen handeln. Tonhöhen werden nicht einfach in neuronale Schwingungen unterschiedlicher Frequenz umgesetzt, sondern sie werden wie Merkmale behandelt, für deren Kodierung Nervenzellen vorgesehen sind. Ein Akkord wird in ein räumlich strukturiertes Erregungsmuster von Neuronen übersetzt, die selektiv auf bestimmte Töne ansprechen. Ähnliches gilt für die vielen Merkmale, durch die sich Lautfolgen und Melodien auszeichnen, für ansteigende und absteigende Sequenzen der Tonhöhe, für anschwellende und abschwellende Modulationen der Lautstärke und für bestimmte Rhythmen. Ein gesprochener Satz, ein Stück Musik, beide erzeugen eine Abfolge raum-zeitlich strukturierter Erregungsmuster von Neuronen, die auf bestimmte Merkmale der komplexen Klangstrukturen ansprechen und über verschiedene Areale der Hirnrinde des auditorischen Systems verteilt sind.

Gänzlich kontraintuitiv ist hingegen die Vorstellung, dass das neuronale Korrelat der Wahrnehmung eines taktil oder visuell erfassten soliden Objekts ebenfalls ein hoch abstraktes räumlich und zeitlich strukturiertes Erregungsmuster sein könnte und dass die Repräsentation eines dreidimensionalen, greifbaren Objektes auf die gleiche Weise erfolgen könnte wie die Repräsentation eines Geruches, einer Emotion oder einer Handlungsintention. Immer wird es sich um einen von nahezu unendlich vielen möglichen Zuständen handeln, den ein komplexes System mit hochgradig nichtlinearer Dynamik einzunehmen in der Lage ist. Anders ausgedrückt könnte man sagen, das System bewege sich fortwährend von einem Punkt zum nächsten in einem unvorstellbar hoch dimensionalen Raum möglicher Zustände, wobei die Trajektorie dieser Bewegung von der Gesamtheit aller inneren und äußeren Einwirkungen abhängt, denen das System ausgesetzt ist. Auf dieser Wanderung verändert sich das System fortwährend, weil seine funktionelle Architektur durch die dabei gemachten Erfahrungen ständig verändert wird. Es kann deshalb niemals je an den gleichen Ort zurückkehren, und dies ist der Grund dafür, dass wir Zeit als nicht umkehrbar erleben. Das gleiche Objekt wird, wenn es zum zweiten Mal gesehen wird, einen anderen dynamischen Zustand bewirken als beim ersten Mal, es wird zwar als das Gleiche erkannt werden, aber in dem neuen Zustand wird mitkodiert, dass es schon einmal gesehen wurde.

Diese Überlegungen lassen erahnen, mit welch abstrakten Beschreibungen von Systemzuständen wir es zu tun haben werden, wenn wir tiefer in die funktionellen Abläufe unserer Gehirne eindringen, und sie bringen uns zurück zu der eingangs gestellten Frage, warum unser Vorstellungsvermögen so wenig geeignet ist, über die Vorgänge im Gehirn Auskunft zu geben, die diesem Vermögen zu Grunde liegen.

Ich vermute, dass es an der evolutionären Anpassung unserer kognitiven Leistungen an eine Welt liegt, in der es keinen Vorteil brachte, sich mit nichtlinearen, hochdimensionalen, dynamischen Prozessen zu befassen. Eine der wichtigsten Funktionen von Nervensystemen ist es, lebensnotwendige Information aus der Umwelt aufzunehmen, Gesetzmäßigkeiten ausfindig zu machen, daraus zutreffende Modelle abzuleiten und aufgrund dieses Wissens optimal angepasste Verhaltensstrategien zu entwerfen. All dies dient der Sicherung des Überlebens in einer gefährlichen, sich stetig wandelnden Welt. Die Größe von Tieren, die Nervensysteme entwickelt haben, variiert im Bereich von Millimetern bis wenigen Metern. Folglich haben sich die kognitiven und exekutiven Funktionen der Nervensysteme an Prozesse angepasst, die für Interaktionen von Objekten dieser Größenordnung charakteristisch sind. Es ist das die Welt, in der die Gesetze der klassischen Physik gelten – weshalb wir diese und nicht jene der Quantenmechanik zuerst entdeckten. Es ist die Welt der soliden Gegenstände, der kausalen Wechselwirkungen, der nicht relativierbaren Koordinaten von Raum und Zeit, und es ist die Welt, in der vorwiegend lineare Modelle hinreichen, um den Großteil der für unser Überleben wichtigen Prozesse zu verstehen. Wir beobachten zwar Vorgänge, die eine andere Dynamik aufweisen und unseren Vorstellungen von Kausalität und Linearität zu widersprechen scheinen, aber wir haben Schwierigkeiten, die Gesetzmäßigkeiten intuitiv zu erfassen, die diesen Prozessen zu Grunde liegen. Dies gilt zum Beispiel für alle Prozesse mit hoch nichtlinearer Dynamik, und hierzu gehören u. a. die Resonanzphänomene, die zu unerwarteten Verstärkungen von Schwingungen führen, das Aufschaukeln von extremen Wetterlagen und die scheinbar völlig unvoraussagbaren Phasenübergänge in chaotischen Systemen.

Der Grund, warum wir Schwierigkeiten haben, uns die Gesetzmäßigkeiten vorzustellen, die solche Prozesse hervorbringen, der Grund, warum wir kein rechtes Gefühl für solche nichtlinearen Wechselwirkungen haben, ist vermutlich, dass auf der Entwicklung dieser Fähigkeiten kein Selektionsdruck lag. Modelle von Vorgängen und deren Gesetzmäßigkeiten zu erstellen, ist für Organismen nur dann von Vorteil, wenn sich aus diesen zutreffende Voraussagen ableiten lassen. Für die Entwicklungsdynamik hoch nichtlinearer Systeme ist diese Bedingung nicht erfüllt. Selbst bei Kenntnis der herrschenden Ausgangsbedingungen ist es meist unmöglich vorauszusagen, wie sich das System in Zukunft weiter entwickeln wird. Es bringt also kaum Vorteile, sich mit der Analyse der Interaktionsdynamik hoch nichtlinearer Systeme zu befassen, wenn es darum geht, Modelle von der Welt zu erstellen, von denen zutreffende Voraussagen abgeleitet werden können. Es gab also vermutlich keinen Selektionsdruck für die Ausbildung kognitiver Funktionen zur Erfassung nichtlinearer dynamischer Prozesse – und dies könnte der Grund dafür sein, warum es uns so schwer fällt, uns solche Prozesse vorzustellen. Den gleichen Grund könnte unser Unvermögen haben, die Vorgänge in der Quantenwelt intuitiv zu erfassen. Diese Prozesse spielen beim Entwurf von Überlebensstrategien keine Rolle. Wir haben vermutlich deshalb für deren Wahrnehmung keine Sinnessysteme entwickelt. Unsere Nervensysteme haben sich vielmehr darauf spezialisiert, einige der in unserer makroskopischen Lebenswelt relevanten Signale aufzunehmen und diese auf Gesetzmäßigkeiten hin zu untersuchen, die es erlauben, Voraussagen zu machen.

Diese Beschränkung unserer kognitiven Fähigkeiten könnte eine Erklärung dafür sein, warum unsere Intuition Vorstellungen über die Organisation unseres Gehirns entwickelt hat, die mit der naturwissenschaftlichen Beschreibung dieses Organs nicht übereinstimmen. Das menschliche Gehirn ist fraglos das komplexeste System in dem uns bekannten Universum, wobei komplex nicht einfach für kompliziert steht, sondern im Sinne der Komplexitätstheorie als Terminus technicus spezifische Eigenschaften eines Systems benennt, das aus sehr vielen aktiven, miteinander auf besondere Weise interagierenden Einzelelementen besteht. Solche Systeme zeichnen sich durch eine hoch nichtlineare Dynamik aus, sind in der Lage, Qualitäten hervorzubringen, die aus den Eigenschaften der Komponenten nicht ableitbar sind, und sie sind kreativ: Sie können nahezu unendlich viele Zustände in hoch dimensionalen Räumen einnehmen und dabei neue, unvorhersehbare Muster ausbilden. Sie vermögen dies, weil sie in der Lage sind, sich selbst zu organisieren und ohne den koordinierenden Einfluss einer übergeordneten Instanz hochgeordnete, metastabile Zustände einzunehmen.

Warum aber hat die Natur Gehirne mit diesen Eigenschaften ausgestattet, wenn es doch vornehmlich um die Analyse linearer Prozesse geht? Die Antwort auf die Frage muss unvollständig bleiben, weil wir die Organisationsprinzipien nur im Ansatz verstanden haben. Erkennbar ist jedoch bereits, dass die Versatilität komplexer, nichtlinearer Systeme genutzt werden kann, um Probleme der Informationsverarbeitung sehr viel eleganter zu bewältigen, als dies mit linearen Operationen möglich wäre, selbst wenn es sich bei diesen Problemen um die Analyse vorwiegend linearer Prozesse handelt. Beispiele sind die Mustererkennung, die Bildung von Kategorien, die assoziative Verknüpfung sehr großer Mengen von Variablen, das Treffen von Entscheidungen und die kreative Anpassung an sich ständig ändernde Bedingungen. Der geniale Trick scheint darin zu bestehen, die niedrig dimensionalen Signale, die von den Sinnesorganen geliefert werden, in hoch dimensionale Zustandsräume zu transponieren, dort zu verarbeiten und die Ergebnisse dann rückzutransformieren auf den niedrig dimensionalen Raum, in dem die Verhaltensreaktionen stattfinden. Offensichtlich haben wir aber keine Einsicht in die hoch dimensionalen, nichtlinearen Prozesse, auf denen unsere kognitiven Leistungen beruhen, sondern nehmen nur die niedrig dimensionalen Ergebnisse wahr. Und da wir kein Sensorium für die in unserem Gehirn ablaufenden Vorgänge haben, stellen wir uns offenbar vor, es müssten in ihm die gleichen linearen Vorgänge ablaufen, die wir den beobachtbaren Phänomenen in der Welt draußen unterstellen. Und dies ist vermutlich der Grund, warum wir glauben, dass es in unserem Gehirn eine zentrale Instanz geben müsse. Lineare Systeme können sich nicht selbst organisieren, sie sind nicht kreativ. Ihre Dynamik bewegt sich in unveränderlichen Zirkeln, und wenn in ihnen Neues entstehen soll, dann müssen strukturierende Einflüsse von außen auf sie einwirken. Anders als selbstorganisierende Systeme bedürfen sie eines Bewegers. Weil wir Linearität annehmen, uns aber als kreativ und intentional erleben, kommt unsere Intuition zu dem falschen Schluss, in unserem Gehirn müsse es eine übergeordnete, lenkende Instanz geben, welche die vielfältigen verteilten Prozesse koordiniert und die Impulse für Neues gibt. Und da wir diese virtuelle Instanz nicht zu fassen vermögen, schreiben wir ihr all die immateriellen Attribute zu, die wir mit dem Begriff des „Selbst“ verbinden: die Fähigkeit, initiativ zu sein, zu wollen, zu entscheiden und Neues zu erfinden.

Weil wir Linearität annehmen, uns aber als kreativ und intentional erleben, kommt unsere Intuition zu dem falschen Schluss, in unserem Gehirn müsse es eine übergeordnete, lenkende Instanz geben, welche die vielfältigen verteilten Prozesse koordiniert und die Impulse für Neues gibt.

Diese Mutmaßung mag uns Warnung sein, wenn wir absichtlich oder gezwungenermaßen in die Dynamik komplexer Systeme der Außenwelt eingreifen. Hierzu zählen sämtliche Systeme unserer Lebenswelt, die aus einer Vielzahl miteinander wechselwirkender aktiver Komponenten bestehen, also soziale und politische Systeme ebenso wie Wirtschaftssysteme und Biotope. All diese Systeme weisen eine hoch nichtlineare Dynamik auf: Sie organisieren sich selbst, erzeugen fortwährend neue Muster, sind hinsichtlich ihrer zukünftigen Entwicklung nicht festgelegt, warten deshalb mit Überraschungen auf, die nicht prognostizierbar sind, und können sich in kritische Bereiche hineinentwickeln, in denen dann kleine Störungen ausreichen, um ein eben noch stabiles System zusammenbrechen zu lassen.

Als Handelnde sind wir aktive Komponenten solcher Systeme und befördern durch unser Tun deren Dynamik und zukünftige Entwicklung. Und das konfrontiert uns mit einem doppelten Problem.

Auch unserem Handeln in komplexen lebensweltlichen Systemen scheinen wir vorwiegend lineare Modelle zu Grunde zu legen, weil uns die Intuition für deren nichtlineares Verhalten fehlt. Wir neigen deshalb dazu, das Selbstorganisationsvermögen dieser Systeme zu unter- und deren Lenkbarkeit zu überschätzen. Wir gehen auch hier davon aus, dass die effektivste Strategie zur Stabilisierung und Steuerung dieser Systeme darin besteht, zentrale Instanzen zu etablieren, welche die vielen verteilten Prozesse regulieren und die Entwicklung des Gesamtsystems in die gewünschte Richtung lenken. Ein Blick auf die hierarchischen Strukturen in unseren Gesellschafts- und Wirtschaftssystemen genügt, um zu erkennen, dass wir diese Intuition auch umsetzen. Dabei stellt sich die Frage, ob unser Vertrauen in die Fähigkeiten dieser Instanzen immer gerechtfertigt ist und ob wir sie nicht gelegentlich überfordern, weil wir von ihnen mehr erwarten, als sie selbst unter optimalen Bedingungen leisten können. Aus prinzipiellen Gründen sind die Entwicklungstrajektorien komplexer Systeme offen und schwer prognostizierbar, und das selbst dann, wenn die Ausgangsbedingungen vollständig bekannt sind – was natürlich in unseren lebensweltlichen Systemen nie der Fall sein wird.

Wir neigen dazu, das Selbstorganisationsvermögen komplexer lebensweltlicher Systeme zu unter- und deren Lenkbarkeit zu überschätzen.

Aus den gleichen Gründen ist nur schwer vorhersehbar, wie sich steuernde Eingriffe auf das Verhalten solcher komplexer Systeme auswirken werden. Meist wird sich erst im Nachhinein und nach längerer Zeit erweisen, welche Konsequenzen eine dirigistische Maßnahme tatsächlich hatte. Und es wäre verfehlt, den Vorwurf des Irrtums zu erheben, wenn es anders kommt als intendiert, weil die Prämisse der Voraussagbarkeit von Konsequenzen nur sehr eingeschränkt gilt. Vor diesem Hintergrund erscheint es sinnvoll, jeweils genau zu prüfen, inwieweit die institutionalisierten Steuerungsmechanismen der Dynamik des zu steuernden Systems entsprechen. Handelt es sich um wenig komplexe Systeme mit vorwiegend linearer Dynamik, dann sind hierarchisch strukturierte, dirigistische Lenkungsstrukturen eine gute Option. Handelt es sich jedoch um hoch komplexe Systeme mit stark nichtlinearem Verhalten, dann ist es vermutlich opportuner, auf die Selbstorganisationskräfte und die Kreativität solcher Systeme zu vertrauen, als der Illusion zu erliegen, man könne diese lenken. Eingriffe müssten sich dann darauf beschränken, die Interaktionsgeflechte und Informationsflüsse so zu gestalten, dass sich die selbst organisierenden Mechanismen optimal entfalten können. Da wir, wie ausgeführt, geneigt sind, die Vorgänge in der Welt intuitiv in linearen Modellen abzubilden, darf vermutet werden, dass wir mehr zu dirigistischen Maßnahmen tendieren, als es erforderlich und zweckdienlich ist.

Dass unsere lebensweltlichen Systeme sich überhaupt so weit entwickeln konnten und dabei leidlich stabil blieben, sollte jedoch für sich genommen schon als gute Nachricht gewertet werden und uns ermutigen, der Robustheit dieser durch Selbstorganisation entstandenen Strukturen mehr Vertrauen entgegenzubringen. Kein noch so umsichtiger Planer wäre je fähig gewesen, komplexe Systeme, wie unser Gehirn oder unsere sozialen und wirtschaftlichen Gefüge ab initio zu entwerfen und so zu konzipieren, dass sie funktionieren und über längere Zeiträume stabil bleiben.

Der Klang des Universums: Auf der Suche nach Einsteins Gravitationswellen

Karsten Danzmann

Max-Planck-Institut für Gravitationsphysik, Teilinstitut Hannover*

Abbildung 1 zeigt das Hubble Deep Field, das im Januar 1996 vom Weltraumteleskop Hubble aufgenommen wurde. Dies ist der tiefste Blick ins Universum, der uns bisher im sichtbaren Licht möglich war. Jeder dieser Lichtpunkte zeigt eine Galaxie, nicht nur einen Stern. Wir können sozusagen an den Anfang der Welt zurücksehen: Das Licht, das wir hier sehen, ist Milliarden Jahre zu uns unterwegs gewesen.

Wenn man diese „Kinderjahre" des Universums sieht, dann stellt man sich die Frage: „Stoßen diese Galaxien denn nie zusammen?" Und wenn das geschieht, was für ein Geräusch entsteht bei diesem Zusammenstoß? Oder haben Sie noch nie darüber nachgedacht, wie es sich anhört, wenn ein Stern explodiert?

Natürlich stelle ich nur eine rhetorische Frage: Damit Schall und Geräusche sich ausbreiten können, bedarf es einer Atmosphäre, die es im Weltraum nicht gibt. Im uns vertrauten Sinne „hören" kann man also nichts. Aber vielleicht kön-

Abb. 1: Das Hubble Deep Field, aufgenommen im Januar 1996 mit dem Hubble-Weltraum-Teleskop.

* Der Text ist die überarbeitete Fassung des Öffentlichen Vortrags auf der Hauptversammlung 2005 der Max-Planck-Gesellschaft in Rostock.

nen wir die Explosion eines Sternes oder das Verschmelzen einer Galaxie auf ähnliche Art und Weise miterleben. Und dabei können uns Einsteins Gravitationswellen helfen, von denen ich Ihnen heute erzählen möchte.

Der Name Albert Einstein wird vor allem mit der berühmten Formel $E = mc^2$ verbunden, aber das ist natürlich nur ein winziger Teil der Einsteinschen Erkenntnisse; tatsächlich hat er uns viel mehr gegeben.

Die bekannteste Theorie, die Einstein aufstellte, die Spezielle Relativitätstheorie, war vor allem eine Revolution in unserem Verständnis der Zeit. Auf eine Kurzformel gebracht: Bewegte Uhren laufen langsamer! Das war das Resultat einer unscheinbaren Arbeit mit dem Titel „Über die Elektrodynamik bewegter Körper", die später als „Spezielle Relativitätstheorie" bezeichnet wurde. Einstein übrigens war mit dem Namen „Relativitätstheorie" nie ganz glücklich. Die Abhandlung wurde vor genau 100 Jahren veröffentlicht – deshalb feiern wir das Jahr 2005 als Einstein-Jahr.

Der Inhalt lässt sich eigentlich ganz einfach darstellen: Einstein war aufgefallen, dass die Gesetze der Elektrodynamik, wie sie als „Maxwellsche Gleichungen" seit 1864 bekannt waren, in jedem beschleunigungsfreien System gleich sind. Diese Maxwellschen Gleichungen sagten eine Geschwindigkeit für die Ausbreitung von elektromagnetischen Wellen voraus, die nur von Naturkonstanten abhing. Wenn dem so war – schloss Einstein scharfsinnig –, dann musste auch die Lichtgeschwindigkeit im Vakuum eine Konstante sein.

Die konstante Lichtgeschwindigkeit

Diese Konstanz der Lichtgeschwindigkeit lässt sich einfach messen. Wenn eine Person, die sich mit zehn Kilometern pro Sekunde nach rechts bewegt, einen Laserstrahl aussendet, so hat der Laserstrahl, wenn er aufgefangen wird, eine Geschwindigkeit von 299.792 Kilometern pro Sekunde. Die Geschwindigkeit des Absenders wird also nicht hinzuaddiert, es ergeben sich nicht 299.802 Kilometer pro Sekunde.

Das erste profunde Experiment, das sich zum Ziel gesetzt hatte, die Lichtgeschwindigkeit in Abhängigkeit von der Erdbewegung zu messen, ist das berühmte Michelson-Morley-Experiment. Der amerikanische Physiker Albert Michelson wollte herausfinden, ob die Bewegung der Erde einen Einfluss auf die gemessene Lichtgeschwindigkeit hat. Damals nahm man noch an, dass der Weltraum von einem Äther erfüllt ist, der nötig ist, um die elektromagnetische Strahlung zu leiten, so wie eine Atmosphäre nötig ist, um Schallwellen zu leiten.

Michelson hat damals ein Gerät erfunden, das heute als „Michelson-Interferometer" bekannt und berühmt ist. Abb. 2 zeigt schematisch die erste Ausführung des Michelson-Interferometers aus dem Jahr 1881: Ein Lichtstrahl wird an einem Strahlteiler in zwei Teilstrahlen aufgespalten, die jeweils in den Armen hin- und zurücklaufen. Dort, wo die Strahlteile wieder zusammentreffen, vergleicht man die Laufzeiten, indem man sich das Interferenzbild ansieht.

Die Erde bewegt sich mit einer Bahngeschwindigkeit von immerhin gut 29 Kilometern pro Sekunde um die Sonne. Wenn man das Gerät auf eine bestimmte Interferenz einstellt und es dann um 90 Grad dreht, so sollte sich die Ausbreitungsgeschwindigkeit der Lichtwellen verändern, weil die Bahngeschwindigkeit der Erde dazuaddiert werden müsste.

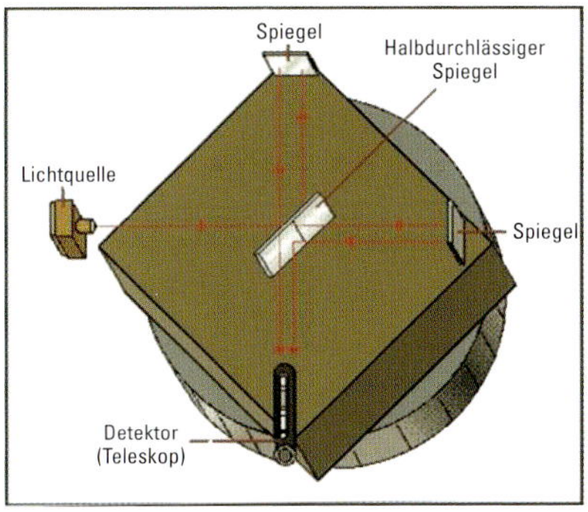

Abb. 2: Das Michelson-Interferometer von 1881.

Michelson hat mit diesem neuen Gerät 1881 in Potsdam die ersten Messungen durchgeführt. Dieses Experiment führte zu keinem greifbaren Ergebnis, daher wiederholte er es in verbesserter Form zusammen mit Edward Morley 1887 in Cleveland/Ohio. In die Annalen der Physik ist es deshalb unter dem Namen Michelson-Morley-Experiment eingegangen. Wesentliche Neuerung in der zweiten Ausführung war, den Lichtstrahl zehnmal zu falten und damit die Messgenauigkeit um den Faktor zehn zu erhöhen. Dieses Interferometer war für damalige Verhältnisse unerhört empfindlich. Man konnte mit ihm einen Laufzeitunterschied von zwei Atto-Sekunden (10^{-18}) messen, das entspricht einem Längenunterschied von einem halben Nanometer. Allerdings wurde auch mit diesem neuen Instrument wieder gemessen, dass der Effekt gleich null war. Die Enttäuschung der Experimentatoren war groß. Man hatte ein Ergebnis erwartet, das etwa beim 40-fachen der Messempfindlichkeit hätte liegen sollen, also deutlich sichtbar hätte sein müssen. Aber was man auch immer versuchte: Der Effekt lag genau bei null.

Michelson hat diesen scheinbaren Fehlschlag bis zu seinem Lebensende nicht verwunden, denn er war tief davon überzeugt, dass man doch einen Unterschied sehen müsse, wenn man sich in Richtung des Lichtstrahls bewegt oder senkrecht dazu.

Die Bewegung hat also keinen Einfluss auf die Lichtgeschwindigkeit. Das ist die Grundlage der Speziellen Relativitätstheorie. Man braucht genau diese beiden Postulate:

a) Die Lichtgeschwindigkeit ist eine universelle Konstante, die unabhängig von unserer Bewegung ist, und

b) in allen beschleunigungsfreien Systemen sind die Gesetze der Physik identisch.

Die Lichtgeschwindigkeit ist eine wichtige Größe – es hat nicht an Versuchen gefehlt, sie zu messen. Das erste relativ genaue Experiment war das von Olaf Römer, der im Jahr 1676 den Jupiter-Mond Io beobachtete: Er bestimmte die Zeit, wann Io in den Schatten des Jupiter ein- und wieder austrat, mit einem einfachen, damals neuen Zweilinsenfernrohr.

Römer stellte fest, dass es einen großen Unterschied zwischen Sommer und Winter gab: Im Winter trat der Mond 22 Minuten später aus dem Schatten heraus als im Sommer. Dieser Befund hat Römer zunächst sehr irritiert – als er die Messung im Sommer jedoch wiederholte, erhielt er wieder den alten Wert. Die richtige Erklärung für das Phänomen, die Römer auch fand, war natürlich die

Zeit, die das Licht braucht, um einmal durch die Erdbahn hindurchzulaufen. Leider wusste man damals noch nicht, wie groß der Durchmesser der Erdbahn ist. Römer selbst hat die Lichtgeschwindigkeit nie berechnet. Wenn er sie berechnet hätte, so hätte er einen Wert von 214.000 Kilometern pro Sekunde erhalten.

In der Folgezeit wurden die Beobachtungen erheblich verbessert. Anfang des 20. Jahrhunderts waren die ersten Messungen mit einem Drehspiegel möglich. Man lässt dazu das Licht nach der Reflektion an einem Drehspiegel eine längere Strecke durchlaufen. Wenn es zurückkommt, so hat sich der Spiegel ein klein wenig weitergedreht. Dadurch kommt der Lichtstrahl an einem anderen Ort an, als er es ohne Drehung des Spiegels tun würde. Aus dieser Abweichung wiederum kann man ebenfalls die Lichtgeschwindigkeit berechnen. Eines der genauesten Experimente dieser Art war wiederum das von Albert Michelson.

Es hat ihn nicht ruhen lassen: Wenn er schon keinen Einfluss der Relativbewegung der Erde finden konnte, dann wollte Michelson wenigstens die Lichtgeschwindigkeit exakt vermessen. 1927 hat er ein sehr gutes Experiment auf einer 45 Kilometer langen Strecke vom Mount Wilson zum Mount San Antonio in Kalifornien durchgeführt und erhielt einen fantastisch genauen Wert von 299.796 Kilometer pro Sekunde. Michelson hatte übrigens im Jahre 1907 als erster amerikanischer Wissenschaftler den Physik-Nobelpreis für sein Interferometer und seine Forschungen erhalten.

Nachdem klar war, dass die Lichtgeschwindigkeit eine Konstante ist und man sie sehr genau bestimmt hatte, wurde 1983 die Lichtgeschwindigkeit zu einer der Grundlagen unseres Einheiten-Systems gemacht: Die uns allen wohl vertrauteste Einheit, das Meter, ist heute über die Lichtgeschwindigkeit definiert und längst nicht mehr über das Ur-Meter, das 1799 in Platin gegossen wurde.

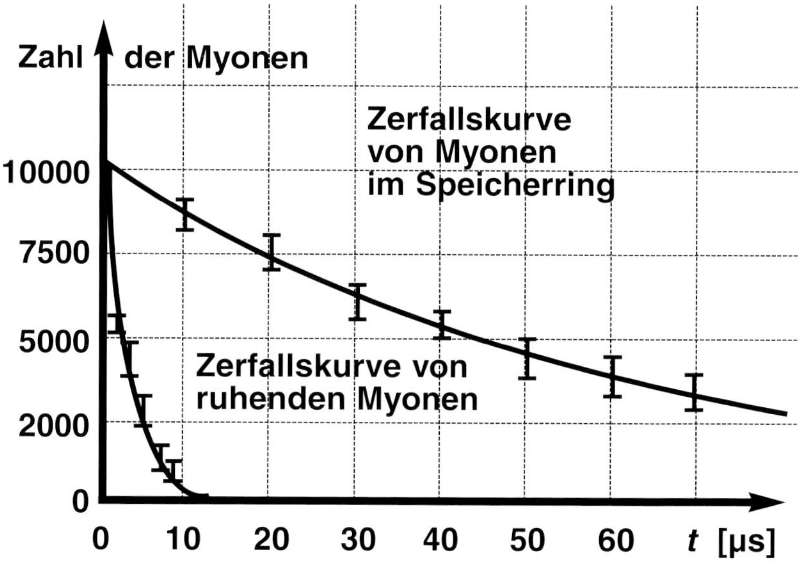

Abb.3: Die Zerfallskurve von Myonen im Speicherring im Vergleich zum Zerfall von ruhenden Myonen.

Zeitweise war das Meter erst als der zehnmillionste Teil eines Erdmeridian-Quadranten definiert, später über die Wellenlänge einer bestimmten Spektrallinie des Edelgases Krypton. Heute ist ein Meter die Strecke, die das Licht in 1/299.792.458 Sekunde zurücklegt. Das hat weit reichende Konsequenzen. Die Lichtgeschwindigkeit kann heute nicht mehr gemessen werden, sie ist vielmehr definiert als $c = 299.792.458$ Meter pro Sekunde. Jeder Zollstock beruht heute auf der Speziellen Relativitätstheorie!

Eine wichtige Erkenntnis der Relativitätstheorie ist, dass es keine universell gültige Zeit gibt. An den großen Teilchenbeschleunigern, zum Beispiel am CERN oder am DESY in Hamburg, kann man diese relativistische Zeitdilatation jeden Tag messen: Teilchen, die sich fast mit Lichtgeschwindigkeit bewegen, zerfallen viel langsamer als ruhende Teilchen. Zuerst wurde das am CERN-Myon-Experiment gemessen: Die Myonen, die mit 99,94 % der Lichtgeschwindigkeit umlaufen, hatten eine deutlich längere Lebensdauer als ruhende Myonen. Sogar nach 100 Mikrosekunden sind noch Myonen vorhanden. Die Lebensdauer, das heißt die Zeit, in der die Hälfte der Myonen zerfallen, hat sich um den Faktor 29,4 verlängert. Sie liegt sonst bei nur zwei Mikrosekunden (10^{-6} Sekunden) für ruhende Myonen.

1971 haben die beiden amerikanischen Physiker J. C. Hafele und R. E. Keating die Zeitdilatation auf der Erde nachgewiesen, indem sie sehr genaue Atomuhren in einem Flugzeug zweimal um die Erde geflogen und nach dem Flug die Zeitanzeige der Uhren mit der amerikanischen Standardzeit verglichen haben. Tatsächlich zeigten diese Uhren eine Zeitverlangsamung von 50 Nanosekunden, die man nach der Relativitätstheorie erwartet. Dieser Hafele-Keating-Versuch gilt als einer der besten Beweise der Relativitätstheorie.

Zeit, Gravitation und Raum in der Allgemeinen Relativitätstheorie

Kommen wir nun endlich zur Schwerkraft, der Gravitation, die uns allen aus dem Alltag vertraut ist. Ich denke, es ist die erste Naturkraft, mit der wir in Berührung kommen: Schon Kleinstkinder führen in ihrem Hochstuhl Experimente zur Gravitation durch und versuchen herauszufinden, ob die Dinge auch wirklich immer nach unten fallen.

Isaac Newton hat 1687 sein Gravitationsgesetz veröffentlicht: „Alle Massen üben eine anziehende Kraft aufeinander aus." Newton gab dieser Kraft den Namen Gravitation, zu deutsch Schwerkraft. Das ist eigentlich eine erklärungsbedürftige Vorstellung: Wie funktioniert diese gegenseitige Anziehung? Über Seile und Haken beeinflussen sich die Massen nicht. Schon Newton war unwohl bei dem Gedanken, dass sich die Gravitationskraft mit einer unendlichen Geschwindigkeit ausbreiten müsse. Trotz dieser Bedenken konnte er jedoch keine bessere Annahme machen.

Wenn man mit der Schwerkraft experimentiert, so stellt man fest, dass alle Körper im Raum mit der gleichen Beschleunigung fallen und dass diese Beschleunigung unabhängig von ihrer Masse oder einer anderen Eigenschaft der Körper ist. Dies brachte Albert Einstein auf die Idee, dass die Gravitation gar keine Kraft, sondern eine Eigenschaft des Raumes ist. Wenn die Gravitation eine Eigenschaft des Raumes ist, so brauchen keine Kräfte durch das Nichts hindurch zu wirken. Diese Idee des Zusammenhanges zwischen Raum und Gravitation wurde in der Allgemeinen Relativitätstheorie beschrieben, die Einstein zehn Jahre nach der Speziellen veröffentlichte. Die Allgemeine Relativitätstheorie ist genau so einfach wie die Spezielle. Die Spezielle haben wir in zwei Sätzen formulieren können – die Allgemeine Relativitätstheorie können wir sogar in nur einem Satz formulieren: „Die Materie bestimmt die Krümmung des Raumes, und der Raum bestimmt die Bewegung der Materie." Durch die Anwesenheit einer Masse krümmt sich der Raum um sie herum, zugleich läuft die Zeit in der Umgebung der Masse langsamer.

Abbildung 4 veranschaulicht die Delle im Raum, die die Sonne durch ihre Masse hervorruft, und die die Erde um die Sonne laufen lässt. Wenn die Erde stillstehen würde, so würde sie tatsächlich in diese Delle hineinrollen. Zum Glück aber bewegt sie sich, so wie eine Kugel, die im Roulette rotiert. Wenn es für die Roulettekugel keine Reibung geben würde, so würde sie unendlich kreisen und nie auf den Teller fallen. Um die Gravitation so beschreiben zu können wie Einstein, muss man sich von der uns vertrauten euklidischen Geometrie, die wir in der Schule gelernt haben, verabschieden. In der euklidischen Geometrie schneiden sich Parallelen nie und zwei Geraden höchstens einmal. Auf gekrümmten Oberflächen wie der Erde und in gekrümmten Räumen dagegen ist das nicht der Fall. Die Geraden sind hier Großkreise, die sich zweimal schneiden. Auch die Zeit läuft in dieser „Raumdelle", die durch die Masse hervorgerufen wird, langsamer.

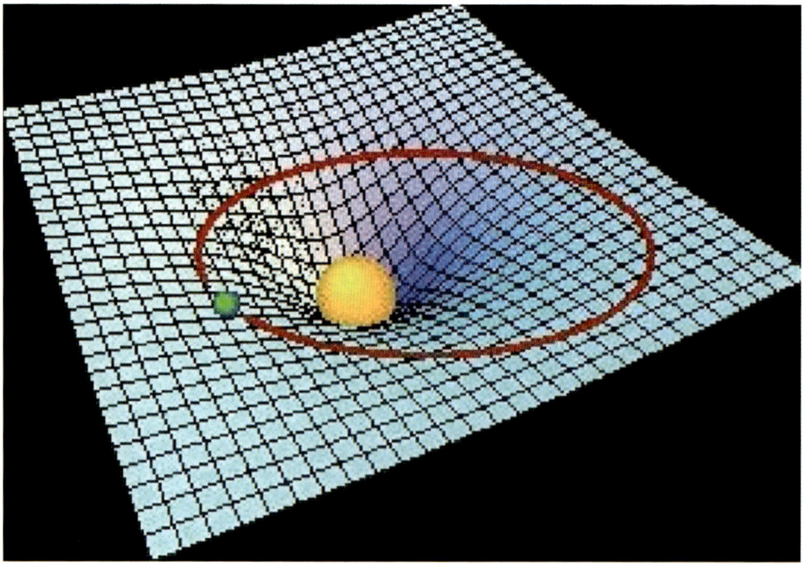

Abb. 4: Versuch, die Delle im Raum, die die Sonne durch ihre Masse hervorruft, zu veranschaulichen.

Was scheinbar so weit von unserer Alltagserfahrung weg zu sein scheint, betrifft in Wirklichkeit alle, die in Kraftfahrzeugen eine Satellitennavigation mit GPS nutzen und so ihre Position auf der Erde bestimmen. Das GPS benutzt Daten, die mithilfe der Relativitätstheorie korrigiert worden sind. Immer mindestens 24 GPS-Satelliten befinden sich in Umlaufbahnen um die Erde. Wir können unsere Position bestimmen, indem wir vier von ihnen anpeilen und die Laufzeitdifferenzen der Signale messen, die von diesen Satelliten zu uns kommen. Die Positionen der Satelliten müssen dazu genau bekannt sein. Es sind Laufzeitdifferenzen, die gemessen werden, dazu braucht man Uhren.

Jeder dieser Satelliten hat eine sehr genaue Uhr an Bord. Wie genau ist diese Uhr? Das ist eine relativ komplizierte Frage. Wir wissen, dass nach der Allgemeinen Relativitätstheorie das Schwerefeld der Erde die Uhren langsamer gehen lässt. Wenn die Uhren daher auf der Erde gebaut werden und anschließend im Satelliten um die Erde kreisen, dann gehen sie schneller als auf der Erde, weil die Gravitation in der Erdumlaufbahn geringer ist. Also baut man exakt „falsch“ gehende Uhren in die GPS-Satelliten ein, und zwar mit Abweichungen um eine Sekunde in 100 Jahren. Das scheint nicht viel zu sein, hat aber dramatische Konsequenzen.

Der Gangfehler einer solchen GPS-Satelliten-Uhr durch die Spezielle Relativitätstheorie beträgt minus sieben Mikrosekunden pro Tag, weil die Satelliten sich schnell bewegen. Der Gangfehler durch die Allgemeine Relativitätstheorie beträgt plus 45 Mikrosekunden pro Tag. Beide Fehler, die sich teilweise kompensieren, würden jedoch zu einem Ortungsfehler von 10 Kilometer an nur einem Tag führen, Fehler, die sich jeden Tag addieren würden.

Gravitation und Gravitationswellen von Schwarzen Löchern

In so genannten Schwarzen Löchern ist die Gravitation so stark, dass auch das Licht nicht mehr aus dem Schwerefeld entkommen kann. Eine wichtige Größe in der Umgebung eines solchen Schwarzen Loches ist der so genannte Ereignishorizont: Ein Teilchen, das den Ereignishorizont einmal nach innen überschritten hat, entkommt dem Schwarzen Loch nicht mehr, sondern wird absorbiert. Dieser Ereignishorizont zeichnet sich sonst durch keine besonderen Eigenschaften aus – nur umkehren kann man nicht mehr. Seien Sie also bei interstellaren Reisen vorsichtig! Aus der Ferne sind Schwarze Löcher kaum von alten Neutronensternen zu unterscheiden, wenn nicht gerade große Materiemengen vom Schwarzen Loch verzehrt werden.

Auch im Zentrum unserer Milchstrasse existiert ein Schwarzes Loch, das jedoch von großen Wolken aus Staub und Gas verdeckt wird. Wenn wir mit Röntgenteleskopen das Zentrum unserer Milchstrasse betrachten, so stellen wir fest, dass hier eine starke Röntgenquelle existiert. Aus Infrarot-Aufnahmen aus der Arbeitsgruppe von Reinhard Genzel vom MPI für extraterrestrische Physik wissen wir, dass sich die Sterne um das Zentrum der Milchstrasse sehr schnell bewegen. Diese Bewegung kann man nur erklären, indem man ein großes Schwarzes Loch von drei Millionen Sonnenmassen im Zentrum unserer Milchstrasse annimmt, das zugleich schnell um seine eigene Achse rotiert. In kurzen

Zeiträumen blitzt und flackert es um das Schwarze Loch immer wieder auf – wir sehen, wie das Schwarze Loch Sterne „verschluckt“.

Wenn so große Massen sich bewegen, dann ziehen sie – bildlich gesagt – ihre Delle mit sich durchs Universum. Die Information über diese Bewegung der Delle breitet sich mit endlicher Geschwindigkeit aus, nach Einstein mit Lichtgeschwindigkeit. So kommt es zu einer Wellenerscheinung, die man „Gravitationswelle“ nennt. Gravitationswellen sind Verzerrungen von Raum und Zeit, die sich mit Lichtgeschwindigkeit ausbreiten und die durch die Bewegung von Massen entstehen. Je größer die Massen sind, die sich bewegen, desto stärker ist die Gravitationswelle.

Abb. 5 zeigt schematisch die Gravitationswelle eines Doppelstern-Systems: Die beiden Sterne umkreisen sich, und die Information über ihre Delle breitet sich dann spiralförmig aus. Solche Gravitationswellen führen dazu, dass der Raum buchstäblich erzittert, weil er abwechselnd gequetscht und gedehnt wird. Diese Änderungen geschehen auf eine bestimmte Art und Weise, nämlich quadrupolartig, der Raum wird senkrecht zur Ausbreitungsrichtung der Delle abwechselnd gequetscht und gedehnt.

Gravitationswellen wurden schon von Einstein vor fast 90 Jahren als Konsequenz seiner Allgemeinen Relativitätstheorie vorhergesagt. Er hat allerdings selber nie daran geglaubt, dass man sie würde nachweisen können, und er hat sie bis zu seinem Tod für Artefakte seiner Theorie gehalten. Bis heute ist tatsächlich kein direkter Nachweis von Gravitationswellen gelungen. Trotzdem zweifelt niemand mehr an der Existenz der Gravitationswellen, weil wir sehr gute indirekte Beweise für sie kennen.

Die beste Evidenz lieferte die jahrelange Beobachtung eines Doppelstern-Systems, des so genannten Doppelpulsars PSR 1913+16, der von Russell Hulse und Joseph Taylor entdeckt wurde und auch als Hulse-Taylor-Pulsar bekannt ist. Dieses Doppelstern-System besteht aus zwei Neutronensternen, also Sternen mit etwa einer Sonnenmasse, die jedoch nur zehn Kilometer Durchmesser haben und sich mit einer Periode von acht Stunden umkreisen. Einer der beiden Neutronensterne besitzt sozusagen eine eingebaute Uhr, der Stern ist ein Radiopulsar, der regelmäßige Radioimpulse aussendet. Man kann sich den Stern als kosmischen Leuchtturm vorstellen. Über diese Pulse können wir sehr genau messen, mit welcher Periode die beiden Sterne sich umkreisen.

Was stellt man fest, wenn man diese Periode misst? Sie wird immer kürzer, die Sterne umkreisen sich immer schneller und rücken dichter zusammen. Beim Umkreisen emittieren die Neutronensterne Gravitationswellen und verlieren dadurch Energie. In den letzen 30 Jahren hat sich dieser Effekt auf 35 Sekunden aufsummiert. Das ist genau der Effekt, den man aufgrund der Abstrahlung von Gravitationswellen erwartet. Russell Hulse und Joseph Taylor haben für die Entdeckung dieser neuen Art von Doppelsternsystem und den indirekten Nachweis der Gravitationswellen 1993 den Nobelpreis für Physik bekommen. Dies war übrigens der erste Nobelpreis, der auf dem Gebiet der Allgemeinen Relativitätstheorie vergeben wurde. Am Rande: Einstein hat den Nobelpreis nicht für seine Relativitätstheorie erhalten, sondern für die Erklärung des Photoelektrischen Effektes.

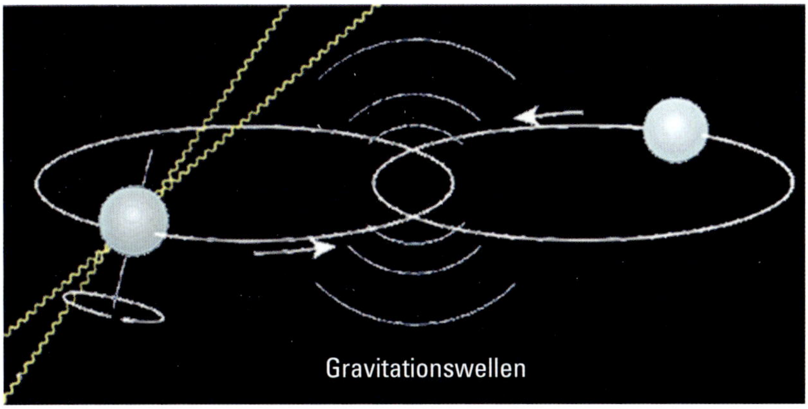

Abb. 5: Die Gravitationswellen, die ein Doppelsternsystem erzeugt.

Die Längenänderungen durch Gravitationswellen sind sehr klein. Was heißt hier jedoch „sehr klein"? Eine Supernova irgendwo in einer Nachbargalaxie – nicht zu weit weg, besser auch nicht zu nahe an der Erde – würde hier den Raum um 10^{-21} verzerren. Um es anschaulich darzustellen: Die Entfernung zwischen Sonne und Erde ändert sich durch eine Raumverzerrung von 10^{-21} um den Durchmesser eines Wasserstoffatoms. Eine ein Kilometer lange Messstrecke würde für die Dauer von einigen tausendstel Sekunden um ein Tausendstel des Durchmessers eines Protons gestaucht werden, das ist etwa ein Attometer oder 10^{-18} Meter. Diese Effekte sind tatsächlich sehr klein, daher hat es auch lange gedauert, bis man nach der Voraussage der Gravitationswellen einen echten, direkten Nachweis versucht hat.

Wenn der Raum gedehnt und gequetscht wird, dann ist es naheliegend, den Effekt durch einfache Längenmessungen nachzuweisen.

Wir haben es weiter oben schon gesehen: Längenänderungen misst man am besten mit einem Laserinterferometer wie dem von Michelson: Ein Laserstrahl wird über einen Strahlteiler aufgespalten, läuft zwei Arme entlang, die Strahlen werden zurückgelenkt und wieder vereinigt. Die Laufzeit in den Armen wird über Interferenzen gemessen. Bei der so genannten konstruktiven Interferenz wird es hell, etwa wenn die Arme genau gleich lang sind. Bei der so genannten destruktiven Interferenz löschen sich die Lichtwellen gegenseitig aus, etwa wenn sich die Länge der Arme um eine halbe Wellenlänge unterscheidet. Durch Beobachtung des Interferenzbildes können wir also etwas über die Armlängenunterschiede aussagen – und das ist es ja, was durch eine Gravitationswelle verändert wird.

Der Detektor, den wir entworfen und aufgebaut haben, nennt sich GEO 600. Er liegt auf dem Land, in Ruthe, in der Nähe von Hannover (Abb. 6). GEO 600 ist eine deutsch-britische Kooperation, zwei Max-Planck-Institute, das für Gravitationsphysik in Potsdam und das für Quantenoptik in Garching, sind daran beteiligt.

Die 600 Meter langen Arme sind entlang der vorgebauten Wirtschaftswege angeordnet. In zwei Metern Tiefe verlaufen Edelstahlrohre mit 60 Zentimeter

Abb. 6: Blick in das Zentralgebäude von GEO600: In den Vakuumtanks befindet sich die gesamte Optik und der Strahlteiler. Das Rohr rechts hinten ist das Ende des einen, 600 Meter langen Armes. Rechts das blaue Geländer der Besuchergalerie.

Durchmesser. In diesen Rohren befindet sich ein Ultrahochvakuum, wir betreiben die zweitgrößte Ultrahochvakuum-Einrichtung in Europa. Im Zentralgebäude befinden sich Optik und Elektronik: ein hochstabiler Laser – der beste der Welt! –, erschütterungsfrei aufgehängte Spiegel und Strahlteiler, sensible Photodetektoren, Regelelektronik und Vakuumpumpen. Auch ein Besucherzentrum ist vorhanden. GEO 600 wurde seit 1995 aufgebaut, in den Jahren 2002 und 2003 haben wir erste Messungen gemacht, Ende des Jahres 2005 soll es in den Regelbetrieb gehen.

Die Messempfindlichkeit wurde im letzten Jahr um etwa einen Faktor 100 verbessert, sie erreicht jetzt Werte von 3×10^{-19} Meter, das sind 300 Zeptometer (10^{-21} Meter). Verglichen mit dem Interferometer, das Michelson 1881 zuerst gebaut hat, ist die Empfindlichkeit heute um den Faktor 100 Milliarden verbessert. Steigerungen um den Faktor 100 Milliarden in 125 Jahren – ich glaube, Michelson wäre zufrieden mit seinen Nachfolgern.

GEO 600 ist nicht das einzige Interferometer, das weltweit gebaut wird. Unsere amerikanischen Kollegen bauen gleich an zwei Standorten, die etwa 3000 Kilometer auseinander liegen. Zum einen in Hanford, im Staat Washington im Nordwesten der USA, zum anderen in Livingston, Louisiana. Beide amerikanische Detektoren werden vom LIGO-Projekt (Laser Interferometer Gravitational Wave Observatory) betrieben. Die französischen und italienischen Kollegen bauen ihren Detektor namens VIRGO in der Nähe von Pisa, mit einer Armlänge von drei Kilometern. Unsere japanischen Kollegen bauen ihren Detektor TAMA300 in Tokio.

Man kann auch von zuhause aus an der Auswertung der Daten aus LIGO und GEO 600 mitarbeiten, indem man sich am Projekt „Einstein@Home“ beteiligt und damit die nichtgenutzte Kapazität des eigenen PCs dem LIGO-Rechenzentrum überlässt.

Übrigens hat es seinen guten Grund, das unsere amerikanischen Kollegen so weit voneinander entfernt bauen: Eines der Hauptprobleme beim Nachweis der Gravitationswellen ist die Abschirmung gegen störende seismische Wellen, also die normalen Erdbewegungen. Jeder Lastwagen, der Wellenschlag der Nordsee, jede Baustelle und jedes kleine Erdbeben, die ja oft vorkommen, ergeben bei uns ein Signal. Wir unterdrücken diese Störungen um einen Faktor 108, um überhaupt eine Chance zu haben, die Ausschläge der Gravitationswellen zu registrieren. Diese Dämpfung geschieht durch aktive und passive Filter und die Aufhängung der optischen Komponenten als Dreifachpendel. Weiterhin vergleichen wir unsere Messungen auch mit denen anderer Interferometer, die möglichst weit entfernt liegen, um lokale Störungen ausschließen zu können. Zur Zeit arbeiten wir mit LIGO zusammen, später ist auch die Kooperation mit VIRGO in Italien geplant.

Was erwarten wir mit diesen Interferometern zu sehen, welche Ereignisse wollen wir beobachten? Auf lange Sicht wollen wir mit den Gravitationswellen Astronomie betreiben. So wie wir mit sichtbarem Licht, Infrarot-Licht und Röntgenstrahlen den Himmel vermessen, sollte es auch möglich sein, mit Gravitationswellen das All zu erforschen. Der Ausbruch einer Supernova beispielsweise würde in der letzten tausendstel Sekunde, bevor der Stern in sich zusammenstürzt, ein Signal produzieren, das sich – in Schallwellen übersetzt – wie ein lautes Klatschen anhören würde. Anhand dieses erwarteten Signals können wir untersuchen, was in der Supernova vor sich geht.

Ein anderes Beispiel: Wir erwarten Gravitationswellen von einem Doppelsternsystem, das ineinander stürzt. In den letzten 0,15 Sekunden, bevor beide Sterne endgültig verschmelzen, sollten sie das Signal produzieren, das wir in Abbildung 7 sehen. Da die Sterne sich auf einer Spirale immer näher kommen, nennen wir dies einen „inspiral event“. Das Signal, das wir bei einem solchen Ereignis erwarten, ist ein schöner reiner Ton, er hört sich zunächst an wie ein helles Zirpen mit einigen 100 Hertz. Kurz vor dem „Tod“ des Doppelsternsystems geht der Laut in ein Zischen über.

Bisher allerdings konnte keiner der laufenden Detektoren sicher Gravitationswellen nachweisen.

Die Interferometer in den USA werden in Zukunft mit unserer GEO-600-Technik, die eine überlegene Optik und Elektronik enthält, ausgestattet werden. Dieses „Advanced Ligo“ soll ab 2010 mit den Messungen beginnen, es wird die zehnfache Empfindlichkeit des ersten LIGO erreichen, und damit auch einen viel größeren Beobachtungsbereich im Weltall aufweisen.

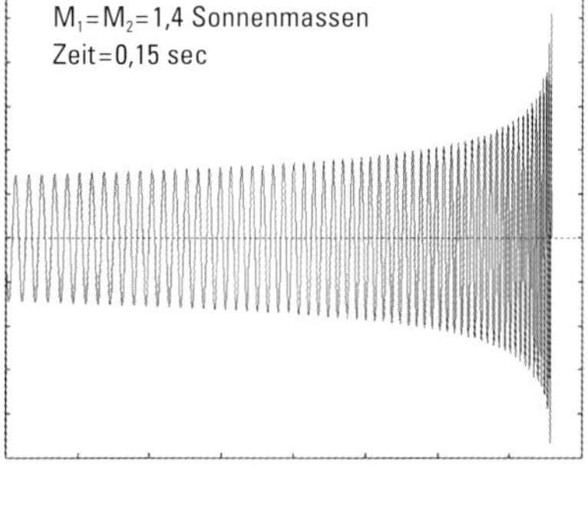

Abb. 7:
Das „Geräusch“, das ein „inspiral event“ erzeugt.

LISA

Unsere Beobachtungsmöglichkeiten auf der Erde sind jedoch auch prinzipiell begrenzt. Wir können auf der Erde die tiefen Frequenzen nicht messen: Alle Schwingungen unterhalb von einem Hertz, also einer Schwingung pro Sekunde, können wir nicht aufzeichnen. Alle Bewegungen auf der Erde, das Bedienpersonal, die Lastwagen, all das zieht an unseren Spiegeln – sie werden als „frei fallende Testmassen" betrachtet, die keinen äußeren Kräften unterliegen – und stört (Abb. 8).

Das geplante Projekt LISA (Laser Interferometer Space Antenna) soll dazu dienen, in Zukunft ein Interferometer im Weltraum zu betreiben. LISA wird andere Ereignisse im Kosmos aufzeichnen, nicht wie einzelne Sterne sterben, sondern wie ganze Milchstraßen zusammenstoßen. Abb. 8 zeigt die Frequenzbereiche, in denen LIGO und LISA messen werden – beide Messgeräte ergänzen sich. LISA wird die Gravitationswellen ganzer Milchstraßen auffangen können, die miteinander verschmelzen. Man kann diesen Prozess der Verschmelzung vollständiger Galaxien – eine Art 100 Millionen Jahre dauernder kosmischer Tanz, der dazu führt, dass schließlich die beiden supermassiven Schwarzen Löcher in den Zentren der Galaxien miteinander verschmelzen – auch im Rechner simulieren. Daher wissen wir, nach welchen Mustern von Gravitationswellen wir Ausschau halten müssen.

Am Max-Planck-Institut für extraterrestrische Physik hat Stefanie Komossa im Jahr 2003 in der Galaxie NGC 6240 mit dem Röntgensatelliten „Chandra" ein Paar Schwarzer Löcher beobachten können, die einander umkreisen und – allerdings erst in einigen Millionen Jahren – miteinander verschmelzen werden. Dies sind Ereignisse, die in ihrer Gewaltigkeit nur noch mit dem Urknall vergleichbar sind.

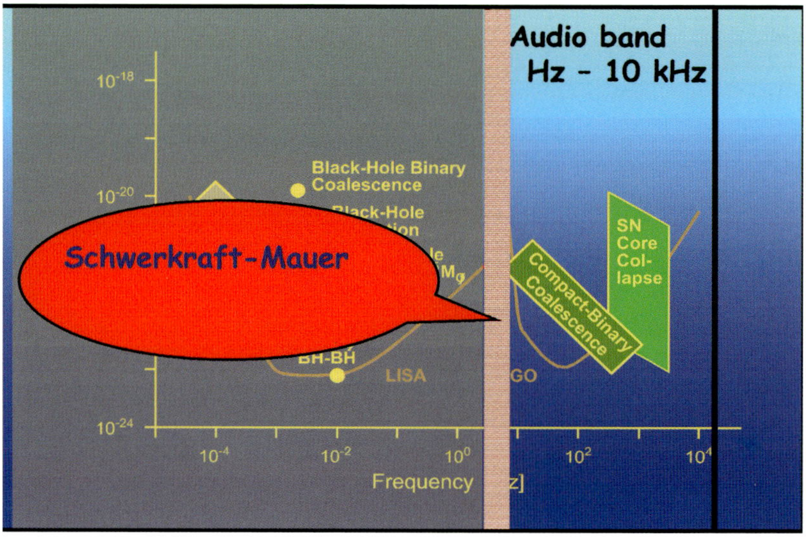

Abb. 8: Schematische Abbildung der „Schwerkraft-Mauer", aufgetragen zusammen mit den Frequenzen der Gravitationswellen, die wir von bestimmten Ereignissen erwarten.

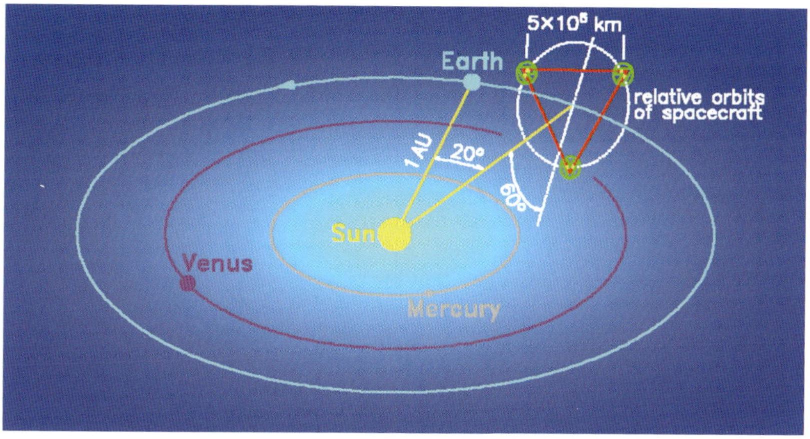

Abb. 9: Darstellung des „Lisa-Layouts".

Abbildung 10 zeigt eine Simulationsrechnung unserer numerischen Relativistikabteilung, die ästhetisch so schön ist, dass sie als Motiv für die ganze Hauptversammlung der Max-Planck-Gesellschaft gewählt wurde: Die Abbildung zeigt Gravitationswellen, die beim Zusammenstoß zweier Schwarzer Löcher ausgestrahlt werden. Hier wird die Raum-Zeit-Krümmung als Falschfarbenbild sichtbar gemacht. Die Bilder sehen aus, als ob ein Künstler die Farben und die Formen entworfen hätte – und doch sind es rein wissenschaftliche Simulationsrechnungen. So ästhetisch können Gravitationswellen sein.

LISA wird aus einem Cluster von drei Satelliten bestehen (Abb. 9), die jeder für sich in einer heliozentrischen Umlaufbahn die Sonne umkreisen. Dieser Cluster wird 50 Millionen Kilometer hinter der Erde herlaufen. Jeder dieser Satelliten sieht flach wie eine Flunder aus. Auf einer Seite befinden sich Gallium-Arsenid-Solarzellen, die den Strom liefern werden.

Im Innern befindet sich ein goldbedampftes Ypsilon. Das Gold dient zur thermischen Abschirmung, in diesem Ypsilon befindet sich das eigentliche Herz-

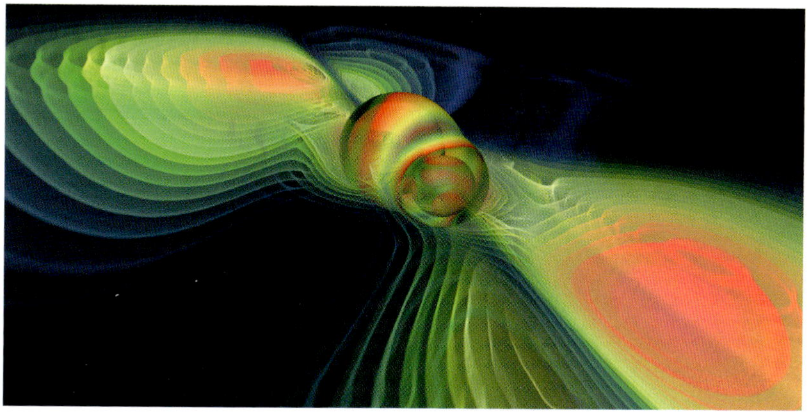

Abb. 10: Gravitationswellen, die beim Zusammenstoß zweier Schwarzer Löcher ausgestrahlt werden.

stück des ganzen Experiments: für jeden Arm eine optische Bank, ein Cassegrainteleskop zum Senden und Empfangen der Signale und in der Mitte jeweils eine frei fliegende Testmasse.

Diese frei fliegende Testmasse markiert das eigentliche Ende jedes Arms. Die Testmasse ist nicht im Satelliten befestigt, sondern der Satellit wird durch ein Kontrollsystem dazu gezwungen, über der Testmasse herzufliegen, ohne sie zu berühren. Auf der optischen Bank sind die Linsen, Spiegel, Photodioden und Glasfasern angeordnet, die zum Konditionieren des Laserstrahls notwendig sind. Alle drei LISA-Satelliten sollen mit einer NASA-Rakete gemeinsam gestartet werden. An diesem Projekt beteiligen sich die amerikanische NASA und die europäische ESA gemeinsam zu gleichen Teilen. Nach dem Start der Rakete und der Freisetzung der Satelliten werden sie langsam und vorsichtig voneinander getrennt, bevor sie sich dann auf eine 15 Monate währende Reise einmal um die Sonne machen. Auf dieser Reise um die Sonne herum holen die LISA-Satelliten etwas weiter aus als die Erde, darum kommen sie etwas später wieder an und laufen so hinter der Erde her. Im Jahr 2015 oder 2016 werden die drei LISA-Satelliten wieder in die Umlaufbahn einschwenken, aber 50 Millionen Kilometer hinter der Erde herfliegen. Dies wird ihr normales Orbit sein.

Die drei Satelliten werden dann wie ein starrer Körper hinter der Erde herlaufen, wie ein Wagenrad, das sich einmal im Jahr um die eigene Nabe dreht (Abb. 9). Jeder der Satelliten fliegt dabei auf seiner eigenen, heliozentrischen Umlaufbahn, die eine Ellipse ist. Die drei Ellipsen sind um 120 Grad gegeneinander versetzt. Wenn sie auf diesen Bahnen laufen, stehen die Satelliten immer in einem gleichseitigen Dreieck zueinander und bilden ein Interferometer mit einer Armlänge von fünf Millionen Kilometern. Das Dreieck wird etwa 60 Grad gegen die Ekliptik, die Ebene des Sonnensystems, geneigt sein.

Zur Zeit beschäftigen wir uns mit der LISA-Pathfinder-Mission, der Demonstration, dass diese Technologie auch funktionieren wird. Dazu dient ein Satellit, in dem die Arme von LISA von fünf Millionen Kilometern auf 30 Zentimeter geschrumpft sind.

Dieser Satellit enthält zwei Testmassen, in ihm testen wir auch die interferometrische Abstandsmessung und die Steuerung des Satelliten aus. LISA-Pathfinder soll 2009 in den Weltraum fliegen und damit den Weg freimachen für das große LISA-Projekt, das ab 2014 starten soll. Es ist geplant, dann fünf Jahre lang mit LISA zu messen.

Abbildung 11 zeigt das Ingenieurmodell von LISA-Pathfinder: Die optische Bank mit den Interferometerspiegeln, die den Abstand der beiden Testmassen voneinander messen, wird zur Zeit verschiedenen Tests unterworfen, einem Schütteltest, einem Vakuumtest und einem Hitzetest, die die Weltraumtauglichkeit beweisen sollen. Bisher hat unser Modell alle Tests erfolgreich bestanden.

LISA-Pathfinder wird schließlich in einem Satelliten am Lagrange-Punkt 1 zwischen Sonne und Erde geparkt werden. Das ist der Punkt, an dem die Anziehungskraft der beiden Himmelskörper gleich groß ist. Etwa sechs Monate soll der Satellit hier bleiben, genug Zeit, um die nötigen Messungen durchzuführen. LISA-Pathfinder ist gerade in die Implementation eingetreten, die letzte Projektphase, die mit dem Satellitenstart endet. Unser Industriearchitekt ist die

Abb. 11: Das Modell von LISA-Pathfinder.

deutsche Firma Astrium Friedrichshafen, Zuwendungsgeber ist das Deutsche Zentrum für Luft- und Raumfahrt, das MPI für Gravitationsphysik ist der Auftraggeber und koordiniert den Bau des Pathfinders.

Einsteins Erbe

Einstein hat uns viel gegeben, er hat vieles vorhergesagt, an das er zum Teil selbst nicht glaubte, weil es so phantastisch ist. Er hat uns viel gegeben – aber natürlich bleiben noch Rätsel zu lösen. Einsteins bahnbrechende Erkenntnisse finden wir, wie wir gesehen haben, überall in unserem Alltag, in der Elektronik, im GPS, sogar in der exakten Definition des Meters.

Aber viele Fragen hat er nicht beantwortet. Was hat denn nun den Big Bang angetrieben? Was geschieht, wenn ich den Ereignishorizont eines Schwarzen Loches überschreite? Was ist am Rand eines Schwarzen Loches los, von innen her betrachtet? Hier versagen bisher unsere Gleichungen. Und: Was ist es, was unser Universum immer weiter auseinander treibt?

Es ist diese dunkle Seite des Universum, über die wir hoffen, mit Gravitationswellendetektoren etwas zu erfahren. Wenn Sie in zehn Jahren in einer dunklen Nacht nach oben schauen, so werden Sie vielleicht die drei LISA-Satelliten sehen können, wie sie leise ihre Bahnen ziehen und die Tiefen des Weltalls erforschen. Und wenn Sie alle mithelfen, dann werden wir auch Erfolg haben!

Die Max-Planck-Gesellschaft und das Forschungsprogramm „Die Geschichte der Kaiser-Wilhelm-Gesellschaft im Nationalsozialismus“: Ein sehr persönlicher Rückblick

Hubert Markl*

Die Veranstalter haben mich um einen persönlichen Rückblick gebeten. Den will ich gerne versuchen und dabei zugleich einige Fragen beantworten, die mir in den vergangenen Jahren immer wieder gestellt worden sind. Zum Beispiel: Warum überhaupt dieses Forschungsprogramm? Warum so? Warum erst jetzt? Warum so spät noch? Gab es Widerstände? Warum wurde es dennoch durchgeführt? Was können wir aus den Ergebnissen lernen? Wie könnte es weitergehen? Dazu folgen einige inhaltliche Bewertungen der Geschichtsforschung durch einen Biologen, zwar aufmerksam, aber sicherlich wenig kompetent – aber dann vielleicht doch nicht ganz so, weil ja auch Historiker, wenn sie biologisch-medizinische Forschung der Vergangenheit bewerten, ihre (Vor-)Urteile darüber einbringen, was biowissenschaftlich damals oder heute unbekannt oder bekannt, richtig oder falsch war oder ist.

Zuerst aber möchte ich mich bei vielen sehr herzlich bedanken, denn vor allem deshalb bin ich der freundlichen Einladung nach Berlin gefolgt. Ich danke ganz besonders den drei Projektleiterinnen, die seit Beginn des Forschungsprogramms nacheinander dessen Leitung – und das heißt auch alle Probleme der Alltagsarbeit solcher Forschung – übernommen haben: Prof. Dr. Doris Kaufmann, Prof. Dr. Carola Sachse, PD Dr. Susanne Heim. Ohne ihren hingebungsvollen Fleiß – man sehe sich nur die Reihe von Publikationen an –, ohne ihr kompetentes Engagement, ohne ihren unermüdlichen persönlichen Einsatz hätte die Präsidentenkommission, davon bin ich überzeugt, nicht erfolgreich sein können. Noch wichtiger: Ohne ihre echte innere Anteilnahme an dem Vorhaben und an dessen Zielen wäre es wohl zum Scheitern verurteilt gewesen.

Mir war dies niemals deutlicher bewusst als bei der Einladung der überlebenden „Auschwitz-Zwillinge“ nach Berlin im Jahre 2001. Ich bin sicher: Nur durch die uneingeschränkte Bereitschaft zum Verständnis dieser Frauen und Männer, die Einfühlung in ihr schreckliches Schicksal und die dennoch immer loyale Kooperation mit der MPG durch Frau Sachse und alle, die ihr dabei geholfen haben, wurde es möglich, dieses schwierige, gefühlsbeladene Ereignis würdig und erfolgreich zu bewältigen. Ich habe dafür schon früher gedankt, ich danke noch einmal für die vielfältige Hilfe, die ich dabei erfahren habe.

Natürlich gilt mein Dank nicht minder den beiden Vorsitzenden der Präsidentenkommission, die von Anfang an bis zum Abschluss dabei waren, Prof. Dr. Reinhard Rürup und Prof. Dr. Wolfgang Schieder. Ihre unbestrittene

* Text der Rede, die Prof. Hubert Markl, von 1996 bis 2002 Präsident der Max-Planck-Gesellschaft, am 15. März 2005 zum Abschluss des Forschungsprogramms der Präsidentenkommission „Geschichte der Kaiser-Wilhelm-Gesellschaft im Nationalsozialismus“ hielt. Die Präsidentenkommission wurde 1997 eingesetzt. Eine gekürzte Fassung der Rede wurde im Juli-Heft 2005 der Zeitschrift MERKUR – Deutsche Zeitschrift für Europäisches Denken – veröffentlicht.

Foto: Norbert Michalke

Altpräsident Prof. Hubert Markl bei seiner Rede im Harnack-Haus in Berlin.

zeithistorische Kompetenz, ihr hohes Ansehen und ihre völlige wissenschaftliche Unabhängigkeit waren mir und meinem Nachfolger, Prof. Peter Gruss, ein Anliegen und zugleich die Garantie dafür, dass die Forschung nach den besten Standards des Fachs vorangebracht werden konnte. In diesen Dank schließe ich auch die anderen Mitglieder der Kommission ein, die – manchmal mehr, manchmal weniger – an der Forschungsarbeit Anteil genommen und diese wohlwollend kritisch begleitet haben.

Das Forschungsprogramm wäre selbstverständlich ohne die eifrige – nur ganz gelegentlich vielleicht auch etwas eifernde – Mitwirkung sehr vieler Mitarbeiter und Forschungsgäste, der vielen Doktoranden und Gastprofessoren unmöglich durchführbar gewesen, und genauso wenig ohne die der technischen Kräfte, die sie dabei unterstützt haben. Ich bin ihnen allen vor allem auch deshalb zu großem Dank verpflichtet, weil ich aus ihren zahlreichen Publikationen, die ich ganz überwiegend zu lesen versucht habe, viel lernen konnte: viel über die KWG-Wissenschaftler im Nationalsozialismus und danach und manches auch über die Arbeitsweise bei der Erforschung der Zeitgeschichte und über die Ergebnisse, die diese liefern kann.

Meine Dankesreihe wäre allerdings unvollständig, wenn ich nicht auch die Generalverwaltung der Max-Planck-Gesellschaft einbezöge, die meine Anregungen aufgriff und unter Beachtung geltenden Rechtes administrativ umsetzte – was nicht immer so einfach war, wie manche von außen glauben mögen. Ich nenne außer der Generalsekretärin, Dr. Barbara Bludau, die mich immer vorbehaltlos unterstützte, vor allem vier enger damit befasste Mitarbeiter: den Abteilungsleiter Dr. Bernd Ebersold, den Leiter der Presse- und Öffentlichkeitsarbeit, Dr. Bernd Wirsing, und meine damaligen persönlichen Referenten Dr. Ulrich Marsch und Dr. Manfred Wolter. Der Zufall wollte es, dass sie selbst überwiegend ausgebildete Zeithistoriker sind, obwohl sie nun andere Aufgaben zu erfüllen haben: Ihr profundes fachliches Wissen und ihr Verständnis haben dem wenig kompetenten Biologen Markl immer wieder wesentlich geholfen. Dank auch meinem Nachfolger als Präsident der Max-Planck-Gesellschaft, Prof. Dr. Peter Gruss, der dafür sorgte, dass die volle Unterstützung des Vorhabens auch unter seiner Präsidentschaft gewährleistet blieb.

Genug gedankt – obwohl mich mehr Dank erfüllt, als ich es hier in Kürze sagen kann. Wenden wir uns lieber den häufig gestellten Fragen zu, auch solchen, die ich mir selber immer wieder stellte und stelle.

Weder Feigenblatt noch Routineübung

Warum überhaupt ein solches Forschungsprojekt? Diese Frage lag mir selber am nächsten. War denn nicht beinahe alles von Bedeutung, was überhaupt über den Nationalsozialismus erforscht werden konnte, mehr als 50 Jahre nach Kriegsende von Abertausenden von Historikern aus aller Welt längst erforscht? Vor Ihnen brauche ich diese Frage wohl kaum zu beantworten. Ich selbst war verwundert, als ich mich darüber belehren ließ, wie wenig dies zutrifft. Ich lernte auch, dass die Geschichtswissenschaft eigentlich nie etwas zu Ende erforscht, so wenig wie Philosophie oder Philologie, denn jede Generation von Geschichtsbetrachtern sieht anderes oder aus anderer Perspektive, eine Art Dauerlebensversicherung solcher Wissenschaften, will mir scheinen, oder vielleicht, besser ausgedrückt, eine immer erneuerte Erkenntnisversicherung jeder neuen Generation über ihre Vergangenheit. Hinzu kam allerdings in den 90er-Jahren des vorigen Jahrhunderts: Der Kollaps des Eisernen Vorhangs gewährte Zugang zu Archiven und Dokumenten, die ganz selbstverständlich zur Bearbeitung in einer besser fundierten, integrativen Sicht der jüngeren Zeitgeschichte herausforderten. Dem durften wir Deutsche uns zu aller Letzt entziehen.

Zugleich war es mir und allen, die sich damit in der Max-Planck-Gesellschaft befassten, besonders wichtig, dass dies weder eine weitere Routineübung einer „Naziopfergedenkindustrie“ werden durfte, noch der untaugliche Versuch, ein Forschungsprojekt als Feigenblatt über die Blöße allzu langer Untätigkeit zu decken, sondern eine ernsthafte Bemühung der historischen Erforschung dessen, was war, um das so schwer zu Begreifende mit den Mitteln der Geschichtsforschung wenigstens so gut wie möglich verständlich zu machen. Zugleich war es, wenn Sie so wollen, eine Dekonstruktion oder auf Deutsch: Entschleierung apologetisch geschichtsschönender Legenden, die sich um die Rolle der KWG unter der Naziherrschaft gebildet hatten.

Aber warum sollte dies nicht besser den zahlreichen Historikern der Universitäten und anderer Zeitgeschichtsinstitute zur Erforschung überlassen bleiben, die doch unbestritten das Rückgrat und eigentlich fast das gesamte Knochengerüst der deutschen Geschichtswissenschaften sind? Ich muss gestehen, dass ich anfangs sehr zu einer solchen Auffassung neigte und sie dann dennoch verwarf. Dies hat mit dem richtigen Verständnis von Identität, Selbstachtung und Verantwortung einer Organisation zu tun, die sich – wie die Max-Planck-Gesellschaft ganz sicherlich, als zumindest ideelle, in besonderem Maße dazu legitimierte, wenn nicht legale Nachfolgerin der Kaiser-Wilhelm-Gesellschaft – als autonome, selbstverantwortliche wissenschaftliche Gesellschaft versteht. Ich hielt und halte es für unabdingbar für eine solche Institution, sich aus freien Stücken, ungezwungen, aber auch in Wahrnehmung ihrer Verantwortlichkeit gegenüber der nationalen und der internationalen Öffentlichkeit, der heutigen wie der künftigen, zur eigenen Geschichte zu bekennen, zu den dunklen genauso wie zu den hellen Seiten davon. Und dies kann man nun einmal nur, wenn man diese erst einmal wirklich kennt. Der tiefste Grund ist wohl eigentlich fast philosophischer Natur. Paul Valery hat einmal sinngemäß bemerkt, dass wir alle rückwärts in die Zukunft gehen. Dies ist nicht etwa ein Mangel, es ist ganz unvermeidlich. Natürlich versuchen die Naturwissenschaften – und die MPG ist schon sehr naturwissenschaftlich geprägt! – vorausblickend zu forschen und zu handeln. Aber ebenso natürlich müssen die historischen Wissenschaften – und nicht nur sie, denken Sie nur an Geologie oder Evolutionsbiologie – immer auch zurückschauen.

Zukunft braucht Herkunft. Es macht die Janusköpfigkeit der „zwei Kulturen“ aus, in denen beide Perspektiven immer aufeinander angewiesen bleiben. Denn wir können nur aus der Vergangenheit, aus Erfahrung lernen, damit wir wenigstens so gut wie möglich nach vorne blicken können. Eine Institution, die meint, ihre Vergangenheit nicht kennen zu müssen, würde damit nur beweisen, dass sie gar nichts lernen will. Ich jedenfalls könnte mir dies für eine Institution der Spitzenforschung am allerwenigsten vorstellen. Gewiss, wer immer nur die Vergangenheit fixiert, müsste blind in die Zukunft gehen, und wer sich nicht um die Gegenwart kümmert, genauso: Es gibt schon Tendenzen, sich über die Schrecknisse der Vergangenheit zu empören, um die von heute leichter ignorieren zu können. Aber das alles sind keine guten Gründe für eine Forschungsgesellschaft, ausgerechnet die eigene Vergangenheit unerforscht zu lassen; vielleicht um sich zu ersparen, was man daraus erfahren muss. Es den Universitäten zu überlassen, dies zu leisten, konnte mich deshalb auch nicht überzeugen: Zwar hatten diese reichlich Zeit, es zu tun (und sehr viele Wissenschaftler an Universitäten haben dies auch getan), aber diese Aufgabe musste schon auch die MPG selber angehen.

Warum aber so, mit Hilfe einer unabhängigen Präsidentenkommission? Es mangelt der MPG doch nicht an – auch von sich selbst – hoch geschätzten unabhängigen Historikern? Darauf gibt es die offizielle, richtige Antwort: Die Forschung sollte so frei und unabhängig von MPG-Eigeninteressen geschehen, um mit ihren Resultaten auch wirklich glaubwürdig an die Öffentlichkeit treten zu können; dies verfügte ich so als Präsident. Aber es gibt natürlich auch eine inoffizielle, ebenfalls richtige Antwort: Manche Max-Planck-Historiker der 50er-, 60er-, 70er-Jahre, um nur von denen zu reden, schienen in der Erforschung der KWG im Nationalsozialismus wohl keine besonders herausfordernde Aufgabe zu erkennen. Vielleicht weil ihnen die deutschen Pfalzen wichtiger waren.

Abbitte leisten gegenüber den Opfern

Warum dann aber, wenn der Forschungsbedarf bei Fachleuten unbestritten war, erst jetzt? Diese Frage wurde mir von denen, die es mit der MPG besonders gut meinten, besonders oft gestellt. Seltsam, denn sie hätte ja wohl eher meinen Vorgängern im Präsidentenamt gestellt werden können. Ich selbst war vor 1996 nicht in der MPG tätig, und der besserwissend unterstellenden Mutmaßungen gibt es schon genug, da muss ich keine mehr hinzufügen. Ich habe allerdings manchmal den Eindruck gewonnen, dass manche Kritiker der MPG daraus gerne ein No-win-game machen würden: Hätte ich das Programm nicht initiiert, hätte dies erneut die Verstocktheit der MPG bewiesen; da ich es in Gang brachte, war es ihnen – weil viel zu spät geschehen – auch nicht recht. *Give them a fair trial and hang them!* – so heißt dies wohl auf Cowboy-Deutsch.

Mich und jene Mitglieder der Max-Planck-Gesellschaft, die mich dabei berieten, bewegte eine ganz andere Antwort auf die Frage: *Warum denn überhaupt jetzt noch?* War es denn nicht sowieso zu spät (wie manche Kritiker dies wohl auch ausdrücken wollten)? Als ich nämlich erfuhr, dass es noch immer einige wenige Überlebende der grausamen Zwillings-Pseudoforschung in Auschwitz gab, mit der KWG-Forscher in Verbindung gebracht wurden, reifte in mir die Überzeugung, dies müsse nun wirklich schnell und so endgültig aufgeklärt werden, wie es der Geschichtswissenschaft eben möglich ist. Daraus erwuchs dann der einmütig vom Präsidium der MPG gefasste Beschluss, diese wenigen Überlebenden wissenschaftlich verbrämter Menschenschinderei nach Berlin einzuladen, um wenigstens vor ihnen ganz offiziell Abbitte zu leisten. Allein diese Tatsache, diese Notwendigkeit, die keine Ausflucht und kein längeres Aufschieben duldete, war rückblickend wohl genug Begründung, um dieses Forschungsprogramm überhaupt und zudem so schnell wie möglich in Gang zu bringen.

Gab es in der MPG Widerstand dagegen, in finanziell besonders bedrängten Zeiten – vergessen Sie bitte nicht, dass ich die Schließung mehrerer Institute und vieler Abteilungen durchzusetzen hatte, um den Aufbau der neuen Institute in der ehemaligen DDR finanziell bewältigen zu können – *die knappen, nicht unerheblichen Geldmittel für dieses Forschungsprogramm freizugeben?* Zwar gab es Widerstand dagegen, aber nicht jenen, den viele damit wohl meinen. Ich bin der Ansicht, dass es der ganzen MPG, ihren Entscheidungsgremien und den Geldgebern von Bund und Ländern zur Ehre gereicht, dass ich von keinem einzigen Wissenschaftlichen oder sonstigen Mitglied der MPG oder des Senats jemals auch nur den geringsten mir gegenüber geäußerten oder im Verborgenen tätigen Widerstand gegen dieses Forschungsvorhaben zu überwinden hatte. Ich habe es mit voller, einmütiger Zustimmung aller Verantwortlichen als so genannte Präsidentenkommission einrichten können – dem geeignetsten und einfachsten administrativen Verfahren, um schnell auf gesamtgesellschaftlich verpflichtende, den Einzelinstituten übergeordnete Weise vorgehen zu können. Das soll nicht heißen, dass nicht manche im Geheimen auch gedacht haben mögen: Warum das Ganze? Wozu noch in den alten Akten (und Wunden) wühlen? Selbstschützendes und selbstgerechtes Desinteresse kann man nie ausschließen. Aber es hat sich mir gegenüber niemals offen geäußert. Doch warum spreche ich dann von Widerständen, die zu überwinden waren? Ich habe es schon angedeutet: Es waren vor allem meine eigenen Hemmungen, die es mir nicht leicht machten.

Scheinheilige Entrüstung der Nachgeborenen

Erstens ist mir ein ganz bestimmter Typ pharisäerhaft moralischer Selbstbeweihräucherung ganz besonders zuwider: die wohlfeile und manchmal wohl auch scheinheilige Entrüstung der Nachgeborenen am sicheren Port gegen die Schlechtigkeiten ihrer Vorfahren auf hoher See. Sie kennen sicher die Sottise von Journalisten, die hinterher immer alles vorher genau gewusst haben. Nun, das ist bestimmt keine besonders journalistische Eigenschaft. Sie scheint mir allzu weit verbreitet und zugleich – auch wenn sie im teuren Habit des Forschers daherkommt – allzu billig. Man muss nur Spitzenpolitiker bei Auschwitzgedenken beobachten, wie sie lieber tiefbewegt ihr „Nie wieder“ für die Medien abgeben, als in Kambodscha oder Ruanda, im Kongo oder im Sudan, in Srebrenica oder Grosny gegen die hier und heute stattfindenden Grässlichkeiten einzuschreiten, wie sie – über TV vor dem Angesicht von Weltöffentlichkeit und UN-Sicherheitsrat – vollbracht wurden und vollbracht werden; bei Flutwellen erregt sich schnell der edelste politisch-moralische Impetus, bei Blutwogen offenbar weniger. Die Behandlung der Armenierverfolgung im Geschichtsunterricht bringt anscheinend über die längst begrabenen Toten immer noch mehr Tinte zum Fließen, als das Mitleiden mit den kaum noch Überlebenden in Darfour hervorzulocken vermag. Wir müssen uns alle vor einer Opferselektion hüten, die sich um des eigenen guten Gewissens willen öffentlich deklamatorisch über das Vergangene empört, um vor dem Gegenwärtigen besser die Augen verschließen zu können. Es war mir und ist mir zuwider, man könnte mir unterstellen, ich hätte mit dem Forschungsprogramm die Abscheu des Spätgeborenen gegen Rassismus und Nazidiktatur nachholend noch einmal öffentlich zu Protokoll geben wollen. Es war mir schwer, diese Hemmung zu überwinden und, ehrlich gesagt, habe ich sie auch bis heute nicht ganz überwinden können. Ich habe dies dennoch zu tun versucht, um erstens dem Vorwurf entgegentreten zu können, die Max-Planck-Gesellschaft habe gewiss etwas zu verbergen, wenn sie sich nicht schleunigst der historischen Erforschung öffnet; zweitens, um gerade noch rechtzeitig, tatsächlich aber wirklich viel zu spät, vor die wenigen Überlebenden von Nazigreueln mit der Bitte um Verzeihung treten zu können; und drittens, um dazu beitragen zu können, die Rolle der Wissenschaften und von Wissenschaftlern in einer totalitären Diktatur aufklären zu helfen – nicht um uns besser zu dünken, indem wir sie gehörig verachten, sondern um dadurch die Wachsamkeit gegenüber Wiederholungsgefahren zu schärfen.

Zustimmung ausländischer Wissenschaftler

Ich hatte jedoch eine zweite Hemmung zu überwinden, die vielleicht 1950 oder 1960 nicht sehr bedeutend gewesen wäre, aber für die MPG um 2000 schon wichtiger zu nehmen war. Heute arbeiten in der MPG Ausländer auf mehr als einem Viertel der Direktorenstellen; dazu Tausende ausländischer Mitarbeiter jeden Alters. Was soll ein Holländer, ein Däne oder gar ein amerikanischer Jude davon halten, wenn er zugleich tragendes Mitglied der MPG ist und dann auch noch in ihrer reuevollen Erinnerungskultur mitwirken soll, zum Beispiel durch Verzicht auf Mittel, die sonst für seine Forschung zur Verfügung stehen könnten: fremdgeboren statt nachgeboren sozusagen? Mich hat dies beschäftigt, weil ich als Präsident auch für die Einheit der MPG verantwortlich war und für ihre Identität, zu der immer schon, aber jedenfalls heute ein weltweit offenes wissenschaftliches Selbstverständnis unabdingbar gehört. Ich habe darüber mit manchem unserer ausländischen Direktoren gesprochen. Sie haben diese Hemmungsgründe von mir genommen, da sie ein Missverständnis oder eine Fehlinterpretation des Handelns der MPG bei Einrichtung einer solchen „Selbsterforschungskommission" nicht befürchteten; im Gegenteil: Sie hielten die Einrichtung einer solchen Forschungskommission für dringend geboten.

Kommt die Frage: *Was können wir aus den Forschungsergebnissen lernen,* selbst wenn sie nur ein kleiner Ausschnitt zeithistorischer Forschung sein können? *Wie bewerte ich sie persönlich?* Zunächst einmal muss ganz klar sein: Ich kann sie gar nicht angemessen bewerten! Sie sind auch nicht für mich, sondern für die ganze Max-Planck-Gesellschaft erarbeitet worden. Natürlich bin ich allein vom quantitativen Umfang des Geleisteten sehr beeindruckt. Aber als Biologe kann und will ich mir nicht anmaßen, die Qualität der Veröffentlichungen auch nur nachträglich, nach meinem Ausscheiden aus dem Amt des Präsidenten, einzuschätzen. Auch hier gilt: Es ist ein Ausdruck der von MPG-Interessen freien Unabhängigkeit dieser Kommission, dass selbst ein Ex-Präsident sich einer Bewertung der Arbeitsergebnisse enthält und diese der geschichtswissenschaftlichen Fachöffentlichkeit überlässt. Dazu dient schließlich auch diese Konferenz.

Aber ich will es nicht bei dieser wohl allzu einfach erscheinenden Rückzugsposition belassen. Ich will vielmehr in dreifacher Hinsicht sicherlich nicht von besonderer Fachkunde zeugende, aber mich dennoch bewegende Anmerkungen machen – mögen Sie sie als das nehmen, was sie eben nach Ihrer Meinung wert sind.

Zum Ersten: Je mehr ich von den Ergebnissen des Forschungsprogramms und anderen Publikationen über die Rolle der Wissenschaft in der Nazizeit zur Kenntnis genommen habe, umso deutlicher wurde mir dabei nicht nur, wie bedeutend der Beitrag hervorragender Wissenschaft und Technologie für die totalitäre Macht – und übrigens auch für die anfangs jedenfalls internationale Achtung und respektvolle Beachtung des Regimes und für dessen anfänglich unbestreitbaren wirtschaftlichen und gesellschaftlichen Erfolg – gewesen ist, sondern wie sehr insbesondere die totale wissenschaftlich-technische Mobilmachung und Indienstnahme der Spitzenforschung dem Nationalsozialismus die Kriegsvorbereitung und später dann Kriegsführung erleichterte (und dabei wohl bemerkt auch dessen rassistische Vernichtungspolitik in den eroberten Gebieten ermöglichte!). Es fällt dabei auch immer wieder auf, wie hauchfein sehr oft die Linie zwischen „normalem", als patriotisch rationalisiertem oder auch wirklich so empfundenem Einsatz aller Kräfte war – „normal" deshalb, weil er in England

In ihren Händen lag das Forschungsprogramm: die Kommissionsvorsitzenden Wolfgang Schieder und Reinhard Rürup zusammen mit den drei Projektleiterinnen des Forschungsprogramms, Carola Sachse, Susanne Heim und Doris Kaufmann (v.l.n.r.).

Foto: Susanne Beer

oder den Vereinigten Staaten eben genauso patriotisch mobilisiert werden konnte – und der zunehmend vorbehaltlos gewissenlosen Unterstützung einer verbrecherischen Diktatur (wie wir dies übrigens im Verteidigungskampf der stalinistischen Diktatur genauso „patriotisch normal“ vorfinden).

Nun sei dabei immer an Samuel Johnsons Wort (nach Ambrose Bierces *Devil's Dictionary)* erinnert: *„Patriotism is the last resort of a scoundrel“* – Patriotismus ist die letzte Ausflucht eines Schurken. Aber selbst wer dies bedenkt, kann wohl den rückhaltlosen und zum Teil sogar bewundernswerten Einsatz mancher Wissenschaftler und Ingenieure „für das Vaterland“ nicht ohne Zögern einfach deshalb verbrecherisch finden, weil er unzweifelhaft dazu beitrug, dass die Verbrecher ihre Verbrechen noch erfolgreicher begehen konnten. Es wäre allzu leicht und überheblich, alles, was Naziherrschaft ermöglichte, einfach dem Nationalsozialismus zuzuschlagen, eine Spielart einer *„whiggish history“*-Betrachtung, so will mir scheinen, die sich nicht in die Lage der handelnden Personen eindenkt, sondern sich mit dem überlegenen Wissen und Gewissen der später Zurückblickenden selbstgefällig über sie stellt. Jürgen Kaube hat diesen Aspekt kürzlich sehr klarsichtig in der Frankfurter Allgemeinen Zeitung (vom 18.2.2005) verdeutlicht, bezogen auf die „Nachbeurteilung“ von Max Planck selbst, der (je nach Zitatenauswahl) fast schon als Helfershelfer der Nazis oder eben in angemessenerer Gesamtbewertung als einer der vielen der Besten unter den Deutschen erscheint, die aus damaliger Sicht meinten, mit Hinnahme kleinerer Übel größere abwenden zu können. Vergeblich, wie wir heute gefahrlos sehr leicht und wie diese Frauen und Männer selbst sehr bald in großer Gefahr für sich und ihre Angehörigen und oft voll Schmerzen erfahren mussten.

Bedrückende Leichtigkeit der Einbindung

Selbstverständlich machen diese Forschungen aber auch ein anderes sehr deutlich: Wie ehrgeizige und einflussgierige Hochleistungswissenschaftler durch den Glanz der Macht und vor allem der Mittel, über die sie überreichlich verfügen, nicht etwa widerwillig und gegen bessere Einsicht angezogen werden können, sondern vielmehr sehr aktiv zu den jeweils Herrschenden streben, um ihren Ehrgeiz und nur zu oft auch ihre Ruhmsucht und materielle Habgier zu befriedigen. Bescheidene Distanz zu den Trögen und Machenschaften der Mächtigen wird dabei keineswegs nur in Diktaturen, sondern auch in anderen Herrschaftsverhältnissen von Politik und Wirtschaft umso deutlicher Ausdruck jener wissenschaftlichen Tugend, die nur allzu viele willige oder unwissende Helfershelfer des Nationalsozialismus vermissen ließen.

Ich hatte in den vergangenen Jahren manchmal den Eindruck, als wollten jene, die mir Fragen nach der Beurteilung des Verhaltens von Wissenschaftlern der Kaiser-Wilhelm-Gesellschaft unter der Naziherrschaft stellten, vor allem eins wissen: Waren große, berühmte, vielleicht sogar nobelpreisgekrönte Wissenschaftler, auch längst verstorbene, daran beteiligt, dass sich der NS-Staat erst so mächtig und dann bald auch so mörderisch entfalten konnte? Ich verstehe solches Interesse und kann es allein deshalb nicht unwichtig finden, weil die KWG – wie die MPG – mit ihren Spitzenwissenschaftlern steht und fällt. Aber ich muss gestehen, dass ich es noch viel wichtiger finde zu begreifen, wie ein hervorragend funktionierendes, weltweit angesehenes Wissenschaftssystem, wie ganze Forschungsorganisationen nicht etwa nur zwangsweise gleichgeschaltet werden konnten, sondern sich sogar danach drängten, sich dem antidemokratischen politischen System dienstbar zu machen. Wie zwar manche deren Vertreter hineingezogen wurden, aber andere geradezu nach Nähe zur Macht, ja selber nach Macht lechzten – obwohl und gerade weil sie dabei oft trotzdem perfekt funktionierende Experten der Wissenschaft blieben. Für manche kommunistische Wissenschaftler galt dies im Stalinismus sicher nicht anders und aus dem Irak unter der Herrschaft Saddam Husseins haben wir Ähnliches gehört. Die bedrückende Leichtigkeit, mit der insbesondere das für jeden kritischen Beobachter doch nur zu bald erkennbar unsägliche, verbrecherische Nazi-Regime bei vielen Wissenschaftlern Unterstützung fand, ist für mich viel schwerer zu begreifen als Nachgiebigkeit gegenüber unbestreitbarem Druck und Terror, der den Unwilligen oder gar Gegnern, geschweige denn denen drohte, die der falschen Überzeugung oder gar Abstammung angehörten. Zugleich verlässt mich nie die Wut und Trauer darüber, wie viele der besten Geister – jüdisch-deutsche und andere – Deutschland vertrieben oder umgebracht, jedenfalls aber für immer verloren hat: welch grässlich idiotische Selbstenthauptung.

Aber ich will zweitens den Fragen nach meinem engeren Fachgebiet, den Biowissenschaften und der damit verbundenen Medizin, nicht ausweichen. Denn hier sind die schrecklichsten, wissenschaftlich verbrämten oder gar von Wissenschaftlern, gerade auch der KWG, geförderten und sogar geforderten Verbrechen begangen worden, durch die sich die deutsche Wissenschaft am allerschlimmsten schuldig gemacht hat. Doch gilt es auch hier, wenn man die teilweise geradezu erschütternden Forschungsberichte des Projektes liest, sehr genau hinzusehen, damit der moralische Widerwille einem nicht das wissenschaftliche Urteil trübt. Auch hierfür geben die sorgfältigen Arbeiten des Forschungsprojektes wichtige Hinweise.

Erforschbar versus erforschungsnotwendig

Es scheint ja sehr einfach, politisch korrekt zu verkünden, Rassen gebe es bekanntlich nicht; die Behauptung genetischer Unterschiede zwischen verschiedenen menschlichen Bevölkerungsgruppen sei nichts als verblendeter, wenn nicht verbrecherischer biologistischer Unfug und könne nur neuerliche rassistische Diskriminierung begünstigen. Was nicht sein soll, das kann eben auch nicht sein – so einfach ist das. Die unbestreitbare Tatsache, dass deutsche Biologen und Ärzte, auch der KWG, übrigens zumeist unter eifriger Beihilfe von Juristen, die entwürdigende, entrechtende und in der Folge mörderische Rassenpolitik vor allem gegen Juden und „Zigeuner", aber auch gegen besetzte slawische Völker begründet, vorbereitet und unterstützt haben, heißt weder, dass es keine genetischen Unterschiede zwischen menschlichen Populationen geben darf – der Begriff Rasse sollte hoffentlich wirklich auf immer diskreditiert sein –, noch dass man solche Unterschiede nicht erforschen kann oder gar – weil nicht politisch korrekt – nicht erforschen darf. Daran ändert auch nichts, dass der größte Teil nationalsozialistischer „Rassenbiologie" wissenschaftlich wertlos und dazu in Methoden und Zielen verabscheuenswert war.

Die zur Zeit intensiver werdenden Diskussionen über *ethnic drugs*, populationsspezifisch ausgewählte und auf Wirksamkeit und Nebenwirkungen geprüfte Medikamente, zeigen erneut die Bedeutung klarer Unterscheidung zwischen erforschbaren und erforschungsnotwendigen wissenschaftlichen Tatsachen und nicht hinnehmbaren Schlussfolgerungen, die die Menschenrechte solcher Ethnien gefährden könnten. Um es etwas paradox, zwar etymologisch falsch, aber im gängigen Sprachgebrauch auszudrücken: faktische – genetische – *Unterscheidung* rechtfertigt keine – rechtliche – *Diskriminierung*, so wenig wie geschlechts- oder altersspezifisch unterschiedlich indizierte Medikamente Geschlechts- oder Altersdiskriminierung rechtfertigen könnten, auch wenn sie geradezu lebensrettende Unterscheidungen begründen. Menschengruppen gleich welcher Art, Rothaarige oder Zwergwüchsige, medizinisch verschieden zu behandeln, weil sie in bestimmter Hinsicht besondere genetische Eigenschaften haben, kann und darf niemals zur Folge haben, dass sie in ihren Menschenrechten in irgendeiner Weise benachteiligt werden; wobei die Diskriminierung ja zumeist keineswegs erst durch Kenntnis ihrer genetischen Besonderheiten begründet wird, sondern dadurch, dass sie eben anders aussehen, sprechen, sich anders verhalten, an andere Götter glauben oder was sonst Menschengruppen unterscheiden mag. Die diskriminierende Stigmatisierung liegt nicht in oder an ihren Genen, sondern wird dadurch wirksam, dass die soziale Umwelt ihnen ein Stigma nachsagt, aufprägt oder aufzwingt: Der gelbe Stern, nicht die Herkunft macht sie zu Fremden, attributive Willkür drückt ihnen den belastenden Stempel auf.

Auch mit der humangenetisch eher wohlmeinend politisch korrekten als sachlich zutreffenden Behauptung, es gebe keine beachtlichen genetischen Unterschiede zwischen verschiedenen menschlichen Populationen kann in guter Absicht durchaus Unsinn verbreitet werden. Für die seit Jahrhunderten hochvermischten Bevölkerungen Europas, Vorderasiens, Amerikas trifft dies sicher viel eher zu als für historisch-geographisch lange isoliert lebende Ethnien. Richtig ist, dass es für gleich welche Ethnien keinerlei Einschränkung ihrer Menschenrechte geben darf, wie immer sie sich genetisch oder kulturell auch voneinander unterscheiden mögen. Es kann ja auch nicht so weit gehen mit der biologisch-politischen Korrektheit, dass man nichts mehr gegen Rassendiskriminierung zu unternehmen bräuchte, weil es doch gar keine Rassen gibt: Rassen mögen biologisch-genetisch obsolet sein, in den Rassenvorurteilen von Menschen leben sie leider fort, manchmal sogar ohne die Menschengruppen, auf die sie sich beziehen.

Nichts rechtfertigt Missachtung der Menschenwürde

Auch die unbestreitbare Tatsache, dass im Naziregime von verbrecherischen Ärzten zigtausende von Erbkranken umgebracht wurden und Wissenschaftler der KWG sie anschließend sogar als „Forschungsmaterial" missbrauchten, bedeutet doch nicht, dass es keine genetisch bedingt Kranken gibt oder dass man diese Krankheitsursachen nicht erforschen sollte. Es ist also schon wichtig, aus der historischen Erforschung der beklagens- und oft verdammenswerten Rolle von Biowissenschaftlern in der nationalsozialistischen Diktatur sorgfältig die richtigen Schlussfolgerungen zu ziehen: nämlich die, dass keine wirkliche oder vorgebliche wissenschaftliche Tatsachenerkenntnis über genetische Merkmale von Menschen irgendjemanden, am allerwenigsten jedoch die beteiligten Wissenschaftler berechtigt, Menschenwürde und Menschenrechte von Angehörigen anderer Ethnien, genetisch definierbarer Menschengruppen oder Erbkranken zu missachten.

Wissenschaft muss höchsten kognitiven Erkenntnisstandards und der Wahrhaftigkeit genügen. Aber auch wenn sie dies tut, gleich ob als Natur- oder Geisteswissenschaft, kann sie die moralischen Werte, die ihrem Tun und Lassen Führung geben und ethische Grenzen setzen müssen, weder allein aus sich heraus erzeugen, noch darf sie ihre Werte der Gesellschaft, in der sie lebt und arbeitet, aufzunötigen versuchen. Denn sonst würde sie sich die Herrschaft einer erleuchteten Wissenskaste anmaßen, die am Ende nicht weniger schlimm wäre als eine altertümliche Priesterherrschaft. Die moralischen Werte, derer sich jede Gesellschaft durch ständige offene Reflektion und Diskussion immer aufs Neue versichern und die sie jeder neuen Generation durch Erziehung und Bildung weitergeben muss, sind die Grundlage der Gesetze, an die sich auch in einer freien Gesellschaft alle zu halten haben, also auch Wissenschaftler jeder Richtung. Deshalb ist der Appell an die Wahrung der Menschenrechte durch die Forschung keine wohlfeile, weil in der Praxis folgenlose edelmenschliche Sonntagsrede, sondern die verbindliche Aufforderung an die Wissenschaft, ihre

Erkenntnisziele immer nur im Rahmen von Recht und Gesetz zu verfolgen. Das schließt selbstverständlich ein, dass sie mit ihrem besonderen Wissen über Erkenntnisse und Möglichkeiten ständig argumentativ dazu beizutragen hat, dass die Gesellschaft – durch die dazu berufenen Vertreter des Volkes – ihre Recht setzenden und Recht auslegenden Entscheidungen auf menschenrechtlichen ethischen Grundlagen in möglichst umfassender Kenntnis alles wissenschaftlich Erkannten, Wissenswerten und Wissensmöglichen treffen kann.

Dies einzusehen und klar auszusprechen ist nicht nur gerade jetzt bei zunehmender wissenschaftlicher Kenntnis des menschlichen Genoms und seiner genetischen Wirkungen von großer Bedeutung. Wir verstehen dann auch leichter, wie es sein kann, dass wir uns über eugenische Vorstellungen bedeutender Wissenschaftler der KWG entrüsten, während – um nur ein Beispiel herauszugreifen – der zur gleichen Zeit wie sie wirkende englische Genetiker Ronald A. Fisher unverändert in höchstem wissenschaftlichen Ansehen steht, obwohl er in Cambridge die *Eugenics Society* begründete, die genau gleiche Ziele verfolgte und der viele bedeutende Persönlichkeiten angehörten; ihr Schatzmeister war John Maynard Keynes! Der Unterschied zwischen R. A. Fisher und seinem guten Freund (selbst nach dem Krieg noch!) Otmar von Verschuer, die beide sicherlich bedeutende Wissenschaftler waren, war genau jener, um den es uns hier gehen muss: Was immer R. A. Fisher eugenisch Unsinniges gedacht oder geschrieben haben mag, es hatte im demokratischen Rechtsstaat Großbritannien keinerlei Einfluss auf politisches oder gar rechtsberaubendes Handeln des Staates gegenüber erblich belasteten Mitmenschen. Humangenetiker der KWG lieferten dagegen wissentlich oder fahrlässig Begründungen für Staatsverbrechen ungeheuren Ausmaßes, ermöglichten oder beteiligten sich zum Teil sogar daran.

Wieso diese grauenvolle Perfektion des Verbrechens?

Ich will es mit diesen wenigen Hinweisen darauf, was mir aus den Forschungsergebnissen der Präsidentenkommission besonders nachdrücklich vor Augen steht, bewenden lassen, aber doch abschließend noch einen dritten Punkt ansprechen, den ich auf die abgedroschene Formel bringen kann: *„Wie konnte es nur bei uns Deutschen dazu kommen?“*, dieser Rassenwahn, diese Menschenverachtung, diese Habgier auf Besitz beneideter Mitbürger, diese Mitleidslosigkeit! Das alles bei einem Kulturvolk, das sich doch wissenschaftlich und kulturell herausragend wähnte. So als sei der Sohn feiner Eltern auf die schiefe Bahn gekommen. Es gab doch Antisemitismus, Rassismus, Eugenikprogramme, Verbrechersterilisierungen, Gefängnisse für Geisteskranke und wer weiß noch was für andere Scheußlichkeiten auch in anderen, so genannten kultivierten Nationen! Warum kam all das dann im deutschen Nationalsozialismus zu so entsetzlich verstärktem Ausbruch sozialer Massenpathologie, zu solch grauenvoller Perfektion des Verbrechens? Warum diese moralische Ruchlosigkeit bei so vielen aus allen Bereichen eines ganzen Volkes, und sogar bei dessen bewunderten Eliten? Man hat dies als Folgen einer einmaligen gesellschaftlichen und moralischen

„Entgrenzung" bezeichnet. Man möchte es eigentlich fast schon Entartung nennen, wäre dies nicht selbst ein Nazibegriff. Da gab es natürlich – das Forschungsprogramm hat dies immer wieder nachgewiesen – viel unersättlichen Opportunismus; durch den Krieg begünstigtes, rücksichtsloses Herrenmenschengehabe und kolonialistische Raublust, die für Deutschland nachzuholen suchte, was andere Kolonialmächte wirklich oder vermeintlich längst vorgemacht hatten. Gewiss, da gab es auch den Kadavergehorsam aus übersteigertem Pflichtgefühl; Ergebnis einer Drillerziehung zu unbändigem Nationalchauvinismus, verbunden mit einem perversen Stolz auf Effizienz und Perfektion in allen Dingen, selbst noch bei Schreckenstaten. Auch eine Hörigkeit gegenüber der Obrigkeit, der knechtische Überzeugungen zugrunde liegen mögen, die nach Herrschaft verlangen, um sich ihr unterwerfen zu können – und um dann selber keine Verantwortung zu tragen; Achtung vor Paragraphen und Befehlen ist solcher Haltung wichtiger als Menschlichkeit und Auflehnung gegen menschenverachtende Ideologie.

Ich weiß nicht, ob das heute alles schon ganz überwunden ist: Wie schwer sich ein paragraphenfixierter Rechtsstaat mit notwendigen Verboten und Abgrenzungen gegen solche Ideologien von rechts und links auch heute noch bei uns tun kann, gibt einem schon zu denken.

Deshalb wird die Forschung über all diese Fragen ganz sicher weitergehen müssen; nicht nur die historische Forschung in Hochschulen, Archiven und Forschungsinstituten, wo immer sie hingehört und am besten durchgeführt werden kann, sondern auch anthropologische und sozialpsychologische Forschung. Die Präsidentenkommission der MPG konnte dazu nur einen begrenzten Beitrag leisten, aber sie hat ihren Beitrag zu leisten versucht. Doch diese Forschungsaufgaben reichen weit über KWG und MPG hinaus und sicherlich auch weit über Nationalsozialismus und Deutschland. Gerade deren international vergleichenden Aspekte werden die Wissenschaft noch lange beschäftigen. Sie müssen sie noch lange und intensiv beschäftigen, wenn wir verstehen wollen, was doch oft so abgrundtief unverständlich erscheint.

Wir müssen aber auch aufhören, aus verständlichen Gründen demonstrativ extrovertierten deutschen Schuldbewusstseins Hitler und seine Helfer, selbst einen Josef Mengele, einfach zu Un-Menschen zu erklären und so zu meinen, damit sei – mit der Einzigartigkeit deutscher Schuld – die schreckliche Einmaligkeit historisch auch schon gebannt, sozusagen als einmaliges Verbrechen einmaliger Bösewichte. Dann hätten wir nämlich immer noch nicht begriffen, wozu Menschen, fast beliebige Menschen – auch Wissenschaftler, von Juristen bis Ärzten, von Biologen bis Ingenieuren – an Grausamkeit und Niedertracht fähig sind und fähig bleiben, auch heute und überall, wo Menschen sich unbeschränkte Macht über Mitmenschen anmaßen können. Es sind die rechtssichernden Institutionen – auf unveräußerlicher Menschenwürde begründete Demokratie, der Verfassungsrechtsstaat, die Institutionen von Bildung und Erziehung –, die Menschen vor Entmenschung schützen, sonst nichts. Es ist das Versagen von Institutionen, die nicht in Ethik und Recht fundiert sind und eine dementsprechende Ordnung vorgeben, die verbrecherischen Menschen, aber auch den verbrecherischen Neigungen, der verbrecherischen Verführbarkeit vielleicht nicht aller, aber doch sehr vieler Menschen, sogar der besten Köpfe aus Kultur und Wissenschaft, nicht die notwendigen Zügel anlegen, um die „Entgrenzung" zur Barbarei zu verhindern.

Fassungslosigkeit, Scham und – Stolz

Es bleibt bei mir allerdings immer noch, trotz aller Ursachenerforschung und Ursacheneinsicht, ein Gefühl tiefer Fassungslosigkeit und trauriger Scham, wenn ich erkennen muss, dass auch einige der angesehensten Wissenschaftler nicht gegen verbrecherische Ideologien immun waren. Aber es gibt bei mir auch ein Gefühl hoffnungserweckenden Stolzes darüber, dass es – bei aller unfassbaren Verstrickung einiger – zugleich auch immer wieder andere Menschen von Lauterkeit und Charakter unter der Terrorherrschaft gab, die sich dem Ungeist nicht beugten, die zwar oft damit scheiterten, aber jedenfalls nicht auch noch moralisch versagten. An die sollten wir uns genauso erinnern wie an die Missetäter. Deshalb will ich mit ein paar Zeilen aus Albrecht Haushofers „Moabiter Sonetten" schließen, eines Wissenschaftlers, der selbst am 23. April 1945, sogar noch nach seiner Entlassung aus dem Gefängnis Moabit, Freiheit und Errettung vor Augen, von einem SS-Trupp ermordet wurde. Dort heißt es:

„Sie hatten alle Geist und Rang und Namen,
die gleichen Ziels in diese Zellen kamen –
und ihrer aller wartete der Strick.
Es gibt wohl Zeiten, die der Irrsinn lenkt.
Dann sind's die besten Köpfe, die man henkt."

Einer davon war sein Freund, Max Plancks einziger überlebender Sohn, Erwin Planck, der am 23. Januar 1945, von Freisler verurteilt, gehenkt worden war. Wer nach der Verbindung der KWG zum und nach ihrer Verbündung mit dem Naziregime fragt, sollte sich auch – mit Stolz, freilich mit trauerndem Stolz – an diese Seite der Beziehung erinnern.

Standorte der Forschungseinrichtungen

Standorte der Forschungseinrichtungen der Max-Planck-Gesellschaft

Stand: 30. Oktober 2005

ITALIEN
- Florenz
- Rom

NIEDERLANDE
- Nijmegen

BRASILIEN
- Manaus

- Institut/Forschungseinrichtung
- Teilinstitut/Außenstelle
- Sonstige Forschungseinrichtungen

Bad Münstereifel

- Radio-Observatorium Effelsberg (Außenstelle des MPI für Radioastronomie, Bonn)

Bad Nauheim

- MPI für Herz- und Lungenforschung

Berlin

- MPI für Bildungsforschung
- Fritz-Haber-Institut der MPG
- MPI für molekulare Genetik
- MPI für Infektionsbiologie
- MPI für Wissenschaftsgeschichte

Bonn

- MPI zur Erforschung von Gemeinschaftsgütern
- MPI für Mathematik
- MPI für Radioastronomie (Außenstelle s. Bad Münstereifel)

Bremen

- MPI für marine Mikrobiologie

Darmstadt

- Max-Planck-Forschungsgruppe Mechanik der Polymere an der Technischen Universität Darmstadt

Dortmund

- MPI für molekulare Physiologie

Dresden

- MPI für Physik komplexer Systeme
- MPI für chemische Physik fester Stoffe
- MPI für molekulare Zellbiologie und Genetik

Düsseldorf

- MPI für Eisenforschung GmbH

Erlangen

- Max-Planck-Forschungsgruppe Optik, Information und Photonik an der Universität Erlangen-Nürnberg

Frankfurt am Main

- MPI für Biophysik
- MPI für Hirnforschung
- MPI für europäische Rechtsgeschichte

Freiburg

- MPI für Immunbiologie
- MPI für ausländisches und internationales Strafrecht

Garching

- MPI für Astrophysik
- MPI für extraterrestrische Physik
- MPI für Plasmaphysik (Teilinstitut s. Greifswald)
- MPI für Quantenoptik

Göttingen

- MPI für biophysikalische Chemie
- MPI für Dynamik und Selbstorganisation
- MPI für Geschichte
- MPI für experimentelle Medizin

Greifswald

- Teilinstitut Greifswald des MPI für Plasmaphysik, Garching

Halle (Saale)

- MPI für ethnologische Forschung
- MPI für Mikrostrukturphysik
- Max-Planck-Forschungsstelle für Enzymologie der Proteinfaltung

Hamburg

- MPI für Meteorologie
- MPI für ausländisches und internationales Privatrecht
- Max-Planck-Arbeitsgruppen für strukturelle Molekularbiologie am DESY (Protein-dynamik, Zytoskelett)

Hannover

- MPI für experimentelle Endokrinologie
- Teilinstitut Hannover des MPI für Gravitationsphysik, Potsdam

Heidelberg

- MPI für Astronomie
- MPI für Kernphysik
- MPI für medizinische Forschung
- MPI für ausländisches öffentliches Recht und Völkerrecht

Jena

- MPI für Biogeochemie
- MPI für chemische Ökologie
- MPI für Ökonomik

Kaiserslautern

- Teilinstitut des MPI für Softwaresysteme (s. auch Saarbrücken)

Katlenburg-Lindau

- MPI für Sonnensystemforschung

Köln

- MPI für Gesellschaftsforschung
- MPI für neurologische Forschung
- MPI für Züchtungsforschung

Leipzig

- MPI für evolutionäre Anthropologie
- MPI für Kognitions- und Neurowissenschaften (Arbeitsbereich Psychologie s. München)
- MPI für Mathematik in den Naturwissenschaften

Magdeburg

- MPI für Dynamik komplexer technischer Systeme

Mainz

- MPI für Chemie
- MPI für Polymerforschung

Marburg

- MPI für terrestrische Mikrobiologie

Martinsried b. München

- MPI für Biochemie
- MPI für Neurobiologie

Mülheim an der Ruhr

- MPI für bioanorganische Chemie
- MPI für Kohlenforschung (rechtsfähige Stiftung)

München

- MPI für Geistiges Eigentum, Wettbewerbs- und Steuerrecht
- MPI für Physik
- MPI für Psychiatrie
- MPI für ausländisches und internationales Sozialrecht
- Arbeitsbereich Psychologie des MPI für Kognitions- und Neurowissenschaften, Leipzig

Münster

- MPI für molekulare Biomedizin

Plön

- MPI für Limnologie (Außenstellen s. Schlitz sowie Manaus, Brasilien)

Potsdam

- MPI für Gravitationsphysik (Teilinstitut s. Hannover)
- MPI für Kolloid- und Grenzflächenforschung
- MPI für molekulare Pflanzenphysiologie

Radolfzell

- Vogelwarte Radolfzell (Außenstelle des MPI für Ornithologie, Seewiesen)

Rostock

- MPI für demografische Forschung

Saarbrücken

- MPI für Informatik
- ○ Teilinstitut des MPI für Softwaresysteme (s. auch Kaiserslautern)

Schlitz

- Limnologische Flussstation Schlitz (Außenstelle des MPI für Limnologie, Plön)

Seewiesen b. Starnberg

- MPI für Ornithologie (Außenstelle s. Radolfzell)

Stuttgart

- MPI für Festkörperforschung
- MPI für Metallforschung

Tübingen

- MPI für Entwicklungsbiologie
- MPI für biologische Kybernetik
- ○ Friedrich-Miescher-Laboratorium für biologische Arbeitsgruppen in der MPG

STANDORTE IM AUSLAND

Florenz, Italien

- Kunsthistorisches Institut in Florenz – MPI

Nijmegen, Niederlande

- MPI für Psycholinguistik

Rom, Italien

- Bibliotheca Hertziana – MPI für Kunstgeschichte

Manaus, Brasilien

- Außenstelle Manaus/Amazonas des MPI für Limnologie, Plön

Neue Wissenschaftliche Mitglieder des Jahres 2004

Pflanzen für eine grüne Zukunft züchten

Ralph Bock

Max-Planck-Institut für molekulare Pflanzenphysiologie, Potsdam

Das MPI für molekulare Pflanzenphysiologie in Potsdam/Golm hat jetzt seine Sollgröße erreicht: Als dritter Direktor baut der Biologe Ralph Bock seit September 2004 seine Abteilung „Organellenbiologie, Biotechnologie und Molekulare Ökophysiologie" auf. Er lehrte und forschte zuletzt als C4-Professor an der Universität Münster, bevor er auf den Max-Planck-Campus bei Potsdam wechselte.

Ralph Bock ist einer der weltweit führenden Plastidenforscher. Plastiden sind lebenswichtige Organellen in der Pflanzenzelle. Zu ihnen gehören beispielsweise die Chloroplasten, in denen Pflanzen durch Photosynthese aus den anorganischen Substanzen Kohlendioxid und Wasser organische Zucker herstellen, oder die Amyloplasten, die in Kartoffelknollen für die Speicherung der Stärke sorgen. Auch bei Stressreaktionen und Alterungsprozessen spielen die Plastiden eine große Rolle. Plastiden vermehren sich durch Zweiteilung, sind von einer doppelten Membran umgeben und verfügen über eigene Erbsubstanz und eigene Ribosomen zur Synthese von Eiweißen.

Aufgrund dieser relativen Selbstständigkeit nimmt man an, dass die Plastiden selbstständige Lebewesen waren, die im Laufe der Evolution in die Zellen gelangt sind. Die Plastiden stehen zugleich in einer engen und bisher unverstandenen Wechselwirkung mit dem Zellkern und den Mitochondrien. Für die Züchtung neuer, transgener Pflanzen haben die Plastiden ein enormes Potenzial. Wenn man Pflanzen in ihren Plastidengenomen verändert, so werden die Eigenschaften dieser neuen, *transplastomischen* Pflanzen nicht über die Pflanzenpollen übertragen und können sich daher nicht auf andere Pflanzen verbreiten. Für die biologische Sicherheit ist die transplastomische Technologie daher von großem Vorteil. Im Jahr 2001 gelang Ralph Bock und seiner Arbeitsgruppe in Zusammenarbeit mit Kollegen in São Paulo erstmals die Herstellung transplastomischer Tomaten – „Environmentally friendly modified tomato" lautete die Schlagzeile des amerikanischen Nachrichtensenders CNN. Ralph Bock untersucht heute unter anderem die Möglichkeit, auf diese Weise wertvolle Eiweiße wie etwa essbare Impfstoffe herzustellen. „Die Nutzung der Plastiden hat einen weiteren Vorteil: Da jede Zelle mehrere Plastiden enthält, können viel größere Mengen des gewünschten Eiweißes hergestellt werden, als wenn wir die DNA im Kern ändern", erläutert Bock einen weiteren Vorzug der transplastomischen Pflanzen. Die Technik für die Einschleusung der gewünschten Gene in die Plastiden ist allerdings relativ kompliziert: Goldkügelchen mit einem halben Mikrometer Größe werden mit dem Erbmaterial beschichtet und auf ein Blatt geschossen. Die Zellen, die veränderte Plastiden enthalten, werden dann selektiert, und aus einer solchen transplastomischen Zelle wird eine neue Pflanze herangezogen. Dies ist ein schwieriger Schritt, dessen Bedingungen nicht ohne weiteres von einer Pflanzenart auf die andere übertragbar sind. Neben angewandten Aspekten interessiert sich Bock auch für das grundlegende Verhältnis zwischen Kern und Plastiden.

Weltweit fand er Aufmerksamkeit, als er nachweisen konnte, dass es einen Gentransfer aus dem Chloroplasten-Genom in den Kern gibt. Aktuell beschäftigt sich Bock auch mit der reversen Genetik der Chloroplasten: Hier werden gezielt einzelne Gene im Chloroplasten ausgeschaltet und die resultierenden Pflanzen untersucht. So kommt man der Wirkung und Bedeutung einzelner Gene auf die Spur. Weiterhin forscht Bock über das Phänomen des „RNA editing". Nach der ersten Ablesung des genetischen Codes aus der DNA in RNA wird die RNA in den Organellen an einzelnen Nukleotidpositionen weiter verändert, eben „editiert". Das Editieren ist ein für die Pflanze lebenswichtiger Mechanismus, dessen molekularer Ablauf und genaue Funktionen erst allmählich im ganzen Umfang klar werden. Bocks Forschung ergänzt die Arbeitsgebiete der beiden bisherigen Abteilungen von Lothar Willmitzer und Mark Stitt hervorragend. Willmitzer untersucht in seiner Abteilung „Molekulare Physiologie" vor allem den Stoffwechsel von Aminosäuren und zahlreichen Inhaltsstoffen, wie Kohlenhydraten und Lipiden (Fetten). Stitts Abteilung „Metabolische Netzwerke" untersucht den Pflanzenstoffwechsel mehr von einem systembiologischen Ansatz aus. Während in den beiden bisherigen Abteilungen versucht wurde, ein Verständnis der Stoffwechselvorgänge durch die Untersuchung der im Zellkern lokalisierten DNA zu erreichen, kann jetzt durch die Untersuchung der Plastiden-DNA ein noch tieferes Verständnis erreicht werden.

Ralph Bock begann seine wissenschaftliche Laufbahn mit einem Biologiestudium an der Martin-Luther-Universität in Halle/Saale. Von 1993 an forschte er an der Rutgers University in New Jersey (USA) und kehrte anschließend nach Deutschland zurück. An der Universität Freiburg wurde er 1996 promoviert. Danach war er dort als Hochschulassistent tätig und habilitierte sich 1999. 2001 folgte Bock einem Ruf an die Universität Münster, wo er eine C4-Professur innehatte. Seit Herbst 2004 baut er seine neue Abteilung am MPI für molekulare Pflanzenphysiologie auf.

Neue Zellen für das Herz

Thomas Braun

Max-Planck-Institut für Herz- und Lungenforschung (W. G. Kerckhoff-Institut), Bad Nauheim

Erster neu berufener Direktor am MPI für Herz- und Lungenforschung in Bad Nauheim ist der Mediziner und Biochemiker Thomas Braun, der von der Universität Halle-Wittenberg zur Max-Planck-Gesellschaft wechselt. Thomas Braun forscht auf dem Gebiet der molekularen Zell- und Entwicklungsbiologie, mit einem starken Interesse für medizinische Fragestellungen.

Das Institut (früher: MPI für physiologische und klinische Forschung) wurde Ende 2004 umbenannt, um die neuen Forschungsschwerpunkte auch im Namen deutlich werden zu lassen. Mittelfristig ist für das Institut die Einrichtung von drei Abteilungen und zwei Nachwuchsgruppen geplant. Zunächst ist die Berufung eines zweiten Direktors vorgesehen. Im nächsten Jahr soll der Grundstein für einen Neubau des Instituts gelegt werden. Um das Institut und die benachbarte Kerckhoff-Klinik herum errichtet das Land Hessen gemeinsam mit den Universitäten Gießen und Frankfurt/Main einen Schwerpunkt der Herz- und Lungenforschung: Anfang Juli 2005 wurde feierlich das „Hessische Zentrum für Herz- und Lungenforschung“ eingeweiht.

Mit der Rufannahme gab Prof. Braun der Max-Planck-Gesellschaft den Vorzug gegenüber mehreren konkurrierenden Rufangeboten aus Großbritannien und den USA. Thomas Braun hat sich zunächst mit der Entwicklung der Skelettmuskulatur bei Mäusen beschäftigt. In Halle hat er unter anderem verschiedene neue Transkriptionsfaktoren charakterisiert, die an der Entwicklung der Herz- und Skelettmuskulatur beteiligt sind. Neben seinen Arbeiten zur Embryogenese hat er auch Regenerationsprozesse der quer gestreiften Muskulatur analysiert und herausgefunden, dass die effiziente Heilung verletzter Muskulatur vom Cytokin FGF-6 abhängig ist. In anderen Arbeiten konnte er zeigen, dass die Vermehrung und das Überleben von Muskelstammzellen wesentlich durch den Trankriptionsfaktor Pax7 bestimmt ist.

Das Forschungskonzept von Brauns neuer Abteilung „Entwicklung und Umbau des Herzens“ ist zweistufig: Einerseits soll untersucht werden, wie aus Vorläuferzellen Organe entstehen und sich teilweise regenerieren. In einem zweiten Schritt sollen aus diesem neuen Wissen dann präklinische Modelle entwickelt werden, mit denen eine Geweberegeneration im Herzen erreicht werden kann.

Beispielsweise arbeitet Brauns Abteilung daran, die Regenerationsfähigkeit der Kardiomyozyten, der Herzmuskelzellen, zu analysieren. Es ist weitgehend akzeptiert, dass das Herz aus fertig differenzierten Herzmuskelzellen besteht, die nicht mehr teilungsfähig sind. Da im Herzen auch keine Stammzellen vorkommen, kann sich das alternde Herz nicht verjüngen. Da es jedoch über Jahrzehnte effizient arbeitet, vermutet man, dass auch die fertigen Kardiomyozyten noch eine gewisse Kapazität zur Erneuerung haben. Welche Faktoren jedoch die Balance zwischen gesteuertem Zelltod, Überleben und Zellteilung herstellen, ist unklar. Wenn eine Herzschädigung auftritt, so reagiert das Herz mit der Bildung von Narbengewebe, das jedoch keinen Beitrag zur Funktion des Herzens leistet. Zwei prinzipielle Wege sind denkbar, um eine Regeneration des Herzens anzuregen. Entweder muss die Blockade in Bezug auf die Zellteilung aufgehoben werden, indem der Zellzyklus beeinflusst wird. Oder Zellen mit einer entsprechenden Regenerationsfähigkeit müssen in das Herz transplantiert werden. Braun verfolgt die erste Strategie und konnte bereits zeigen, dass durch eine Beeinflussung des Zellzyklus auch eigentlich teilungsinaktive Herzzellen (begrenzt) teilungsfähig gemacht werden können.

Auch Salamander sind für den Herzforscher von Interesse. Eine Arbeitsgruppe in Brauns Abteilung beschäftigt sich mit der Regeneration des Herzens beim Grünlichen Wassermolch *Notophthalmus viridescens*. Dieser in Nordamerika lebende Salamander ist eines der wenigen bekannten Wirbeltiere, das fähig ist, Teile seines Herzens zu regenerieren. Brauns Mitarbeiter vergleichen, welche Gene im ungeschädigten und welche im geschädigten Herzen aktiv sind. Dafür wurde ein DNA-Chip entwickelt, mit dem auf das Vorkommen von 100.000 verschiedenen cDNA-Bruchstücken zugleich untersucht werden kann. Diese detaillierte Analyse des Salamander-Herzens ist zur Zeit in Arbeit. Die Daten werden auch mit Daten von einem Modell des Herzinfarktes bei der Maus verglichen, um so geschädigte Herzzellen im Säugetier mit denen des Salamanders vergleichen zu können.

In Brauns künftigen Projekten wird auch das Potenzial von Stammzellen der Maus für die medizinische Forschung am Herzen eine große Rolle spielen. Obwohl schon Versuche mit humanen Stammzellen für eine „Reparatur" des menschlichen Herzens durchgeführt worden sind, ist Braun skeptisch: „Für den Einsatz am Menschen ist noch jahrelange Grundlagenforschung nötig", sagt er.

Thomas Braun wurde in Zusammenarbeit mit der Universität Gießen berufen, dort ist er im Hauptamt Professor. Er studierte Medizin und Philosophie in Göttingen und Hamburg und promovierte 1987 am Institut für Humangenetik der Universität Hamburg. Im gleichen Jahr wurde er als Arzt approbiert. Nach mehreren Postdoc-Stationen, unter anderem in Oxford und Cambridge, habilitierte er sich 1993 in Zellbiochemie an der Universität Hamburg. Seit 1998 war Braun Ordinarius am Institut für physiologische Chemie der Martin-Luther-Universität Halle-Wittenberg. Im Jahr 2001 hat die Deutsche Akademie der Naturforscher Leopoldina Thomas Braun zum Mitglied gewählt. Seit Mitte 2004 ist er Wissenschaftliches Mitglied der Max-Planck-Gesellschaft und Direktor am MPI für Herz- und Lungenforschung.

Der Gesang der Vögel

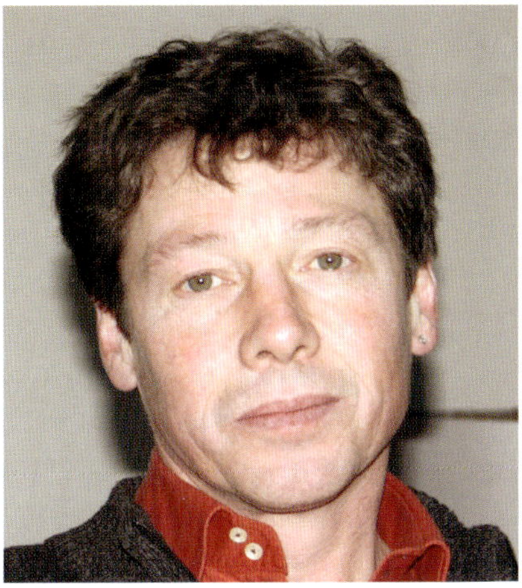

Manfred Lorenz Gahr

Max-Planck-Institut
für Ornithologie, Seewiesen

Jetzt ist das neue MPI für Ornithologie vollständig: Als zweiter Direktor hat der Biologe Manfred Lorenz Gahr den Ruf nach Seewiesen angenommen. Gahr wechselt von der Freien Universität Amsterdam zur Max-Planck-Gesellschaft, nachdem er dort vor einigen Jahren schon Leiter einer Selbständigen Nachwuchsgruppe war. Manfred Gahr ist vor allem mit Studien über die sexuelle Differenzierung von Gehirn und Verhalten hervorgetreten. Seine neue Abteilung heißt Verhaltensneurobiologie.

Geschlechtsunterschiede im Gehirn werden in der Biologie als *die* Grundlage für geschlechtsspezifische Verhaltensweisen und geschlechtsspezifische sensorische oder kognitive Leistungen angesehen. Gahr und seine Mitarbeiter interessieren sich zum einen für die Mechanismen, die zu einer unterschiedlichen Gehirnentwicklung führen, zum anderen interessiert sie die Bedeutung dieser Unterschiede für die Entwicklung von sexuellen Signalen und den Fortpflanzungserfolg.

Ein fast ideales Modell für diese Fragestellungen ist der Gesang der Singvögel, der teilweise erlernt wird, teilweise genetisch vorgegeben ist. Fast die Hälfte aller Vogelarten gehört zu den Singvögeln, von denen es rund 4.500 Arten gibt. Die vielen Singvogelarten bilden sozusagen ein großes natürliches Experiment, aus dem die geeigneten Arten für die Untersuchung ausgewählt werden können. Der Vogelgesang lässt sich gut quantitativ und qualitativ auswerten, auch das Nervennetzwerk, durch das im Vogelgehirn der Gesang gesteuert wird, ist gut bekannt. Die Gehirnzentren, die für das Singen verantwortlich sind, sind sensitiv für Androgene und Östrogene, die wichtigsten Geschlechtshormone.

Obwohl das Gehirn jedoch auf Geschlechtshormone reagiert, können in der Entwicklung des Gehirns nicht alle Unterschiede nur auf diese Hormone zurückgeführt werden. Zwar ist dieses Konzept „Die Gonaden steuern das Gehirn“ die weitgehend anerkannte Lehrmeinung, es erhielt jedoch in der letzten Zeit auch durch Arbeiten von Gahr Risse. Durch die Transplantation von embryonalem Gehirngewebe bei japanischen Wachteln von einem Geschlecht auf das andere konnte Gahr nachweisen, dass die geschlechtsspezifische Entwicklung von Gehirn und Verhalten bei Vögeln unabhängig von Sexualhormonen stattfinden kann. Diese Erkenntnisse über eine geschlechtsspezifische Prägung, die direkt im Gehirn umgesetzt werden, wird zurzeit mit molekularbiologischen Methoden weiter untersucht.

Auch hinsichtlich des Zusammenhangs zwischen Neuroanatomie und Gesang fand Gahr bereits in seiner Doktorarbeit nicht den erwarteten, einfachen Zusammenhang zwischen dem Aufbau der verhaltenssteuernden Zentren und dem Verhalten. So singen zum Beispiel Männchen und Weibchen beim südafrikanischen Waldweber exakt die gleichen Gesänge, obwohl die Männchen um ca. 50 Prozent größere Gesangszentren aufweisen. Umgekehrt weisen die Weibchen neurale Charakteristika in den Gesangszentren auf, die bei den Männchen weniger ausgeprägt sind. Diese Untersuchungen deuten auf geschlechtsspezifische Lernmechanismen hin, die weiter untersucht werden. Um diese Probleme zu lösen, hat die Gruppe von Gahr damit begonnen, die neuronale Aktivität während des Singens aufzuzeichnen. Für diese Aufzeichnungen wurde ein Miniatursender entwickelt, der die Gehirnaktivität vom Tier zu einer Datenaufzeichnungsstation sendet.

Aus der Verknüpfung dieser Technologie mit genetischen Analysen und detaillierten Gesangsanalysen erhofft sich Gahr neue Erkenntnisse über die neurale Steuerung des Sexualverhaltens und seiner Entwicklung bei Vögeln. Die hervorragenden Tierhaltungsmöglichkeiten am MPI für Ornithologie sind dabei von besonderer Bedeutung. Hier können Vogelarten mit einem besonders interessanten Gesangsverhalten gehalten und mit modernster Technologie untersucht werden. Männliche Mahali-Weber beispielsweise, eine südafrikanische koloniebildende Webervogelart, zeigen einen „Dominanz-Gesang“: Diejenigen Webervögel, die zum Koloniechef aufsteigen, singen einen Gesang, der sich vom Rest der Kolonie unterscheidet. Die Entwicklung diesen Dominanzgesangs geht mit großen Umstrukturierungen in den Gesangszentren des Gehirns einher, wie mithilfe von anatomischen Studien und der Magnetresonanztomografie gezeigt werden konnte.

Mit diesem Brückenschlag zwischen kausaler und funktionaler Analyse des Vogelgesangs betritt Manfred Gahr ein bisher fast unbeackertes Feld. Gleichzeitig entstehen Berührungspunkte mit den verhaltensökologischen Forschungsschwerpunkten von Bart Kempenaers, des anderen Direktors am MPI für Ornithologie, die äußerst viel versprechende Zukunftsperspektiven eröffnen.

Manfred Gahr hat Biologie und Mathematik in Kaiserslautern studiert und 1988 promoviert. Nach mehreren Postdoc-Jahren in Austin/Texas und an der Harvard University leitete er von 1992 bis 1998 eine Selbständige Nachwuchsgruppe am damaligen MPI für Verhaltensphysiologie. Seit 1998 war er Leiter der Abteilung für Entwicklungs- und Verhaltensneurobiologie an der Freien Universität von Amsterdam. Seit dem Jahr 2004 ist er Direktor am Max-Planck-Institut für Ornithologie, das aus der Forschungsstelle für Ornithologie der Max-Planck-Gesellschaft hervorgegangen ist.

Effizienz, Wettbewerb, Gemeinschaftsgüter

Martin F. Hellwig

Max-Planck-Institut zur Erforschung von Gemeinschaftsgütern, Bonn

Das Bonner Max-Planck-Institut bricht zu neuen Ufern auf: Erst im Jahr 2003 wurde die Projektgruppe unter der Leitung des Juristen Christoph Engel in ein Institut überführt, im Jahr 2004 ein neuer zweiter Direktor berufen: Mit Martin Hellwig wird einer der bekanntesten deutschen Volkswirtschaftler Max-Planck-Direktor. Er wechselt von der Universität Mannheim an das Bonner MPI. Neben die juristische tritt damit eine ökonomische Abteilung. In der Projektgruppe hatte es zuvor auch eine politologische Abteilung unter der Leitung von Adrienne Héritier gegeben, die inzwischen in Florenz tätig ist.

Martin Hellwig hat eine glänzende akademische Karriere absolviert: mit 25 Assistenzprofessor in Princeton, mit 30 Ordentlicher Professor an der Universität Bonn, danach Professuren an der Universität Basel und an der Universität Mannheim. Die Präsidentschaft des Kieler Instituts für Weltwirtschaft hatte er abgelehnt, jetzt aber die Möglichkeiten, die ihm die Max-Planck-Gesellschaft bietet, angenommen.

Er bezeichnet seine bisherigen Forschungsthemen als „Topics in Economic Theory“. Seine Publikationsliste enthält Arbeiten zu zahlreichen verschiedenen Gebieten der Wirtschaftstheorie, darunter Preistheorie und allgemeine Gleichgewichtstheorie, Spieltheorie, Vertragstheorie und Theorie der Anreizmechanismen. Inhaltliche Fragen betreffen den Zusammenhang zwischen technischem Fortschritt, Wachstum und Arbeitsmärkten, die Funktionsweise von Geldsystem und Finanzsystem, bei letzterem etwa die Rolle der Informationsverarbeitung in Märkten, die Rolle der Hausbankbeziehung in Deutschland und Japan oder das Für und Wider der Eigenkapitalregulierung von Banken. Eine Reihe von Arbeiten aus neuerer Zeit befassen sich mit der Erstellung und der Finanzierung von öffentlichen Gütern, Themen, die auch für das Bonner MPI von Bedeutung sind.

Hellwigs bisherige Arbeiten reichen von der reinen Grundlagenforschung, Beiträgen zu den mathematischen Methoden und den Begriffen wirtschaftstheoretischer Analyse bis zur angewandten Forschung über konkrete wirtschaftspolitische Probleme. Im Bereich der Anwendungen gilt Hellwigs Interesse vor allem der Stabilität des Finanzsystems und der Rolle der Wettbewerbspolitik.

Am neuen Institut arbeitet Martin Hellwig eng mit der etablierten juristischen Abteilung zusammen. Es geht um Fragen wie: Wie werden öffentliche Güter am besten finanziert? Wann ist es sinnvoll, Nutzungsgebühren zu erheben, wann ist es besser, sich ganz auf eine Finanzierung durch Steuern zu verlassen? Wie sollte der Zugang zu Netzen, z.B. bei Telekommunikation, Strom oder Gas ausgestaltet werden, wenn man will, dass es in diesen Sektoren Wettbewerb gibt, ohne dass deshalb die Investitionen in die Netze unterbleiben? Auch die Funktionsfähigkeit von Märkten und Institutionen ist ein Gemeinschaftsgut: Wie kann dafür gesorgt werden, dass Märkte liquide sind und nicht gerade dann zusammenbrechen, wenn sie gebraucht werden? Wie ist die Verlässlichkeit von Finanzinstitutionen sicherzustellen?

In ersten Projekten am Bonner MPI haben Martin Hellwig und seine Mitarbeiter einen Beitrag zu der Frage geliefert, welchen Beitrag Gebühren und Steuern jeweils für die Finanzierung von Hochschulen, Schulen, Straßen, Opern oder öffentlichen Schwimmbädern leisten sollten. Es sind dies öffentliche Güter, von deren Nutzung man jeweils einzelne Personen ausschließen kann, wenn sie nicht die geforderten Gebühren bezahlen. Bei einem „unausschließbaren" öffentlichen Gut wie etwa der Friedenssicherung durch Landesverteidigung wäre dies nicht möglich. Jedoch ist strittig, ob und in welchem Maße es überhaupt erwünscht ist, Gebühren zu erheben; die Arbeiten am MPI tragen zur Klärung dieser Frage bei.

Im Zentrum dieser Arbeiten steht das Problem, dass die Information darüber, was die Nutzung eines öffentlichen Gutes dem Einzelnen wert ist, nur dem Betreffenden zur Verfügung steht. Das hat zur Folge, dass nicht ohne weiteres bekannt ist, wie viel Ressourcen die Gesellschaft für das betreffende Gut aufwenden sollte, ferner, dass man die Betroffenen nicht entsprechend ihren Wertschätzungen zur Finanzierung heranziehen kann. Die Arbeiten am MPI untersuchen, unter welchen Bedingungen die negativen Auswirkungen dieses Informationsproblems möglichst gering sind. Die geeigneten Methoden dazu liefert die mathematische Theorie der abstrakten Anreizmechanismen. Mit Hilfe dieser Theorie werden Kriterien zur Beurteilung von Gebührenstrukturen und Steuersystemen formuliert. Solche Kriterien sind u.a. von Bedeutung für die Debatte um Studiengebühren für Universitäten, die mögliche Ausweitung von „Toll Collect" auf den privaten Verkehr oder die Finanzierung des Gesundheitssystems.

Zentrale Ergebnisse: Erstens sollten grundsätzlich *alle* verfügbaren Finanzierungsinstrumente eingesetzt werden, Gebühren ebenso wie Steuern. Zweitens sollte die Höhe von Gebühren und Steuern einer – ggf. um Verteilungsaspekte korrigierten – Version der sogenannten „Elastizitätenregel" genügen. Diese Regel bedeutet, dass insbesondere diejenigen Güter zur Finanzierung herangezogen werden sollen, deren Nutznießer nur wenige Ausweichmöglichkeiten haben. Eine Kostendeckung durch Gebühren bei jedem einzelnen Gut ist nicht erwünscht. Quersubventionierung, etwa zwischen Stromversorgung und öffentlichem Personennahverkehr, kann also durchaus sinnvoll sein. Für „unausschließbare" öffentliche Güter wie die Grundlagenforschung ist sie ohnehin unerlässlich.

Natürlich sind solche Fragen nicht rein wissenschaftlich zu entscheiden, weil es auch immer um Fragen der Verteilung und der Verteilungsgerechtigkeit geht. „Die Wissenschaft kann aber dazu beitragen, dass das Verhältnis von Sacherwägungen und Werturteilen offen gelegt wird und der Spielraum für die Subjektivität der Wertungen auf ein Minimum reduziert wird", sagt Hellwig zu diesem Thema.

In Beiträgen etwa zur Reform des Universitätssystems plädiert Hellwig dafür, nicht nur Einzelaspekte in den Vordergrund zu stellen, sondern möglichst das ganze System in den Blick zu bekommen: Die Einrichtung der Juniorprofessur gehe zwar in die richtige Richtung, doch müsse man der Gefahr Rechnung tragen, dass die Möglichkeit der Hausberufung von Juniorprofessoren den offenen Markt für Dauerstellen zum Erliegen bringe, da die betreffenden Stellen diesem Markt entzogen werden. Wegen hoher Transaktionskosten und fehlender Liquidität sei dieser Markt schon jetzt kaum funktionsfähig; das schaffe Probleme z.B. für den Versuch, im Rahmen eines leistungsorientierten Besoldungssystems auf Wettbewerb und Erfolg im Markt als Leistungsmesser zu rekurrieren. Im amerikanischen System des „tenure track" gebe es zwar auch die Möglichkeit der Beförderung, doch sei die Zahl der Dauerstellen dort deutlich größer; auch werden zwei Drittel der Assistenzprofessoren dort *nicht* auf Dauerstellen befördert. Dies ist jedoch für die Juniorprofessuren in Deutschland kaum denkbar.

Neben der Forschung war und ist Hellwig auch in zahlreichen Gremien und Fachvereinigungen engagiert: Er war Vorsitzender des traditionsreichen „Vereins für Socialpolitik", Präsident der „European Economic Association" und Herausgeber verschiedener Fachzeitschriften. Auch in der Politikberatung ist er aktiv, so ist er Mitglied (und war lange Jahre Vorsitzender) der Monopolkommission und im Wissenschaftlichen Beirat beim Bundesministerium für Wirtschaft und ebenfalls im Forschungsbeirat der Deutschen Bundesbank.

Martin Hellwig studierte in Marburg und Heidelberg Volkswirtschaftslehre und Geschichte, dem folgte ein Promotionsstudium am Massachusetts Institute of Technology. 1977 wurde er H3-Professor, schon 1979 dann Ordentlicher Professor für „Wirtschaftliche Staatswissenschaften" an der Universität Bonn. 1987 bis 1996 war Martin Hellwig Professor für Nationalökonomie an der Universität Basel, 1996 folgte er einem Ruf an die Universität Mannheim. Seit 2004 ist er Direktor am MPI zur Erforschung von Gemeinschaftsgütern.

Fossilien, dreidimensional im Rechner

Jean-Jacques Hublin

Max-Planck-Institut für evolutionäre Anthropologie, Leipzig

Seit Anfang 2004 ist Jean-Jacques Hublin Direktor der neu gegründeten Abteilung für Humanevolution am Leipziger MPI. Mit seinem Wechsel von der Universität Bordeaux, Frankreich, wo er den Lehrstuhl für Anthropologie innehatte, zur Max-Planck-Gesellschaft wird – neben der Genetik, Linguistik, Primatologie und vergleichenden Psychologie – nun auch die Paläoanthropologie zu einem weiteren Schwerpunkt des Leipziger Max-Planck-Instituts für evolutionäre Anthropologie.

Ein wesentlicher Aspekt paläoanthropologischer Arbeit sind Feldforschungen und Ausgrabungen: Zur Zeit ist die Abteilung von Hublin an Grabungen in Marokko, Frankreich, Äthiopien, Bulgarien und Südafrika beteiligt, bei denen nicht nur nach fossilen Überresten des modernen Menschen und seinen Vorfahren und Verwandten gesucht wird, sondern auch die Umwelt und Lebensgrundlagen früherer Hominiden Gegenstand der Forschung sind.

Zu den methodischen Schwerpunkten der neuen Abteilung gehört unter anderem die Entwicklung der virtuellen Paläoanthropologie, die sich neuere technische Verfahren wie die Computertomografie zunutze macht, um dreidimensionale Objekte zu digitalisieren, so dass diese am Rechner dargestellt und untersucht werden können. „In Zukunft", so sagt Hublin voraus, „wird nicht mehr das einzigartige Originalfossil studiert werden, sondern sein ‚Abbild im Rechner.'" Durch die virtuelle Anthropologie ergeben sich viele neue Möglichkeiten: Plastische Verformungen eines Fossils können rechnergestützt korrigiert werden, vorher unzugängliche Merkmalskomplexe, wie etwa die Strukturen des Innenohrs, können nun genau vermessen und analysiert werden. Mittels solcher dreidimensionalen Rekonstruktionen wird ein bisher weitgehend unerschlossenes Gebiet für das Studium der menschlichen Evolution zugänglich gemacht. „Diese Daten zu erzeugen, virtuelle Sammlungen anzulegen und zugleich führend in ihrer Analyse zu sein, ist unser Hauptziel", sagt Hublin, der gerade den Aufbau des Labors für die virtuelle Analyse koordiniert. Schon jetzt stößt das geplante Labor auf großes Interesse bei anderen europäischen Forschungsgruppen.

Der Aufbau virtueller Sammlungen ist vor allem im engen Austausch mit internationalen Partnern sinnvoll. Hier kommt Jean-Jacques Hublin seine enge Zusammenarbeit mit anderen Gruppen in der ganzen Welt (wie beispielsweise der Universität Bordeaux I und der University of Iowa) zugute. Hublin gilt durch zahlreiche Studienaufenthalte in den paläoanthropologischen Sammlungen der Welt als einer der besten Kenner hominider Fossilien.

Neben der Feldforschung und der virtuellen Anthropologie werden auch diverse archäologische Untersuchungsmethoden in der Abteilung angewandt und weiterentwickelt. Dazu zählt die Zooarchäologie, die untersucht, mit welchen Tieren die frühen Menschen zusammenlebten bzw. welche Tiere gejagt wurden. Ein weiterer Forschungsschwerpunkt am Leipziger MPI betrifft die Ernährung früherer Hominiden. Auch die Veränderung der Ernährungsgrundlagen etwa durch die Einführung der Landwirtschaft wird erforscht. Verschiedene Ernährungsweisen spiegeln sich in den fossilen Überresten der Vormenschen in unterschiedlichen Häufigkeiten bestimmter Isotope, etwa der Elemente Sauerstoff und Stickstoff, wider.

Spezielle Untersuchungsmethoden sind auch für prähistorische Zähne erforderlich: Da Zahnschmelz zu den härtesten Materialien im Körper gehört, sind unter den gefundenen Fossilien zahlreiche Zähne. Der Zahnschmelz wird in einem eigens dafür eingerichteten Labor untersucht. Aufgrund von Wachstumslinien im Zahnbein und im Zahnschmelz kann hier das Wachstum einzelner Individuen nachvollzogen werden.

Ein spektakuläres Ergebnis der virtuellen Paläoanthropologie konnten Hublin und Kollegen im Herbst 2004 im renommierten Wissenschaftsmagazin „Nature“ publizieren: Er und sein Team untersuchten das Wachstum des Gehirns von *Homo erectus*, einem der Vorfahren des modernen Menschen. Mittels Computertomografie konnten das individuelle Alter und Gehirnvolumen des so genannten *Mojokerto-Kindes*, eines rund 1,8 Millionen Jahre alten Fundstückes aus Java/Indonesien, genau bestimmt werden. Ergebnis: Das Gehirn war bei dem ein Jahr alten *Homo-erectus*-Kind schon deutlich weiter entwickelt, als dies bei einem gleichaltrigen modernen Menschen der Fall ist. „Diese lange Reifedauer des Gehirns verschafft dem *Homo sapiens* erhebliche Vorteile gegenüber seinen früheren Verwandten“, analysiert Hublin.

Im Herbst 2005 eröffnet am MPI für evolutionäre Anthropologie (kurz und passend: MPI-EVA) und an der Universität Leipzig die „Leipzig School of Human Origins“, an der Doktoranden aus aller Welt promovieren werden. Auch hier ist Hublin beteiligt. Insgesamt wird seine Abteilung in endgültiger Größe ca. 30 Mitarbeiterinnen und Mitarbeiter beschäftigen.

Jean-Jacques Hublin hat in Paris Geologie studiert und zunächst mehrere Jahre für das französische nationale Forschungszentrum CNRS gearbeitet. 1991 hat er sich für Anthropologie an der Universität Bordeaux habilitiert. 1992 war er als Gastwissenschaftler am Department for Anthropology in Berkeley/Kalifornien tätig, von 1993 bis 2000 als Forschungsdirektor am CNRS. Weitere Forschungsaufenthalte führten ihn nach Harvard und Stanford. Seit 2000 war er Professor für Anthropologie in Bordeaux, seit Anfang 2004 ist er Direktor am MPI für evolutionäre Anthropologie und Wissenschaftliches Mitglied der Max-Planck-Gesellschaft.

Quantendynamik in intensiven Laserfeldern

Christoph H. Keitel

Max-Planck-Institut für Kernphysik, Heidelberg

Christoph H. Keitel wechselte von der Universität Freiburg ans MPI für Kernphysik. In Freiburg leitete Keitel zuletzt im Sonderforschungsbereich „Korrelierte Dynamik hochangeregter atomarer und molekularer Systeme“ eine Nachwuchsgruppe.

Keitel gehört einer neuen Generation am Institut an: Angesichts von fünf Emeritierungen, die in den Jahren zwischen 2000 und 2005 erfolgt sind, hatte die Chemisch-Physikalisch-Technische Sektion der Max-Planck-Gesellschaft schon 1999 eine Kommission eingesetzt, die eine neue wissenschaftliche Ausrichtung des Instituts entworfen hat. Das neue Konzept sieht zwei große Bereiche vor, die Vielteilchendynamik von Atomen und Molekülen und den Synergiebereich zwischen Teilchenphysik und Astrophysik. Die Vielteilchendynamik wird sich auf Ionisations-, Fragmentations- und Rekombinationsprozesse konzentrieren und Methoden zur Beschreibung von Vielteilchensystemen entwickeln, während die Teilchenastrophysik Schwerpunkte in der Physik solarer Neutrinos und in der Hochenergie-Astrophysik setzen soll.

Keitel ist theoretischer Physiker, der jetzt im Forschungsbereich Vielteilchendynamik seine neue Abteilung aufbaut. Er erforscht Fragen zwischen Quantenoptik, Atom- und Molekülphysik, der Speziellen Relativitätstheorie, der Quantenelektrodynamik und der Hochenergiephysik. Viele seiner Freiburger Mitarbeiter sind mit ihm nach Heidelberg gewechselt. Zur Zeit umfasst seine Arbeitsgruppe um die 30 Mitarbeiter, die in fünf Untergruppen forschen. Eine Zusammenarbeit seiner theoretischen Abteilung mit der experimentellen laserphysikalischen Abteilung von Joachim Ullrich besteht bereits. Auch gute Verbindungen zur Universität Heidelberg existieren: Christoph Keitel hält zur Zeit die Vorlesung „Fortgeschrittene Quantenmechanik“, eine gemeinsame Doktorandenschule ist beantragt. Vor kurzem wurde Keitel von der Ruprecht-Karls-Universität zum Honorarprofessor ernannt.

Das Arbeitsgebiet Keitels ist die Wechselwirkung zwischen Licht und Materie, wobei die Quantisierung der Materie und, wenn erforderlich, die des Lichts und des umgebenden Vakuums berücksichtigt wird. Ideale Lichtquelle für die korrespondierenden Experimente ist Laserlicht, das von einer genau definierten Wellenlänge und vor allem *kohärent* ist. Atomphysik mit hoch energetischen Laserimpulsen ist ganz besonders interessant, wenn die Stärke der Laserstrahlung die Stärke des Coulomb-Feldes erreicht, mit dem das Elektron etwa im Wasserstoff an den Kern gebunden ist.

Da in den letzten Jahren die Möglichkeit der Erzeugung von hoch intensiven und auch sehr kurzen Laserpulsen große Fortschritte gemacht hat, berechnet Keitel in umfangreichen theoretischen Simulationen die Wechselwirkungen zwischen intensiven Laserfeldern und Atomen, Ionen und Elektronen sowohl im festen als auch im gasförmigen Zustand. Bei dieser Wechselwirkung entstehen ionisierte, also vom Atomrumpf abgelöste Elektronen, beschleunigte Teilchen, inkohärentes Licht und auch kohärente hoch frequente Strahlung, die so genannten „Hohen Harmonischen".

Keitels Abteilung geht es einerseits um das prinzipielle Verständnis der Prozesse, andererseits jedoch auch um die Optimierung möglicher Anwendungen wie zum Beispiel die Teilchenbeschleunigung und die Erzeugung hoch energetischer kohärenter Strahlung. Letztlich geht die Analyse dabei immer von möglichst elementaren Systemen aus und versucht, die Komplexität der untersuchten Systeme nach und nach zu steigern. Seine Zeit in Freiburg hat Keitel dazu benutzt, neben den zunächst berechneten wasserstoffähnlichen Ionen die Wechselwirkung von Laserstrahlung mit einfachen Molekülen sowie mit dünnen Kristallen zu berechnen. Ein Ergebnis aus dieser Zeit war, dass dichte und dünne Kristalle in Wechselwirkung mit den passenden Laserpulsen kohärente Röntgenstrahlung erzeugen können.

Drei Fragestellungen von Keitel seien holzschnittartig umrissen: Wie verhalten sich Atome in ultra-intensiven Laserfeldern? Hier stehen quantenelektrodynamische und vor allem Hochenergiereaktionen im Vordergrund. Wie verhalten sich atomare Systeme mit mehreren oder vielen Elektronen oder Protonen in einem sehr starken Laserfeld? Hier treten so genannte Korrelationseffekte auf, d.h. das Wechselspiel zwischen den Teilchen ist in der Regel zu berücksichtigen. Und drittens: Wie verhalten sich einzelne hoch geladene Ionen oder Kerne in extrem starken Laserfeldern? Hier gibt es Analogien zur Quantenoptik, aber unter Berücksichtigung der Relativitätstheorie sowie der Quantenelektrodynamik und der Quantenchromodynamik.

Christoph H. Keitel studierte Physik in Hannover und München und war danach Forschungsassistent am Center for Advanced Studies der Universität von New Mexico. 1992 hat er an der LMU München promoviert und wirkte anschließend als wissenschaftlicher Mitarbeiter am Imperial College in London. Von 1997 bis 1998 war er Marie-Curie-Forschungsstipendiat der Europäischen Union und wurde 1998 Nachwuchsgruppenleiter an der Fakultät für Physik der Universität Freiburg im Breisgau. „Theorie atomarer Systeme in intensiven Laserfeldern" war der Name seiner Nachwuchsgruppe. Im Jahr 2000 hat er sich an der Universität Freiburg habilitiert. Im Jahr 2003 wurde ihm der Gustav-Hertz-Preis der Deutschen Physikalischen Gesellschaft verliehen. Seit April 2004 ist er Wissenschaftliches Mitglied und Direktor am MPI für Kernphysik in Heidelberg.

Pflanzenzüchtung und Genetik

Maarten Koornneef

Max-Planck-Institut für Züchtungsforschung, Köln

Der Niederländer Maarten Koornneef wird am Kölner MPI für Züchtungsforschung Nachfolger von Francesco Salamini, der Ende März 2004 emeritiert wurde. Seine Abteilung, die sich in fünf Untergruppen gliedert, heißt „Pflanzenzüchtung und Genetik". Koornneef wechselte von der Universität Wageningen in den Niederlanden nach Köln. Das zentrale Forschungsthema seiner Abteilung wird die Analyse komplexer Merkmale in Pflanzen und die Erforschung der molekularen Mechanismen sein, die die natürliche genetische Diversität in Pflanzenpopulationen bestimmen.

Koornneef ist einer der Pioniere in der Anwendung der Ackerschmalwand *Arabidopsis thaliana* als Modellpflanze. Während 1976 am ersten internationalen Symposium über Arabidopsis gerade 25 Wissenschaftler teilnahmen, sind heute in der Datenbank „The Arabidopsis Information Resource" knapp 12.000 Wissenschaftler registriert, die die Ackerschmalwand erforschen. Koornneef hat dieses Modell mit etabliert, weil sein Labor im Jahr 1983 die erste genetische Karte von Arabidopsis erstellte. Seit dem Jahr 2000 ist das vollständige Genom der Ackerschmalwand sequenziert.

Dass die Ackerschmalwand, eine unscheinbare Pflanze aus der Familie der Kreuzblütler und dadurch mit Raps und Senf verwandt, zu einem Haustier der Pflanzengenetiker werden konnte, liegt an mehreren günstigen Eigenschaften: Das Genom ist sehr klein, es enthält – im Gegensatz zu Nutzpflanzen wie Erbse und Gerste – vorwiegend kodierende DNA-Sequenzen und nur wenig repetitive Sequenzen. Dazu hat Arabidopsis eine kurze Generationszeit und ist ein Selbstbestäuber. Weiterhin kann die Pflanze leicht genetisch verändert werden, so dass in so genannten Knock-out-Mutanten beinahe jedes beliebige Gen abgeschaltet werden kann. Im Rahmen der „Funktionellen Genomik" erforscht man anhand der Änderungen im Erscheinungsbild dieser Mutanten die Funktion der einzelnen Gene.

Vor allem auf diese Weise wurden bislang rund 10 Prozent der 30.000 Gene untersucht, die man im Genom von Arabidopsis gefunden hat. Allerdings gibt es verschiedene Beobachtungen, die zeigen, dass dieser Ansatz seine Grenzen hat: Ein großer Teil der ausgeschalteten Gene hat keinen sichtbaren Effekt auf die veränderte Pflanze. Weiterhin sind viele der Knock-out-Varianten nur wirksam im Wechselspiel mit anderen Einflüssen der Umwelt oder der anderer Gene. Schließlich kann sich die Abschaltung eines Gens in ganz verschiedenen, scheinbar unzusammenhängenden Phänomenen äußern.

Ein andere, ergänzende Möglichkeit, Genetik an Arabidopsis zu betreiben, ist die Untersuchung der natürlichen Variation in der Genetik der Pflanze. Da Arabidopsis über die halbe Erde und vom Meeresspiegel bis in 3.500 Meter Höhe verbreitet ist, gibt es eine enorme genetische Vielfalt innerhalb der Art. Durch diese Perspektive wird die Pflanzengenetik auch um eine evolutionäre Dimension erweitert. Da zahlreiche für die Pflanzenzüchtung relevante Eigenschaften wie Ertrag oder Trockenresistenz von mehreren Genen und in komplizierten Wechselwirkungen gesteuert werden, ist dieser Ansatz für die praktische Pflanzenzüchtung besonders viel versprechend.

Maarten Koornneef hatte bereits früh in seiner wissenschaftlichen Karriere eine Sammlung von *Arabidopsis*-Mutanten angelegt, die Störungen in der Photomorphogenese oder in der Verarbeitung der Pflanzenhormone Gibberellin und Abscisinsäure aufweisen. Diese Mutanten sind heute Arbeitsgrundlage für eine ganze Reihe von Forschungsgruppen. Im Jahr 2001 machte er eine international als bahnbrechend anerkannte Entdeckung, in der die natürliche Variabilität des Blühzeitpunktes in verschiedenen Ökotypen von Arabidopsis auf Variationen im Cryptochrom-Lichtrezeptor zurückgeführt werden konnte.

Die Prinzipien, wie vorteilhafte Eigenschaften in der Pflanzenzüchtung selektiert werden können, sind noch immer nicht richtig verstanden. Mit Maarten Koornneef hat das MPI für Züchtungsforschung einen der weltweit führenden Forscher gewonnen, der das Potenzial der Nutzung der natürlichen genetischen Vielfalt für die Pflanzenzüchtung erkannt hat.

Die konkreten Projekte in Koornneefs Abteilung umfassen mehrere Forschungsthemen an Arabidopsis: die genetische Analyse von Samenruhe und Wachstum und die Populationsgenetik in Arabidopsis. Die Pflanzenentwicklung, insbesondere die Sprossverzweigung, wird an Arabidopsis und an der Tomate erforscht. Untersuchungen an der Kartoffel, für die molekulare Marker zur Unterstützung der Populationsgenetik entwickelt werden, haben ihren Schwerpunkt in der Qualität der Knolle und der Krankheitsresistenz.

Nach dem Studium in Wageningen hat Maarten Koornneef zunächst zwei Jahre in der Saatgutindustrie gearbeitet, bevor er in der Abteilung für Genetik der „Wageningen Agricultural University" promoviert wurde. 1983 verbrachte er ein halbes Jahr am Friedrich Miescher Institut in Basel. Nachdem er „Assistant Professor" und „Associate Professor" für Genetik war, hat er seit 1992 den Lehrstuhl für Pflanzengenetik an der Wageningen Universität inne. Seit 1997 ist er Mitglied der Niederländischen Königlichen Akademie der Wissenschaften und seit 1998 ausländisches Mitglied der „National Academy of Sciences" der USA. Seit April 2004 ist er Direktor am MPI für Züchtungsforschung in Köln.

Material-Design im Rechner

Jörg Neugebauer

Max-Planck-Institut für Eisenforschung GmbH, Düsseldorf

Dritter Direktor am MPI für Eisenforschung ist der Physiker Jörg Neugebauer, der vorher mehrere Jahre unter anderem als Leiter einer Selbständigen Nachwuchsgruppe am Fritz-Haber-Institut der MPG in Berlin forschte. Neugebauer war zuvor Professor für „Computational Materials Science" an der Universität Paderborn. Am MPI ist er Nachfolger von Peter Neumann, der Mitte 2004 emeritiert wurde.

Neugebauers neue Abteilung heißt „Computergestütztes Material-Design". Neben seiner eigenen Arbeitsgruppe umfasst die Abteilung noch vier weitere Gruppen, die alle im Lauf des Jahres 2005 ihre Arbeit aufgenommen haben. Sie beschäftigen sich mit Formgedächtnis-Legierungen, dem Design und der Modellierung von Algorithmen, der Ab-Initio-Thermodynamik und mit Mikrostruktur-Eigenschaften und -Dynamik.

Sein Hauptarbeitsgebiet bisher waren Halbleiter, vor allem die Gruppe-III-Nitride, über die Neugebauer auch habilitiert hat. Sie sind benannt nach der Gruppe III des Periodensystems der Elemente; der wichtigste Vertreter dieser Substanzklasse ist das Gallium-Nitrid. Er erforscht die Eigenschaften dieser Halbleiter, vor allem den Zusammenhang zwischen chemischer Zusammensetzung und resultierenden physikalischen Eigenschaften. Sein Arbeitswerkzeug ist jedoch nicht das Experiment und die Messung, sondern die Simulation im Computer. Hier hat er ein viel allgemeineres Ziel vor Augen als die Erforschung bestimmter Verbindungen: Letztlich will er das Skalenproblem in der Materialphysik überwinden.

Bisher gab es verschiedene rechnerische Methoden, mit denen man jeweils auf einer bestimmten Größenordnung (Skala) die Eigenschaften von Materialien berechnen kann. Beispiele dafür sind die Dichtefunktionaltheorie, mit der man die elektronische Struktur auf atomarer und mikroskopischer Ebene beschreiben kann und verschiedene klassische Methoden wie die Thermodynamik und die statistische Mechanik, die makroskopische Dimensionen beschreiben. Neugebauer entwickelt dagegen Rechenverfahren, die alle für die Materialeigenschaften relevanten Skalen einbeziehen sollen. Da die Methoden auf dem fundamentalsten Niveau, bei der Beschreibung des elektronischen und atomaren Verhaltens, starten, braucht man keine Messdaten einzugeben, die für komplexe Materialsysteme nicht oder nur schwer zugänglich und möglicherweise fehlerbehaftet sind.

Um die Entwicklung solcher Methoden voranzutreiben, wurde das große Programmpaket „sfhingx", sprich: Sphinx, entwickelt, das nach dem ägyptischen Fabeltier benannt ist. Zugänglich ist es unter: www.sfhingx.de. Bisher enthält dieses Programm hoch spezialisierte Programmmodule für die einzelnen Skalenbereiche. Die Gruppe Algorithmen-Design und -Modellierung in Neugebauers Abteilung betreibt die Weiterentwicklung und Integration von „sfhingx" in einer objektorientierten Herangehensweise. Dadurch können einzelne Programmteile/Algorithmen (Objekte) hochoptimiert und als kleine Bausteine leicht bei der Entwicklung neuer Multiskalen-Algorithmen wiederverwendet werden. Das Programmpaket greift auf eine in dieser Gruppe entwickelten Numerikbibliothek zurück, die das Programm quasi selbst optimiert. Als Ergebnis können neue Algorithmen schneller getestet und implementiert werden als in konventionellen Herangehensweisen.

In die gleiche Richtung geht die Forschung der Gruppe Ab-Initio-Thermodynamik. „Ab Initio" bedeutet, dass es bei der Berechnung keine Eingaben in Form von Messergebnissen gibt. Die Rechnungen gehen nur von grundlegenden physikalischen Prinzipien wie der Quantenmechanik und der Elektrostatik aus. In dieser Gruppe sollen für die Materialforschung wichtige Daten wie Phasendiagramme direkt, d.h. allein auf dem Computer und ohne Verwendung experimenteller Daten, berechnet werden. Phasendiagramme sind grundlegende Daten in der Materialwissenschaft und erlauben die Vorhersage, wie eine Stoffmischung sich in Abhängigkeit von verschiedenen Parametern wie Temperatur, Druck oder der chemischen Zusammensetzung verhält. Daraus lässt sich dann unmittelbar die Kristallstruktur und der Aggregatzustand (fest, flüssig, gasförmig) vorhersagen. Bisher mussten diese Phasendiagramme mit aufwändigen experimentellen Methoden gemessen werden bzw. waren in einigen Fällen experimentell nicht zugänglich. Durch die neuen Methoden sollen sie jetzt berechenbar werden.

Auch die Gruppe Mikrostruktur-Eigenschaften und -Dynamik arbeitet an Ab-Initio-basierten Multiskalenrechnungen. Legierungen von Metallen bilden häufig ein polykristallines Gefüge: Bei der Erstarrung wachsen Kristalle, die sich jedoch gegenseitig in der Kristallbildung behindern. Es entstehen so genannte Kristallite in einer bestimmten Größe. Die Form, Anordnung und Dynamik dieser Kristallite bestimmen die mechanischen Eigenschaften von Werkstoffen und werden von der Mikrostrukturgruppe modelliert.

Die vierte Gruppe in der Abteilung schließlich beschäftigt sich mit Formgedächtnis-Legierungen, jenen erstaunlichen Metallen, die beispielsweise beim Erwärmen eine alte Form wieder annehmen. Bei den bisher genutzten Legierungen aus Nickel und Titan wird die Formveränderung durch eine Änderung der Temperatur ausgelöst. Die Wissenschaftler wollen neue Legierungen beispielsweise aus Nickel, Mangan und Gallium untersuchen, die die Formveränderung in

Zusammenhang mit dem Anlegen eines magnetischen Feldes zeigen. Den Formgedächtnis-Effekt kann man mit diesen neuen Legierungen erheblich besser praktisch nutzbar machen. Die Max-Planck-Forscher wollen die grundlegenden physikalischen Effekte aufklären, die zum Formgedächtnis-Effekt führen.

Jörg Neugebauer promovierte in Physik an der Humboldt-Universität zu Berlin und wurde anschließend Postdoc am Fritz-Haber-Institut der MPG (FHI). Für drei Jahre ging er danach an das Xerox Palo Alto Research Center nach Kalifornien und wurde dann Gruppenleiter und Leiter einer Selbständigen Nachwuchsgruppe am FHI. 2001 habilitierte er sich an der TU Berlin, seit 2003 war er Professor für „Computational Materials Science" an der Universität Paderborn. Seit Ende 2004 ist er Direktor am Max-Planck-Institut für Eisenforschung GmbH.

Interzelluläre Signalübertragung und Entwicklung in Bakterien

Lotte Søgaard-Andersen

Max-Planck-Institut für terrestrische Mikrobiologie, Marburg

Das Direktorium des MPI für terrestrische Mikrobiologie ist jetzt mit vier Direktoren besetzt: Die Dänin Lotte Søgaard-Andersen, bislang als Professorin für molekulare Mikrobiologie an der Universität Southern Denmark tätig, hat den Ruf zum Wissenschaftlichen Mitglied angenommen. Seit dem Frühjahr 2004 baut sie ihre neue Abteilung Ökophysiologie auf. Lotte Søgaard-Andersen wurde als vorgezogene Nachfolgerin für den Institutsgründer, Prof. Rudolf Thauer, berufen, der Ende 2007 emeritiert wird. Bis dahin verfügt das MPI für terrestrische Mikrobiologie über vier Abteilungen. Für den Aufbau der neuen Abteilung hat Rudolf Thauer auf Ressourcen verzichtet, um so einen möglichst reibungslosen Übergang zu gewährleisten. Die neue Abteilung soll mit ihren Arbeitsgebieten auch ein Bindeglied zwischen den anderen Abteilungen des Instituts darstellen.

Søgaard-Andersen arbeitet über Genregulation, Signaltransduktion und die morphologische Differenzierung bei Mikroorganismen. Ihr „Haustier“ ist das Bakterium *Myxococcus xanthus*, ein Bodenbakterium, das sich von organischem Material und anderen Bakterien ernährt. Bei anhaltendem Hunger verhält sich *Myxococcus* für einen Einzeller höchst ungewöhnlich: Tausende von Einzelzellen aggregieren und bilden einen aus mehr als 100.000 Zellen bestehenden Fruchtkörper, der jedoch mikroskopisch klein ist (0,1 mm). Vor der Bildung des Fruchtkörpers formieren sich die Myxobakterien in wellenförmigen Strukturen, dem so genannten „Rippling“. „Rippling“ und Aggregierungsstrukturen sind ein Beispiel für Musterbildung in der Biologie. Im Fruchtkörper schließlich verwandelt sich ein Teil der *Myxococcus*-Zellen in Sporen, die dadurch ein langfristiges Überleben der Bakterien sichern.

Seitdem Dale Kaiser an der amerikanischen Stanford-Universität vor rund 30 Jahren entdeckte, dass die Fruchtkörperbildung von extrazellulären Signalen abhängig ist, untersuchen Forscher weltweit, wie diese Signale die Fruchtkörperbildung steuern und wie die biochemischen Signalwege ablaufen. Eine der ersten mathematischen Theorien für die biologische Bildung von Mustern in Myxobakterien wurde übrigens im Jahr 1972 von Alfred Gierer und Hans Meinhardt, damals noch am MPI für Virusforschung (heute MPI für Entwicklungsbiologie) in Tübingen, veröffentlicht.

Das Startsignal für die Bildung des Fruchtkörpers liefert das so genannte C-Signal, ein Molekül, das ein für Bakterien ungewöhnliches Signalmolekül darstellt. Der C-Signal-Vorläufer hat zunächst eine Größe von 25 kDa und ist in der äußeren Zellmembran verankert. Dort wird er – und mit diesem Nachweis hat Lotte Søgaard-Andersen eine langjährige Kontroverse beendet – zu einem kleineren, 17 kDa schweren Molekül gespalten. Lotte Søgaard-Andersen hat einen Signalweg für das C-Signal vorgeschlagen, durch den die drei Entwicklungsstadien („Rippling", Fruchtkörperbildung, Sporenbildung) erklärt werden können. Teilweise arbeiten die Marburger Mikrobiologen dabei auch mit Mathematikern des MPI für Mathematik in den Naturwissenschaften in Leipzig zusammen.

Lotte Søgaard-Andersen hat für ihre Forschung eine Sammlung von *Myxococcus*-Mutanten aufgebaut, die Abweichungen in ihrer Entwicklung zeigen. Die Analyse der Mutanten hat auch gezeigt, dass andere Signalwege mit dem C-Signal interagieren, so dass ein großes Netzwerk von Signalwegen koordiniert werden muss, z. B. die Art und Weise, wie *Myxococcus* den langfristigen Ernährungszustand überwacht. Weiterhin untersucht sie die Bewegungsweise der Zellen, die Art und Weise, wie *Myxococcus* sich fortbewegt (es gibt zwei verschiedene Arten des Gleitens), und wie das C-Signal auf die Bewegung der Zellen einwirkt.

Neben ihrer eigenen Forschungsgruppe arbeiten in der Abteilung von Lotte Søgaard-Andersen noch drei weitere Gruppen. Eine davon untersucht vor allem die Schritte der Sporenbildung von *Myxococcus*. Auch auf bestimmte chemische Stoffe wie etwa Glycerin reagiert das Bakterium mit der Bildung von Sporen – allerdings sind diese chemisch induzierten Sporen anders aufgebaut und empfindlicher als die durch Hunger induzierten Sporen. Die zweite Gruppe wird ihr Hauptaugenmerk darauf richten, wie sich die Zellhülle während der Fruchtkörperbildung verändert. Insbesondere sollen Membranproteine, die eine mögliche Rolle im Signal-Übertragungsprozess spielen, identifiziert und analysiert werden.

Seit August 2005 untersucht die dritte Gruppe die Funktion der so genannten Zwei-Komponenten-Signal-Transduktions-Systeme in *Myxococcus xanthus*. Von einigen dieser Systeme ist gezeigt worden, dass sie eine wichtige Rolle bei der korrekten Bildung der Fruchtkörper spielen. Diese Systeme bestehen aus zwei Proteinen, einer Kinase und einem Response-Regulator, die normalerweise von benachbarten Genen kodiert werden. In M. xanthus jedoch werden viele Kinasen und Response-Regulatoren, die wichtig bei der Fruchtkörperbildung sind, von einzeln liegenden Genen kodiert. Aufgabe wird es sein, die richtigen Partner für diese Kinasen und Response-Regulatoren zu finden.

Die Untersuchungen an *Myxococcus* sind zugleich ein Modell für die Analyse von Biofilmen, deren Bedeutung für die Mikrobiologie des Bodens noch wenig untersucht worden ist. Die Myxobakterien als Gruppe insgesamt erlangen in letzter Zeit mehr und mehr Aufmerksamkeit, unter anderem als Produzenten von pharmakologisch interessanten Substanzen.

Lotte Søgaard-Andersen hat an der Universität von Odense Molekularbiologie studiert und dort 1991 promoviert, nachdem sie zuvor auch das erste Staatsexamen als Ärztin abgelegt hatte. Als Gastwissenschaftlerin forschte sie am Institut Pasteur in Paris und an der Stanford University bei Dale Kaiser. Seit 1996 war sie „Associate Professor", seit 2002 reguläre Professorin für molekulare Mikrobiologie an der Universität von Süddänemark. Im Frühjahr 2004 wurde sie als Direktorin ans MPI für terrestrische Mikrobiologie in Marburg berufen.

Zellen, Oberflächen, Materialien

Joachim P. Spatz

Max-Planck-Institut für Metallforschung, Stuttgart

Der Physiker Joachim P. Spatz baut am MPI für Metallforschung seine neue Abteilung „Neue Materialien & Biosysteme" auf. Spatz arbeitet an der Schnittstelle zwischen Materialwissenschaft und Biologie. Seine Forschungsrichtung ergänzt daher die Themen des Stuttgarter MPI um eine höchst originelle biologische Komponente. In Spatz' Abteilung arbeiten Chemiker, Physiker und Biologen zusammen. Er selbst hat nach seinem Physikstudium am Institut für makromolekulare Chemie der Universität Ulm promoviert.

Joachim Spatz hat schon in seiner Habilitation eine neue, raffinierte Technik entwickelt, wie man Oberflächen mit Nanopartikeln regelmäßig belegt und dann in einem zweiten Schritt die Nanopartikel biologisch aktiv macht. Dadurch hat er eine Art Nanolineal entwickelt, das dazu dienen kann, das Haftverhalten und die Mechanik von Zellen zu messen und zu manipulieren.

Sein Ausgangsmaterial ist ein so genanntes „Zweiblock-Copolymer". Hinter diesem etwas komplizierten Namen verbergen sich lange, kettenförmige Kunststoffmoleküle, die aus zwei großen Hälften bestehen: Die eine ist wasserliebend (hydrophil), die andere wasserabweisend (hydrophob). Die Länge dieser Kunststoffmoleküle kann man recht genau einstellen. In einem passenden Lösungsmittel ergeben diese Polymere eine so genannte Mizelle, ein kugelförmiges Gebilde, das in jedem Haushalt vorkommt: Seife etwa bildet in Wasser ebenfalls Mizellen, durch die dann Schmutz und Fett von der Haut gelöst werden.

Durch einen chemischen Trick gelingt es Spatz, in der Mitte der Mizelle eine kleine Kugel aus Gold (oder auch einem anderen Metall) entstehen zu lassen.

Diese Mizellen mit dem winzigen Goldpartikel darin benetzen nun etwa eine Glasplatte mit einem Film, der genau eine Mizelle hoch ist. Wenn man die Polymere, die das Gold umgeben, wegätzt, so bleiben die Goldpartikel liegen und haften fest an der Oberfläche. Das Erstaunliche dabei: Die Goldpartikel liegen mit sehr genau definiertem Abstand auf der Oberfläche, einem Abstand, der genau durch die Größe der Mizellen und die Länge der Polymermoleküle festgelegt werden kann. Die Partikel, deren Größe zwischen 1 bis 20 nm eingestellt werden kann, haften an Glas so fest, dass sie weder mit normalen Lösungsmitteln noch mit einer Behandlung im Ultraschallbad entfernt werden können. So ist es heute schon Standard, Oberflächen mit Goldpartikeln in 28, 58, 73 oder 85 Nanometer Abstand regelmäßig zu belegen.

Nach der oben geschilderten „Nanostrukturierung" folgt jetzt die „Biofunktionalisierung", durch die die Nanopartikel biologisch aktiv werden: Um Zellen binden zu können, werden die Goldpunkte jetzt mit einem so genannten RGD-Peptid überzogen, das sehr spezifisch an den Transmembran-Rezeptor Integrin bindet, ein Rezeptor, der in vielen Gewebezellen für die Haftung im Gewebe verantwortlich ist. Auf diese Weise kann man Oberflächen herstellen, an die sich an ganz bestimmten Punkten Zellen fest anhaften.

Mit diesen nanostrukturierten und zugleich biologisch aktiven Oberflächen wird jetzt ein ganz neues Feld der Biophysik zugänglich: Zellen können auf ihre mechanischen Eigenschaften hin untersucht werden, die Mechanismen, mit denen sich Zellen an Oberflächen anhaften, können direkt untersucht werden. Das ist auch medizinisch hoch relevant: Krebs ist vor allem deshalb so gefährlich, weil der Tumor häufig Metastasen bildet, die dann nicht mehr operativ entfernt werden können. Die Metastase bildet sich, indem sich eine Zelle des Tumors ablöst und an einer anderen Stelle im Körper wieder anheftet.

Für eine medizinisch bedeutende Arbeit erhielt Spatz im Jahr 2003 den angesehenen Otto-Klung-Preis für Physik. In Zusammenarbeit mit Medizinern der Universität Ulm konnte er verfolgen, wie Krebszellen aus der Bauchspeicheldrüse ihr Zellskelett aus Keratin verändern und flexibel genug werden, um die Wände von Blutgefäßen zu durchdringen und Metastasen zu bilden.

Weiterhin ahmt Spatz ganze Teile von Zellen nach. Kürzlich ist es seiner Arbeitsgruppe gelungen, den Actin-Cortex nachzubauen, der das mechanische Gerüst einer Vielzahl von Zellen darstellt. „Mit diesem Werkzeug der nanostrukturierten und biologisch aktiven Oberflächen", erläutert Spatz, „kann die Komplexität der Zelle erst reduziert und dann schrittweise und kontrolliert wieder erweitert werden. So wollen wir in Zukunft ein quantitatives Verständnis der Physik der zellulären Funktionen erhalten."

Joachim Spatz studierte Physik in Ulm, wo er 1996 auch promovierte. Nach einer Assistentenzeit in Ulm und einer Postdoc-Stelle am Institut Curie in Paris habilitierte er sich im Jahr 2000 im Fach Physik. Seit Herbst 2000 war er C3-Professor für Biophysikalische Chemie in Heidelberg, im Nebenamt Senior Faculty Member am Jackson Laboratory in Bar Harbor/USA. Er erhielt zahlreiche Preise, darunter den Gerhard-Hess-Preis der DFG und den Otto-Klung-Preis für Physik.

Nachrufe

Josef Fleckenstein

18.2.1919 – 4.11.2004

Emeritiertes Wissenschaftliches Mitglied des Max-Planck-Instituts für Geschichte, Göttingen

Am 4. November 2004 verstarb im 86. Lebensjahr Josef Fleckenstein. Als Nachfolger des Institutsgründers Hermann Heimpel leitete Herr Fleckenstein von 1971 bis 1987 den Arbeitsbereich Mittelalter. Die Geschicke der Max-Planck-Gesellschaft hat er als Mitglied des Senats und als Vorsitzender der Geisteswissenschaftlichen Sektion von 1979 bis 1982 mitgestaltet. Die Akademie der Wissenschaften zu Göttingen hat ihn zweimal, von 1980 bis 1982 und von 1984 bis 1986, zu ihrem Präsidenten gewählt.

Nach der Rückkehr aus Krieg und Kriegsgefangenschaft 1948 hatte Josef Fleckenstein zunächst, vor allem in Freiburg/Breisgau, Geschichte und Kunstgeschichte, Germanistik und Lateinische Philologie studiert. Der Promotion und Habilitation in Freiburg bei Gerd Tellenbach folgten zunächst Berufungen auf ordentliche Professuren an den Universitäten Frankfurt am Main und Freiburg. Noch nach seiner Emeritierung hat Fleckenstein eine Einladung auf eine Gastprofessur an der Universität Zürich wahrgenommen.

Die Anerkennung, die Fleckensteins wissenschaftliches Werk fand, spricht sich aus in der Berufung zum Korrespondierenden Mitglied der Österreichischen Akademie der Wissenschaften, der British Academy und der Hollandsche Maatschappij der Weetenschappen, Haarlem.

Josef Fleckenstein gehörte zu jenen führenden deutschen Historikern der Zeit nach dem Zweiten Weltkrieg, die von der erlebten Geschichte, nämlich von Krieg und Kriegsgefangenschaft zutiefst erschüttert waren und deren wissenschaftliches Werk unverkennbar von diesen Erschütterungen geprägt ist.

Deshalb war sein zentrales Forschungsthema das des Mittelalters als eines europäischen Zeitalters; dabei ging es ihm, wie er später schrieb, vor allem um das Mittelalter als „das Zeitalter des europäischen Beginns", um die „Grundlegung Europas, seine innere Differenzierung und die wechselvolle Spannung, die sich aus dem Mit- und Gegeneinander der in ihm angelegten gesamteuropäischen und nationalen Kräfte ergibt". Er wollte die fundamentalen Gegebenheiten herausarbeiten, die auch für die spätere Geschichte Europas von Bedeutung bleiben würden. Deshalb war für ihn die Erforschung des Mittelalters zugleich eine Beschäftigung mit den Voraussetzungen, auf denen unsere eigene Gegenwart beruht. Mit der Frage nach der Begründung der Geschichte des okzidentalen Europa hat sich Fleckenstein seit seinem ersten Buch über die karolingische Bildungsreform und frühen Arbeiten über den Hof Karls des Großen befasst, den er treffend als eine „Schöpfung von typenschaffender Kraft" charakterisierte. Sein Buch über „Grundlagen und Beginn der deutschen Geschichte" erschien in mehreren Auflagen.

In einer Zeit, in der alle Institutionen zerbrochen sind, können neue Institutionen nur durch Personen geschaffen werden. Und das heißt: durch das Vertrauen von Personen und zu Personen. Dies ist das eigentliche Thema von Fleckensteins großem zweibändigen Werk „Die Hofkapelle der deutschen Könige" (1959/1966), mit dem er seinen wissenschaftlichen Ruf begründete. War doch die Hofkapelle, ebenfalls eine Schöpfung der Karolinger, nichts anderes als jener Personenkreis, der in persönlicher Bindung zum König am Königshof für den herrscherlichen Gottesdienst verantwortlich war, der „geistliche Hof der Könige", der zugleich durch die Übernahme von diplomatischen und Verwaltungsaufgaben die Ausübung von Königsherrschaft überhaupt erst ermöglichte.

Aus der Frage nach dem Hof und der für ihn spezifischen kulturellen Wirkungen ergab sich ein drittes Thema, das Fleckenstein dann zusammen mit seinen Schülern am Max-Planck-Institut für Geschichte in Göttingen entfaltet hat. Hier ging es um die Frage der Entstehung von Werten, von Lebensnormen und Lebenspraxis, die das Verhalten von Menschen bestimmen und die sich in lange wirkenden Ritualen, Symbolen und Institutionen, aber auch in Kunst und Literatur ihren sichtbaren und gelebten Ausdruck verschaffen. Fleckenstein ist dieser Frage am Beispiel des Rittertums nachgegangen. „Rittertum und höfische Kultur. Entstehung, Bedeutung, Nachwirkung" war der Titel seines Antrittsvortrags anlässlich der Übernahme des Amtes in Göttingen. „Das ritterliche Turnier im Mittelalter. Beiträge zu einer vergleichenden Formen- und Verhaltensgeschichte des Rittertums" und „Curialitas. Studien zu Grundfragen der höfisch-ritterlichen Kultur" waren Themen großer Kolloquien, die er mit seinen Mitarbeitern und ihm eng verbundenen Fachgenossen in Göttingen veranstaltete. Und noch sein letztes, im Jahr 2002 erschienenes Buch über „Rittertum und ritterliche Welt" war diesem Thema gewidmet.

Fleckenstein begriff das Rittertum als ein genuin europäisches Phänomen und zugleich als eine der „wenigen großen Erscheinungen der Weltgeschichte". Ritterlich-höfische Kultur ist, so können wir aus den Arbeiten von Josef Fleckenstein lernen, eine spezifische Hervorbringung des mittelalterlichen Okzidents, die diesen jedoch an Wirkungen weit überschreitet. Gewiss: Die Entfaltung von Macht, ja, von Gewalt, gehört auch zu den Elementen der ritterlichen Welt. Nicht weniger bedeutsam ist aber auch die hier begründete Hegung und Zähmung der Macht, die Erziehung der Mächtigen in der Idee, in der Spiritualität des Rittertums, an deren Genese auch die Religion einen wesentlichen Anteil hatte.

Die Frage, was Europa ist, was Europa sein soll und was es sein kann, ist eine drängende Frage unserer Tage. Historiker können auf diese Frage Antworten geben. Josef Fleckenstein hat seine Antworten zu geben gewusst, und diese Antworten werden uns noch lange zu denken geben. Dafür sind wir ihm zu tiefem Dank verpflichtet. Die Max-Planck-Gesellschaft wird Josef Fleckenstein ein ehrendes und dankbares Andenken bewahren.

Otto Gerhard Oexle

Harald Ganzinger

31.10.1950 – 3.6.2004

Wissenschaftliches Mitglied und Direktor am Max-Planck-Institut für Informatik, Saarbrücken

Harald Ganzinger wurde am 31. Oktober 1950 in Werneck (Bayern) geboren. Er studierte Mathematik mit Nebenfach Informatik an der Universität Würzburg und der Technischen Universität München und schloss sein Studium 1974 mit dem Diplom in Mathematik ab. Von 1974 bis 1984 arbeitete er mit Unterbrechungen als wissenschaftlicher Angestellter und Akademischer Rat am Institut für Informatik der TU München. Er promovierte 1978 bei Jürgen Eickel; ein Forschungsstipendium der Deutschen Forschungsgemeinschaft (DFG) führte ihn danach für ein Jahr nach Berkeley an die University of California. Die Themen Harald Ganzingers zu Beginn seiner wissenschaftlichen Laufbahn waren Programmiersprachen und Programmierung. Im Sonderforschungsbereich 49 an der TU München befasste er sich mit der Implementierung von Programmiersprachen, insbesondere der automatischen Erzeugung von Übersetzern aus einer Spezifikation der Semantik der Sprache. Diese Ansätze erweiterte er bald in Richtung der Spezifikation modularer Software. Modularität ist wichtig zur Beherrschung der Komplexität großer Softwaresysteme, und Spezifikation ist die Grundlage für den Nachweis der Korrektheit. Harald Ganzinger untersuchte insbesondere semantische Eigenschaften parametrisierter Spezifikationen.

Nach der Habilitation 1983 wurde Harald Ganzinger 1984 C4-Professor am Lehrstuhl für Übersetzerbau und Programmiersysteme der Universität Dortmund. Hier wandte er sich der automatischen Deduktion zu: der Entwicklung und Implementierung von Systemen, mit denen logische Aussagen auf Knopfdruck bewiesen werden können und die als automatische Werkzeuge bei der Verifikation großer Hard- und Softwareprojekte einsetzbar sind. Von zentraler Bedeutung war dabei ein Forschungssemester, das er im Herbst 1989 an der State University of New York in Stony Brook verbrachte. Zusammen mit Leo Bachmair entwickelte er in dieser Zeit den Superpositionskalkül, der die Grundlage heutiger automatischer Beweiser für Gleichungslogik darstellt.

1990 wurde Harald Ganzinger in die Max-Planck-Gesellschaft berufen, um zusammen mit Kurt Mehlhorn das neu gegründete Max-Planck-Institut für Informatik aufzubauen. Er leitete seitdem die Arbeitsgruppe „Logik der Programmierung“ des Instituts; zusätzlich war er als Honorarprofessor in der Fachrichtung Informatik der Universität des Saarlandes tätig. Um besonders förderungswürdige Studenten und Doktoranden aus aller Welt an Universität und Institut zu holen, rief er die „International Max Planck Research School for Computer Science“ ins Leben und wirkte seit Oktober 2001 als deren Sprecher. Harald Ganzinger war kompromisslos in seinem Streben nach Qualität, ehrgeizig und gleichzeitig überaus bescheiden, sachlich und verlässlich, geradeheraus und offen. Ebenso, wie er es verstand, junge Leute anzuziehen, sie zu motivieren und zu großen Leistungen anzuspornen, blieb er auch bis zum Schluss der überragende Einzelwissenschaftler mit mehr als hundert Veröffentlichungen über Compilererzeugung, Attributgrammatiken, abstrakte Datentypen, logische Programmierung, Termersetzungssysteme, Constraintlösen und automatisches Theorembeweisen. Harald Ganzingers Arbeit wurde wiederholt durch Projekte der Deutschen Forschungsgemeinschaft, des Bundesforschungsministeriums und der Europäischen Gemeinschaft gefördert; er war Mitherausgeber von vier wissenschaftlichen Zeitschriften und wirkte seit 1985 in zahlreichen Programmkomitees internationaler Tagungen mit, davon mehrfach als Vorsitzender.

2002 wurde bei Harald Ganzinger eine schwere Krebserkrankung diagnostiziert. Angesichts der denkbar schlechten Prognose wäre es leicht gewesen, in Selbstmitleid zu versinken. Doch nichts davon bis zum Schluss: Er forschte und lehrte weiter, engagierte sich für Forschungsprojekte und kümmerte sich um das Wohlergehen seiner Mitarbeiter und seines Instituts. Noch im letzten halben Jahr, von seiner unheilbaren Krankheit gezeichnet, veröffentlichte er drei Konferenzartikel und leitete das Programmkomitee der wichtigsten internationalen Konferenz für Logik in der Informatik. Für seine weit gefächerten Beiträge zum automatischen Beweisen wurde ihm 2004 der international renommierte Herbrand Award verliehen. Die Preisverleihung im Juli 2004 erlebte er nicht mehr. Harald Ganzinger starb am 3. Juni 2004 im Alter von nur 53 Jahren. Er hinterlässt eine Frau und zwei Kinder.

Kurt Mehlhorn, Uwe Waldmann, Reinhard Wilhelm

Eberhard Gwinner

26.12.1938 – 7.9.2004

Direktor des Max-Planck-Instituts für Ornithologie, Andechs und Seewiesen

Am 7. September 2004 verstarb nach kurzer, schwerer Krankheit Eberhard „Ebo" Gwinner, Gründungsdirektor des MPIs für Ornithologie. Seine bekanntesten wissenschaftlichen Leistungen konzentrieren sich auf die Erforschung biologischer Tages- und Jahresrhythmen. Gwinner war insbesondere fasziniert von der Fähigkeit der Zugvögel, ihre langen Flugstrecken zeitlich präzise auf die saisonalen Bedingungen in den weit entfernten Brut- und Wintergebieten abzustimmen. Um diese Fähigkeit genauer zu erforschen, entwickelte Gwinner ein für ihn typisches Forschungsdesign, durch das er enorm zur Kenntnis des Verhaltens von Vögeln beigetragen hat. Simultan untersuchte er das Zugverhalten von Vögeln in Käfighaltung und von überwinternden Artgenossen in Zaire. Mit seinen Befunden zur „Zugunruhe" konnte er zeigen, dass Vögel ihr jahreszeitliches Verhalten mithilfe endogener (circannueller) Jahresrhythmen organisieren. Diese circannuellen Uhren, die Gwinner erstmalig bei Vögeln nachgewiesen hat, helfen Zugvögeln, den richtigen Zeitpunkt für die Rückkehr in die Brutgebiete zu finden. Zu bestimmten Zeiten im Jahr sind sie sensibel gegenüber Umweltsignalen, mit denen sie ihre inneren Rhythmen synchronisieren. Vögel können einen frei laufenden Jahresrhythmus viele Jahre lang aufrechterhalten – Rekordhalter ist das afrikanische Schwarzkehlchen *(Saxicola torquata axillaris)*, das bis zu 13 circannuelle Zyklen (die gesamte Lebensspanne) durchläuft. Dies ist nur eines der Ergebnisse aus Gwinners beispiellosem und logistisch aufwändigem Forschungsprogramm. Gwinner dehnte seine Studien in vielfältige Richtungen aus. Er untersuchte Vogelarten, deren zeitliches Verhalten lokal differenziert ist, zuletzt besonders das Schwarzkehlchen. Dieser Singvogel hat ein riesiges Brutareal von Sibirien bis Südafrika, in dem er ganz unterschiedlichen saisonalen Bedingungen ausgesetzt ist. Gwinner konnte zeigen, wie präzise endogene Zeitprogramme auf die jeweilige „Zeit-Umwelt" und auf lokal relevante Umweltsignale eingestellt sind.

Neben ökologischen und evolutionsbiologischen Fragestellungen befasste sich Gwinner auch mit der Wirkungsweise von Zeitprogrammen. Er unternahm

Studien zu Zeitgebern, zur neurophysiologischen und endokrinen Regulation von circadianen und circannuellen biologischen Rhythmen. Früh war er an der Erforschung der Zirbeldrüse im Gehirn und des Hormons Melatonin beteiligt. Gwinner entwickelte Modellvorstellungen, die die Beziehung zwischen Tages- und Jahresrhythmik klären können. Damit erwarb sich Ebo Gwinner eine zentrale Position nicht nur in der Ornithologie, sondern auch in der internationalen Chronobiologie.

Die Max-Planck-Gesellschaft hat zu Gwinners Forschungsleistung wesentlich beigetragen, indem sie die aufwändige Vogelhaltung in einem Umfang und einer Kontinuität unterstützt hat, die weltweit anerkannt und um die Gwinner manchmal beneidet wurde.

Ebo Gwinner war von Kindheit an zur wissenschaftlichen Arbeit an Vögeln berufen. Er begann seine Doktorarbeit bei Gustav Kramer, Direktor am MPI für Verhaltensphysiologie. Kurz nach Beginn seiner Dissertation zum „Ausdrucks- und Sozialverhalten des Kolkraben, Corvus corax" verunglückte sein Doktorvater jedoch tödlich und Konrad Lorenz übernahm die Betreuung. 1964 ging Gwinner zu Jürgen Aschoffs Abteilung nach Andechs, zum damaligen Zeitpunkt ein Mekka der Chronobiologie. Er sammelte Erfahrungen an prominenten chronobiologischen und physiologischen Instituten in den USA (Don Farner, Seattle, und Colin Pittendrigh, Stanford). Ab 1979 stand er der Vogelwarte Radolfzell vor, 1991 wurde er Direktor am MPI für Verhaltensphysiologie in Andechs. Im Zuge der Auflösung dieses Instituts wurde er – gemeinsam mit Peter Berthold – Gründungsdirektor des MPI für Ornithologie. Diese Tätigkeit übte er bis zu seinem plötzlichen und unerwarteten Lebensende aus. Sein wissenschaftlicher Nachlass umfasst mehr als 250 Publikationen, viele davon sind heute Klassiker.

Inmitten seiner vielfältigen Aufgaben und Aktivitäten bewahrte sich Ebo Gwinner einen unerreichbaren Enthusiasmus, der sich aus seiner Leidenschaft für Vögel und Natur speiste. Selbst seine letzten Lebenswochen waren geprägt von neuen Plänen und frischen Projekten. Seine Begeisterung steckte alle an, die das Vergnügen hatten, mit ihm zu arbeiten. Als Mensch, engagierter Ehemann, Vater und Großvater war er ebenso außergewöhnlich wie als Forscher. Er strahlte eine menschliche Wärme und Anteilnahme aus, die seiner Abteilung eine familiäre Atmosphäre verlieh und seine Mitarbeiter zu größtem persönlichen Einsatz anspornte. Seine Studenten fanden in ihm einen passionierten Lehrer, der ihnen nicht nur Vorbild, sondern auch Wegbereiter und fürsorglicher Mentor war. Sein Sinn für Humor und seine Lebensfreude waren stets spürbar, z.B. wenn er schelmisch von den wertvollen Bienenmaden naschte, die für die Handaufzucht der jungen Vögel bestimmt waren. Seine ruhige und freundliche Art, sein warmherziger Charakter, seine persönliche Bescheidenheit und die Offenheit, mit der er sein breites Wissen und seine tiefen Einsichten teilte, vermissen wir schmerzlich.

Barbara Helm, Wolfgang Goymann

Peter Hans Hofschneider

14.2.1929 – 23.7.2004

Emeritiertes Wissenschaftliches Mitglied des Max-Planck-Instituts für Biochemie, Martinsried

Prof. Dr. Dr. Dr. h.c. Peter Hans Hofschneider, Emeritiertes Wissenschaftliches Mitglied und langjähriger Geschäftsführender Direktor des Max-Planck-Instituts für Biochemie, Martinsried, starb am 23. Juli 2004 im Alter von 75 Jahren. Mit ihm verloren wir einen der bedeutendsten Pioniere der deutschen Molekularbiologie und eine führende Forscherpersönlichkeit auf dem Gebiet der molekularen Medizin.

Nach seinem Studium der Medizin und Psychologie und der Promotion zum Dr. phil. in Heidelberg und zum Dr. med. in Tübingen arbeitete Peter Hans Hofschneider zunächst in Zürich und Basel im Bereich der klinischen Medizin. 1957 begann er seine Laufbahn als Grundlagenforscher am Max-Planck-Institut für Biochemie in München, wo er zehn Jahre später Direktor einer Abteilung wurde. In den frühen Jahren seiner Forschung widmete er sich hauptsächlich der Aufklärung von Struktur und Replikationsmechanismus von Bakteriophagen. Er konnte zeigen, dass einzelsträngige Genome von DNA- und RNA-Phagen über doppelsträngige Intermediate replizieren. Letztere wurden nach ihrem Entdecker HF-Form (Hofschneider-Form) benannt. Von besonderer Bedeutung war die Isolierung des Bakteriophagen M13 (München 13) durch Peter Hans Hofschneider. In Zusammenarbeit mit anderen Arbeitsgruppen wurde dieser Phage zur Entwicklung eines der ersten Klonierungsvektoren verwendet, einen Teil seines Genoms findet man noch heute in den meisten Vektoren.

Ab den frühen 70er-Jahren widmete sich Peter Hans Hofschneider dem Studium humanpathogener Viren. Insbesondere beschäftigte er sich mit dem Hepatitis-B-Virus und dessen Rolle bei der Entstehung von Leberkrebs. Dabei suchte er besonders nach den viralen Proteinen, die die Krebsentstehung begünstigen. Durch die Entdeckung der transaktivierenden Hepatitis-B-Virusproteine, die mit der Entwicklung des primären Leberkarzinoms in Zusammenhang stehen, bewies er die Validität seines wissenschaftlichen Ansatzes. Diese Entdeckung eröffnete neue Einblicke in die molekularen Mechanismen, die der Entwicklung Virus-induzierter Tumore zugrunde liegen, und bildet die Voraussetzung für die Entwicklung neuer und effizienterer Therapien für diese Krebserkrankungen.

Zusätzlich zu den Arbeiten am Hepatitis-B-Virus wurde in der Abteilung von Peter Hans Hofschneider noch an verschiedenen anderen Projekten im Bereich der molekularen Medizin gearbeitet. Dazu gehörten (i) die Untersuchung der Rolle von Picornavirus-Infektionen bei der Pathogenese von Herzmuskelentzündungen, (ii) die Analyse der molekularen Mechanismen, die für die Persistenz von Paramyxoviren verantwortlich sind, (iii) Untersuchungen zur molekularen Pathogenese und Zellbiologie des Kaposisarkoms, eines normalerweise seltenen Tumors, der häufig bei Aids-Patienten vorkommt, und (iv) die Charakterisierung der molekularen Mechanismen, die Gewebsregenerationsprozessen zugrunde liegen. Während der letzten Jahre arbeitete er auch intensiv an der Entwicklung gentherapeutischer Ansätze zur Behandlung von Lebertumoren unter Verwendung rekombinanter Hepatitis-B-Viren als Vektoren. Diese Projekte, deren Resultate zu mehr als 300 Publikationen von Peter Hans Hofschneider führten, werden heute von einigen seiner früheren Mitarbeiter und von Kooperationspartnern im akademischen Bereich und in der Industrie weitergeführt.

Peter Hans Hofschneider vertrat immer die Auffassung, dass substanzieller Fortschritt auf dem Gebiet der Medizin nur durch Synergie zwischen theoretischer und angewandter Medizin erzielt werden kann sowie durch enge Zusammenarbeit zwischen Grundlagenforschern, klinisch tätigen Ärzten und industriellen Partnern. Ein Paradebeispiel für eine solche erfolgreiche Interaktion war die von Peter Hans Hofschneider initiierte und koordinierte multizentrische Studie im Bereich Rheuma und Autoimmunerkrankungen, die vom Bundesministerium für Bildung und Forschung finanziert wurde. Diese führte zur Entwicklung neuer therapeutischer Ansätze zur Behandlung der Rheumatoiden Arthritis mit Gamma-Interferon und kann als Vorzeigeprojekt für die Förderung klinisch relevanter Forschung angesehen werden.

Neben den klinischen Kooperationen förderte Peter Hans Hofschneider auch sehr stark die Zusammenarbeit zwischen akademischer Forschung und Industrie. Er war an zahlreichen Forschungskooperationen mit der Pharmaindustrie beteiligt und er war auch Mitgründer von Biogen, einer führenden amerikanischen Biotechnologie-Firma. Zudem gelang ihm die erfolgreiche Einrichtung industriefinanzierter Arbeitsgruppen an verschiedenen deutschen Universitäten und anderen Forschungsinstitutionen.

Peter Hans Hofschneider widmete sein Leben der Wissenschaft und dem Dienst an der wissenschaftlichen Gemeinschaft. Zehn Jahre leitete er als Geschäftsführender Direktor das Max-Planck-Institut für Biochemie in Martinsried und für je eine Amtsperiode war er Vorsitzender der Biologisch-Medizinischen Sektion und des Wissenschaftlichen Rates der Max-Planck-Gesellschaft. Zudem war er Mitglied zahlreicher wissenschaftlicher Beiräte von Forschungs-Förderungsinstitutionen wie beispielsweise der Deutschen Krebshilfe sowie von verschiedenen Forschungsinstituten. Seine wissenschaftlichen Erfolge und sein Dienst an der wissenschaftlichen Gemeinschaft wurden mit hochrangigen Preisen ausgezeichnet, zu denen beispielsweise der Gerhard-Domagk-Preis für Krebsforschung, der Preis der Friedrich-Sasse-Stiftung, die Jakob-Henle-Medaille und das Verdienstkreuz 1. Klasse des Verdienstordens der Bundesrepublik Deutschlands gehören. Im Jahr 2002 wurde ihm die Ehrendoktorwürde durch die Universität Witten-Herdecke verliehen.

Peter Hans Hofschneider setzte sich zeitlebens sehr für die Öffentlichkeitsarbeit ein. Er suchte den Dialog mit verschiedensten Bevölkerungsgruppen in den Medien und bei verschiedenen öffentlichen Veranstaltungen, wo er der Bevölkerung die Vorteile und Risiken der modernen Gentechnologie vermittelte. Hierdurch gelang es ihm, ein positives Bild der Forschung in der Öffentlichkeit zu vermitteln und insbesondere die Notwendigkeit der medizinischen Grundlagenforschung zu unterstreichen.

Während seiner letzten Lebensjahre widmete sich Peter Hans Hofschneider sehr stark verschiedenen Aspekten der Ethik in der Wissenschaft. Hier wirkte er auch bei der Aufdeckung und Untersuchung von wissenschaftlichem Fehlverhalten mit. Zusammen mit Wolfgang Edelstein leitete er einen Arbeitskreis des Wissenschaftlichen Rates, dessen Bericht Grundlage für die heute in der MPG gültigen „Regeln zur Sicherung guter Wissenschaftlicher Praxis" ist.

Peter Hans Hofschneider war ein exzellenter wissenschaftlicher Lehrer und Mentor. Er unterstützte und förderte eine große Zahl junger Wissenschaftler innerhalb und außerhalb seiner Abteilung. Seine Kreativität, sein Sinn für Humor und insbesondere seine Begeisterung für die Wissenschaft waren überaus motivierend für seine Mitarbeiter. Viele unter ihnen sind heute in führender Position an Universitäten, Forschungsinstitutionen, Kliniken oder in der Industrie tätig. Ihnen und allen anderen Mitarbeitern, Kooperationspartnern, Kollegen und Freunden wird Peter Hans Hofschneider ebenso unvergessen bleiben wie dem Max-Planck-Institut für Biochemie, dem er so viele Jahre angehört und gedient hat.

Wolfgang Neubert, Sabine Werner

Hans Pauly

12.11.1928 – 13.3.2004

Emeritiertes Wissenschaftliches Mitglied des Max-Planck-Instituts für Strömungsforschung, Göttingen (heute Max-Planck-Institut für Dynamik und Selbstorganisation)

Am 13. März 2004 verstarb Hans Pauly im Alter von 75 Jahren. Von 1969 bis 1998 war er Wissenschaftliches Mitglied der Max-Planck-Gesellschaft und Direktor am Max-Planck-Institut für Strömungsforschung (heute MPI für Dynamik und Selbstorganisation) in Göttingen. Mit seiner Berufung – zeitgleich mit der von J. Peter Toennies und Heinz Georg Wagner – erhielt das Institut eine neue wissenschaftliche Ausrichtung und entwickelte sich zu einem in der Welt führenden Zentrum der Molekularstrahlforschung. Als Emeritus konnte er die Arbeiten seines Fachgebietes in einer umfassenden Monographie darstellen. Bis zu seinem Tode widmete er sich intensiv der Darstellung seines eigenen Lebens und war ein gern gesehener Gast am Institut.

Hans Pauly wurde am 12. November 1928 in Bonn geboren. Er begann das Studium der Physik und Mathematik an der Universität Bonn. Dort erhielt er im Jahre 1955 bei dem späteren Nobelpreisträger Wolfgang Paul sein Diplom. In seiner Doktorarbeit bei Rudolph Jaeckel, die er 1958 beendete, erschloss er neue Wege zur direkten Messung der Wechselwirkung zwischen Atomen und Molekülen mit Molekularstrahlexperimenten. 1965 wurde er an der Universität Bonn habilitiert. Zu dieser Zeit hatte er eine selbständige Arbeitsgruppe am Institut für Angewandte Physik in Bonn aufgebaut, die sich durch eine Reihe außerordentlicher Publikationen einen auch international anerkannten Ruf erarbeitete. Bis zu seiner Berufung in die MPG setzte er diese Arbeiten fort. 1970 wurde er Honorarprofessor an der Universität Bonn und außerplanmäßiger Professor an der Universität Göttingen.

In seinen Forschungen hat sich Hans Pauly vor allem mit der genauen Messung von molekularen Wirkungsquerschnitten und ihrer Interpretation durch zwischenmolekulare Kräfte befasst. In systematischer Weise wurden integrale und differentielle Streuquerschnitte gemessen und mit quantenmechanischen Methoden der Theorie ausgewertet. Es gelang dabei, die theoretisch vorausgesagten Effekte von Glorieoszillationen, Oszillationen für identische Teilchen und Resonanzen nachzuweisen. Wissenschaftshistorisch begannen diese Arbeiten mit dem, was Dudley Herschbach „the early Alkali age“ genannt hat, im thermischen Bereich (bis etwa ½ eV) der Stoßenergien. Zu dieser Zeit – Anfang der 1960er-Jahre – war es allenthalben das Bestreben der Wissenschaftler, die darin liegenden Einschränkungen zu überwinden. Schwerpunkte bildeten dabei die Erweiterung des Bereichs der molekularen Spezies und der Stoßenergien, die Energieauflösung der Produkte und die Präparation spezifischer Anregungszustände der beteiligten Stoßpartner.

Zu all den genannten Feldern trugen die Arbeiten von Hans Pauly und seinen Mitarbeitern – bereits in Bonn aber ganz besonders dann in Göttingen – in erheblichem Umfange bei: Die erste „Universalmaschine“ für den Nachweis von differentiellen Streuquerschnitten wurde aufgebaut. Mit sehr effektiven Ladungsaustauschquellen wurde der Bereich der Stoßenergie auf 0,6 bis 1000 eV ausgedehnt. Experimente für die Weitwinkelstreuung wurden durchgeführt mit der erstmaligen Beobachtung von Regenbogenoszillationen und den überlagerten „schnellen“ Interferenzoszillationen. Diese Daten wurden zur direkten Inversion zum Wechselwirkungspotenzial genutzt. Hinzu kamen Messungen mit elektronisch angeregten Atomen sowie Messungen von Energieaustauschprozessen und Reaktionen mit Molekülen. Später entwickelte sich insbesondere ein eigenständiger neuer Schwerpunkt, die Clusterphysik mit Molekularstrahlen.

Die Forschungsergebnisse von Hans Pauly und seinen Mitabeitern fanden breite Anerkennung und sind in einer Vielzahl von wissenschaftlichen Publikationen niedergelegt. Er selbst hatte die außerordentliche Gabe, den jeweiligen Stand des Fachgebietes in Übersichtsartikeln (einige zusammen mit J. Peter Toennies) darzustellen. Diese gehören ohne Zweifel zur Standardliteratur der Molekularstrahltechnik. Sehr bemerkenswert ist seine zweibändige Monographie „Atom, Molecule, and Cluster Beams“, die er gegen Ende seiner Laufbahn geschrieben hat und die noch einmal sehr aktuell die wesentlichen Aspekte des Fachgebiets aufs Sorgfältigste zusammenfasst.

Die Basis für diese Erfolge wurde bereits in der Zeit in Bonn gelegt. Die Voraussetzungen am Physikalischen Institut der Universität Bonn mit dem gerade berufenen Lehrstuhlinhaber Wolfgang Paul waren ideal. Hans Pauly wurde Teil einer Gruppe von Paul-Schülern zusammen mit Hans Gerhard Bennewitz, Otto Osberghaus, Christoph Schlier, Helmut Erhardt und J. Peter Toennies, die alle mit Kompetenz und Enthusiasmus zu einem günstigen Forschungsklima beitrugen. Die Ergebnisse erwiesen sich bald den Bemühungen in den USA um Sheldon Datz, Dick Bernstein, Ned Greene und Dudley Herschbach als ebenbürtig und überzeugten die MPG, diesen neuartigen Forschungszweig in das umorganisierte MPI für Strömungsforschung einzubringen.

Seine Mitarbeiter erinnern sich vor allem an den großen Freiraum, den er zu schaffen verstand, mit Dankbarkeit. Durch Vorbild und hartnäckiges Nachfragen prägte er einen Arbeitsstil, bei dem eine intensive theoretische Durchdringung der experimentellen Ergebnisse unabdingbar war. Wissenschaftliche Diskussionen mit ihm waren äußerst fruchtbar, da er ein tiefes physikalisches Verständnis besaß, und zwar sowohl für die technische Durchführung als auch für die theoretische Interpretation.

Es kann kein Zweifel bestehen, dass Hans Pauly einer der Pioniere der Molekularstrahlforschung war und in seiner Tätigkeit entscheidend zum Aufbau dieses modernen Forschungszweigs beigetragen hat. Wir verlieren in ihm nicht nur einen in der ganzen Welt anerkannten und erfolgreichen Wissenschaftler, sondern auch einen Menschen von großer Verlässlichkeit, Bescheidenheit und Integrität.

Udo Buck, Rudolf Düren

Dieter Pfirsch

28.9.1927 – 11.11.2004

Emeritiertes Wissenschaftliches Mitglied des Max-Planck-Instituts für Plasmaphysik

Am 11. November verstarb im Alter von 77 Jahren Professor Dr. Dieter Pfirsch, der 26 Jahre lang Leiter eines Theoriebereiches und Mitglied der Wissenschaftlichen Leitung des MPI für Plasmaphysik war. Er hatte wesentlichen Anteil an der Entwicklung unseres Verständnisses des magnetischen Plasmaeinschlusses, an der Gestaltung des Institutsprogramms und an der wissenschaftlichen Formierung vieler Kollegen.

In einer bescheiden angelegten, als interner Bericht fast versteckten Arbeit legten 1962 Dieter Pfirsch und Arnulf Schlüter den Grundstein zu der Erkenntnis, dass ein zu einem Ring zusammengebogener Plasmazylinder sich anders verhält als eine gerade Plasmasäule. Als „Pfirsch-Schlüter-Diffusion" und „Pfirsch-Schlüter-Ausgleichsströme" ging diese Erkenntnis in den allgemeinen Sprachgebrauch der Fusionsforschung ein. Sie stand am Anfang der Entwicklungen, die einerseits zu einem realistischen Verständnis der Energie- und Teilchenverluste in Tokamaks und Stellaratoren führten und andererseits Grundsätze aufzeigten, nach denen man Stellarator-Konfigurationen optimieren kann.

Nach seinem Studium, das er im Alter von 25 Jahren mit einer Promotionsarbeit über Kernphysik bei Professor Friedrich Hund in Frankfurt abschloss und einer anschließenden vierjährigen Tätigkeit als Assistent am dortigen Institut für Theoretische Physik, arbeitete Dieter Pfirsch von 1956 bis 1958 bei der Firma Krupp in Essen an der Physik von Kernspaltungsreaktoren. 1959 kam er dann nach München an das MPI für Physik und Astrophysik, eines der Elternteile unseres Institutes. Dort begann seine Beschäftigung mit der Plasmaphysik – vor allem mit der kinetischen Plasmatheorie, anfänglich als Leiter einer Arbeitsgruppe, dann einer Abteilung. 1964 habilitierte er sich an der LMU München; 1967 wurde er zum Wissenschaftlichen Mitglied der Max-Planck-Gesellschaft berufen. Zwei Jahre später folgte er dann dem Ruf an das MPI für Plasmaphysik, wo er die Leitung des Bereichs Theorie und zwischenzeitlich auch die des Bereichs Oberflächenphysik übernahm. Die zunehmende Leistungsfähigkeit der Theorie und ihre Rolle bei der Auslegung von Experimenten führte in späteren

Jahren zur Gründung von zwei weiteren Theoriebereichen. Zwei der Leiter dieser Bereiche erlebten ihre Einführung in die Fusionsforschung bereits unter der Obhut von Dieter Pfirsch. Regelmäßig hielt er auch Vorlesungen über „Theoretische Plasmaphysik“ an der TU München, die ihn 1975 zum Honorarprofessor ernannte.

Der Wissenschaftler Dieter Pfirsch hatte ein außerordentlich breites Spektrum an Fähigkeiten und Interessen. Einerseits war er ein „theoretician's theoretician“, dessen Arbeiten ein Modell an Rigorosität waren, aber auch durch die Eleganz der eingesetzten Mittel bestachen. Für die analytische Mechanik, die jeder Theoretiker wegen ihrer Leistungsfähigkeit schätzt, aber häufig als einen eher unanschaulichen Formalismus behandelt, besaß er ein fast intuitives Verständnis. Es erlaubte ihm, Ergebnisse vorauszuahnen, die er später in aller wissenschaftlichen Strenge nachweisen konnte. Die meisten seiner wissenschaftlichen Erfolge dankte er seiner einmaligen Beherrschung dieses Werkzeugs.

Auf der anderen Seite besaß er drei Jahre Industrieerfahrung und bewies auch später immer wieder die Fähigkeit eines Industriephysikers, einen praktischen Sachverhalt in kurzer Zeit auf ein berechenbares Modell zu reduzieren. Ihn bewegten die grundlegenden physikalischen Aspekte der Plasmaphysik, aber er interessierte sich ebenso für die technischen Probleme auf dem Weg zur Realisierung eines Kraftwerkes. Seine Schaffensfreude und Produktivität wurden auch durch seine Emeritierung im Jahr 1995 nicht gebremst. Vor wenigen Monaten noch teilten wir seine Freude über die Kommentare der Referees zu seiner letzten Arbeit, welche die begeistertsten waren, die wir je gesehen hatten.

In fast gleichem Maße wie auf seinen wissenschaftlichen Fähigkeiten beruhte unsere Wertschätzung Dieter Pfirschs auf seiner Bereitschaft, mit diesen auch Kollegen zu Hilfe zu kommen. Er unterschied klar zwischen wissenschaftlich rigoros behandelbaren Fragen, in denen es nur richtig oder falsch gab, und Ermessensfragen, in denen er eine unbegrenzte Toleranz gegenüber anderen Meinungen zeigte. Wir alle verdanken ihm außerordentlich viel und werden ihn sehr vermissen.

Karl Lackner

Gerhardt Preuschen

22.1.1908 – 22.3.2004

Emeritiertes Wissenschaftliches Mitglied der Max-Planck-Gesellschaft (ehemals Wissenschaftliches Mitglied des Max-Planck-Instituts für Landarbeit und Landtechnik, Bad Kreuznach)

Gerhardt Preuschen ist zwei Monate nach seinem 96. Geburtstag in Goslar verstorben. Als Sohn eines Theologen und Philosophen in Darmstadt geboren, interessierte er sich schon früh für die Arbeit in der Landwirtschaft. Praktische Erfahrungen in landwirtschaftlichen Betrieben in Deutschland, Holland, Schweden und der Schweiz führten schließlich zum Studium der Landwirtschaft in Hohenheim und Berlin, ergänzt durch einige Semester Maschinenbau in Darmstadt und Stuttgart. Nach seinem Studium übernahm er die Leitung der Technischen Gutsberatung in Landsberg/Warthe. Hieraus entstand das Bedürfnis, ein wissenschaftliches Institut zu gründen, aus dem die Beratungsarbeit befruchtet werden kann und deren empirisches Material ein solches Institut verwertet. Er wurde so im Jahre 1940 der Gründer und einzige Direktor des Instituts für landwirtschaftliche Arbeitswissenschaften in der Kaiser-Wilhelm-Gesellschaft in Breslau-Kleinau, das später, 1956, zum Max-Planck-Institut für Landarbeit und Landtechnik wurde. Preuschen führte das Institut durch die Wirren des Krieges, der Vertreibung aus Breslau 1945 und der Verlagerung des wissenschaftlichen Materials zunächst nach Sachsen, aber bald über die damalige Zonengrenze hinweg nach Imbshausen bei Göttingen. Die Anpachtung eines Gutsbetriebes als Basis konnte über 1950 hinaus nicht verlängert werden. So musste 1950 unter heute unvorstellbaren finanziellen und institutionellen Umständen ein Neuanfang in Bad Kreuznach riskiert werden. Dort etablierte sich das Institut bis zu seiner Emeritierung im Jahr 1976, mit der das Institut zugleich geschlossen wurde.

Trotz der widrigen Umstände waren auch die ersten Nachkriegsjahre besonders fruchtbar und wissenschaftlich erfolgreich. Der Kontakt zu Nachbardisziplinen war Preuschen ein besonderes Anliegen. Es lag ihm daran, arbeitswissenschaftliche Zusammenhänge unter Einbezug biologischer, technischer, ökonomischer und humanwissenschaftlicher Aspekte darzustellen. Es ging ihm stets um das Grundsätzliche, das Gemeinsame, das Verbindende zwischen den Disziplinen und auch zwischen den Völkern. So hat er schon sehr früh wieder die Verbindung zum benachbarten Ausland gesucht.

Ihn zeichneten besonders drei Eigenschaften aus, die ihn zu einem „Professor“ im ursprünglichen Sinne, zu einem Bekenner, machten. Er ist nämlich noch in der Lage gewesen, ein großes Arbeitsgebiet zu überblicken und immer wieder die Anknüpfungspunkte zu den Nachbardisziplinen zu sehen. In seiner Denkweise und seinen Erkenntnissen ist er der allgemeinen Entwicklung und seinen Fachkollegen ein Stück voraus gewesen. Und schließlich war er bereit, dies in allgemein verständlicher Art durch Wort und Schrift immer wieder zu bekennen, auch wenn dies für viele unbequem war und er Gefahr lief, noch nicht verstanden oder als ewiger Besserwisser abgestempelt zu werden. Er wurde daher oft angefeindet und auch beneidet. Seine Mitarbeiter wurden dadurch immer wieder zum Überdenken ihrer Forschungsansätze und zu neuer Arbeit angeregt.

Preuschen sorgte mit zahlreichen Vorträgen und mehr als 300 Veröffentlichungen für die Verbreitung seiner Ideen. Die verständliche und einfache Darstellung schwieriger Zusammenhänge war das Ergebnis seiner beneidenswerten rhetorischen Fähigkeiten. Frühzeitiges Vordringen in Neuland und unbequeme Aussagen stoßen freilich oft auf Unverständnis oder Ablehnung und sie schließen auch das Risiko von Fehleinschätzungen nicht aus. So hat Preuschen durch seine Tätigkeit und öffentliche Darstellung nicht nur Bewunderer und Freunde gefunden, sondern sich – im Streit um die Sache – auch manche Gegner gemacht. Dies mag ihn oft enttäuscht und vereinsamt haben, aber niemals hat er sich dadurch entmutigen lassen, den Weg zu gehen, den er für richtig hielt.

Er hat aber auch viel Anerkennung, insbesondere international und interdisziplinär, gefunden. Viele Ämter in berufsständischen und wissenschaftlichen Gesellschaften und Institutionen wurden ihm übertragen. Die Deutsche Landwirtschafts-Gesellschaft verlieh ihm die Max-Eyth-Denkmünze in Silber, der französische Landwirtschaftsminister überreichte ihm das Offizierskreuz des landwirtschaftlichen Verdienstordens.

Wer nun geglaubt hätte, mit seiner Emeritierung beginnt für ihn der Ruhestand, der hat ihn nicht gekannt. Nun stellte er sich ganz in den Dienst des ökologischen Landbaues. Vor allem in Zusammenarbeit mit der Stiftung Ökologie & Landbau in Bad Dürkheim veröffentlichte er zahlreiche Bücher, die die Grundlagen für die Literatur im ökologischen Landbau vor allem für den Praktiker gelegt haben. Genannt seien beispielhaft der Band über „Ökologischen Weinbau“ von 1979, die „Umstellungshefte auf ökologischen Landbau“ ab 1981 und die „Ackerbaulehre nach ökologischen Gesetzen“ aus dem Jahr 1991, die mit der „Betriebslehre“ im Jahr 1992 abgerundet wurde. Die beiden letztgenannten Werke geben eine wertvolle Zusammenfassung seiner jahrzehntelangen landwirtschaftlichen Erfahrungen. Noch heute sind 20 Bücher und Broschüren lieferbar, die Preuschen verfasst oder an denen er mitgearbeitet hat, zuletzt erschienen im Jahr 2002 seine Lebenserinnerungen. Er hat nicht nur die ersten Veröffentlichungen und Anleitungen zum ökologischen Land- und Weinbau geschrieben, sondern auch die praktischen Projekte der Stiftung zur Bodenbewirtschaftung begleitet. Auch die Stiftung Ökologie & Landbau hat ihm viel zu verdanken.

Josef Hesselbach, Ulrich Hampl

Gerhard Ruhenstroth-Bauer

2.6.1913 – 2.8.2004

Emeritiertes Wissenschaftliches Mitglied des Max-Planck-Instituts für Biochemie, Martinsried

Am 2. August 2004 verstarb Gerhard Ruhenstroth-Bauer, Emeritiertes Wissenschaftliches Mitglied des Max-Planck-Instituts für Biochemie in Martinsried, im Alter von 91 Jahren. Ruhenstroth-Bauer wurde am 2. Juni 1913 in Troppau (Sudetenland) geboren. Er studierte in Prag Medizin und wurde dort 1937 zum Dr. med. promoviert. Nach einem zusätzlichen Chemiestudium in Prag, Königsberg und Berlin ging er 1939 als Doktorand zu Adolf Butenandt an das Kaiser-Wilhelm-Institut für Biochemie in Berlin-Dahlem, wo er 1943 den Titel eines Dr. rer. nat. erwarb. 1951 habilitierte er sich im Fach experimentelle Medizin in Tübingen und wurde 1958 von der Ludwig-Maximilians-Universität in München zum außerplanmäßigen Professor ernannt. 1962 erfolgte seine Berufung zum Wissenschaftlichen Mitglied des MPI für Biochemie in München, und nach dem Umzug des Instituts nach Martinsried wurde er 1972 zum Direktor der Abteilung für Experimentelle Medizin ernannt.

Die wissenschaftlichen Arbeiten von Gerhard Ruhenstroth-Bauer, deren Ergebnisse in ca. 250 Publikationen niedergelegt sind, waren der Lösung von medizinischen Problemen mit Hilfe von biochemischen und biophysikalischen Methoden gewidmet. Im Mittelpunkt stand zunächst die Hämatologie. Es gelang ihm, die Wirkungsweise eines spezifischen erythropoetischen Hormons nachzuweisen und die Zerstörung von Erythrozyten unter Einfluss von Digitonin zu analysieren. In zahlreichen Untersuchungen beschäftigte er sich mit dem Mechanismus der Blutkörperchensenkung. Besonders interessierte ihn und seine Mitarbeiter die Differenzierung von Blutzellen und die Analyse ihrer Eigenschaften. Für diese Untersuchungen mussten zunächst die methodischen und apparativen Voraussetzungen geschaffen werden. So wurde in Zusammenarbeit mit der Fa. Zeiss ein Zytopherometer entwickelt, mit dem spezifische Oberflächenladungen von Zellen analysiert werden konnten. Damit gelang es z.B. unterschiedliche weiße Blutzellen zu charakterisieren, Strahlungseffekte an Zellen zu studieren sowie Membranunterschiede zwischen Leber- und Lebertumorzellen elektrophoretisch nachzuweisen. Für Zellgrößenmessungen wurden zunächst die theoretischen Grundlagen der elektrischen Durchfluss-Zellvolumenmessung geklärt und darauf basierend ein Gerät entwickelt, mit dem verlässliche Zellvolumenverteilungskurven bestimmt werden konnten. Mit Hilfe der Zellvolumenmessung wurde ein Zusammenhang zwischen Erythrozytenaggregation und Herzinfarktgefährdung dokumentiert. Indem die Wissenschaftler in Ruhenstroth-Bauers Abteilung die Zellvolumenmessung und die Mehrparameter-Fluoreszenz-Durchflusszytometrie in einem Gerät kombinierten, konnten sie auch komplexe Eigenschaften von Zellpopulationen schnell und zuverlässig analysieren. Mit diesen neu entwickelten physikalischen Methoden wurden neue biologische und medizinische Erkenntnisse auf den Gebieten der Hämatologie und Entzündungsforschung gewonnen.

Ruhenstroth-Bauer war viele Jahre lang Mitherausgeber der Zeitschrift BLUT. 1980 wurde er an die Sudetendeutsche Akademie berufen und 1981 mit der Ritter-von-Gerstner-Medaille ausgezeichnet.

Das Max-Planck-Institut für Biochemie ist Gerhard Ruhenstroth-Bauer dankbar für sein Engagement beim Neubau des Instituts Anfang der 1970er-Jahre. Als Mittler zwischen Wissenschaftlern und Architekten hat er die Interessen der Wissenschaftler zur Geltung gebracht. Ganz wesentlich trug er zur Konzeption des Tierhauses bei.

Im Rahmen des Forschungsprogramms „Geschichte der Kaiser-Wilhelm-Gesellschaft im Nationalsozialismus“*, das auch auf die Geschichte des KWI für Biochemie und die Rolle Ruhenstroth-Bauers eingegangen ist, wurden jedoch Tatsachen bestätigt und teilweise neu bekannt, die in einem Nachruf zur Sprache gebracht werden müssen.

1940 wurde Ruhenstroth-Bauer als Truppenarzt zur Luftwaffe eingezogen. In dieser Funktion stellte er an sowjetischen Kriegsgefangenen Experimente zur Behandlung der Eiweißmangel-Ödem-Krankheit an. Im Juni 1942 wurde er nach Berlin abkommandiert, um im Auftrag der Luftwaffe seine Forschungen zur Hämatologie fortzusetzen. Am 17. September 1943 führten Gerhard Ruhenstroth-Bauer, seinerzeit am KWI für Biochemie, und Hans Nachtsheim, seinerzeit am KWI für Anthropologie, menschliche Erblehre und Eugenik, im Luftfahrtmedizinischen Forschungsinstitut in Berlin einen Unterdruckversuch mit sechs epilepsiekranken Kindern aus der Landesanstalt Brandenburg-Görden, welche eine „Hauptrolle bei der Kinder-‚Euthanasie'“ (Schwerin) spielte, durch. Dabei sollte untersucht werden, inwieweit durch Sauerstoffmangel ein epileptischer Anfall ausgelöst werden könne. In Tierversuchen an Kaninchen mit epilepsieähnlichen Symptomen hatten die beiden Wissenschaftler zuvor herausgefunden, dass bei Jungtieren – im Gegensatz zu Alttieren – oft starke Krampfanfälle auftraten. Die Kinder erlitten zwar keinen epileptischen Anfall, doch hatten die beiden Forscher sie wissentlich und willentlich einem unkalkulierbaren Risiko ausgesetzt. Dass die Kinder – wie zuvor die Kaninchen – bei dem Experiment möglicherweise in Lebensgefahr geraten könnten, nahmen sie billigend in Kauf, war doch die Auslösung eines schweren Krampfanfalls das erklärte Ziel des Experiments. Die beiden Forscher müssen sich bewusst gewesen sein, dass sie hier eine wissenschaftsethische Grenze überschritten. Der Reichsgesundheitsrat hatte in seinen Richtlinien „für die neuartige Heilbehandlung und für die Vornahme wis-

* Homepage: http://www.mpiwg-berlin.mpg.de/KWG/index.htm, vergleiche vor allem die Monographien von A. von Schwerin und H.-W. Schmuhl

senschaftlicher Versuche am Menschen“ vom 28. Februar 1931 eindeutig festgelegt, dass Versuche an Minderjährigen unstatthaft waren, „wenn sie das Kind oder den Jugendlichen auch nur im Geringsten gefährden“.

Klaus Kühn, Hans-Walter Schmuhl

Harald Sioli

25.8.1910 – 14.10. 2004

Emeritiertes Wissenschaftliches Mitglied des Max-Planck-Instituts für Limnologie, Plön

Am 14.10.2004 ist Prof. Dr. Harald Sioli in Plön verstorben. Sein Leben war geprägt von seinem Interesse für das Amazonasgebiet. Bereits vor Beginn des Zweiten Weltkriegs war Sioli im Jahr 1934 nach Brasilien gegangen, um dort im trockenen nordöstlichen Teil des Landes ökophysiologische Studien über Kröten durchzuführen. Seine Arbeit wurde durch den Zweiten Weltkrieg unterbrochen. Nach dreijähriger kriegsbedingter Internierung begann Sioli 1945 mit den ersten limnologischen Forschungen in Amazonien. Er erforschte jedoch das Amazonasgebiet nicht nur aus der Perspektive eines Limnologen, sondern stellte im Sinne von Bluntschli die Beziehung zur umgebenden Landschaft her und betrachtete die Amazonasregion als Landschaftsökologe in ihrer Einheit aus Land, Gewässern und Wäldern.

Auf der Grundlage der von der lokalen Bevölkerung benutzten und Mitte des letzten Jahrhunderts von Wallace eingeführten Begriffe „Weißwasser", „Schwarzwasser" und „Klarwasser" erarbeitete Sioli ein wissenschaftliches Klassifizierungssystem für die Amazonasflüsse. Er untersuchte den Zusammenhang zwischen Wasserqualität und Bodenchemie und war ein Pionier in der Beschreibung der hydrogeochemischen Großstruktur des Amazonasbeckens.

Harald Sioli erklärte das Bestehen der riesigen, den Amazonas und dessen wichtigsten Nebenflüsse säumenden Flußauen mit Schwankungen des Meeresspiegels während eiszeitlicher und zwischeneiszeitlicher Perioden. Er stellte Zusammenhänge zwischen verschiedenen Arten von Flußauen bzw. ihren spezifischen Strukturen und der unterschiedlichen Sedimentfracht der Flüsse her, die er auf geologische und geomorphologische Unterschiede in den jeweiligen Einzugsgebieten und eine wechselnde Vegetation zurückführte. Einige Jahrzehnte später wurden seine Überlegungen durch seinen Mitarbeiter, den Mineralogen Georg Irion, bestätigt.

Die extreme Nährstoffarmut vieler Amazonasströme und -bäche führte zu Aussagen Siolis über die Armut der Böden in den Einzugsgebieten. Er widersprach damit der öffentlichen Meinung, die von einer hohen Fruchtbarkeit der

Böden am Amazonas ausging, und wies dadurch gerade zu einer Zeit auf das geringe landwirtschaftliche Potenzial Zentralamazoniens hin, in der die brasilianische Regierung damit begann, Pläne für eine umfassende agro-industrielle Entwicklung der Region zu initiieren. Sioli wurde deshalb Mitte der 70er-Jahre von brasilianischen Entwicklungsplanern häufig heftigst kritisiert. Heute wissen wir, dass diese Kritik unberechtigt war.

Unbeabsichtigte Publizität erhielt Sioli in den 70er-Jahren, als seine Beobachtungen zur Auswirkung der Abholzung des amazonischen Regenwaldes auf die Kohlendioxid- und Sauerstoffkonzentration in der Atmosphäre fehlinterpretiert wurden. In einem 1971 mit United Press geführten Interview hatte er erläutert, dass die Abholzung des Regenwaldes zu einem Anstieg der Kohlendioxidkonzentration in der Luft führen würde. Daraufhin prägte die brasilianische Presse den Begriff von den Amazonaswäldern als der „grünen Lunge des Planeten", verbunden mit der Vorstellung, dass der Wald Sauerstoff an die Atmosphäre abgibt. Dabei ignorierte die Presse die Aussage Siolis, dass ein Wald im Gleichgewicht zwischen Aufbau und Abbau organischer Stoffe genauso viel Sauerstoff verbraucht wie produziert. Diese Fehlinterpretation regte jedoch die öffentliche Diskussion über die Bedeutung der Amazonaswälder für globale Klimaprozesse an.

Harald Sioli wurde 1957 zum Direktor der „Hydrobiologischen Anstalt" in Plön berufen, die 1966 in „Max-Planck-Institut für Limnologie" (MPIL) umbenannt wurde. Von Plön aus setzte Sioli seine Arbeiten in der Amazonas-Region in Kooperation mit Djalma Batista, dem damaligen Direktor des National Institute for Amazonian Research (INPA) in Manaus fort. 1965 gründeten die beiden gemeinsam die wissenschaftliche Zeitschrift AMAZONIANA, die heute weltweit verbreitet ist.

Nach Siolis Emeritierung im Jahre 1978 wurde die Zusammenarbeit zwischen INPA und MPIL Plön fortgesetzt. Auch Sioli selbst beschäftigte sich weiterhin mit der Tropenökologie. Der von ihm auf zahlreichen Kongressen vorgestellte landschaftsökologische Forschungsansatz erregte die Aufmerksamkeit vieler Ökologen weltweit. Mit seinen über 150 Publikationen in wissenschaftlichen Zeitschriften und dem von ihm 1984 herausgegebenen Buch „The Amazon: Limnology and Landscape Ecology of a Mighty Tropical River and its Basin" hat er einen grundlegenden und nachhaltigen Beitrag zur Tropenökologie geliefert.

Der Einfluss der Aktivitäten von Harald Sioli reicht weit über seine wissenschaftlichen Veröffentlichungen hinaus. Die von ihm bereits früh ausgesprochenen Warnungen vor einer Zerstörung des amazonischen Regenwaldes und sein Appell, diese Region zum Nutzen der Natur und der lokalen Bevölkerung, einschließlich der indianischen Ureinwohner, zu schützen, wurden von einigen Politikern und Entwicklungsplanern heftig kritisiert, erhielten aber die Unterstützung brasilianischer Wissenschaftler und wurden von brasilianischen Studenten begeistert aufgenommen. Diese Entwicklung schärfte das Bewusstsein für die Notwendigkeit des Umweltschutzes in Brasilien. Einige der in den Sechzigern und Siebzigern in dieser Weise beeinflussten Studenten zählen heute zu den führenden Wissenschaftlern und Verwaltungsangestellten der brasilianischen Regierung und von Nicht-Regierungsorganisationen und bringen ökologische Aspekte in Politik, Planung und Verwaltung ein.

Die letzten Jahre seines Lebens widmete Sioli dem Verfassen seiner Memoiren. Dieses beeindruckende Manuskript dokumentiert den Wandel der Wissenschaft von den Vorkriegsreisedokumenten der Naturhistoriker hin zu den modernen Naturwissenschaften in Kombination mit tief greifenden Veränderungen in den politischen und sozioökonomischen Verhältnissen in der brasilianischen Gesellschaft.

Sioli wurde für seine wissenschaftliche Arbeit vielfach geehrt, so war er korrespondierendes Mitglied der Brazilian Academy of Sciences und Ehrenmitglied der Society for Tropical Ecology. Er erhielt zahlreiche Auszeichnungen, unter anderem den Brazilian Order of the Southern Cross Officers Rank (1967), die Ehrenauszeichnung Science for Amazonia vom Brazilian National Institute for Amazon Research (1977), die Ehrenauszeichnung der Foundation La Salle of Natural Sciences First Class (1990) und den Gran Cruz, die höchste brasilianische Auszeichnung für wissenschaftliche Arbeiten (2000). Im Jahr 1990 wurde das erste „International Symposium on the Great Rivers of Latin America" Harald Sioli – dem „Father of South American River-Limnology" – gewidmet. Mit Harald Sioli haben wir einen großartigen Tropenökologen verloren.

Wolfgang J. Junk

Otto Westphal

1.2.1913 – 14.9.2004

Emeritiertes Wissenschaftliches Mitglied des Max-Planck-Instituts für Immunbiologie

Otto Westphal verstarb im 92. Lebensjahr in seiner Wohnung in Montreux, Schweiz. Er wurde in Berlin-Charlottenburg geboren, zu einer Zeit, die er selbst als „Belle Epoche" der deutschen Wissenschaft bezeichnete. Seine Eltern gehörten zur intellektuellen Elite Berlins. Sein Vater Wilhelm war Professor in der Fakultät für Physik der Berliner Universität, gemeinsam mit prominenten Wissenschaftlern wie Max Planck, Albert Einstein, Max von Laue und Gustav Hertz, die regelmäßig im Hause Westphal verkehrten. Westphal schrieb später: „Mir war keineswegs klar, welches Privileg ihre Gesellschaft für mich bedeutete." Seine Mutter Olga, eine begabte Pianistin, spielte vierhändig mit Max Planck und begleitete Einsteins Geigenspiel. Sie schrieb in ihr Tagebuch: „Ich sang so intensiv mit (bei Brahms' Liebesliedern, gesungen von einem von Max Planck dirigierten Chor), dass Otto zehn Tage zu früh geboren wurde."

Westphal studierte Chemie, die damalige Leitwissenschaft, und war fasziniert von den Konzepten der Stereochemie, wie sie von Jacobus van't Hoff, Emil Fischer, Paul Ehrlich und Svante Arrhenius entwickelt wurden. 1937 promovierte er mit einer Arbeit über Blutgruppenserologie und war im Anschluss Wissenschaftlicher Assistent im Kaiser-Wilhelm-Institut für Medizinische Forschung in Heidelberg, wo er Vitamine synthetisierte. Als Chemiker mit Erfahrungen in der Immunologie war er einer der ersten Vertreter des neuen Fachs Immunchemie in Deutschland. Mit 29 Jahren wurde er zum Leiter der Biochemischen Abteilung des Instituts für Chemie der Medizinischen Fakultät in Göttingen berufen. Dort traf er Botho Kickhöfen und Otto Lüderitz, die ihre gesamte wissenschaftliche Laufbahn mit ihm verbrachten.

Die Gruppe kooperierte mit F. Schütz, Ordinarius für Hygiene in Göttingen, der an bakteriellen Impfstoffen arbeitete. Gemeinsam extrahierten sie das Bakterium Proteus X19, da dieser mit S. typhi kreuzreagierte und daher als Thyphusimpfstoff in Frage kam. Ein Mitarbeiter kontaminierte sich und entwickelte ein heftiges, aber vorübergehendes Fieber, womit das erste gereinigte bakterielle Pyrogen entdeckt war. Fiebertherapie war ein wichtiges medizinisches Verfahren, und diese wichtige Entdeckung machte Westphal schnell bekannt. 1947 begann er, über das Lipopolysaccharid LPS, auch Endotoxin genannt, zu arbeiten, dem Pyrogen Gram-negativer Bakterien, nachdem er einen Ruf als Leiter des neuen Forschungsinstituts des Schweizer Pharmaunternehmens Wander AG in Bad Säckingen angenommen hatte.

Im Jahr 1956 verlegte die Firma Wander das Institut aus dem eher isolierten Bad Säckingen nach Freiburg, in die Nähe einer großen Universität. In der Folge wurde mehr und mehr deutlich, dass die Zukunft des Instituts in der Grundlagenforschung liegen würde, und 1961 wurde entschieden, es in die Max-Planck-Gesellschaft zu integrieren. Es erhielt den Namen Max-Planck-Institut für Immunbiologie (MPIIB), Westphal wurde erster Direktor. Unter seiner Leitung wurde die Struktur des Lipid A, des biologisch aktiven Kerns des LPS, aufgeklärt, während die serologischen Spezifitäten des Kauffmann-White-Schemas den Polysaccharid-Seitenketten zugeordnet wurden. Nach seiner Emeritierung im Jahr 1981 wurde Westphal zum Stiftungsvorstand des Deutschen Krebsforschungszentrums in Heidelberg berufen, das er für ein Jahr leitete.

Kein anderer Wissenschaftler hat die Entwicklung der deutschen Immunologie in der Nachkriegszeit mehr geprägt als Westphal. Unter seiner Leitung entwickelte sich das MPIIB zu einer national und international führenden Forschungs- und Ausbildungsstätte. Viele ehemalige Wissenschaftler aus dem Institut übernahmen führende Positionen in Medizin und Wissenschaft in Deutschland. Er war im Jahr 1967 Mitgründer der Deutschen Gesellschaft für Immunologie und für die ersten zehn Jahre deren Präsident. Weiterhin war er Mitbegründer des European Journal of Immunology im Jahr 1971, dessen Büro bis heute im MPIIB untergebracht ist. In der Max-Planck-Gesellschaft und in der Deutschen Forschungsgemeinschaft führte er zu unterschiedlichen Zeiten den Vorsitz fast aller wichtiger Komitees und Gremien. Otto Westpfahl war Mitglied zahlreicher Wissenschaftlicher Akademien im In- und Ausland und wurde vielfach mit hohen Ehrungen ausgezeichnet, u.a. mit dem Emil-von-Behring-Preis (1964), dem Paul-Ehrlich-Preis (1968) und der Robert-Koch-Medaille (1983).

Westphals charismatische Persönlichkeit hatte viele Facetten über die eines bedeutenden Wissenschaftlers hinaus. Er war ein ausgezeichneter Flötenspieler und liebte es, seine Kunst bei Konzerten klassischer Musik unter Beweis zu stellen. Bei der von ihm unter dem Namen „Reflexionen" veranstalteten Symposienreihe kamen eminente Wissenschaftler, so beispielsweise Sir Peter Medawar, Lewis Thomas und Manfred Eigen mit prominenten Musikern, unter anderem Edith Picht-Axenfeld und Fritz Neumeyer, zusammen, um gemeinsam Musik zu hören und über die Beziehungen zwischen Kunst und Wissenschaft zu diskutieren. Zeitlebens wurde ihm seine jugendliche Mitgliedschaft in der SA vorgeworfen. Nach dem Krieg setzte er sich mit Erfolg für die Aufnahme von Beziehungen zwischen dem Weizmann-Institut in Israel und der Max-Planck-Gesellschaft ein. Anlässlich des 40. Jubiläums des Max-Planck-Instituts für Immunbiologie im Jahr 2001 referierte Westphal über die Geschichte der Institutsgründung und wurde, 20 Jahre nach seiner Emeritierung, mit stehendem Beifall geehrt. Mit ihm verliert die Deutsche Wissenschaft einen wahrlich hervorragenden Repräsentanten.

Klaus Eichmann

Verzeichnis der Tätigkeitsberichte auf der CD

Die nachfolgende Liste gibt eine Übersicht über Titel und Autoren der „Tätigkeitsberichte“ der Institute und Einrichtungen, die Sie auf der CD-ROM finden.

Institut	Autor(en)	Titel
MPI für evolutionäre Anthropologie	Nielsen-Marsh, Christina	Proteomik und die Evolution des Menschen
MPI für Astronomie	Krause, Oliver; Birkmann, Stephan M.; Lemke, Dietrich; Klaas, Ulrich	Rätselhafter Sternenstaub im frühen Universum
MPI für Astrophysik	Janka, Hans-Thomas; Aloy, Miguel; Mueller, Ewald	Kurze Gammablitze – Neue Modelle erhellen rätselhafte Explosionen
	Springel, Volker	Supercomputer-Simulationen der Entstehung der Galaxien und der ersten Quasare
Bibliotheca Hertziana – MPI für Kunstgeschichte	Schmitz, Michael	Die Wandmalereien des Pietro Cavallini in Santa Cecilia in Trastevere: Bauaufnahme und Rekonstruktion des malerischen Dekorationssystems unter Zuhilfenahme eines Tachymeters
MPI für Bildungsforschung	Pachur, Thorsten; Wittig, Jutta; Dieckmann, Anja	Kognitive Mechanismen bei der Partnerwahl
MPI für bioanorganische Chemie	Bill, Eckhard	Spektroskopische Modelle für paramagnetische Aktiv-Zentren im Photosystem II
MPI für Biochemie	Engelhardt, Harald; Keilmann, Fritz; Baumeister, Wolfgang	Hochauflösende Mikroskopie von Zellen und Oberflächen: Kryo-Elektronentomographie und Raster-Infrarotmikroskopie im optischen Nahfeld
	Hermeking, Heiko	Molekulare Onkologie
MPI für Biogeochemie	Gleixner, Gerd; Sachse, Dirk; Radke, Jens; Werner, Martin	Neue Wege zum Paläoklima
MPI für molekulare Biomedizin	Vestweber, Dietmar	Endothelzellen: Barriere zwischen Blut und Gewebe

Institut	Autor(en)	Titel
MPI für Biophysik	Ermler, Ulrich; Acharya, Pryamvada	Der Ein-Kohlenstoff-Überträger Tetrahydromethanopterin in Enzymen
MPI für biophysikalische Chemie	Raz, Erez	Keimzellentwicklung im Zebrafisch
	Hell, Stefan W.	Neues Gesetz zur Auflösung in der Lichtmikroskopie ermöglicht Bilder in bisher ungekannter Schärfe
MPI für Chemie	Hofmann, Albrecht W.; Sobolev, Alexander; Abouchami, Wafa; Galer, Stephen J.	Anatomie eines Mantelplumes
	Eremets, Mikhail I.; Gavriliuk, Alexander G.; Trojan, Ivan A.; Boehler, Reinhard	Synthese von polymerem Stickstoff
MPI für demografische Forschung	Vaupel, James W.; Kistowski, Kristín G. von	Evolutionäre Demografie: Neue Perspektiven für die Erforschung des Alterns und der Langlebigkeit
MPI Dynamik komplexer technischer Systeme	Niemann, Björn; Rauscher, Frank; Voigt, Andreas; Sundmacher, Kai	Dynamik eigenschaftsverteiler Partikelsysteme: Partikelfällung in Emulsionen
MPI für Dynamik und Selbstorganisation	Seemann, Ralf; Herminghaus, Stephan	Der Spumoprozessor: ein neues Konzept in der Mikrofluidik
MPI für Eisenforschung GmbH	Hassel, Achim Walter; Rodriguez, Belen Bello; Milenkovic, Srdjan; Schneider, André	Herstellung von Nanostrukturen durch gerichtete Erstarrung der Eutektika
	Raabe, Dierk	Nano-Stähle, 3-Dimensionale Orientierungs-Elektronenmikroskopie und metallphysikalische Simulation der Umformung
MPI für experimentelle Endokrinologie	Eichele, Gregor; Neubert, Karola	Vom Gen zum Verhalten: Fehlt das Entwicklungsgen Ear2, zeigt das Gehirn später Funktionsstörungen in der zirkadianen Rhythmik
MPI für Entwicklungsbiologie	Sommer, Ralf J.	Der Fadenwurm *Pristionchus pacificus* als Modellsystem für die Erforschung evolutionärer Prinzipien im Tierreich

Institut	Autor(en)	Titel
MPI für Entwicklungsbiologie	Macchi, Paolo; Götze, Bernhard; Tübing, Fabian; Mallardo, Massimo; Köhrmann, Martin; Kiebler, Michael	Ein Blick in die molekularen Vorgänge beim Lernen
MPF für Enzymologie der Proteinfaltung	Fischer, Gunter; Bordusa, Frank	Zusammenhang zwischen biologischer Aktivität und lokalen Konformationsänderungen in Proteinen
MPI für ethnologische Forschung	Habeck, Joachim Otto	Kulturlandschaft Sibirien
	Pirie, Fernanda	Rechtliche Verfahren in neuen staatlichen Konfigurationen: Integration von Minderheiten in Indien und China
MPI für Festkörperforschung	Simon, Arndt; Ryazanov, Mikhail; Mattausch, Hansjürgen; Kremer, Reinhard K.	Elektronisches Wechselspiel in metallreichen Verbindungen
	Loa, Ingo; Wang, Xin; Syassen, Karl	Festkörper unter hohem Druck
Friedrich-Miescher-Laboratorium für biologische Arbeitsgruppen in der MPG	Spang, Anne	Regulation der Knospung von retrograden Transportvesikeln in der Hefe *S. cerevisiae*
Fritz-Haber-Institut der MPG	Rupprechter, G.; Unterhalt, H.; Borasio, M.; Morkel, M.; Freund, H.-J.	Spektroskopie an Modellkatalysatoren unter Atmosphärendruck
MPI für Geistiges Eigentum, Wettbewerbs- und Steuerrecht	Hilty, Reto M.; Geiger, Christophe	Der urheberrechtliche Interessensausgleich in der Informationsgesellschaft
	Herrlinger, Karolina Anna	Die Patentierung von Krankheitsgenen
	Mackenrodt, Mark-Oliver	Netzwerkeffekte, dynamische Effizienz und Kartellrecht
	Link, Simon	Unternehmensinformation und Wettbewerbsschutz
MPI Gemeinschaftsgüter	Hellwig, Martin	Sollen ausschließbare öffentliche Güter durch Gebühren oder durch Steuern finanziert werden?

Institut	Autor(en)	Titel
MPI für molekulare Genetik	Vingron, Martin	Untersuchung von Bindungsstellen zur Aktivierung von Genen
	Lehrach, Hans	Von der genetischen Information zur Behandlung von Krankheiten
MPI für Geschichte	Cremer, Albert	Von der geburtsständischen zur Leistungsgesellschaft: die Bibliotheken der Pariser Richter im 16. und frühen 17. Jahrhundert
MPI für Gesellschaftsforschung	Lange, Knut	Deutsche Biotech-Unternehmen und ihre Innovationsfähigkeit im internationalen Vergleich
MPI für Gravitationsphysik	Grüneberg, Michel	Über Krümmung, Wärme und kanonische Geometrien – vom erfolgreichen Gebrauch geometrischer Evolutionsgleichungen in der Mathematik am Beispiel des Yamabe-Flusses
MPI für Gravitationsphysik, Teilinstitut Hannover	Heurs, Michèle	Innovative Optik für die Gravitationswellenastronomie
MPI für Herz- und Lungenforschung	Braun, Thomas	Differenzierung und Proliferation von Zellen während der Entwicklung und Regeneration
MPI für Hirnforschung	Geiger, Jörg	Regulation der Signalübertragung an glutamatergen Synapsen in der Großhirnrinde
MPI für Immunbiologie	Freudenberg, Marina A.	Die Rolle von Lipopolysaccharid im Wechselspiel zwischen Bakterien und Immunsystem
	Boehm, Thomas	Qualitätskontrolle im Immunsystem
MPI für Infektionsbiologie	Meyer, Thomas F.; Achtmann, Marc; Aebischer, Toni; Moese, Stefan	*Helicobacter pylori* – ein nahezu ubiquitärer Infektionserreger
MPI für Informatik	Blanz, Volker; Seidel, Hans-Peter	Modellbasierte Animation und Manipulation von Gesichtern in Bildern
MPI für Kernphysik	Crespo López-Urrutia, José Ramón; Ullrich, Joachim	Hochgeladene Ionen bei 100 Millionen Grad im Kühlschrank
	Kirk, John	Pulsarwinde

Institut	Autor(en)	Titel
MPI für Kognitions- und Neurowissenschaften – Leipzig	Bornkessel, Ina	Brocas Erben: Neue Überlegungen zur Funktion eines klassischen Sprachzentrums
	Philipp, Andrea M.; Koch, Iring	Die Rolle der Antwortmodalität beim Wechseln zwischen Aufgaben
MPI für Kohlenforschung	Belder, Detlev	Auf dem Weg zum Chip-Labor
	Reetz, Manfred T.	Evolution im Reagenzglas: Neue Perspektiven für dic Weiße Biotechnologie
MPI für Kolloid- und Grenzflächenforschung	Shillcock, Julian; Lipowsky, Reinhard	Biomimetische Nanostrukturen und -prozesse: Computersimulation als bildgebendes Verfahren
	Weinkamer, Richard	Der Umbauprozess im trabekulären Knochen
Kunsthistorisches Institut in Florenz – MPI	Wolf, Gerhard	Die Zirkulation von Artefakten im Mittelmeerraum bis zum 15. Jahrhundert: Das Mandylion von Genua und sein paläologischer Rahmen
MPI für biologische Kybernetik	Ernst, Marc O.; Bülthoff, Heinrich H.	Multisensorische Wahrnehmung des Menschen
MPI für Limnologie	Reusch, Thorsten	Genetisch diverse Populationen trotzen dem Klimawandel – experimentelle Erkenntnisse aus Seegraswiesen
MPI für Mathematik	Moree, Pieter	Die multiplikative Ordnung
	Ward, Tom	Ergodentheorie: Von Planetenbahnen zur Zahlentheorie
MPI für Mathematik in den Naturwissenschaften	Jost, Jürgen	Kopplung von Dynamiken und Strukturbildung
MPI für experimentelle Medizin	Krampe, Henning; Stawicki, Sabina; Wagner, Thilo; Ribbe, Katja; El Kordi, Ahmed; Niehaus, Silja; Ehrenreich, Hannelore	ALITA – Ambulante Langzeit-Intensivtherapie für Alkoholkranke

Institut	Autor(en)	Titel
MPI für medizinische Forschung	Helmchen, Fritjof; Nimmerjahn, Axel	Neue Einblicke ins Gehirn – Beobachtung von Gliazellen in der intakten Hirnrinde
MPI für Metallforschung	Aldinger, Fritz; Bill, Joachim	Bioinspirierte Synthese keramischer Materialien
	Spatz, Joachim P.; Arnold, Marco; Blümmel, Jacques; Cavalcanti-Adam, Ada; Glass, Roman; Ulmer, Jens	Leben auf der Nanometerskala
MPI für Meteorologie	Feichter, Johann	Zur Rolle von Rußpartikeln im Klimasystem
MPI für marine Mikrobiologie	Janssen, Felix; Treude, Tina; Boetius, Antje	Mikrobielle Gemeinschaften mariner Habitate: Ökologie und Stoffumsatz
MPI für terrestrische Mikrobiologie	Søgaard-Andersen, Lotte	Interzelluläre Kommunikation in Bakterien
	Feldbrügge, Michael	Die Rolle von RNA-bindenden Proteinen bei der pathogenen Entwicklung von *Ustilago maydis*
MPI für Mikrostrukturphysik	Sandratskii, Leonid; Patrick, Bruno	First-principles-Untersuchung des Magnetismus von verdünnten magnetischen Halbleitern
MP Arbeitsgruppen für strukturelle Molekularbiologie am DESY	Mandelkow, Eckhard	Zytoskelett: Architektur und Bewegung der Zelle
MPI für Neurobiologie	Krumbholz, Markus; Wekerle, Hartmut; Hohlfeld, Reinhard; Meinl, Edgar	Persistenz von Immunzellen im zentralen Nervensystem bei Multipler Sklerose: Hirneigene Stützzellen (Astrozyten) produzieren BAFF, einen Überlebensfaktor für Immunzellen
MPI für neurologische Forschung	Jacobs, A. H.	Molekulares Imaging von Gehirntumoren
MPI für chemische Ökologie	Mitchel-Olds, Thomas; Kroymann, Jürgen; Clauss, Maria; Vogel, Heiko	Öko- und Chemotypen der Ackerschmalwand *(Arabidopsis thaliana)* – die Evolution der Insektenresistenz

Institut	Autor(en)	Titel
MPI für Ökonomik	Audretsch, David B.; Lehmann, Erik E.	Universitäten und regionales Wirtschaftswachstum
MPI für Ornithologie	Forstmeier, Wolfgang	Individuelles Sexualverhalten: die (manchmal) entscheidende Rolle der Mütter
	Salwiczek, Lucie H.	Zeitabschätzen bei Putzerfischen
MPI für molekulare Pflanzenphysiologie	Doermann, Peter	Lipide und Vitamine in Chloroplasten höherer Pflanzen: Essentiell für Photosynthese und menschliche Ernährung
MPI für extraterrestrische Physik	Klecker, Berndt; Förster, Matthias; Georgescu, Edita; Stein, Haaland; Kis, Arpad; Paschmann, Götz; Scholer, Manfred; Vaith, Hans	Cluster und Double Star: eine Flotte von 6 Satelliten zur Erforschung der Magnetosphäre der Erde
	Diehl, Roland	Jenseits von heiß: Quellen kosmischer Gammastrahlung
MPI für Physik	Caldwell, Allen; Grindhammer, Günther	Die Erforschung der sichtbaren Materie mit HERA
	Lüst, Dieter; Blumenhagen, Ralph; Erdmenger, Johanna	Strings und Branen-Welten: einige Aspekte einer vereinheitlichten Theorie aller Wechselwirkungen
MPI für Physik komplexer Systeme	Everaers, Ralf	Mikroskopische Topologie und makroskopische Elastizität von Polymeren
MPI für chemische Physik fester Stoffe	Niewa, Rainer; Schmidt, Marcus; Cichorek, Tomasz; Auffermann, Gudrun; Ramlau, Reiner; Prots, Yurii; Schmidt, Ulrike; Völzke, Anja; Schulze, Katja; Burkhardt, Ulrich; Borrmann, Horst; Cardoso-Gil, Raúl; Schnelle, Walter; Schlechte, Andreas; Steglich, Frank; Kniep, Rüdiger	$ZrAs_{1,4}Se_{0,5}$ – ein nicht-magnetisches Kondo-System mit einfachen metallischen Eigenschaften

Institut	Autor(en)	Titel
MPI für molekulare Physiologie	Kinne, Rolf K. H.	Nach 30 Jahren weitgehend aufgeklärt: Die molekularen Grundlagen des Zuckertransportes in Darm und Niere
	Berndt, Alex; Breitkreuz Helena; Hennig, Sven; Köster, Stefan; Schulze, Sabrina; Theiss, Christiane; Wolf, Eva; Yildiz, Özkan	Struktur und molekulare Mechanismen von Uhrenproteinen
MPI für Plasmaphysik	Speth, Eckehart	Entwicklung einer Hochfrequenz-Ionenquelle für ITER
	Klinger, Thomas	VINETA – Grundlagenforschung zur Dynamik magnetisierter Plasmen
MPI für Polymerforschung	Fytas, George	Dynamik weicher Materie
	Klapper, Markus; Müllen, Klaus	Organische Nanopartikel als Trägermaterialien für Metallocenkatalysatoren
MPI für ausländ. und internat. Privatrecht	Yassari, Nadjma	Wiederaufbau des Rechtswesens in Afghanistan
MPI für Psychiatrie	Wetter, Thomas-Christian	Neurobiologische Schlafforschung: Neue Erkenntnisse durch funktionelle bildgebende Untersuchungen
MPI für Psycholinguistik	Mitterer, Holger	Vom Postboten zum Posboten und zurück
	Janzen, Gabriele	Wie das menschliche Gehirn Orientierung ermöglicht
MPI für Quantenoptik	Kompa, Karl-Ludwig	Laserchemie, Chemie bei ultrakurzen Zeiten
	Witte, Klaus	Laserplasmaphysik am MPI für Quantenoptik
MPI für Radioastronomie	Middelberg, Enno; Brunthaler, Andreas; Falcke, Heino; Greenhill, Lincoln L.; Henkel, Christian; Reid, Mark; Roy, Alan L.; Walker, R. Craig	Der schärfste Blick ins All: Neue Grenzen in interkontinentaler Radiointerferometrie

Institut	Autor(en)	Titel
MPI für Radioastronomie	Beckert, Thomas; Hofmann, Karlheinz; Hönig, Sebastian; Schertl, Dieter; Weigelt, Gerd	Infrarot-Interferometrie der Aktiven Galaxie NGC 1068
MPI für europäische Rechtsgeschichte	Vec, Milos	Recht und Technik im 19. Jahrhundert
MPI für Sonnensystemforschung	Curdt, Werner; Inhester, Bernd; Innes, Davina; Lagg, Andreas; Solanki, Sami K.; Wang, Tongjiang; Wiegelmann, Thomas; Woch, Joachim	Messung koronaler Magnetfelder
MPI Sozialrecht	Becker, Ulrich; Darimont, Barbara	Sozialrechtliche Rezeptionsprozesse in China
MPI für ausländ. und internat. Strafrecht	Dorsch, Claudia; Krüpe-Gescher, Christiane; Albrecht, Hans-Jörg	Rechtswirklichkeit und Effizienz der Überwachung der Telekommunikation und anderer verdeckter Ermittlungsmaßnahmen
MPI für ausländ. öffentl. Recht und Völkerrecht	Bogdandy, Armin von; Wolfrum, Rüdiger	Restructuring Iraq: Possible Models based upon Experience gained under the Authority of the League of Nations and the United Nations
MPI für Wissenschaftsgeschichte	Sibum, H. Otto	Handwerksgelehrte oder: Was für eine Wissenschaft ist Experimentalphysik?
MPI für molekulare Zellbiologie und Genetik	Panáková, Daniela; Sprong, Hein; Marois, Eric; Thiele, Christoph; Eaton, Suzanne	Lipoprotein-Partikel als Transportvehikel für die Signalmoleküle Hedgehog und Wingless
MPI für Züchtungsforschung	Koornneef, Maarten	Natürliche Variation bei höheren Pflanzen – Gene, Mechanismen, Evolution, Pflanzenzüchtung
	Bachmair, Andreas; Coupland, George	Proteinmodifikatoren als Regulatoren pflanzlicher Entwicklung

Weitere Einrichtung	Autor(en)	Titel
Archiv zur Geschichte der MPG	Kazemi, Marion	Eine Gründung in schwerer Zeit – das Kaiser-Wilhelm-Institut für Meeresbiologie in Wilhelmshaven (1947–1948)
GWDG	Degenhardt, Ulrich	Das Management großer Datenbestände im Projekt EURExpress
	Groneberg, Brigitte; Weiershäuser, Frauke; Linnemann, Thomas; Ullrich, Dagmar	Digitale Keilschriftbibliothek Lexikalischer Schriften aus Assur
Garching Innovation	Hertel, Bernhard; Kaiser, Evelin	Technologietransfer – mehr als nur Patentverwertung
RZPD	Maurer, Johannes	Arbeitsbericht
DKRZ	Böttinger, Michael	Klimaprognosen, Daten und Visualisierung
Präsidentenkommission	Kolboske, Birgit; Schmuhl, Hans-Walter	Rassenforschung und Rassenpolitik im „Dritten Reich“ unter besonderer Berücksichtigung des Kaiser-Wilhelm-Instituts für Anthropologie, menschliche Erblehre und Eugenik (1933–1945)
RZG	Lederer, Hermann	Hochleistungsrechnen, Bioinformatik, Datenerfassungssysteme, Europäische Supercomputer-Infrastruktur

Systemvoraussetzungen

PC

Mindestanforderungen:
- Intel Pentium 200 MHz oder vergleichbar
- Microsoft Windows 98, ME, NT 4.0/2000/XP
- 64 MB RAM
- Grafik 800x600
- 16-fach CD-ROM Laufwerk

empfohlene Konfiguration:
- Pentium II ab 300 MHz oder vergleichbar
- Grafik 1024x768
- ab 128 MB RAM
- 32-fach CD-ROM Laufwerk
- Internetzugang

Browser:
- Internet Explorer ab Version 5
- Netscape ab Version 6.2
- Opera ab Version 6
- Mozilla ab Version 1.4

Mac

Mindestanforderungen:
- Macintosh G3
- ab OS 8.6
- 64 MB RAM

empfohlene Konfiguration:
- Macintosh Power PC ab G3
- Grafik 1024x768
- ab 64 MB RAM
- System ab OS 9.0
- Internetzugang

Browser:
- Internet Explorer ab Version 5
- Netscape ab Version 6.2
- Mozilla ab Version 1.7.3 (für OS X)
- Firefox RC 1.0 (für OS X)
- Opera ab Version 6.03 oder 7.54 (für OS X)

Bemerkung:
Zur Nutzung der Suchfunktion muss Java-Script in Ihrem Browser aktiviert sein.
Pop-up Fenster müssen zugelassen sein.